U0596881

思辨书系

媒介与审美之间

本雅明传媒文萃

Walter Benjamin

[德]瓦尔特·本雅明/著

王　涌　骆　佩　赵健品/译

中国出版集团　东方出版中心

图书在版编目(CIP)数据

媒介与审美之间：本雅明传媒文萃 / (德) 瓦尔特·本雅明著；王涌，骆佩，赵健品译. -- 上海：东方出版中心, 2025. 5. -- ISBN 978-7-5473-2718-0

Ⅰ. G206.2-53

中国国家版本馆 CIP 数据核字第 2025NY6392 号

媒介与审美之间： 本雅明传媒文萃

著　　者	[德] 瓦尔特·本雅明
译　　者	王涌　骆佩　赵健品
策划编辑	潘灵剑
责任编辑	沈旖婷
装帧设计	钟　颖

出 版 人	陈义望
出版发行	东方出版中心
地　　址	上海市仙霞路 345 号
邮政编码	200336
电　　话	021-62417400
印 刷 者	徐州绪权印刷有限公司

开　　本	890mm×1240mm　1/32
印　　张	12.125
字　　数	290 千字
版　　次	2025 年 7 月第 1 版
印　　次	2025 年 7 月第 1 次印刷
定　　价	72.00 元

目　　录

一、记忆与回想

论普鲁斯特的意象

1

马塞尔·普鲁斯特13卷本的《追忆似水年华》是一部由神秘主义者的深邃、散文大师的技艺、讽刺家的锋芒、学者般的见识和偏执狂的执着共同汇合成的自传性作品。这样的合体是蓄意构造不出的。正如常言所云,文学上的一切伟大作品都创立了一种文体或是消灭了一种文体,简言之,它们都是绝无仅有的造物,《追忆似水年华》是其中最深不可测的一部。先从构造上看,其中既有虚构,也有回忆,还有评说;再看句法,它的句子源源不断地出来,好似一条语言尼罗河,滋润着广袤的真理大地,这一切都超越了一般文学创作的规范。就这部作品读者获得的第一个同时也是最富有启发性的认知是,这部文学创作上绝无仅有的伟大案例同时也标志着迄今几十年里文学的最高成就。催发这部作品的前因却是极为不健康的:非同寻常的苦难,极度的富有,怪癖的秉性。这样的生活没有哪一方面是可资效仿的,但它成了一个征象。它表明,我们时代文学创作上的非凡成就只能从不可能事件的中心地带诞生,当然同时也只能从一切危险的缓冲地带诞生。这标志着这部花费了"毕生心血"的作品在未来很长一段时间都不会再有。普鲁斯特的意象传递出了文学与生活之间无可抗拒地日益扩大的鸿沟能具有的最佳面貌。这就是我们要呼唤出这个意象的理由。

普鲁斯特在他的作品里描述的并非一段已经完成的生活，而是经历过它的人对这段生活的回忆。不过，这样说未免过于粗疏和空泛。对于回忆着的作者来说，重要的不是他所经历过的事，而是如何把回忆编织出来，这是处于想起(Eingedenken)中的那种潘尼洛普①劳作，或者不如说处于遗忘中的潘尼洛普劳作。非意愿想起，即普鲁斯特所说的"mémoire involontaire"，不是更接近遗忘而非通常所说的回忆吗？这是一种自发性想起，其中回忆是经线，遗忘是纬线，难道这不更是潘尼洛普劳作的对等物，而非相似物吗？在此，白日会拆散黑夜织好的东西。我们每天早上醒来，手中总是攥着些许那张所经历过生活挂毯的丝缕，大多松散、难以辨认，遗忘也是如此将这张挂毯编织进我们世界中。可是，我们白天都在用目的性行为，甚至用受目的捆绑的回忆将这张编织物，遗忘的饰物拆散。因此，普鲁斯特将他的白昼变成了黑夜，为的是在那间人工照明的黑屋子里，竭尽全力不受干扰地享尽那张挂毯上扑朔迷离的风景。

据说，古罗马人曾将"文本"称为"织物"，在此意义上，谁的文本都没有马塞尔·普鲁斯特编织得那样紧密。对他来说，任何事物都还不够耐久，都有待编织得更紧密。他的出版商伽里玛曾告知，普鲁斯特的校阅习惯要了排字工的命。送还的清样上写满了边角注，所有的空白处都被新的文句填满，可印刷错误却一个没改。这样一来，回忆的法则就在作品修改过程中大行其道。因为一段经历是有限的，至少就经历这个行为而言是已经结束了的；然而回忆起的事件则是无限的，因为它只是开启通向此前此后一切的一把钥匙。从另一个角度看，回忆还严格地规定着如此编织的

---

① Penelope，古罗马神话中战神奥德修斯的妻子，她为了等候丈夫凯旋，坚守贞节20年。

运行方向。构成文本机体的既不是作者也不是事件,而是回忆的过程本身。可以说,作者和事件只是回忆连续体背后的存在,它构成了那张挂毯的背面图案。普鲁斯特曾说过,他更愿意把他的整部作品出成单卷,分两栏排印,中间不分段落。我们应该在此意义上来理解他。

普鲁斯特如此疯狂地追求的到底是什么呢?这些无止境的努力究竟基于什么?我们是否可以说,一切生命、作品和看见的事物无非是将人具体存在中一些最平常、最飘忽不定、最引发情怀、最隐晦不明的时刻确凿地映现了出来?当普鲁斯特在一个著名段落中描绘仅仅属于他自己的时辰时,他的描绘都会让人觉得这时辰在自己的存在中也有,很少有人不产生这样的感觉。我们也许可以把它称为日常时辰;它是夜,是远去的鸟儿啼鸣,是倚窗台远眺时的心绪。如果我们少一点屈服于睡眠,不知道会有怎样的邂逅来临。普鲁斯特就没有向睡眠屈服。然而,或不如说正由于此,让·谷克多在一篇优美的文章里将普鲁斯特的声调说成是依循夜与蜜的法则而来。依循这样的法则竟使普鲁斯特征服了内心中无望的悲哀(他曾把这种悲哀称为"现实存在物本质上不可救药的不完美"),并从回忆的蜂巢里为思想幼虫营造出了寄生的房屋。谷克多看到了所有普鲁斯特读者都极为关心的东西:普鲁斯特身上拥有着对幸福坚定、狂热、不能自已的追求。这一切闪烁在他的眼里;尽管这不是一双已感受到幸福的眼睛,但里面潜藏着福祉,就像赌博或恋爱中潜藏着幸福一样。普鲁斯特的读者不太能体会到渗透在作品里的那种令人目瞪口呆且颠覆性的幸福意志。原因并不复杂,在许多地方,普鲁斯特让读者容易从遁世主义、英雄主义或苦行主义角度看他的作品,这是惯常并容易做到的。就认知人生而言,最有启发的说教不折不扣的是:伟大的成就无非是努力、患难和挫折的果实。那种认为美好事物中都有运气成分的说法未免过于遇事往好处想了,令人生都会有的痛楚记忆无以平息。

　　由此出现了一种二元幸福意志，这是一种幸福辩证法：以赞歌形式出现的幸福和以挽歌形式出现的幸福。一是前所未有的极乐之高峰；一是永恒的轮回，无尽地回归原先最初的幸福。挽歌形态的幸福理念亦可称为有活性的幸福理念，在普鲁斯特看来，这样的幸福理念将生命经历转化成了回忆的宝藏。为此他不仅在生活中牺牲了朋友和伴侣，而且也在作品中牺牲了情节、人物的完整性、叙事的连贯性和遨游的想象。马克斯·乌诺尔德是具有眼力的普鲁斯特读者，他指出了普鲁斯特文字中由此出现的"无聊感"并将之与"没有要点的故事"（die Schaffner-Geschichte）作比。他写道："普鲁斯特做到了使没有要点的故事变得兴味盎然。他说，想想看，亲爱的读者，昨天我把一小块饼干浸泡在茶里时，脑海中出现了孩提时在乡间的一段时光——他为此用了八十页的篇幅——那一切是这样迷人，以至你觉得自己不再是一个听故事的人，而是变成了白日梦幻者本人。"在普鲁斯特没有要点的故事中，乌诺尔德发现了通向梦境的桥梁。"平平常常的梦一旦讲述出来就立即变成了没有要点的故事。"任何对普鲁斯特的全面阐释都不能无视乌诺尔德的这一解读。通向这一解读的切入口是足够多的，比如普鲁斯特狂热关注钻研的东西，他对相似性满怀激情的崇拜。普鲁斯特不断在出其不意、令人震惊地揭示出作品、相貌、言辞风格中的相似性，这方面相似性在主导这一点还看不出。一物与他物的相似性，与我们可以想见且清醒时关注之他物的相似性映射出的只是梦世界里更深一层的相似。梦世界里出现的东西从不会是彼此同一，而是相似，无以理喻地相似。孩子们都知道这个世界的象征物：洗衣筐里卷好的长筒袜。它既是"袋子"又是"里面装的东西"，这展示出梦幻世界的构造。孩子们会从不倦于将这二者，"袋子"和"里面装的东西"用手一拉变成第三种东西：长筒袜。普鲁斯特也同样从不倦于用手一击将那作假的存在，即自我，清空，以便置入第三种东西：那平息他好奇心，即平息他乡愁的意象。普鲁斯特躺在那张床上被这乡愁折磨着,这是在思念相似性遮蔽的那个世界,也就在那个世界里,生命存在的超现实主义面目凸显了出来,普鲁斯特精心策划与呵护的一切都属于那个世界。他所做的从不是孤立的激情和展望,而是在预示和推举,推举那易逝的脆弱而珍贵的现实:意象。这意象从普鲁斯特文字的字里行间脱颖而出,就像巴贝尔克夏天拥有的老旧、干瘪、无从追忆这个意象从弗朗索瓦手下的薄纱窗帘里浮现出来一样。

2

人并不总是高声说出最重要的东西,同样,也不总是默默讲给最亲密的朋友、最接近的人或那些最乐于聆听忏悔的人听。如果不仅人是这样,而且时代也以这种率真,直接和随意方式将纯属自身的东西告知给路人,那么,19 世纪与之倾诉衷肠的不是左拉或阿纳托利·法朗士,而是年轻的普鲁斯特。这位无足轻重的假绅士、破败的社会名流竟从这个落魄时代中大量捕获了最惊人的秘密,好像是从某个疲惫不堪的路人那里截取到的一样。是普鲁斯特才将 19 世纪打造成了有东西回想的地方。在他之前,这个时代显得松松垮垮,经他之后则成了一个引发后世五花八门潮流的力场。这类作品中最有意思的那部出自一名女性作者之手并非偶然。这名作者是普鲁斯特的仰慕者并作为他的女性朋友与其私交甚密。在结识普鲁斯特之前,连克莱尔芒-托耐尔(Clermont-Tonnerre)公主那部自传性回忆录第 1 卷的标题——“船员时代”——也是无法想象的。此外,这也是对普鲁斯特从圣日耳曼发出的寓意丰富、亲昵而富有挑战性召唤的一个轻声回应。比如,她这部(节律丰韵)的作品在情节和人物上就完全与普鲁斯特有着或是直接或是间接的关联。人物方面甚至还有普鲁斯特本人以及他几个最热衷对象的痕迹。毋庸置疑,这把我们带入了一种非常贵族气的氛围中,其中有比如克莱尔芒-托耐尔公主出色描摹出的罗伯特·德·孟德斯鸠，这还是一种非常独特的贵族氛围。这一点在普鲁斯特那里同样如此。普鲁斯特作品里不缺与孟德斯鸠相对应的人物。如果德国文学批评不是热衷于挑容易的去说事，这样的论述便是没必要的，何况原型问题并不是最为重要而且对德国也没有意义。尤其需要指出的是，德国文学批评不愿错过任何机会去迁就公共图书馆人群的阅读水平。惯常做法是，从普鲁斯特作品里的绅士氛围出发去就普鲁斯特本人做一些断言并将他的作品视为法国自身特有的现象，即视为哥达年鉴的消遣性副本。无疑，普鲁斯特作品里人物关心的问题属于饱食终日者问题之列，但那里没有一点与作者关注的问题一致，作者关注的问题都是颠覆性的。概而言之，普鲁斯特的用心在于用窃窃私语者的形态效果去叙说上流社会的整个构成。窃窃私语者拥有的令人警觉之样态将他们宝贵的先入之见与准则全部毁掉了。比埃尔-坎（Léon Pierre-Quint）是第一个指明这一点的人，他也是第一个对普鲁斯特做出评说的人。他写道："提到幽默作品，人们通常都会想到逗人的封面带插图的薄薄小书。没有人会想到《堂·吉诃德》《巨人传》和《吉尔·布拉斯》这样印数不多的大部头著作。"当然，这样比较尚不足以说明普鲁斯特作品拥有的颠覆性一面。普鲁斯特作品本来的主要威力是喜剧而不是幽默。他引发的大笑不是把世界捧起来，而是将它摔到了地上。这样做的危险在于这个世界会摔成碎片，而这又会让普鲁斯特自己流下眼泪。是的，家庭与人格，性道德和职业荣誉已经支离破碎了。笑声中，资产阶级的妄想被击碎。他们的回归和被贵族再吸收则是普鲁斯特作品的社会学主题。

普鲁斯特并没有厌倦进入贵族圈与人交往所必需的那些操练。他调节了自己的性情，把它弄得既捉摸不透又不会令人生厌，既谦恭柔顺又难以对付。他不断地这样调节，而且做得一点不强求，仿佛是其使命让他不得不如此。后来，这种神秘化和仪式化甚至变成他秉性的一部分，使得他写起信来有时完全用附加说明进行，而这绝不仅限于语法上的要求。撇开那些意味隽永、灵巧多变的语句，他的书信有时令人想起那些流传的套路："尊敬的女士，我刚发现，昨天将手杖忘在了您府上；请您将它交给持信人。又及，原谅我再次打扰，我刚刚找到了手杖。"普鲁斯特在制造复杂性方面极富创造性。有一次他深夜造访克莱尔芒-托耐尔公主，他说能否逗留全看有没有人能从他家把药取来。于是，他让一个听差去取药，并向他详细描述了那个地段和房屋。最后他说："你肯定能找到。那是奥斯曼大街上唯一亮着灯的窗户。"他告诉了听差一切，却唯独没给地址。一个人在陌生城市里询问哪里有窑，得到一大串描述，唯独没得到街名和门牌号，马上就会明白这意味着什么，而且也会明白，普鲁斯特对仪式的热爱，对圣西门公爵的敬仰还有他那毫不妥协的法兰西气质，都与此相关。这让我们发现，要深入了解乍一看三言两语就能说清楚的事情是多么困难，但这岂不正是经验的实质。这种一下就能说清的语言是与种姓和阶层一同建立起来的，因而对于外人来说完全无法理喻。难怪沙龙密语会让普鲁斯特那么激动。后来，他无情地把"奥丽雅娜精神"即库尔瓦西埃一家描绘成"小家族"，这表明他在与毕贝科斯一家交往中学会了即兴使用密语，如今，我们也被带到这种语言中。

在那些沙龙里度过的岁月里，普鲁斯特不仅把阿谀的恶习发展到极佳，甚至可以说神学高度，也把好奇心培养到极点。普鲁斯特酷爱某些大教堂拱腹线上犹如一阵野火掠过笨处女双唇的那种微笑，他自己嘴唇上也沾有着这种微笑的影子，这是好奇的微笑。是不是好奇心把他塑造成了一个了不起的戏仿家呢？如果真是这样，我们就会知道这里的"戏仿家"这个词有怎样的意义。我们认为该词在这里意义不大，因为该词虽然贴近了普鲁斯特极端的油滑狡黠，却未能体现他所拥有的那种尖刻、直率和咬合力，这些在普鲁斯特以巴尔扎克、福楼拜、圣伯甫、昂利·德·雷格尼埃、龚古尔兄弟、米什莱、勒南和他心爱的圣西门的文体写下的许多绚烂篇章中都能看见，而且在《拼贴与混合》（*Pastiches et mélanges*）中有着集中体现。这是好奇之士为顺应环境而做出的拟态，一种妙不可言的绝招，同时也是普鲁斯特整个创造的特征之一。普鲁斯特创作中对植物性的豪情还远远没有引起重视。奥尔特加·伊·伽赛特（Ortega y Gasset）第一个提醒我们注意普鲁斯特笔下人物的植物性存在方式。这些人物都深深植根于各自的社会生态环境，由贵族趣味这颗太阳位置规约，随盖尔芒特或梅塞格里斯吹来的风拂动，无以抗拒地深陷命运的丛林而彼此纠缠在一起。作为诗人处理方式的那种拟态正来自这样的环境。普鲁斯特极为精确、令人无比信服的观察总是像昆虫吸附着枝叶、花瓣和枝干那样紧紧贴着它对象。接近对象时丝毫不暴露自己的存在，猛地一跃，振翅扑向对象，普鲁斯特用如此出现的语句向受惊的旁观者表明，某个无以估算到的独有生命已悄然潜入一个陌生世界中。"这个不期而遇的比喻是紧贴思想而生。"比埃尔-坎如是说。

认真阅读普鲁斯特的读者不断会有小小震惊出现。在这样的比喻技法中，他发现有同样拟态的痕迹，并且不得不惊异地将此拟态看成社会绿叶华盖下努力呵护精神的存在。我们不得不说，好奇心和迎合适应这两种不好的习性在此彼此是多么紧密而又交相辉映地交织在一起。克莱尔芒-托耐尔公主作品里有一段话让人茅塞顿开："最后我们必须指出，普鲁斯特非常关注佣人。也许在佣人身上他邂逅了从未遇到过的东西，这激起了他的感知欲，或许他嫉妒佣人们有更好的观察生活隐秘细节的机会，那都是令他感兴趣的细节。无论怎么说，普鲁斯特一直热衷于刻画不同类型的佣人形象。"在普鲁斯特作品里我们读到了朱庇安、艾梅先生或塞莱斯汀·阿尔巴拉特这样的人物，这些闻所未闻的人物展现了一个形象系列，从弗朗索瓦到马车夫和猎手；弗朗索瓦结实粗壮、棱角分明，就像是从普通教徒祈祷书里神圣玛尔塔身上直接搬下来

一样；马夫和猎手总是无所事事，好像付他们工钱就是为了让他们
闲着发愣，而不是要他们干活。或许普鲁斯特通过对各种下层佣
人的描绘最能扣人心弦地展现他对种种仪式的了解。谁又能说清
楚这种对佣人的好奇心多大程度渗入了普鲁斯特迎合适应的秉性
中，而对佣人的迎合适应又在多大程度上同他的好奇心混合在一
起？谁知道对这些身处上层社会环境之佣人的深入描摹会内蕴多
大的表达？普鲁斯特呈现给我们的正是这样一种描摹，他身不由
己地这样做，因为他曾坦诚道："看"与"模仿欲"本是同一桩事情。
莫里斯·巴雷斯曾用一句话去表述普鲁斯特身上这种既唯我独尊
又巴结逢迎的双重态度。他说普鲁斯特像个"挑夫客栈里的波斯
诗人"。这是表述普鲁斯特形象的话语中最贴切的一句话。

　　普鲁斯特的好奇心里有种侦探成分。在他眼里，社会上层那
一群人是一个犯罪团伙，一群无与伦比的阴谋家：他们是消费者
的黑手党。这个团伙把一切同生产劳动有关的事情都从自己的世
界里剔除了出去，至少要求把这类事情优雅地、羞羞答答地藏在完
满的专家形象下。普鲁斯特对势利眼的分析在社会批判上达到了
顶峰，其重要性远胜于他对艺术的尊奉。因为势利眼行为无非是
从纯消费角度出发去看待生活，而且做得彻底有力、毫不留情，还
井井有条。由于在这个撒旦的魔幻世界里，有关自然生产力的哪
怕是最遥远、最原始的记忆也要清除出去，因此对普鲁斯特而言，
与自然的逆反关联比常态关联更有用，甚至在爱情上也是如此。
无论从逻辑上还是从理论上讲，纯粹的消费者也就是纯粹的剥削
者，普鲁斯特在其世界里，用完全贴近历史现实的方式将这一点具
体刻画了出来。具体是因为它既深不可测又捉摸不定。普鲁斯特
描绘的是这样一个阶级，它会把自己的物质基础全部都伪装起来，
因此也是应这样一种封建主义而生，这种封建主义早已没有任何
经济上的意义，但足够充当上流中产阶级面具。普鲁斯特乐意将
自己看成如此坚定消除自我，爱和道德这些话题魅力之人，由此也

把自己无止境的艺术变成了盖在他所属阶级至关重要之隐秘活动上的一层面纱，即盖在其隐秘经济活动上的一层面纱。这样做当然不是为这个阶级效力，他只是走在了这个阶级的前面而已。这个阶级所经历的东西到了普鲁斯特那里则成了易解的。但是，只要这个阶级还没有在其最后挣扎中展露其鲜明特征，那么，就无法发现或揭示普鲁斯特作品的众多伟大之处。

3

19世纪在格勒诺布尔（Grenoble）有家旅馆叫"逝去的时间"（Au Temps Perdu），不过我不知道它现在是否还在。对于普鲁斯特世界，我们也像客人一样跨越门槛进入，门上的招牌在风中摇曳着；里面等待我们的是永恒与狂喜。费尔南代斯（Fernandez）正确地在普鲁斯特作品中区分出一种永恒主题和一种时间主题。不过他所谓的永恒绝不是柏拉图式的或乌托邦式的，而是充满了狂喜式的。因此，即便"一个人在沉入时间进程中发现了某种新的、闻所未闻的永恒"，这也绝不会使单个人向"柏拉图或斯宾诺莎一蹴而就的更高层级存在"靠近一步，因为普鲁斯特身上虽然有一种挥之不去的理想主义残迹，但这不是令普鲁斯特作品显出意义的前提条件。普鲁斯特用以开启朝向的永恒指向的并不是无边的时间，而是繁复交错的时间。他真正的题旨在于揭示时间流逝的真实面貌，那就是繁复交错。时间如此的流逝内在地、无比清晰地体现在回忆中，在外同样清晰无比地体现在衰老中。观察回忆与衰老之间的相互作用意味着突入普鲁斯特世界的核心，突入一个繁复交错的宇宙。这是一个处于相似性状态的世界，它是通感主导的领地。最先是浪漫派发现了通感，波德莱尔是最为内在把握通感的人，但普鲁斯特则是唯一能在我们体验过的生活中将它揭示出来的人，这便是非意愿记忆的作品，是令人重返青春之力的作品，有了这股力就可以应对顽固的衰老。当过去在鲜嫩欲滴的"此刻"中映现出来时,是一种来自重又年轻的极度震惊将它们又一次聚合在了一起,这种聚合是如此不可抗拒,就像《追忆似水年华》第13卷里普鲁斯特最后一次回到孔布雷时不可抗拒地发现斯旺家的方向和盖尔芒特家的方向交织在一起,进而两条路也汇在一起一样。此刻,四周景物像一阵风似的蹦了起来。"噢,世界在灯光里是多大呀,而用回忆之眼望去,却是这么微小。"

此刻,普鲁斯特不可思议地使整个世界随着一个人的生命过程一同衰老。那些原本在消退和落幕的事物在这聚合中闪电般消失,这个聚合便是重又变得年轻。《追忆似水年华》时时刻刻在试图给整个人生注入最高程度的当下精神,方法不是反思,而是当下化(Vergegenwärtigung)。他深深地认为:生活不是我们自己决定的,我们谁也没有足够时间去经历各自生活的真情。正是这使我们衰老,而不是其他什么。我们脸上的褶皱和皱纹记录下宏大激情、罪孽和观念曾来造访过,然而我们这些主人却不在家。

自从洛约拉(Loyola)发明了沉入自我的精神操练以来,西方有关文献中很难找到比这更极端的练习了。即便在这样的操练中,核心也是孤独,这种孤独用风暴般的力量搅动了整个世界,将其拖进它的漩涡。那些过于喧闹又空洞无比的闲聊在普鲁斯特小说里向外咆哮,发出的隆隆声响将这个社会推向了那孤独的深渊,那里,普鲁斯特诋毁了交友。那是火山口底部出现的寂静,这最安静的地方同时也最能捕捉各种各样的声音。普鲁斯特笔下许许多多的故事里总会出现谈话密度和强度无与伦比的交谈,而且谈伴位于远处与之保持着无法逾越的距离,这种结合在作品里表现得反复无常,令人气恼。没有人会像普鲁斯特那样将事物如此指给我们看,他那只指点事物的手也是举世无双的。但是,友情绵绵的聚会和谈话拥有的是另外一种姿势:触碰。这是普鲁斯特最为陌生的东西。他也不会去触碰读者,世上没有任何东西能让他这样做。如果我们把文学创作看成在指示性和触碰性这两极之间展开,那前者的核心应该是普鲁斯特的作品,后一类的核心应该是贝居伊(Péguy)的作品。问题的根本就像费尔南代斯出色的表述那样:"深度或曰主动方一直都在他这边,从来不在他的谈话伙伴这边。"普鲁斯特的文学批评以其造诣精湛的挖苦嘲讽之气表明了这一点。其中最重要的一篇是"论波德莱尔",问世时普鲁斯特已到达声名的顶峰,但身处病榻位于生命的低谷。这篇文章表现出耶稣般对受难的默认,又带有卧躺者漫无边际的喋喋不休以及濒临死亡者对周边一切可怕的满不在乎,只是想再次张口说话,不管什么话题。面对死亡普鲁斯特受到的触动塑造出了他与时代同人的交往方式。忽而尖刻挖苦,忽而温情脉脉,两者粗暴切换,交替突兀,承受它的人面临着因招架不住而崩溃的风险。

这种忽然而起是男人不安分的体现,这是阅读普鲁斯特作品的人碰到的,只需回顾一下普鲁斯特行文中没完没了的"不是……就是"就足够了。在这种句式中,行为在无数动机驱使下以穷形尽相又令人压抑方式出现。然而,这种排比性交叠表明,普鲁斯特的弱点和天才指向的只是同一件事:思想上消极弃世,面对事物时坚实的怀疑态度。在经历过浪漫主义自我满足的内心生活之后,如雅克·里维埃尔(Jacques Rivière)所述,普鲁斯特决断不给那种"内在性诱惑"(Sirenes intérieures)任何信任。"对待体验,普鲁斯特不带丝毫形而上兴趣,没有丝毫构建论说的狂热,也丝毫没有要获得慰藉的趋向。"这话说得再对不过了,普鲁斯特《追忆似水年华》的基本格调就是如此。他一再声称,这个格调是充满规划的,是建构出的。说它充满规划,是因为它就像我们手上掌纹序列或花萼上雄蕊的排列一样。普鲁斯特这个衰老了的孩子,在精疲力竭之后,重又落入了自然的怀抱,不是为了吸吮她的乳汁,而是为了偎依她的脉动进入梦乡。我们要看到普鲁斯特是如此虚弱。由此我们就能领会雅克·里维埃尔由弱点出发对他的阐释有多么贴切:"使马塞尔·普鲁斯特得以写出作品的东西是对世界缺乏经验,这也是马塞尔·普鲁斯特的死因,他死于对世界缺乏了解,因为他不知道如何改变对他是毁灭性的生存状况,他死于不会生火,不会打开窗户。"当然,他也死于难受的哮喘。

对于这种哮喘的煎熬医生们束手无策,但作家本人却不是这样,他有条不紊地将之利用了起来。先从最外在的说起,普鲁斯特是自己疾病的完美导演。有个爱慕者曾给他寄送了鲜花,而他却好几个月用诋毁性的冷嘲热讽来对待这个爱慕者,因为他受不了花儿的气味。随着病情的时好时坏,普鲁斯特向他朋友们发出了警示,而那些朋友们既怕又盼着作家本人会在半夜 12 点过了许久时拖着疲惫的步子突然出现在他们的小客厅里,先说只逗留五分钟,又说待到天亮,最后疲倦得没有力气从椅子上站起来,甚至连停止说话的力气也没有了。即便写信他也能从他疾病煎熬中不断提取出奇特的东西。"我呼哧呼哧的喘气声淹没了我的笔书写时发出的沙沙声,也淹没了楼下的洗澡声。"问题不仅仅在这里,疾病还使他日常穿着不再讲究,这也不是问题所在。问题是,这个哮喘渗入了他的艺术中,甚至可以说是他的艺术把他的疾病创造了出来。普鲁斯特的句式在节奏上亦步亦趋地复制出他对窒息的恐惧。而他那些讥讽的、哲理的、说教的深思无一例外是为摆脱记忆重压而做的深呼吸,说得厉害些就是死亡。普鲁斯特时时刻刻意识到由哮喘窒息而死的威胁,尤其写作时。在他病入膏肓之前的很长一段时间里,他就是这样与死亡对峙着,但他没有表现出受疾病煎熬而来的那种忧郁,而是将之看成一种新现实,一种衰老投射在人和事上的印记。风格学上的面貌考察可以帮助我们进入他艺术创造最深层的内里存在。只要明白味感(绝不是回想起的某种气味)有特别强烈的记忆,那就绝不会认为普鲁斯特对气味的敏感是偶然的。的确,我们所搜寻的记忆大多以可视看形象出现,即便自发生成的非意愿记忆也主要是自成一体的谜一般在场的可视看形象。因此,为了贴近和了解《追忆似水年华》最内在的魅力,我们必须沉入自发想起（das unwillkürliche Eingedenken）特有的深层界面，那里，回忆不再以一个一个可视形象出现，而是无以具体视见、形状不清、不确定但分量重重地向我们告知着什么，好似渔网的分量能让渔夫知道他打捞的成败。对于将渔网撒向逝去时间之大海的人来说，气味就像是分量感。普鲁斯特的句子包含了内心机体的全部肌肉活动，包含了试图把那沉甸甸的网拖出水面的巨大的努力。

此外，许多从事创造性工作的人面对疾病侵扰用不屑一顾的英雄气概实现了突围，而普鲁斯特却从没有这样。这再清楚不过地表明了普鲁斯特的特有创造性与他特有的疾病间紧密的共生状态。因此，从另一个角度我们也可以说，要不是他患病如此严重而且无以痊愈，普鲁斯特同生活和世事进程之间紧密的同谋关系本来是会不可避免地将他引向平庸、懒惰、沾沾自喜的生活。然而，他的疾病却使得一种根除期盼的无悔激情将他推向了创造伟大作品的境地中。米开朗琪罗曾站在一座脚手架上，头仰在身后在西斯廷大教堂天穹上创作出了《创世记》。如今，这座脚手架再次升起，那就是普鲁斯特的病床，在这张病榻上，普鲁斯特从高空将他的笔迹布满了不计其数的稿纸，志在创作他自己小宇宙的《创世记》。

原载："Die literarische Welt"，1929 年，王涌译自 Walter Benjamin, *Medienästhetische Schriften*, Suhrkamp Verlag Frankfurt am Main 2002，SS.9 - 22。

记忆与回想

"记忆"这个词从语义上已经明确无误地表明，它不是一种探索过去的工具而是展现过去的场所。它是经验的媒介，正如大地是埋葬死亡城市的媒介。谁要是力求接近被埋葬的过去，就必须表现得像一个挖掘者。这决定了真实回想的基调和态度。您不能害怕一次又一次地回到同一个事实，像撒土一样把它撒开，像翻土一样把它翻开。因为事实不过是层层叠叠的地层，只有经过最仔细的推敲，才能发现泥土中蕴藏的真正价值：当我们回过头理性地洞悉那些从原先情境中脱离出来的图像时，它们就成为我们"清醒房间"的珍宝——就像收藏家藏在画廊的碎片或者残缺的雕像。

成功的挖掘当然需要计划。然而小心翼翼、试探性地挖掘黑土地也是必不可少的。如果有人只记录了挖掘物清单，而不是同时也写下找到宝物现场时的黑暗幸福，那么他就自以为找到了最好的。徒劳的找寻与幸福的找寻一样，都属于此。因此回想不一定是叙事性的，更不是报告性的，而必须以严格意义上的史诗性、狂想性的方式进行。在不同的位置尝试它的挖掘，在旧的位置探索越来越深的泥层。

......

回忆，即便再详细，也不一定是自传。这本回忆录肯定不是自传，甚至柏林岁月也不是，哪怕我们这里谈论的就只有柏林岁月。因为自传与时间、流逝和那些构成生活持续流动的东西有关。这里只谈论空间、瞬间和非连续的东西。因为，即便这里出现了数月、数年，那它们的形象也只是以回想瞬间的形式出现。它们罕见的形式——你可以称它为转瞬即逝，也可以称它为经久不衰——无论如何，构成它们的材料绝不是生活的材料。与其说，我自己生活在这里扮演的角色，不如说，那些在柏林我最亲近的人们——不管是什么时候的柏林人，也不管是哪个柏林人——扮演的角色透露了这点。这座城市所营造的气氛赐予了他们短暂而朦胧的生活。他们像乞丐一样偷偷溜到围墙，像幽灵一样在窗户上出现又消失，像守护神一样在门槛周围嗅闻，即便整个街区都是他们的名字，那这种方式也好比，死者的墓碑上都是其名字。

清醒而喧嚣的柏林，这座劳动之城和商业大都市，与许多其他城市相比，它有更多的地方和瞬间见证了逝者，并展示自己充满逝者，而这些瞬间和地方的黑暗意义，与其他所有东西相比，都使得童年回忆如此难以把握，同时也如此诱人、如此折磨人，就像半遗忘的梦境那样。因为童年没有先入为主的观念，也不知道什么是生命。它的可贵之处在于，它对待突入活人境界的亡者境界与对待生命本身一样心怀感激（虽然也不乏保留）。我们很难知道一个孩子能追忆多远，这取决于很多因素，时间、环境、天性和教养。我对柏林这座城市的传统的感受是有限的，究其原因，在于我的父母不是土生土长的柏林人。斯特拉劳尔捕鱼节（Stralauer Fischzug）、弗里德里克斯一八四八，这些都不足以解释柏林传统。这种地形传统代表着与这片土地上逝去的人们的联系

这就给孩童的回想——这比孩童自身的经历更重要，下文也会表明这点——设置了一个界限。但是，无论这个界限在哪里，19 世纪下半叶肯定就在这个界限的这一边，而且下述图像也属于这个界限，它们不是一般的图像，而是根据伊壁鸠鲁的教导，不断从事物中分离出来并决定我们对事物的感知的图像。

原载："Berliner Chronik", 1932 年，赵健品译自 Walter Benjamin, *Medienästhetische Schriften*, Suhrkamp Verlag Frankfurt am Main 2002, SS.22 - 23。

在我 40 岁生日时发表的关于普鲁斯特的简短讲话

关于非意愿性记忆的认识：记忆的图像并不是凭空产生的，实际上，无意识的记忆涉及的不是我们看见过的图像，而是那些我们在记忆中回忆起的图像。最明显的是某些梦中的图像，我们可以清晰地看见自己。我们站在自己面前，仿佛在远古时期曾经到过的某个地方，但现实生活中却从未看到过。正是那些最重要的图像——在生活瞬间的暗室中形成的图像——是我们所能看到的。可以说，我们最深刻的瞬间就像那些香烟包裹里附带的小图画、一张我们自己的照片。那种常常在临终者或处于濒临死亡状态的人面前掠过的"整个人生"，正是由这些小图画组成的。这些图像一张张地迅速切换，就像电影放映机的前身，我们小时候能在那种翻动的册子上看到并惊叹拳击手、游泳者或网球运动员的技艺。

普鲁斯特的享乐主义与残疾人自我代表的观点紧密相连。普鲁斯特本人似乎是贫困者和被剥夺了享乐的人。他完全感受到自己要承担的责任——不仅要为所有人争取享乐，还要真正体验每一样他所主张的事物中的享乐。拯救享乐以及为享乐辩护的坚定决心，找到那种真实的享乐，是普鲁斯特的一大热情，这种热情远比他有关理想、信念以及期待幻灭的分析要深刻得多。因此，他特别关注"势利小人"现象，他想要从中捕捉到其中所蕴含的真正享乐这一宝藏，而这显然是大多社会成员难以挖掘的。

演讲写于 1932 年，骆佩译自 Walter Benjamin, *Medienästhetische Schriften*, Suhrkamp Verlag Frankfurt am Main 2002，S.24。

驼背小人

前段时间人们了解到，克努特·汉姆生时不时会向他居住的小镇附近的地方报纸递信来表达自己的观点。多年前，这个小镇上发生了一起针对一名女仆的陪审团审判，她因杀死自己新生儿而被判处监禁。随后，当地报纸上刊登了汉姆生的意见。他表示，一个城市如果对一个杀死新生儿的母亲不施行最重的刑罚，他将背弃这个城市，刑罚如果不是绞刑，也应该是无期徒刑。几年过去了，《大地的成长》问世，其中讲述了一名女仆犯下同样的罪行，读者明显能看出，她并没有受到重的惩罚。

卡夫卡在《万里长城建造时》中留下的思考让人想起这一事件。因为这本遗作刚刚出版，就引发了人们的解读。许多解读仅停留在对前人诠释的再阐释之中，而脱离了卡夫卡的原作。有两条路径从根本上误读了卡夫卡的著作。一种是自然的解释，另一种是超自然的解释；但心理分析和神学这两者都未能触及本质。持第一种解释的代表人物是赫尔穆特·凯泽，持第二种观点的有许多作家，如 H. J. 绍普斯、伯恩哈特·让克、格罗伊图森等人。其中还有威利·哈斯，他提出了一些有关卡夫卡的深刻见解，虽然和我们探讨的问题没那么密切，但我们迟早还会碰到相关问题。他仍将卡夫卡的整体作品解释为一种神学模式。哈斯在关于卡夫卡的评论中写道："他在伟大的小说《城堡》中描绘了上界，即上帝的权力和恩典的领域，在同样伟大的小说《审判》中则描绘了下界，即审判和诅咒的领域。而两个领域之间的地球……即尘世的命运及世俗对人们提出的种种困难的挑战和要求，他试图在第三部小说《美国》中以严谨的风格表达出来。"这种对上界的解释可以被视为自布罗德以来解读卡夫卡的普遍观点。在这种意义上，伯恩哈特·让克写道："如果我们可以将城堡视为恩典的所在，那么从神学的角度来看,这种徒劳的努力和尝试意味着,上帝的恩典无法被人类随意地或通过意志强行获得。不安和焦躁只会妨碍和扰乱神圣的宁静。"这种解读虽然很便利,但它站不住脚,越是深入推进,就愈发明显。这一点在威利·哈斯的阐释中可能是最清晰的,他解释说:"卡夫卡……既受到基尔凯郭尔的影响,也受到帕斯卡的影响,我们可以称他为基尔凯郭尔和帕斯卡的唯一合法后裔。他们三人都有一个极其严酷的宗教基本动机:人在上帝面前始终有罪。"卡夫卡的"上界,他所谓的《城堡》,那无穷无尽、琐碎复杂且欲望满满的官僚机构,这个奇特的天国与人类玩着可怕的游戏……然而,人类即便在此神的面前,也深陷于罪责之中"。这种神学远远落后于安塞尔姆(Anselm von Canterbury)的辩护理论,回到了野蛮的推测,而这些推测甚至与卡夫卡文本的字面意思不符。"如《城堡》里所说,'难道单独的官员个体有权宽恕吗? 这最多也只能是整个机构的问题,但即使是整体机构也可能无权宽恕,只能进行审判'。"这样的路径很快走入死胡同。"这一切,"德尼·德·鲁热蒙说,"并不是那些不信仰上帝的人所处的可怜境地,而是那些信仰上帝却又对上帝一无所知的人的困境,因为他们不了解基督教。"

理解卡夫卡故事中的深层动机,比从他的遗留笔记中做出推测要复杂得多。但只有这些动机才能对理解卡夫卡作品中所宣称的前世力量提供一些启示;这些力量也可以被理解为如今的世俗力量。谁又能断定这些力量以何种名义出现于卡夫卡面前呢? 只有一点是明确的:卡夫卡在面对这些力量时感到迷茫。他并不了解这些力量。他只通过一面镜子看到,未来以审判的形式出现,而这面镜子又是前世以罪责的形式呈现给他的。该如何理解这一切呢? ——这难道不是末日审判吗? 不能让审判者成为被告吗? 审判的过程本身不就是惩罚吗? 对此,卡夫卡并没有给出答案。他是否有所期待? 或者,他更想要做的是将其推迟? 在他的故事中,史诗重新获得了谢赫拉查德口中应有的意义：推迟即希望。推迟在《审判》中是被告的希望——要是这个过程不会逐渐走向最终判决就好了。连始祖亚伯拉罕也受益于推迟，哪怕他必须因此放弃在传统中的地位。"我可以想象一个不同的亚伯拉罕，他不会成为始祖，甚至连旧衣服商人也不是，他会毫不犹豫地、像侍奉者一样做好牺牲的准备，但他未能完成这一牺牲，因为他无法离开家。他是不可或缺的，经济上需要他，事情等着他去安排，房子还没准备好，但没有房子作为支撑，他也无法离开，这一点圣经里也意识到了，因此圣经里说：'他安排了自己的家。'"

这个亚伯拉罕"像侍奉者一样乐意牺牲"。对卡夫卡来说，总有一些东西只能通过外在①来把握。而这种他无法理解的外在的东西，构成了寓言中模糊的部分。正是在外在形象中卡夫卡的作品诞生了。他对自己的作品一直保持克制。他在遗嘱中要求销毁这些作品。这个遗嘱，无论如何都与卡夫卡的研究息息相关，表明他对这些作品并不满意；他将自己的努力视为是失败的；他将自己视为注定要失败的人。他试图将文学转化为教义的伟大尝试失败了。作为寓言的文学，他试图恢复其持久性和隐蔽性。在理性面前，这些寓言的特质对他而言是唯一合适的，结果也未能成功。没有哪个诗人像他那样真正遵循"不要制造或崇拜任何偶像"这一教义。

"他死了，但他的耻辱将留存人间"——这是《审判》的结尾。这种羞耻感与他"内心情感的纯真性"相一致，是卡夫卡最强烈的情感表达方式。然而，这种羞耻有着双重面孔。它既是人类的一种内在反应，同时也带有社会层面的要求。羞耻不仅是在他人面前感到羞愧，也可以是替他们感到羞愧。因此，卡夫卡的羞耻感并不只是个人的感受，它同样受到他所生活和思考的整个世界的支

---

① 原文为 Gestus。意为卡夫卡的许多作品立意通过人物的外在形象或姿态来传达。——译注

配。他曾说过："他不是为了个人生活而活，也不是为了个人思考而思考。对他而言，仿佛是在某个家庭的压迫下生存和思考……正是因为这个未知的家庭……他无法获得解脱。"我们不知道这个未知的、由人和动物构成的家庭是如何形成的。可以明确的是，正是这种力量迫使卡夫卡通过写作推动着时代的变迁。遵循这个家庭的命令，他像西西弗斯推石头一样，不断地翻动历史事件的重负。在这个过程中，事情的另一面被暴露出来。那是一个不愉快的景象。但卡夫卡能够忍受这种景象。"相信进步并不意味着相信进步已经发生。这并不是信仰。"对卡夫卡而言，他所生活的时代和原始时代相比并没有进步；他的小说发生在一个泥沼世界中。卡夫卡笔下的生物（或角色）展现了巴霍芬所称的"陪伴者阶段"①。虽然这一阶段在当今看来可能已经被遗忘，但这并不意味着它在当下没有影响力。相反，这种遗忘本身使得这一阶段在如今依然存在。与普通公民的经历相比，一种更深刻的体验发生在这些角色身上。"我有经验，"这是卡夫卡最早的记录之一，"不开玩笑地说，这是一种在安全稳定的陆地上依然能感觉到晕船的感觉。"正因如此，他的第一次"沉思"是在秋千上进行的。卡夫卡不断地探讨经验摇摆不定的本质。每一种经验都有所退却，每一种经验都和与其对立的经验交织在一起。"那是一个夏天，"小说《敲门》这样开头，"一个炎热的日子。在回家的路上，我和妹妹从一家庭院门前经过。我不知道她是出于恶作剧还是因为心不在焉敲了门，或者她仅挥了挥拳头吓唬了一下，根本就没敲。"没有敲门的可能性，会引发对之前两种敲门可能性的重新审视。在那些由深厚、复杂经历汇聚的沼泽中诞生出了卡夫卡笔下的女性形象。她们是像莱尼那样的沼泽生物，她伸开"右手的中指和无名指"，"两个指头之间的薄膜几乎伸到无名指最上面的关节"——"美好的时光，"

---

① 强调女性作为伴侣和社交角色的核心地位。——译注

性格复杂的弗里达回忆起她的过去，"你从未问过我的过去。"这正是通向那黑暗深渊的道路，在那里发生着无规则的、放纵的结合，这种结合的"无规的奢靡"，用巴霍芬的话来说"是天界纯洁力量所厌恶的，也正是阿诺比乌斯所说的污秽的享乐"。

基于此，我们才能理解卡夫卡作为叙述者所采用的技巧。当其他小说人物有话要对 K 说时，无论是重要的还是令人惊讶的内容，他们都是顺便提及的，就好像 K 早已知道一样。这就好像没有什么新意，似乎只是对主角不动声色地发出一个召唤，让他想起自己忘记的事情。从这个意义上讲，威利·哈斯正确地理解了《审判》的过程，并指出"这个过程的对象，甚至是这本不可思议的书的真正主角，就是遗忘……遗忘的主要特征在于 K 会忘记自身。这种遗忘在被告的形象中几乎变成了一种无声的存在，并且这种存在具有极为强烈的表现力"。"这个神秘的中心……源自犹太教"这一点是不容置疑的。"在这里，记忆作为一种虔诚扮演着极其神秘的角色。它……不是一种普通的特性，而是最深刻的特性，甚至连耶和华亦是如此，他记得一切，他的记忆无比精准，可以延续到第三代、第四代，甚至到第一百代。而最神圣的宗教仪式之一，就是将罪孽从记忆的书中抹去。"

凭借这一认识，对于卡夫卡作品我们又面临另一道门槛——被遗忘的事物从来不仅仅是个体。每一个被遗忘的东西都与前世的遗忘交融在一起，形成无数不确定、变幻莫测的联系，衍生出无穷的新生事物。遗忘是一个容器，里面涌现出卡夫卡故事中无尽的中间世界。"对他而言，世界的丰富性被视为唯一真实的存在。所有精神都必须具象化、特殊化，才能获得位置和存在权。"精神在这里变成了幽灵。幽灵则转化为完全独特的个体，它们不仅有自己独有的名字，并且还与其崇拜者的名字紧密相连。"随着这些幽灵的充盈，世界的丰富性也不断被充实……这里的幽灵们不断增加，新的幽灵不断涌现，与旧的幽灵相伴，而它们之间又是彼此独立、各具个性的。"然而,这里讨论的显然不是卡夫卡,而是中国。正如弗朗茨·罗森茨维格在《救赎之星》中所描述的那样,中国的祖先崇拜也是如此。对卡夫卡而言,至关重要的事实世界是不可预见的,他的祖先世界也同样如此,毫无疑问,这个祖先的世界就像原始人所信仰的图腾树一样,是通往动物的。顺带一提,动物并不仅仅是卡夫卡作品中遗忘的容器。在蒂克富有深意的童话《金发的艾克贝特》中,被遗忘的小狗名——斯特罗米安——成为一种神秘的罪责的象征。因此,人们可以理解卡夫卡为何不厌其烦地从动物身上的倾听遗忘。动物并不是最终目标;但没有它们,一切都无法进行。人们想到"饥饿艺术家",他"严格来说,仅仅是通往马厩的障碍"①。当我们看到"地洞"中的动物,或者看到"巨型鼹鼠"在忙碌地翻找东西时,难道不觉得它们在思考吗?然而,另一方面,这种思维又是非常支离破碎、杂乱无章的。它犹豫不决地在一种忧虑间摇摆,轻轻啜饮着所有的恐惧,绝望地颤抖。在卡夫卡的作品中还有蝴蝶;"猎人格拉库斯"充满罪责,但却对其罪责一无所知,他"变成了蝴蝶"。"'不要笑。'猎人格拉库斯说道。"——可以确定的是,在卡夫卡笔下的所有生物中,动物是最容易沉思的。在它们的思想中,恐惧就像法律中的腐败一样。恐惧扰乱了过程,却又是其中唯一的希望。然而,由于最被遗忘的是——我们的身体,自己的身体——所以可以理解卡夫卡为何把从体内爆发出来的咳嗽称为"野兽"。它是身体内庞大兽群的最前哨。

在卡夫卡的作品中,前世与罪恶结合所孕育的最奇特的怪胎就是奥德拉代克。"它乍一看像是一个扁平的星状线轴,实际上似乎也是用线包裹着的;不过这些线大概只是一些断裂的、旧的、打结的,甚至彼此缠绕在一起的各种类型和颜色的线段。"然而,它不

---

① 艺术家虽然以其艺术行为引人注目,但在更广泛的社会和现实中,他的存在并没有实质性的价值或意义。这种表达突显了艺术家与社会之间的疏离感,以及艺术在大众文化中的边缘化地位。——译注

仅仅是一个线轴，从星星的中心伸出一根小横杆，这根杆子与另一根杆子以直角连接。借助这根杆子的一侧，以及星星的一根延伸，整个结构可以像两条腿一样直立。奥德拉代克"时常出现在阁楼、楼梯间、走廊和过道上"。它偏爱那些类似法庭的地方，那些追究罪责的地方。地板是被淘汰、被遗忘的物品的存放处。或许，在法庭前的感受和触碰那些地板上尘封多年的箱子的感受是相似的。人们情愿将这件事一直推迟下去，正如 K 认为他的辩护书适合"在退休后用来打发已经变得幼稚的头脑"。

奥德拉代克是事物在遗忘中所呈现的形态。它们被扭曲了。"家长的忧虑"被扭曲了，没人知道那是什么；被扭曲的还有那只代表格里高尔·萨姆莎的甲壳虫，还有那只半羊半猫的巨型动物，或许"屠夫的刀是它的解脱"。然而，卡夫卡笔下一系列形象都与畸形的原型——驼背人相联系。在卡夫卡的叙事中，最常见的姿态是一个男人把头深深垂到胸口。那是法官呈现出的倦态，是酒店门卫的喧闹，是画廊参观者经过的低矮的天花板。然而在《在流放地》中，施暴者使用一种古老的机器，在罪犯的背上刻下花哨的字母，这些字母不断增多，装饰层层堆叠，直到罪犯的背部变得透明，自己能够解读出其中的文字，从而了解自己不曾知晓的罪责。因此，沉重的负担都是压在背上的，对卡夫卡来说一向如此。在早期的日记中，他写道："为了尽可能沉重，以便更好入睡，我把手臂交叉，双手放在肩上，像个背负重物的士兵一样躺着。"这里，沉重与遗忘——沉睡者的遗忘——紧密相连。在民谣《驼背小人》中有同样的象征。这个小人儿是扭曲生活的囚徒；当弥赛亚到来时，会将其解救。正如一位伟大的拉比所说，弥赛亚不会用暴力来改变世界，而只是进行微调使其恢复秩序。

"我走进我的小房间，/要铺好我的小床；/那儿有一个驼背小人，/开始大笑。"这是奥德拉代克的笑声，据说"听起来像落叶中的沙沙声"。"我跪在我的长凳上，/我想祈祷；/驼背小人站在那里，/

开始说话。/亲爱的孩子,哦,我求你,/替驼背小人祈祷!"这首民谣就这样结束。卡夫卡在其作品的深处触及了一个根本的东西,是"神秘的直觉"和"存在主义神学"都无法达到的。他所触及的既是德意志民族的根基,也是犹太民族的根基。如果卡夫卡没有祈祷过——对此我们无法知晓——那么他所特有的正是马莱布朗什所称的"灵魂的自然祈祷"——那就是专注。而在这份专注中,他像圣徒一样,在祈祷中将所有生物都纳入进来。

原载:"Franz Kafka. Zur zehnten Wiederkehr seines Todestages",1933 年,收入"Jüdische Rundschau",骆佩译自 Walter Benjamin,*Medienästhetische Schriften*,Suhrkamp Verlag Frankfurt am Main 2002,SS. 25 – 31。

论波德莱尔的几个主题

1

波德莱尔推想，他的读者是对于读抒情诗来说有一定困难的。《恶之花》的导言诗就是写给这些读者的。意志力和专注的本领不是他们的特长，他们偏向的是感性享受，他们深深地具有那种将趣味和理解力扫除殆尽的怪癖。一名抒情诗人看重这些对抒情诗最没有感觉的大众真是令人奇怪。当然对此自有解释。波德莱尔渴望被人理解，他把自己的书献给了同类。致读者的那首诗便是以这样的致意结尾的：

> 装糊涂的读者，——我的同类，我的兄弟！①

更能昭示这种状况之实际的另一种表述是：波德莱尔写了一本从一开始就不会获得流行之成功的书。他所设想的读者已在导言诗里给描绘出来了，这就表明，他具有一种相当富于远见的构想。他所构想的那种读者在他身后的时代终于出现了。这种境况，换句话说，这种事实上正变得越来越不适于抒情诗生存的气候，在种种事物中已由三种因素得到了表明：其一，抒情诗人已不再表现诗人自己。他已不再像拉马提尼（Lamartine）曾经那样成为一个"游吟诗人"，他进入了某种类型中。（魏尔仑［Verlaine］就是这种专门化的具体例子；兰波［Rimbaud］已经是一个深奥玄秘的形象，他使自己的作品与公众之间有段不怎么亲密的距离）；其二，自波德莱尔以来，抒情诗就没有获得过广泛大众倾心（维克

---

① 波德莱尔：《作品集》，Yves-Gérard Le Dantec 注释版，2 卷本，巴黎 1931/1932 年版，第 1 卷，第 18 页。（此后只注卷数和页码）——原注

多·雨果的抒情诗在它刚出现的时候还能激起有力的反响。在德国,海涅的《歌谣集》则标志着这种转折点的所在);作为结果,第三种因素便是公众对作为文化传统之一部分而流传下来的抒情诗更加冷淡。在此所论及的时期大致可以回溯到 19 世纪中叶,在那段时间里,《恶之花》的声名正在不断传播。这本书预期就是要被那些最苛刻的读者来读的,一开始确实也没有多少人喜欢它,但数十年后,它便成了一部经典,成了印数最大的图书中的一种。

　　如果说接受抒情诗的条件已经变得不如从前有利的话,那么由此就有理由认为,抒情诗只是在例外的情况下还能与读者的经验发生沟通。这或许是由于他们经验结构发生了改变。人们应认可这种发展,这样就要愈加不避艰难地去指出在哪些方面发生了变化。由此,人们就会转向哲学寻求答案,这样所面对的就是一个从未有过的变化。自 19 世纪末以来,哲学进行了一系列的尝试,以图把握一种“真正的”经验,这种经验与文明大众在其标准化、非自然化了的生活中所获得的经验是不同的。人们通常把这样的努力归在“生命哲学”的标题之下。完全可以理解,这种生命哲学并没有从社会生活中的人出发。他们乞灵于诗,甚至乞灵于自然,而最终又尤其乞灵于神话时代。狄尔泰的《体验与诗》是这种努力的最早表现之一,到了克拉格斯[①]和荣格那里,这种努力走向了终结,荣格还有所失误地对法西斯主义进行了研究。在这方面的有关文献中,柏格森的早期作品《物质与记忆》是一部丰碑性的著作,它比其他著作更推举基于经验研究的关联,这部著作以生物学为楷模。书名就表明了,它将记忆结构视为有关经验之哲学构造的决定性因素。经验的确是一种传统的东西,在集体和私人生活中都是这样。与其说它来自回想过程中被明确捕捉到的东西,不如说来自积淀在记忆中的那些往往未被意识到的材料。当然,柏格

---

① 克拉格斯(Ludwig Klages, 1872—1956),德国心理学家,哲学家。——译注

森的意图绝不是要给记忆做专门的历史分辨。相反，他反对任何有关经验的历史决定论，由此他主要想根本地避免对自己哲学植根其中的那种经验作详尽的披露，或者说，他由此主要是为了反对将这种经验说得清清楚楚。这是大规模工业时代所具有的那种不令人流连而使人眼花缭乱的经验。人的眼睛在把这种经验拒于视线之外的同时，感受到了一种以它的自发后形象（Nachbild）面貌出现的替补性经验。柏格森的哲学就是一种去细说和捕捉这种后形象的尝试，因而他的哲学就直接为波德莱尔用他读者那未被扭曲的形态展现出的经验提供了线索。

2

《物质与记忆》把经验的本质界定为时间绵延（durée），这就是说，读者必须坦言：唯有诗人才是胜任这种经验的主体。事实上也已经有过一位诗人对柏格森的经验理论进行了尝试。人们可以将普鲁斯特的作品《追忆似水年华》视为企图在当今社会条件下用叠加方式去重现柏格森所说的那种经验的一种尝试，因为，期待这种经验以自然方式出现的希望变得越来越渺茫了。顺便说一下，普鲁斯特并没有在他的著作中回避对这个问题的有关讨论，他甚至在这样的讨论中引入了一个新的因素，这个因素包含着对柏格森的一种内在的批评。柏格森并没有忘记去强调在一般的生命活动（vita activa）与来自记忆的特殊的生命沉思（vita contemplativa）之间存在的对抗性，但他是这样去论说这一点的，似乎对生命之流的直观显现是一种自由选择。普鲁斯特从一开始就在术语的运用上表示了他的不同意见。在他那里，柏格森理论中的纯粹记忆（mémoire pure）变成了一种非意愿记忆（mémoire involontaire）。普鲁斯特随即将这个非意愿记忆与处于理智层面的意愿记忆比照。他的巨著的最初几页就用来澄清这个关系。在这个慢慢推出他所用术语的阐述中，普鲁斯特提到，由于已过去许多年的缘故，孔布雷(Combray)镇这个他曾在那里度过一段童年时光的地方并没有使他想起多少过去。一天下午,一种叫玛德兰的小点心(之后他经常提到它)的滋味却把他带到了过去,而在此之前,他一直囿于听从由注意力所支配的记忆的提示。他称此为意愿记忆,它的特点是:它所提供的有关过去的信息里不包含任何一点过去的东西。"我们所说的我们自己的过去就是如此。我们要凭意愿力图去捕获它,结果都会无济于事。不管我们的理智如何使尽一切努力都无法通达到它。"①由此,普鲁斯特紧接着总结道:过去驻足于"理智及其作用范围之外的某个随意物体中……至于在哪个物体中我们不得而知。我们是否能在生前碰到它,或者是否永远碰不到它,这完全是一种偶然"②。

在普鲁斯特看来,单个人能否就自我获得某种观念,他是否能捕获自己的经验,这全要看机遇。在这样的问题上,个人没有丝毫可以自主行事的空间。这个没有任何第二条道可走的私密性并不是人生来就有的内在品性,它是在人用经验方式同化周围世界材料的可能变得越来越少时方才如此。报纸就是使人这种可能变少的诸多情形之一。如果报纸想要使读者把它提供的信息吸收为自己的经验,它是做不到这一点的。但它想要做的恰恰相反:即把发生的事情从能够激活读者经验的区域分离出来并孤立起来。它做到了这一点。新闻报道的基本原则(新鲜、简洁、易懂,尤其还有各新闻条目之间的无关联性)与版面设计和不断用新语言都同等程度地促成了这一点。(卡尔·克劳斯③曾不厌其烦地向人们表明报纸的语言使用在何种程度上使读者的想象力处于瘫痪。)新闻报道同经验相脱离的另一个原因是,前者没有进入"传统"中去。

① 马赛尔·普鲁斯特:《追忆似水年华》第 1 卷:"斯旺家那边",巴黎,第 1 卷,第 69 页。——原注
② 同上。
③ 卡尔·克劳斯(Karl Kraus, 1874—1936),奥地利作家,新闻出版家。——译注

报纸大量发行，没什么人还能如此轻易地拥有别人想"听他述说"的东西——在各种各样的传播方式之间历史性地出现了竞争。老式的叙事艺术由一般新闻报道代替，一般新闻报道又由轰动事件报道代替，这反映了经验的日益萎缩。所有这些传播方式都有别于叙说（Erzählung），叙说是传播的最古老方式之一。它并不看重去传达纯粹的所发生事件本身（新闻报道就是这么去做的）；相反，它让叙说者将自己的生活嵌入事件中，以便把它作为经验一同传达给听者。因而，它带着叙述人的印记，宛如陶罐带着制陶者的手工印记。

普鲁斯特的八卷本著作表明了，要在现代人面前重塑叙述者的形象应怎样去做。他本人以无比的坚韧从事着这项工作。一开始他就面临着这样一项基本工作：去叙说他自己的童年。由于他将这样的事归咎于偶然，因而他能否做到这一点就全然成了一件很难说清的事。在这样的情形下，他就祈望非意愿记忆这个概念。这个概念本身表明：它离不开由自身产生的情境，它来自多种多样封闭着的个体储存。在严格意义上的经验所在之处，个体过去的特定内容在记忆中与团体之过去的特定内容结合在了一起。众多膜拜活动在其举行的仪式，节庆（很可能普鲁斯特的著作里并没有提到这些）中不断地制造出这两种记忆成分的结合。它们在某一时刻打开了记忆的闸门，并在一生的时间里保持住了这种记忆。这样，意愿回忆和非意愿回忆就不再是互相排斥的了。

3

要更充分地说明普鲁斯特《智性的记忆》中作为柏格森理论副产品出现的东西，应该还是回到弗洛伊德。1921年弗洛伊德出版了他的论文《超越快乐原则》，以假设的方式演示了记忆（指非意愿记忆）与意识之间的关联。下面在此基础上所做的思考并不是为了证实它，而只是为了检测这个假设对另一些东西是否具有启迪意义，这另一些东西是与弗洛伊德写作该文时意欲说明的东西完全不同的,弗洛伊德的学生们也许更乐于这样做。雷克(Theodor Reik)阐述他自己有关记忆理论的一些文章在某些方面同普鲁斯特对于意愿记忆和非意愿记忆的区分是完全一致的。他这样写道:"记忆(Gedächtnis)的功能是保存印象;回忆(Erinnerung)则使它瓦解。记忆本质上是保守的,而回忆则是解构性的。"①雷克那些文章引以为据的弗洛伊德的基本思想是由这个假设得到阐明的:"意识只在有记忆痕迹的地方出现。"②③因而,"意识的兴奋过程与所有发生在其他心理系统中的兴奋活动不同,它并不留下其要素的某种持续的变化,而是在所出现的意识现象中消失了。这是意识的特殊性质。"④这个假设的基本阐述是:"进入意识和留下一个记忆的踪迹在同一个系统中是不能兼容的。"⑤回忆的残片"在回忆过程永远无法被意识到时,往往是最有力,最持久的"⑥。用普鲁斯特的方式说:只有那尚未有意识地、清晰地"经历"过的东西,只有那尚未作为"体验"被主体感受到的东西才能成为非意愿记忆的组成部分。按照弗洛伊德的看法,意识兴奋活动中其"作为记忆之基石的展开过程的踪迹"是被"另一个系统"储存起来的,该系统必须被看成与意识不同的系统。⑦ 在弗洛伊德看来,这样

---

① 雷克:《震惊心理学——论对无意识现象的揣摩与理解》,莱顿 1935 年版,第 132 页。——原注
② 西格蒙德·弗洛伊德:《超越快乐原则》,维也纳 1923 年第 3 版,第 31 页。——原注
③ 弗洛伊德文章中使用的记忆和回忆这两个概念在本质上并没有这里所说的那种含义区别。——原注
④ 西格蒙德·弗洛伊德:《超越快乐原则》,维也纳 1923 年第 3 版,第 31—32 页。——原注
⑤ 同上书,第 31 页。——原注
⑥ 同上书,第 30 页。——原注
⑦ 对于这"另一个系统"普鲁斯特曾有过不同的表述,但他最爱用人的四肢去表述它,并且非常热衷于去谈人四肢中所储存的记忆图像,也就是说他非常有兴致去谈:当大腿、手臂或后背在人睡觉时无意进入一个它们从前曾进入过的位子时,四肢中所储存的记忆图像便会不顾意识的阻拦而直接闯入意识中。"肢体的非意愿记忆"(mémoire involontaire membres)是普鲁斯特尤为关注的东西之一(普鲁斯特:《追忆似水年华》第 1 卷:"斯旺家那边",巴黎,第 1 卷,第 15 页)。——原注

的意识兴许根本得不到任何记忆踪迹，却会另有一个重要的功能：抵御刺激。"对于一个生命组织来说，这种对刺激的抵御几乎是一个比接受刺激更为重要的功能，它是由机体自身的能量储备装备起来的，它首先要做的是：在外部世界超大能量同化面前，即摧毁性的侵入面前，必须极力保护内部能量转换的特有形式。"[①]这种能量对人的威胁就是一种由惊颤而来的恐惧。

意识越是顺利地将这种能量登记注册，它引发的惊颤所带来的破坏性后果就越小。精神分析理论试图"用抵御刺激的防线被突破……去解说"那破坏性惊颤的实质。根据这种理论，惊吓在"对恐惧缺乏任何准备"时才具有意义。[②]

弗洛伊德的研究是由一个典型的突发精神病患者的梦引起的，这个梦再现了患者所遭遇的灾祸。在弗洛伊德看来，这类梦"试图再回溯性地在恐惧出现时去消化那种刺激，而恐惧在其出现时的未被消化正是引发伤害性精神病的原因所在"[③]。瓦莱里似乎也有类似的看法。这个巧合值得我们去指出，那是由于瓦莱里属于对当前生活状态下心理机制的特殊作用方式感兴趣的那一类人。（他甚至还想将这种兴趣同他完全是抒情风味的诗歌创作结合在一起。由此，他也就成了一个唯一能直接与波德莱尔相比的诗人。）在瓦莱里看来，"人所获得的印象以及感觉接受，就其自身而言属于……震惊的范畴，它们证明了人的某种不足……回忆是……一种不可或缺的基本现象，它旨在给我们时间来组织原本缺乏的"对刺激的消化。[④] 在消化刺激方面进行训练就能使人对惊颤的接受变得容易些，这种训练在迫不得已时也可以借用做梦和回忆这样的手段。然而，在一般情况下，照弗洛伊德看来，这种

---

① 西格蒙德·弗洛伊德：《超越快乐原则》，维也纳 1923 年第 3 版，第 41 页。——原注
② 同上书，第 42 页。——原注
③ 同上书，第 32 页。——原注
④ 瓦莱里：《阿纳雷克塔》（*Analecta*），巴黎 1935 年版，第 264—265 页。——原注

训练是在清醒的意识下进行的，它发生于大脑的皮层。"那些皮层……由于不断受到刺激而如此地被打乱了，以至它们练就了一种接受这些刺激的最佳方式。"①惊颤如此被消解了，如此被意识避开了，这就会给引发惊颤的东西赋予一种严格意义上的体验特征。这样，这些东西（在被有意识回忆的登记入座直接吞并的情况下）就会给诗的经验提供新的抵御能力。

由此出现的问题是：抒情诗何以能把以惊颤体验为标准的经验当作它的根基。这样的诗必定具有大量的意识内涵，它会使人觉得有一个计划在写作中被注入了其中。波德莱尔的诗的确如此，这使他在他的前辈中与爱伦·坡具有了一致性，在他的后继者中又与瓦莱里相近。普鲁斯特与瓦莱里各自对波德莱尔的阐释如同天意安排好似的互相补足。普鲁斯特曾写了一篇有关波德莱尔的文章，其影响甚至超过了他小说中的某些反思。瓦莱里在《波德莱尔的境地》一文中提供了《恶之花》的经典性引言。文中他写道："波德莱尔的问题应该在于：做一个伟大的诗人，但既不是雨果，又不是拉马提尼，也不是缪塞。我并不是说波德莱尔自己曾意识到了这一点，但它一定萦绕着他。——是的，波德莱尔其实就是这样，他的国事就是要做到这一点。"②把国事（Staatsraison）用在一个诗人身上有些奇怪，它蕴含着一些值得关注的东西：从体验中解放出来。波德莱尔的诗歌创作担负着一个使命。他发现了一个空旷区域并用自己的诗去填补它。他的作品不仅仅能像任何其他人的作品一样被视为历史性的东西，而且它们要成为这样的东西，也把自己看成这样的东西。

4

在单个印象中惊颤的成分越大，意识也就必须越持久地成为

---

① 西格蒙德·弗洛伊德：《超越快乐原则》，维也纳 1923 年第 3 版，第 32 页。——原注
② 波德莱尔：《恶之花·引言》（瓦莱里作），巴黎 1928 年版，第×页。——原注

抵御的挡板，这种抵御越富有成效，进入经验中的印象也就越少，也就是说，这些印象更多地成了体验。也许人们可以将这种抵御惊颤的真正成效看成：指出惊颤在意识中出现的确切时间，而不顾它本身的完整性。这将是反思的最高成就，它将使事件成为一种体验。如果不出现这种反思，那么，原则上就会出现欢欣或（大多是）表示反感的惊异。照弗洛伊德看，这种惊异便证明了抵御惊颤的失败。波德莱尔在一个耀眼的意象中描绘了这种境况。他讲了一场决斗，其中那个艺人在被战胜之前惊恐地尖叫了起来。①这个决斗本身就是一种创造性的过程。这样，波德莱尔就把惊颤经验放在了他艺术创造的中心。这个自我说明具有重大意义，不少他同时代人的言论印证了他的这个自我说明。由于自己受到了惊吓，对波德莱尔来说，他自己也就免不了引起惊异。瓦莱里给我们讲了他那乖僻的脸部表情；②蓬马尔丹（Pontmartin）根据纳吉奥（Nargeot）作的一幅肖像画阐述了波德莱尔吓人的外表；克劳代尔（Cladel）注意到了他言谈中尖尖的声调；戈蒂叶谈到了波德莱尔朗诵诗时喜欢用手跟着诗行移动的习惯；③纳达尔则描绘了他走路时的痉挛步态。④

精神病学了解导致精神伤害的种种类型。波德莱尔要做的事是：用精神自我和肉体自我去躲开惊颤，不管它来自何方。对惊颤的抵御就像一场搏斗。当波德莱尔要去描绘他的朋友康斯坦丁·吉斯（Constantin Guys）时，他在巴黎正沉睡的时候造访了他。他看见："他是怎样俯向他的桌子，仔细地读着那张纸，专心致志得就像白天处理身边的事情；他是怎样用钢笔、铅笔和毛笔刺过去；

---

① 参见欧内斯特·雷诺：《波德莱尔——试论他的生活及其特征》，巴黎 1922 年版，第 318 页。——原注
② 参见瓦雷斯（Jules Valles）：《夏尔·波德莱尔》，见贝耶（Andre Billy）：《十九世纪战斗的作家》，巴黎 1931 年版，第 192 页。——原注
③ 参见马桑（Eugène Marsan）：《保罗·布尔杰的手杖和菲特林的正确选择·优雅的小生产者》，巴黎 1923 年版，第 239 页。——原注
④ 参见梅拉尔（Firmin Maillard）：《智慧之城》，巴黎 1905 年版，第 362 页。——原注

怎样试着将杯子里的水洒向天花板，并在衬衣上试钢笔；他是怎样
快速而毫不迟疑地投入他的工作中，似乎生怕那些意象会弃他而
去；因而，他总是好斗，即便只有他一个人，他也总要避开来自自己
的攻击。"①波德莱尔在其诗篇"太阳"的第一段里就借用这种幻想
的格斗，给自己做了一幅自画像，这或许是《恶之花》中唯一表现诗
人在进行诗歌创作的地方。

> 沿着古老的市郊，那儿的破房
> 都拉下了暗藏春色的百叶窗，
> 当毒辣的太阳用一支支火箭
> 射向城市和郊野，屋顶和麦田，
> 我独自去练习我奇异的剑术，
> 向四面八方嗅寻偶然的韵律，
> 绊在字眼上，像绊在石子路上，
> 有时碰上了长久梦想的诗行。②

　　对惊颤的经验属于那些对波德莱尔的人格有决定意义的东
西。吉德曾研究过作为波德莱尔诗篇引人之所在的意象和观念，
词与物之间的错位。③ 里维埃曾指出过冲击了波德莱尔诗篇的那
种隐秘的惊颤，这种冲击似乎击倒了其间的某个词语，里维埃还列
举出了这些被冲击掉的词语：④

> 有谁知道，我梦中的鲜花是否会在
> 像被海水冲空的海滩那样的泥土中，

---

① 波德莱尔：《作品集》，第 2 卷，第 334 页。——原注
② 波德莱尔：《作品集》，第 1 卷，第 96 页(中译据钱氏译本)，第 29 页。——原注
③ 同上书，第 31 页。——原注
④ 同上书，第 113 页。——原注

找到那给予它力量的神秘养料？①

或者：

西贝尔，谁爱她们，增加了她们的翠绿。②

还有一个例子是那著名的一句开场诗：

那个你们妒忌地等待的宽宏大量的仆人。

波德莱尔在其散文诗《巴黎的忧郁》中追寻的意图就是要使这些隐藏着的法则在诗行之外也能具有效用。在他那本诗集里给《快报》主编阿尔塞纳·乌萨耶的题词中，波德莱尔写道："我们中有谁不曾在某个雄心勃勃的时刻梦想过去创作一部伟大的散文诗？这样的作品必须离开节奏和韵律去显出它的律动；它必须充分地轻快流畅，充分地灵活多样，以适应灵魂那奔放不羁的骚动，适应梦境那此起彼伏的波浪和思想那突如其来的紧张。这种能够激发灵感的理想主要来自这种大城市的体验：无数关系相交叉结集在一起。"

这段话给了我们一个双重启示：一方面它告诉我们，惊颤的意象在波德莱尔那里是与置身于大都市的人群紧密联系在一起的；另一方面它也进一步告诉我们，置身于这些大众会是什么样的感觉。这里所说的大众并不是某个阶级，也不会是哪个具有结构特征的团体，而仅仅是马路上无定形的过往人群，是马路上的公众。③ 波

---

① 转引自吉德：《波德莱尔和法格》，载：《吉德文选》，巴黎 1921 年版，第 128 页。——原注
② 参阅里维埃：《研究》，巴黎 1948 年第 18 版，第 14 页。——原注
③ 这里值得关注的是什么导致了这种自白。在霍夫曼的小说里，来访者说那个表弟之所以注视楼下的纷攘忙乱只是由于他欣赏那变来变去的色彩，一直看（转下页）

德莱尔从未忘记过这种人群的存在特征，他们虽然并未成为他哪一部作品的模特儿，但他们作为一种隐蔽的形象在他的创作中留下了印记，正如他们也是前面所引那些诗句的一个隐蔽形象一样。我们可以从中破译出击剑者的意象：他所实施的那些出击是要为自己在人群中打开一条通道。"太阳"的作者为自己打开的出路指向了郊区，那里是没有什么人的。但隐秘的情形（它显示出了那节诗根底深处的美）应该是这样的：那其实是由词语，断片和诗的开头组成的幽灵般的族群，诗人要在无人的街道上用这样的族群去捕获一切富有诗意的东西。

……

8

害怕、恐怖和不合心意是大都市人流在那些最早观察它的人心中引起的感觉。在爱伦·坡看来，它有些粗野，规则只勉强能使它驯服。此后，詹姆士·恩瑟尔（James Ensor）没完没了地考察了其中规则与野性的一面。他喜欢把军队放进他的狂欢的人群中去，并且让二者相处得具有典范性，即作为极权国家的典范。在极权国家里，警察和强盗是携手合作的。对"文明"的症状具有敏锐眼光的瓦莱里标识出了其中一桩具有说服力的事实。他写道："住在大城市中心的居民又退化到野蛮状态中去了，也就是说，又退化到了各自为营之中。那种由实际需求不断激活的、生活离不开他人的感觉逐渐被社会机制的有效运行磨平了。这种机制的每一步

（接上页）这样的色彩变化总会使人看厌。此后不久，果戈理以同样的方式写到了乌克兰每年一次的集会："那么多人在路上走着，简直让人眼睛晕眩。"每天看这样的人群晃动也许会有朝一日出现一个眼睛必须先去适应它的景观。如果人们认可这样的推想，那么紧接着出现的推想就是：一旦人的眼睛把握了这个任务，他们就会乐于找机会试验一下他们新获得的官能。这样的话，印象主义绘画那种用色块的叠加勾勒画面的技巧就可被视为大都市人的眼睛已熟悉的那些经验的自然结果。莫奈的《Chartres 的大教堂》的画面宛如一堆密密麻麻的石头，这幅画便可以作为这种假设的图解。

完善都使特定的行为方式和特定的情感活动……走向消失。"①安逸使人们封闭了起来。而在另一方面，它又使享用这种安逸的人进一步依赖于某种机制。19 世纪中叶火柴的发明引发了一系列进行革新的计划，所有这些计划的一个共同点是：用手突然一动去引发紧接着的一系列运动。这种发展在许多领域里出现，其中之一是电话，抓起听筒就能通话代替了老式要去摇动曲柄的笨拙动作。在不计其数的拨、插、按以及诸如此类的动作中，摄影师按快门的发明尤其富有成效。用手指触一下快门就能将一个事件永久地固定下来。这个照相机赋予了瞬间一种追忆性的震惊。这种触觉经验同视觉经验联合在一起，就像报纸广告或大城市交通给人的感觉一样。在其中穿行便会给个体带来一系列惊恐与碰撞。在危险的十字路口，一系列神经紧张会像电流冲击一样急速地通过体内。波德莱尔说一个人扎进大众人流中就像扎进蓄电池中。不久，为了描述惊颤经验，他称这种人为"一个装备着意识的万花筒（Kaleidoskop）"②。当坡的"过往行人"还显得漫无目标地东张西望时，当今的行人不得不也这样做则是为了寻找交通指示信号。因而，技术迫使人的感觉中枢屈从于一种复杂的训练。不知从什么时候开始，一种对新刺激的急切需要使电影得以诞生。在电影里，惊颤式的感知成了一个有效的形式原则。那种在流水作业的传送带上决定生产节奏的东西正是电影使人接受所立足的基础所在。

马克思并非没有意义地强调了手工劳动各要素之间的联系在很大程度上具有流动性。这种联系在工厂流水作业中独立于工人而成了一种物化的联系。要被加工的物体不顾工人的意愿而专横地进入又跑出他的工作区域，从而完全独立于他的意志。马克思写道："所有资本主义生产……在这一点上是共同的，那就是不是

---

① 瓦莱里：《1910 年方案 B》，巴黎，第 88—89、333 页。——原注
② 同上。

工人使用劳动工具,而是劳动工具使用工人,但只是随着机械化的出现,这个转变才第一次成了可技术性地感知的现实。"①在用机器工作的时候,工人们学会了调整他们自己的"运动以便同那自动化系统的统一和不停歇的运动保持一致"②。这番话出色地揭穿了坡想加于大众的那种荒谬的统一性,那种在行为和打扮,以及面部表情上的统一性。那种微笑必须引起思考。它们或许在此是训练出的通用的"保持微笑",而在另一种情况下则是表情上的震惊吸收器。——在上面那段话的关联中,马克思说道:"所有的机器工作要求先对工人进行训练。"③这种训练与练习不同。练习是单一地由手工活决定的,它在手工作坊里还有活动余地。在此基础上,"生产的每一个特殊环节都能在经验中找到与之对应的技术形态,这些环节慢慢地使之完善"。可以肯定,"一旦当它成熟到一定程度的时候"④,一切就都迅速地明朗了。但在另一方面,这同一个手工作坊"在它所从事的每一种手艺活中都制造出所谓的非熟练工人这一阶层,这是那些被严格地排斥在作坊外的人。如果这样的手工作坊以牺牲劳动能力的整体性为代价来使业已极大地单一化的特长发展成绝技,那么它也就开始把缺乏任何发展这一点变成了特点。这样,除了等级秩序之外,还有了把劳动者分为熟练的和非熟练的简单划分"⑤。非熟练工人是由机器来训练的,他们是受凌辱最厉害的一部分人。他的工作被经验拒之门外,练习在那里是一钱不值的。⑥ 游乐场用晃晃船以及其他类似的逗人玩意

① 马克思:《资本论——政治经济学批判》,柏林 1932 年(该书 1872 年第二版全印本),第 1 卷,第 404 页。——原注
② 同上书,第 402 页。——原注
③ 同上。——原注
④ 同上书,第 323 页。——原注
⑤ 同上书,第 336 页。——原注
⑥ 一个产业工人接受的培训时间越短,一个军人接受训练的时间就会越长。生产实践中的练习被转移到了对破坏性实践的训练中,这或许是一个社会对全面战争所做准备的一部分。——原注

儿为人提供的不过是一种品尝接受训练的滋味而已，非熟练工人在工厂里必须接受这样的训练（他们有时也会获得对整个训练程序的这种尝试，因为打工者在游乐场里接受训练的那种小丑技能是与失业现象一同出现的）。坡的作品使人们看清了野性与守规则之间的真正关联。他的那些行人的举止就仿佛他们已经适应了自动化机器那样只能机械地去表达。他们的行为是一种对惊颤的反应。"如果被人撞了，他们就谦恭地向撞他的人鞠躬。"

9

街上行人在人群中具有的惊颤体验与工人在机器旁的"体验"是一致的。但由此还不能去推断说：坡对工业生产过程已经有所了解。不管怎样，波德莱尔对此是一无所知的，但他被这样一个过程迷住了，在此过程中人们可以像在一面镜子里那样清楚地观察到机器在工人身上所注入的反射机制。如果以为这过程是赌博游戏，那必定显得自相矛盾。哪儿还能找到比工作和赌博之间更有说服力的矛盾情形呢？阿兰（Alain）富有启迪性地写道："赌博概念本身……就含有这个意思：没有哪一方会根据前一轮的情形行事……赌博中没有任何保险的成分……它对前面赢到的东西是不加考虑的，在这点上，它与工作不同。它漠视……重要的过去，而这正是工作所依靠的东西。"①阿兰在这里所说的工作是一种高度专门化的东西（诸如精神劳动，或许带着一些手工劳动的特点），它并不是大多数工厂工人所做的那种工作，但多少有些像非熟练工人所做的那种工作。他们的工作虽然缺乏冒险色彩，缺乏那种让赌徒着迷的海市蜃楼般的缥缈的幻影，但它肯定不乏工厂雇工劳动所特有的那些东西，如白干一场，空虚以及做不完的活。工人那被自动化工作程序造就出来的神态也应合了赌博由快速投下骰子

---

① 阿兰（又名 Émile Auguste Chartier）：《理想与时代》，巴黎 1927 年版，第 1 卷，第 183 页（"赌博"）。——原注

或抓起一张牌的动作而来的表情。机器在运转中的突然一击很像赌博中将骰子快速一掷的动作。工人在机器旁的动作与前面的动作是没有关联的,因为后者是前者的不折不扣的重复。机器旁的每一个动作与前一个动作是没有任何关联的,就像赌博里掷骰子的动作与先前的一掷没有任何关联一样,因而雇工劳动的单调足以和赌博的单调相提并论,两者都同样缺乏内容。

塞纳费尔德有幅版画描绘了一个赌博俱乐部。画面上没有一个人像通常那样专注于游戏。每个人都被自己的某种情绪支配着。一个人流露出压抑不住的欣喜,另一个人对他的庄家疑心重重,第三个人则带着低沉的绝望,第四个显得好斗,还有一个已准备好离开人世。所有这些神态各异的举止中有个隐秘的共同点:画中的形象展示出赌场里的赌徒们信奉的机制是怎样捕获了他们的身心,以至在私下里不管具有多大的激情,他们的行为都是反射性的。他们的举动就像爱伦·坡小说里行人的举动。他们像机器人似的活着,像柏格森所想象的那种人一样,他们彻底消灭了自己的记忆。

波德莱尔尽管对热衷于赌博的人表示过理解甚至敬意,[①]但他自己未曾迷恋过这种游戏。他在写夜的小品"赌博"里触及的主题是他对现时代看法的一部分,而且他认为写这首诗是自己使命的一部分。在波德莱尔那里,赌徒的形象已成为古代角斗士在现代的一个替身。对于他来说两者都是英雄。路德维希·伯恩那(Ludwig Boerne)用如下这段话表明他已具有了波德莱尔的目光:"如果欧洲……年复一年地虚掷在赌桌上的能量和热情……能被保存下来,岂不从中足以产生整个罗马民族和一部罗马史?然而仅仅是如果而已。由于每个人生来都是罗马人,而资产阶级社会却要使之非罗马化,这就出现了那么多冒险游戏、小说、意大利歌

---

① 参见波德莱尔:《作品集》,第 1 卷,第 456 页;第 2 卷,第 630 页。——原注

剧和流行报刊。"①在市民社会，赌博只是到了 19 世纪才流行起来，在 18 世纪，只有贵族才玩赌博的游戏。是拿破仑的军队才将赌博游戏带到了四面八方，而现在，它们已经成了"时髦生活以及在大城市底层无处安身之千百人生活的一种映现"——波德莱尔要在这个映现里找出具有英雄特质，即"那种属于我们时代特征的东西"②。

如果人们不想从技术角度，而是想从心理学层面来考察赌博，那么，波德莱尔的观点就会更加显得富有意味。显然，赌徒一心想赢，可是，人们不愿将他要赢、要赚钱的欲望在严格字面意义上称为愿望。他可能内在地被贪心或一种更罪恶的决心所驱使。不管怎样，他的精神状态已使他不怎么能运用经验了。③ 而愿望就其自身而言则与之相反地隶属于经验。歌德曾说过："年轻时祈望的东西，年老时会有很多。"人一生祈望得越早，得到满足的机会就越大。愿望在时间中走得越远，得到满足的可能也越大。引领人在时间中远行的是经验，是经验填充并划分了时间。因而，一个满足了的愿望是戴在经验头上的冠冕。在民间象征符号中，空间的距离可以替代时间的距离，因此，那些坠入无限遥远空间的流星会成为满足了的愿望的象征。而滚入下一个格子的象牙球，落在最上面的下一张牌，都恰好是流星的对立面。人们在流星发出闪光的瞬间感受到的一段时间是类似于儒贝尔（Joseph Joubert）用自身的确定性描述出的那种东西。他说："时间即便在永恒中也能找

① 《伯恩那全集》，汉堡/法兰克福 1862 年全文新版，第 3 卷，第 38—39 页。——原注
② 波德莱尔：《作品集》，第 2 卷，第 135 页。——原注
③ 赌博使经验无效。这或许来自对恰恰驱使赌徒热衷于"滥用经验"之原因的昏暗感觉。赌徒们说"我的号码"就像花花公子们说"我的美人"那样。第二帝国晚期这种方式流行了起来。"在林荫大道上盛行起了打赌游戏。"[拉古（Gustave Rageot）：《什么事发生了?》，载《时代》1939 年 4 月 16 日]打赌助长了这种趋向。打赌是让事件脱离通常经验而带上一种震惊色彩的游戏。对于资产阶级来说，甚至政治事件也会以赌桌上突发事件的形式表现出来。——原注

到,但这已不是地球上的,世界上的时间了……这种时间不会毁灭,它只是在完成着。"①这是地狱中的时间的对立面,在地狱时间里,不允许人们去完成任何他们已经开始做的事情。赌博游戏之所以声名狼藉是基于这样的事实:有人在游戏中做手脚(而一个不可救药的抽彩老主顾却不会像一个在此意义上的赌徒那样被人赶出赌场)。

不断地从头开始是赌博(也是雇工劳动)的通行观念。因而,波德莱尔的"中间人"如果像秒针那样作为赌徒伙伴出现的话,那是非常具有意义的:

> 记住,时间是一个狂热的赌徒,
> 　　不做手脚就能赢。这是规律!②

在另一诗篇中,撒旦本人取代了这里假设的秒针。③ 他的天地无疑包括那寂静的山洞,"赌博"一诗便把那些迷恋赌博的人放逐到了这样的山洞里。

> 这里是一片漆黑的景象,
> 那是夜晚在我超凡的双目前展开的梦景。
> 　　在那寂静的山洞角落,
> 　　我看见我自己,用肘子撑着身体,
> 寒冷,阴沉,充满着妒忌。

> 我妒忌那些人的坚韧的热情。④

---

① 儒贝尔:《思索》,巴黎1882年版,第2卷,第162页。——原注
② 波德莱尔:《作品集》,第1卷,第94、110页。——原注
③ 参见同上书,第455—459页。——原注
④ 同上书,第94、110页。——原注

诗人并没有加入这场赌博游戏，他站在他的角落里，一点也不比那些玩着的人高兴。他同样被骗掉了他的经验，他也是一个现代人。他只是抵制了那种赌徒们刻意寻求的麻醉，在这种麻醉中，赌徒们将秒针的走动抛到了九霄云外。①

> 然而我的心在战栗，
>
> 因为我在妒忌那些可怜的人们
>
> 　正急切地奔向陡峭的深渊。
>
> 　那些活厌了的人们，
>
> 都宁要不幸但不要死亡，
>
> 宁要地狱但不要虚无！②

波德莱尔在这最后一段将焦躁不安作为赌徒热情的基质描绘了出来。他在自己身上找到了它最纯粹的形态。他的暴躁脾气具有帕多瓦时期的乔多③所画的"伊拉昆地压"（Iracundia）的表现力。

10

如果我们信奉柏格森的话，那么这就是时间绵延的现实化，它

---

① 这里所说的赌博具有麻醉效果是有时间性的，就像麻醉能够减缓人的痛苦是有时间性的一样。时间是赌徒的幻想在其中翻腾的一种材料。戈恫（Edouard Gourdon）在《夜晚的死神》中写道："我觉得，在所有热情之中，赌博的狂热是最神圣的，因为它囊括了所有其他的热情。一排成功的投掷骰子的动作带给我的快乐比一个非赌徒在整整一年里能有的快乐还多……你们以为我只关心落进我腰包的金钱吗？你们搞错了。我于其中看到了它带来的快乐并尽情地享受它。这种快乐来得太快了，似乎让我承受不了，它们如此地各式各样，似乎让我感到烦了。我在一个生命里过着几百种生活。当我旅行时就像一道电流那样出行……如果我很吝啬并将那些钱再用来赌，那是因为我太了解时间的价值，我不能像其他人那样用它来进行投资。我准许自己享有的一个特定的快乐会让我以千百种其他享受为代价……我有智慧的快乐，其他我什么也不要。"（戈恫：《夜晚的死神》，巴黎1860年版，第14—15页）阿纳托尔·法朗士（Anatole France）在他《爱比库的花园》里对赌博所做精彩描述也持相似的观点。——原注

② 波德莱尔：《作品集》，第1卷，第94、110页。——原注

③ 乔多（Giotto di Bondone，约1266—1337），意大利画家、建筑师。——译注

使人的灵魂摆脱了时间的缠绕。普鲁斯特也持有这样的信念，而且他还由此出发毕生致力于去再现所有那种流逝的回忆，这种回忆是在人不经意时挤入毛孔中的。普鲁斯特是《恶之花》无与伦比的读者，因为他从中感受到了某种与之相亲和的东西。不了解普鲁斯特对波德莱尔的感受，也就无法理会波德莱尔。普鲁斯特写道："在波德莱尔那里，时间总是奇特地消失了，只有很少几次，时间在他那里展露了出来，那是一些重要的日子。因而我们就可以理解为什么像'假如某晚'这样的表述会在他著作中反复出现。"①按儒贝尔的意思，这些重要的日子便是时间正在完成的日子，它们是想起什么的日子，而不为体验所标明。它们与其他的日子没有联系，而纯然是从时间里生发出来的。就其含义而言，波德莱尔用"通感"（correspondances）概念对之进行了表述，它直接地与"现代美"的概念并列。

普鲁斯特对有关"通感"问题的学究性探讨不感兴趣（那通常是神秘主义关心的东西，波德莱尔在傅立叶的文章中关注过这些东西），因此，他不再去关注联觉条件下艺术表现的多变性问题。关键的是"通感"展示了一个包含膜拜成分在内的经验概念，波德莱尔只有领会了这个膜拜成分，才能作为一个现代人真正看出所亲历之崩溃的全部意义，只有这样，他才能将这种崩溃视为只对于他才有的挑战，他已将这个挑战收入《恶之花》中。如果这本书里真有一座让人做出各种猜测的隐秘建筑，那么第一卷里的组诗就会是献给那无可挽回地失落了的东西的。这组诗包含两首主题相同的十四行诗。第一首题为"通感"，开头是这样的：

> 自然是一座庙宇，那里有活的柱子，
>
>　　有时发出一些模糊不清的语音；

---

① 普鲁斯特：《波德莱尔的话题》，见：《法兰西小说通讯》，1921 年 6 月 1 日，第 16 期。——原注

> 漫步森林的行人经过那里，
>
> 察觉到有东西在用亲切的目光注视着他。

> 宛如远处传来的回声，
>
> 融化在一个隐秘而混成的统一体中，
>
> 像黑夜又像光明一样茫无边际，
>
> 芳香，色彩，音响在互相应答。①

波德莱尔的"通感"所意味的，或许可以描述为一种寻求可抵御任何危险之机制的经验。这只有在膜拜中才是可能的。超越此范围，这种经验就将自身展现为"美的事物"。在美的事物中，膜拜价值就成了艺术价值的所在。②

---

① 波德莱尔：《作品集》，第 1 卷，第 23 页。——原注

② 美在其与历史和自然的关系方面可以双重地来定义。在这两种关系中似乎存在着有关美的问题的困境。[第一种关系我们刚才只是简略地作了一下提示。美就其作为一种历史性存在来说是一种聚集着以往所倾心之物的感召力（Appell）。被美所感召是一种罗马人用来称呼死的"走向众人"（ad plures ire）。根据这个定义，美的显现表明，人们所倾心的那种统一的美在单个事物中是找不到的。这种倾心收获了先辈们在它里面注入的欣赏。在此道出了智慧之最终结论的是歌德的一句话："任何具有巨大效果的事物其实已不再能对之作出判断。"]美就其与自然关系而言可以被界定为那种"只有在它被蒙上一层面纱时才获得其自身本质"的东西。[转引自 H. 冯.霍夫曼施塔尔（Hugo von Hofmannsthal）编：《新德意志文集》，慕尼黑 1925 年版，第 II 期，第 2 卷，第 161 页（参见本雅明：《歌德的亲和力》）]通感会告诉我们这层面纱背后的东西是什么。我们不妨斗胆地称之为艺术作品"摹写的东西"（das Abbildende）。在由通感组成的判决法庭上，艺术对象被证明是一个忠实地发现出的东西，这种界定不管怎样使它整个成了问题。如果谁想用语言来复制这个给定的东西，那么，他就会把美界定为在相像状态下的经验对象。这个定义会与瓦莱里表述一致："美或许就是那种对事物中不可界定之物的严格模仿。"（瓦莱里：《另一种朗姆酒》，巴黎 1934 年版，第 167 页）如果普鲁斯特这样急不可耐地回到这个主题上（在他那里表现为复得的时间），那么，我们就不能说他在披露有关自己的什么秘密，宁可说，这是他技巧中的那些非协调的方面。他反复不断地将艺术那严谨的一面放在他有关思考的中心，简单说来，这个严谨的一面就是把艺术品，把美界定为摹写（Abbild）。他写出了他作品的缘起和意图，其流畅和文雅会使一个精益求精的业余写作者受益匪浅。这种说法当然在柏格森那里也有。这位哲学家在下面那段话里暗示：从不可阻挡之生成流的视觉显现中不是什么东西都会呈现出来的。这个暗示所强调的东西使人想到了普鲁斯特。柏格森的那段话是："我们可以让我们的此在（Dasein）日复一日被一种直观所渗透，并如此地（转下页）

通感是回想的材料，它不是历史的，而是前历史的回想材料。使节日变得伟大而重要的是同以往生活的相逢。波德莱尔在一首题为"过去的生活"的十四行诗中描述了这一点。那第二首十四行诗的开头提到的山洞、植物、云朵和波涛这些意象是从思乡病的泪水里，从泪水的热雾中涌现出来的。波德莱尔在他对马尔塞兰·戴斯博代-瓦尔莫尔（Marceline Desbordes-Valmore）的诗所作的评论中写道："漫游者凝望那哀婉绵绵的远方，歇斯底里的泪水充满了眼眶。"①此后象征主义者所崇拜的那种共时通感是不存在的。在感应中人们能一同听到往事的喃喃低语，但对它们的真正经验则发生在先前的生活里：

> 当云朵在落日的映照下飘向远方时，
> 他们欢欣而又神秘，
> 深深地沉浸在他们那华美音乐的有力和弦中，
> 伴随着映入我眼中的夜色。

> 这就是那些我感受到的东西。②

普鲁斯特的重建一直停留在尘世存在的界限内，而波德莱尔则超越了它，由这一点可以看到，波德莱尔所面对的阻力在怎样的程度上显得更原始，更强横。或许在此他获得了比他向它们妥协投降的时候更了不起的完美。他的诗篇"人神"就勾勒出了深深天空下面的古老岁月：

（接上页）借助哲学去享受一种类似艺术的满足，只是这种满足会更频繁，更持续不断地出现，而且会更容易为平常生活中的凡人所接受。"（柏格森：《不定的思想》，巴黎1934年版，第198页）从广义来看，柏格森在此所述的正是瓦莱里更好的歌德式洞察视之为"这里"的东西，在这个"这里"中不可通达的事物成了事实。——原注

① 波德莱尔：《作品集》，第2卷，第536页。——原注
② 波德莱尔：《作品集》，第1卷，第30、192、89页。——原注

> ……看那离去的岁月，穿着
> 过时的衣服，偎倚在天空的露台上。①

在这段诗句里，波德莱尔对在过时衣着下的离他而去的过去表示了敬意。当普鲁斯特在他著作的最后一卷里回到了那由一块玛德兰点心的滋味唤起的旧时经验时，他把出现在阳台上的时光想象为孔布莱（Combray）岁月的姐妹。"在波德莱尔那里……这种怀旧还有很多。人们也可以看到：他由这种怀旧引发的东西并不是偶然的。在我看来，恰恰由于这一点那些怀旧才具有了绝对的重要性。再也没有别人能像他这样蓄谋已久地以一种挑剔然而又若无其事的态度去捕捉充满关联的通感，诸如在一个女人的气息中，在她头发或胸脯的芬芳中去嗅出某种关联。这种捕捉到的通感使他写出了像'广阔天空那蔚蓝的苍穹'或是'充满桅杆和火焰的港口'这样的句子。"②这些话是普鲁斯特对自己作品的自白。它们也适用于波德莱尔，而波德莱尔则使回想的日子汇集进了一个精神岁月中。

可是，《恶之花》不会是它所呈现的那个样子，驻足于其中的是那走向精神岁月的汇集。它的独特主要在于：它能从安慰的直接无效、热情的直接毁灭和努力的直接失败中获得诗。这种诗绝不比那些通感在其中大获成功的诗低级。"忧郁与理想"是"恶之花"组诗的第一首。"理想"给想象提供了力量，而"忧郁"则与之相反地召回了大批时光。它是它们的指挥官，宛如邪恶是苍蝇的主子那样。在"忧郁"系列中有一首诗题为"虚无的滋味"，其中写道：

---

① 波德莱尔：《作品集》，第 1 卷，第 30、192、89 页。——原注
② 普鲁斯特：《追忆似水年华》，第 8 卷，《复得的时间》，巴黎，第 2 卷，第 82—83 页。——原注

美妙的春天失落了它迷人的芳香。①

在这行诗句里,波德莱尔极其谨慎地表达了一种极致,这无疑是他特有的。"失落"(perdu)一词表明了他曾享有的经验正处于崩溃之中。气息是不可通达的非意愿记忆的庇护所,人们很难将之同一个视觉形象联系在一起,它在所有的感性印象中,只与同样的气息结盟。如果辨别出一种气息比任何其他回忆更能给人以慰藉,那或许是因为它深深地麻醉了时间感。一种芳香使岁月消失在它令人想起的芳香中。这就使得波德莱尔的那行诗成了最不给人以慰藉的一行诗句。对于不再对此有体验的人来说,其中没有任何安慰可言。然而,恰恰是经验的这种无能成了发怒的真正实质所在。一个发怒的人"什么也不想听"。他的原型泰门(Timon)对人不加区别地发怒,他不再有能力区分他可信的朋友和死敌。德·渥里维利(Barbey d'Aurevilly)用深邃的目光看到了波德莱尔那里的这种情况,因此称他为"一个具有阿喀琉斯②天赋的泰门"③。愤怒的暴发是用分分秒秒来记录的,而忧郁的人也是这样计时的。

时间一分钟一分钟地将我吞噬,
　　像无边的大雪紧紧地盖住了一个躯体。④

这二行紧接着前面所引的那句诗。在"忧郁"中,时间被物化了,分分秒秒像雪片似的将人覆盖。这种时间像非意愿记忆里的

① 波德莱尔:《作品集》,第 1 卷,第 30、192、89 页。——原注
② 阿喀琉斯(Archilochos,约公元前 650 在世),古希腊抒情诗人。他用充满激情的诗歌刻画了对自己游荡生活的感受。——译注
③ 德·渥里维利:《十九世纪:著作与人》,第三部分,"诗人",巴黎 1862 年版,第 381 页。——原注
④ 波德莱尔:《作品集》,第 1 卷,第 88、89 页。——原注

时间一样是处于历史之外的。但在"忧郁"中，对时间的感受却超自然地得到了突出，每一秒都清晰地触发了对它的惊颤。①

对时间的计算将某种规范注入了一个持续过程中，但它却不能将不合规范的、杰出的断片从中剔除出去。把对质的认可同对量的测量结合起来是日历的工作。日历用节日取代了引起回想的时段，将经验丢失的人便感到被从日历中剔除了出去。大城市居民在星期日懂得这种感觉，波德莱尔在一首"忧郁"的诗中将它形诸文字。

> 突然间那些钟发出了急切的鸣响，
>
> 冲着天空吼出了可怕的嚎叫。
>
> 多么像游荡着的无家可归的灵魂，
>
> 喊出了固执的哀号。②

钟曾是节假日的一部分，像人一样被从日历里抛了出来。它们像那些可怜的灵魂，尽管做了不少事，但还是进入不了历史。如果说波德莱尔在"忧郁"和"过去的生活"中把握住了真正属于历史经验的那些消散的碎片，那么柏格森在他的"绵延"概念里就使自

---

① 在具有神秘色彩的《莫诺(Monos)与厄那(Una)谈话录》中，坡将人在忧郁时进入的时间空白直接搬进了时间绵延之中，并感受到了一种奇迹：他的恐惧离他而去。这是从离去事物中获得的一种"第六感"，它表现为一种从时间的空白中抽绎出意义的能力。当然，这种意义非常容易被秒针的节奏毁掉。"我有种感觉，似乎有一种无法用人的智力方式去说清的东西进入了我的脑中，即便以模糊的方式也无法言说它。我想说的是对人正常反应机制的一种震荡，那是与人抽象时间观念的一种灵性般的相近。整个大脑的运转绝对地与这种——或者说相应的——震荡同步。这样，我去测试壁炉上那架座钟和在场人士怀表的准确度。我听见了钟表走动的嘀嗒声。我清清楚楚地看到，钟表几乎没有走错，但人们对抽象真实的不屑一顾使我同样有受辱的感觉。"（爱伦·坡著，波德莱尔译：《非同寻常的故事》，巴黎1887年版，第336—337页）——原注

② 波德莱尔：《作品集》，第1卷，第88、89页。——原注

己更加远离历史了。"柏格森这个形而上学家对死的问题避而不谈。"①死从柏格森的绵延里被排除了出去,这个事实使它独立于历史的(同时也是前历史的)秩序之外。与此对应,柏格森的"行动"概念同样被排除了出去,"实践的人"用以炫耀的"健全的理智"有了它的教父。② 死被从中剔除出去的绵延有一个糟糕的无穷无尽的名册,传统被排除在外。③ 这个绵延代表的只是一种披着借来的经验外衣到处炫耀的体验。而"忧郁"则相反,它把体验赤裸裸地表现了出来。忧郁的人惊恐地看到地球回复到了单纯的自然状态。没有史前的气息包围着它,没有任何光韵(Aura)。在"虚无的滋味"这首诗中,紧接着前面刚引的那几句诗的后面,地球就是这样得到表现的:

> 从冥冥高处我望着圆形的地球,
> 　我不再去寻找破旧茅棚的庇护。④

11

如果我们将非意愿回忆中努力去圈定直观对象的构想称为该对象之光韵(Aura)的话,那么观照对象上的这种光韵就与试验性地使用对象时获得的经验相一致。建立在照相机以及此后类似器械基础上的技术拓宽了意愿记忆的领域,这种技术使得一个事件在任何时候都能以声、像的形式被记录下来,因而它们成了一个试

---

① 马克斯·霍克海默尔(Max Horkheimer):《论柏格森有关时间的形而上学》,载:《社会研究杂志》,第 3 期(1934 年号),第 332 页。——原注
② 柏格森:《物质与记忆》,巴黎 1933 年版,第 166—167 页。——原注
③ 经验的枯萎在普鲁斯特那里是在终极意图的完全实现中表现出来的。他以一种无与伦比的巧创和坚定不移的方式漫不经心却又持续不断地告诉当今读者:救赎是我个人的事。——原注
④ 波德莱尔:《作品集》,第 1 卷,第 88、89 页。——原注

验走向衰亡社会之令人欢欣的实质所在。——达盖尔①的摄影对波德莱尔来说就具有一种令人不安和恐惧的特质。他称这些摄影的魔力是"令人震惊和使人生畏的"②。因而，他对我们刚才提到的那种关联尽管肯定还没有看透，但已有所感受。他不断努力要给现代主义以地位，尤其是在艺术中，这也就决定了他对照相摄影的态度。照相摄影之所以如此频繁地被感受为令人生畏的，他试图将原因归咎于"对其进步意义的错误领会"③。然而他承认，这些是"大众的愚蠢"导致的。"这些大众要求有一个值得崇敬和符合他们秉性的理想……而一个复仇之神首肯了他们的这个要求，达盖尔就是这个首肯的预言者。"④波德莱尔试图采取一种与此不相悖的调和些的观点。照相摄影应该能没有问题地将那些短暂易逝的东西作为对象，这些东西理应"在我们的记忆档案中占有一席之地"，只要它能弥补记忆在"捉摸不定和想象领域"的无能为力。这也就是艺术的领域，唯有艺术这个领域才给人一块地方来"安放他灵魂的印记"⑤。这个仲裁式的断言很难是一个英明的断言。复制技术引发的推断性意愿回忆的不断就绪缩减了想象力的活动空间。这种想象力或许就是一种以特殊方式满足意愿的能力，这种满足就能被视为某种"美的东西"的实现。至于这种实现会与什么相连，瓦莱里则对之作了进一步的界定："我们据以识别一件艺术作品的东西是：它在我们身上引发的思想和行为反应根本不能穷尽它或处置它。人们会尽兴地去闻一朵馨香宜人的花儿，这种馨香吸引住了人们，使人无法无视它。没有任何回忆和思想，没有任何行为方式引发或能抹掉这样的效果。谁要想去创作一件艺术

---

① 达盖尔（Louis Jacques Mandé Daguerre, 1787—1851），法国画家，摄影发明者之一。——译注
② 波德莱尔：《作品集》，第2卷，第197、222—224页。——原注
③ 同上。——原注
④ 同上。——原注
⑤ 同上。——原注

作品，就必须去追寻这样的效果。"①根据这样的观点，一幅画展现给人们看的东西不会使眼睛觉得看够了。愿望就其缘起来说是被滋养出的，因而使愿望得以满足的东西只会是不断接近该愿望。因而，区别开照相与绘画的东西以及为什么不会有任何涵盖两者的"造型"原则就很清楚了：眼睛对于一幅画永远不会觉得看够，相反，对于摄影照片，就更像饥饿面对食物或焦渴面对饮料一样。

　　以此方式表现出的艺术再现的危机可被视为感觉本身所面临危机的一个内在组成部分。——那种使人对美的兴致永远不会止息的东西是前世界（Vorwelt）的形象，即那个波德莱尔称为被思乡的泪水遮住了的前世界。"噢，你就是我以往岁月里的姐妹或妻子。"——这种自白就是美可以要求的赞词。只要艺术还以美为目标，并且无论怎样虚弱还是把它"再现"了出来，那么艺术就将美从时间的深处召唤了出来（像浮士德唤出海伦）。② 在机械复制中已没有这种情形了（美在那里没有立足之地）。在这样的关联中，普鲁斯特抱怨意愿记忆呈现给他的有关威尼斯的图像贫乏而且缺乏深度，他写道：单单"威尼斯"这个词本身就使他觉得那些图像没有韵味，就像参观照片陈列时会有这样的感觉一样。③ 如果说从非意愿记忆中出现之意象的独特之处在于它具有光韵，那么照片就是导致"光韵消失"的决定性因素。达盖尔摄影中必然会使人感受到的那种非人性的东西，可以说致命的正是对着照相机看，因为照相机记录了人的相貌，却没有把他的眼神反馈给他，而人的眼神内在地总是期待着从他看向的地方得到某种反馈。在这种期待得

---

① 瓦莱里："前言"，见《法兰西百科全书》第 16 卷：《当代社会的文学艺术》，第 1 篇，巴黎 1935 年，第 16.04－5/6 号。——原注

② 那成功地做到这一点的瞬间本身又是一个绝无仅有的瞬间。它是普鲁斯特作品结构设计的根基：编年史家在其中被失去之时间的气息打动的每一个情景，因而都成了无可比拟的，并被从日子的序列中移了出来。——原注

③ 参见普鲁斯特：《追忆似水年华》，第 8 卷，《复得的时间》，巴黎，第 1 卷，第 236 页。——原注

到满足的地方（这可以是思维过程中全神贯注的意向性眼神，也可以是一个纯粹、简单的一瞥），有关光韵的经验也就得到了实现。诺瓦里斯①指出："可否感知问题是一个注意力的问题。"②他如此所说的可否感知问题恰恰是就对光韵的感知而言的。因而，光韵的经验就建立在人间社会通常的反应方式向无生命物或自然与人关系的转换上。被看者或是觉得自己在被看就激发出了一种眼神，去感知某一现象的光韵就意味着赋予它激发眼神的能力。③非意愿记忆想起的东西与此是对应的。（顺便说，非意愿记忆想起的东西是独一无二的：它们在试图获取的回想中消失。因而，它们为这样一个光韵概念提供了支持，该概念将光韵视为"对某个远方的独一无二的显现"④。这一界定本身可以表明光韵这种现象的膜拜特质。根本的遥远的远方是接近不了的：事实上，不可接近正是膜拜意象的首要特性。）普鲁斯特对光韵问题是多么熟悉已无需强调。可是依然值得关注的是，有时他间接提到它时，其中包含了他的理论："喜欢神秘性的人总以为，注视某物的眼神中总有一些留在了该物上。"（然而，这或许是那回报该眼神的能力。）"他们认为，纪念碑和画像只在薄薄的面纱下才会展现出自己，而这层薄纱是由众多仰慕者们几个世纪的爱与怀念织成的。"普鲁斯特有点偏题地断言："只要人们将这种合成与个体具有的唯一实在，即

---

① 诺瓦里斯（Friedrich von Hardenberg Novalis，1772—1801），德国浪漫派诗人。——译注

② 诺瓦里斯：《诗集》（根据 Ernst Heilborn 手写遗稿的新修订版），柏林 1901 年，第二部，第 1 册，第 293 页。——原注

③ 这种赋予是诗的源泉。当一个人、一种动物或一个无生命的对象被诗人如此赋予时激发出了他的眼神，这个眼神就会被带向远方。如此被唤醒之自然的眼神梦想着，并把诗人拖在它的梦想后面。同样，词语也可以有它们自己的光韵。卡尔·克劳斯（Karl Kraus）这样描绘道："人看一个词时靠得越近，词回头注视的距离就越远。"[卡尔·克劳斯：《居家与世界》，慕尼黑 1912 年版《卡尔·克劳斯文选》第4 卷]，第 164 页]——原注

④ 参见本雅明：《机械复制时代的艺术作品》，载：《社会研究杂志》，第 5 期（1936 年号），第 43 页。——原注

与他自身的感情世界挂上钩,它就会变成真的。"①瓦莱里将梦中的感知界定为一种光韵性的感知,这个界定与此相似,但由于它的客观倾向而走得更远。他写道:"如果我说我在这儿看见了一个物体,这并不是说我和物体间没有区别了……在梦中则相反地没有了这种区别。我所看见的东西像我看见它们一样看见我。"②与梦中的感知特性相同的是教堂里的情形,那就是:

> 人在那里穿行于象征符号之林,
> 它们用亲切的眼光注视着他。

波德莱尔对此了解得越出色,光韵的消失就会越清楚地在他的抒情诗里体现出来。这以一种象征的形式出现,《恶之花》中,凡是在人目光出现的地方,几乎都有这样的象征。(当然,波德莱尔并不是按计划去置入这样的象征的。)这就是说,人目光面对的期待并没有得到满足。波德莱尔所描绘的那些眼睛使人禁不住要说它们已丧失了看的能力。然而这正赋予它们一种魅力,这种魅力在很大或许是决定性程度上使它们的使命付诸实现。正是在这种眼睛的魅力之下,性欲在波德莱尔那里从爱欲中分离了出来,如果《逝去的渴望》中下面的诗句

> 没有任何遥远让你为难,
> 你飞过来停留在一个魅惑下面。

必须被视为对那种充满光韵经验之爱的古典描绘,那么抒情诗里就很难再有像波德莱尔的诗那样的挑战了。

---

① 普鲁斯特:《追忆似水年华》,第 8 卷,《复得的时间》,巴黎,第 2 卷,第 33 页。——原注
② 瓦莱里:《阿纳雷克塔》(*Analecta*),巴黎 1935 年版,第 193—194 页。——原注

我是那么的敬仰你就像敬仰夜的苍穹。
噢，盛满忧伤和无尽痛楚的宁静，
可我更爱你，我的美人，
你在我身上引发了多少东西，
你的出现给我的夜添增了光彩。
那隔开我双臂同蓝色天宇的距离，
你讥讽似的使它变得更长。①

目光所克服的荒无越深，它的魅力也就越强。在镜子般的眼神里，那种荒无则没有被减少。正是由于这个原因，这样的眼睛对远方一无所知。波德莱尔在一首精妙的两行诗里表现出了这种眼神的平板光滑。

让你的眼睛跟着那僵直的眼神，
跟着森林女神和山泽女仙。②

森林女神和山泽女仙已不再是人类家庭的成员，她们被从中剔除了出去。值得引起思考的是，波德莱尔将被遥远难倒了的目光作为家常的目光引入诗中。③ 这位并未组建家庭的诗人使"家"一词同时充满了憧憬和放弃的意味。他自己失落在没有反馈的眼神里，而且没有幻想地任凭它们摆布。

你的眼睛像商店里的灯火一样光芒四射，
节日里那被照得晶莹闪光的杉树

---

① 波德莱尔：《作品集》，第 1 卷，第 40、190 页。——原注
② 同上。——原注
③ 参见同上书，第 23 页。——原注

　　由借来的权势任意摆布。①

　　波德莱尔在他早期的一部作品里写道:"沉闷往往是美的一种装饰,因此,如果眼睛是哀伤的,像黝黑的沼泽那样透莹,或是像热带的海洋那样沉重滞呆,那么人们应将之归功于这种沉闷。"②要是这样的眼睛活了起来,那就会像是肉食动物那样在搜寻捕食对象的同时仍保持着自我保护的警惕。(妓女就是这样的,眼睛在仔细打量过往行人的同时,也在防备着警察的出现。波德莱尔在康斯坦丁·吉斯的许多妓女画像中发现了这种妓女生活所造就的外貌特征。"她的眼睛像一只肉食动物的眼睛注视着远方,它们有肉食动物的那种躁动不安……但有时也有动物那眼神突然绷紧的警惕。"③)大都市居民的眼睛过重地负担着戒备的功能,这已是明显不过的事情。格奥尔格·西美尔还指出了一个它所承担的稍稍不那么明显的任务。他说:"只看而不去听的人要……远比只听而不去看的人来得不安。这里道出了对大都市来说……具有典型意义的东西。大都市的人际关系鲜明地表现在眼看的活动绝对地超过耳听,导致这一点的主要原因是公共交通工具。在公共汽车、火车、有轨电车还没有出现的 19 世纪,生活中还没有出现过这样的场景:人之间不进行交谈而又必须几分钟,甚至几小时彼此相望。"④

　　戒备的眼神并没有像梦幻般的眼神那样放弃了对远方的关注,它甚至可以发展到这样的地步,即便对那微不足道的远处也不会失落关注它的兴致。正是在这样的意义上,下面那段奇特的话才值得一读。在"1859 年的沙龙"里,波德莱尔对一些风景画做了

---

① 波德莱尔:《作品集》,第 1 卷,第 40、190 页。——原注
② 波德莱尔:《作品集》,第 2 卷,第 622、359、273 页。——原注
③ 同上。——原注
④ 格奥尔格·西美尔:《相对主义哲学散论——文化哲学文集》(A. Guillain 译本),巴黎 1912 年版,第 26—27 页。——原注

追忆，以便做出这样的自白："我渴望西洋景再回来，它那巨大而粗壮的魔力使我受制于一种有用的幻觉。我更喜欢看一些舞台的布景画，在那儿我看到我酷爱的梦被用可悲的简洁做了完美无缺的处理。那些东西完完全全是假的，却正由于这个原因而更接近于真实。与此相反，我们看见的大多数风景画家们却是骗子，这恰是因为他们没能够说谎。"①人们或许会认为"可悲的简洁"比"有用的幻觉"更重要，而波德莱尔坚持远方的魔力，他甚至以集市小摊上的绘画为标准来衡量风景画，他这样做不是想知道冲破距离魔力对那些看画时走得太近的人必然会出现的情景吗？这个主题在《恶之花》的两行了不起的诗句中体现了出来：

> 天边那迷蒙的快乐将会消逝，
> 　宛如苍穹深处的空中精灵。②

12

《恶之花》是最后一部在全欧洲引起反响的抒情诗，以后在此领域再也没有哪一部作品能超越或多或少地由语言而来的影响范围之局限；再说，波德莱尔在这部作品里几乎倾注了他全部的创造力；最后不能否认的是，这里所述的他的那些主题使抒情诗的可能性变得成问题了。这三个事实界定了波德莱尔的历史地位，它们表明，波德莱尔坚定不移地执着于他要做的事，坚定不移地意识到了自己的使命。他走得如此之远，甚至宣称自己的任务是"创造成规"。③ 在这里，他看见了每个未来抒情诗人应具备的能耐，他对那些不具备这种能耐的诗人评价便不怎么高。"你们喝神仙享用

---

① 波德莱尔：《作品集》，第 2 卷，第 622、359、273 页。——原注
② 波德莱尔：《作品集》，第 1 卷，第 94、483—484 页。——原注
③ 参见于勒·热美泰尔：《现代人》，见《文学研究与肖像》第 4 期（巴黎 1897 年），第31—32 页。——原注

的美味肉汁么？你们吃帕罗斯的炸肉排么？一把里拉琴在当铺值多少钱？"①对波德莱尔来说，头戴光环的抒情诗人已成了老古董。在《光环的失落》这篇散文中，波德莱尔给这样的诗人一个配角的位子。这篇散文是日后被发现的，在最初审阅出版波德莱尔的遗稿时，这篇东西被认为"不宜出版"而未被收入，至今这篇东西还没有被研究波德莱尔的学者们重视。

"'我看见什么了，亲爱的！您！在这儿！在这声名狼藉的地方我找到了您——这个饮着仙浆，吃着山珍海味的人！真的！简直让我大吃一惊！'——'您知道吗，亲爱的，我是多么怕马和马车，我刚匆忙穿过林荫大道，在这片骚动的混乱中，死亡从四面八方向我们疾驰而来，我做反了一个动作，光环便从我头上滑落下来，掉在了泥泞的沥青路面上，我没有勇气将它捡起来，我对自己说，失去象征物给人的难受比折断骨头还是好些。最终，我又对自己说，不幸总会有它好的一面。现在我可以隐名埋姓地四处走走了，做点不好的事，使自己成为一个常人，就像普普通通的俗人一样。这样我就像您看见的那样，在这儿，完全像您！'——'可你应该去为你的光环报失呀，或者去失物招领处打听一下。'——'我不想那样！我喜欢这儿！你是唯一认出我的人。另外，尊严让我腻烦了。我倒乐意想象某个蹩脚诗人拾起它来，毫无顾忌地用来打扮自己。我就想让别人高兴，其他什么也不想！尤其是让一个我嘲笑的人高兴。想象一下，那是 X 或 Z。不，这有点滑稽了！'"②——在日记里有着同样的题材，只不过结尾不同。那诗人很快把光环拾了起来，但随即他不安地感到这是一个不祥之兆。③④

这段记载的作者并不是一个休闲逛街者。它以反讽方式写出

---

① 波德莱尔：《作品集》，第 2 卷，第 422 页。——原注
② 波德莱尔：《作品集》，第 1 卷，第 94、483—484 页。——原注
③ 参见波德莱尔：《作品集》，第 2 卷，第 634 页。——原注
④ 做这个记载的原因有可能来自某个病原性惊颤。这个记载使波德莱尔的作品也具有了这种惊颤，这一点就使这记载本身更有启发意义。——原注

了与波德莱尔不加任何修饰地随意写进下面这些句子的经验相同的东西："迷失在这个糟糕的世界里，被人群推攘着往前走。我像个筋疲力尽的人，眼睛一点不往回看，不去回首那意味深沉的岁月。这多么的令人失望，多么的令人痛惜，在他面前，只有一场骚动，没有任何新东西，既无启示，也无痛苦。"①在所有塑造了波德莱尔人生的经历中，被人群推搡是他最为重要、最独特的体验。逛街者喜爱的那个自行移动并具有灵性的人群对他来说不复存在了。为了牢记人群的这种粗俗，他想象有一天，被人群推攘得迷了路的妇女们，那些被挤出来的人，有朝一日甚至会推举一种井井有条的生活，谴责自由派，并不相信除金钱以外的任何东西。在被他的这些最后同盟者出卖后，波德莱尔开始攻击大众了，他的攻击带着那种人同风雨搏斗时的徒然的狂怒。这样便出现了那种波德莱尔赋予其经验分量的体验。他标明了现代主义轰动所具有的代价：光韵在惊颤体验中的消失。他为认可这个消散而付出了高价，但这是他的诗的法则。他的诗在第二帝国的天空上宛如"一颗没有天体氛围的星星"②。

原载："Zeitschrift für Sozialforschung"，1939 年，王涌译自 Walter Benjamin, *Medienästhetische Schriften*, Suhrkamp Verlag Frankfurt am Main 2002，SS.32 - 63。

---

① 波德莱尔：《作品集》，第 2 卷，第 641 页。——原注
② 尼采：《不合时宜的观察》，莱比锡 1893 年，第 2 版，第 1 卷，第 164 页。——原注

二、语言、声音、文字

论一般语言和人的语言

人类精神生活的每一种表达都可以被理解为一种语言。若用真正的方法，这种理解又可以在各个领域提出新的课题。我们可以说，有音乐语言、有雕塑语言；有司法语言，但这种司法语言又与德国、英国法律裁决所使用的语言没有直接关系；有技术语言，但这种技术语言又不是技术人员使用的专业语言。在这个意义上，语言是指在所涉及领域内——技术、艺术、司法或者法律领域——用于精神内容传递的原则。一言以蔽之：每一种精神内容的传递都是语言，而用话语的传递只不过是一种特例，一种属于人类的特例，它奠定了精神传递的基础，或者说精神传递基于它（比如法律、诗歌）。语言性的存在不仅可以延伸到人类精神表达的所有领域——在某种意义上，精神表达总是具备语言属性——而且它也存在于万事万物。不管在有生命的、还是无生命的自然界，没有任何事件或者物体不是以某种方式参与语言，因为传递精神内涵是万物的本性。这里的"语言"一词绝不是比喻意义上的语言。因为，完全可以认识到，我们无法想象有一样东西不在表达中便可实现自身精神实质的传达；尽管这一精神传递表面上（或者真真正正的）与或多或少的意识程度有关，但这并不能改变这一事实：我们完全无法想象语言的缺席。完全与语言无关的存在是一种理想；但是这一理想即便在以上帝理想为边界的理想范围内，也难以结出果实。

可以坚定地认为，在文本术语里，每个传递精神内容的表达都可以算作语言。然而，这种表达，究其全部的、最内在的本质，只能被理解为语言；另一方面，为了理解语言的本质，人们必须总是探求一个问题：它究竟是哪种精神实质的直接表达。也就是说：比如德语，就不是我们臆想中能够通过（durch）它表达一切的表达方式，但是它是在德语中（in）自我传达者的直接表达。这一"自我"就是精神性存在。因此，不言而喻的是，语言中自我传递的精神性存在，不是语言本身，而是区别于语言的东西。有一种观点认为一样东西的精神性存在恰恰就在于它的语言——如果把这一观点理解为一种假设，那么这种观点就是所有语言学理论极有可能堕入的巨大深渊。而语言学理论的任务就是不要堕入深渊，在深渊之上保持悬浮。区分精神性存在与语言性存在（精神性存在在语言性存在中自我传递），在语言学理论研究中是最原始的一种。区分两者似乎如此毋庸置疑，以至于将两者等同起来的观点构成了一种深刻且不可理解的悖论，这种悖论可以表现在罗格斯（λoyos）这一词的双重含义中。然而这一悖论作为一种解决方法，在语言学理论中占据中心位置，但是回到起源处，悖论依旧是不可解的悖论。

语言传递什么？它传递与它相对应的精神性存在。首先要知道，这一精神实质在语言中（in）是自我传递的，而不是通过（durch）语言传递的。也就是说，并不存在一个语言的言说者，是通过语言来进行自我传达的，就像我们常常认为的那样。精神性存在是在（in）一门语言中自我传达的，而不是通过（durch）语言——这意味着：精神性存在与语言性存在在外形上是不一样的。精神性存在，只有在精神存在可传达的情况下才与语言性存在是等同的。而精神性存在可以传达的部分，便是它的语言性存在。因此，语言传递了物各自的语言性存在；只有当它直接存在于语言性存在中，只有当它可传递的时候，物的精神性存在才被语言所传递。

语言传递了物的语言性存在。语言性存在最清晰的表象是语言本身。"语言传达什么"这一问题的回答就是：每个语言都传达自己。例如，"灯"的语言不是传达灯这个东西（因为灯的精神实质，只要它可传递，完全不是灯这个事物本身），而是：语言中的灯，在传递中的灯，表达中的灯。因为在语言中是这样表现的：物的语言性存在是它的语言。要理解语言学理论就必须将这句话解释清楚，清楚到能消除这句话中的任何同义反复。但这句话并没有同义反复，因为它意味着：精神性存在可传递的部分，是它的语言。一切都基于这个"是"字（等同于"直接就是"）。——并不是说，精神性存在中可传递的东西在它的语言中显示得最清晰，正如在过渡句中讲的那样，而是说，这一可传播的东西直接就是语言本身。换言之，精神性存在的语言直接就是精神性存在中可传递的东西。精神性存在中可传递的东西，它本身就在自我传达；也就是说，每种语言都是自我传达的。或者更准确地说：每种语言都在自己的语言中传达自我，它就是最纯粹意义上的传递的"媒介"。这一"介质"，即所有精神传递的直接性，是语言学理论的基础问题，如果人们想把这一直接性说成是魔力，那么语言的原始问题便是这一魔力。同时语言魔力这个词也指向了另一层含义：语言的无限性。它是以直接性为条件的。正因为没有东西是通过语言传达的，那么在语言所传达的东西也无法从外部加以限制或衡量。因此，每种语言都有其不可比拟的独特无限性。它的语言性存在，而不是它的语言内容，决定了它的界限。

物的语言性存在是其语言；这句话应用于人身上的意思是：人的语言性存在是他的语言。这意味着，人在他的语言中传递它自己的精神性存在。人的语言用话语表达。人通过对其他事物进行命名来传递它自身的精神性存在（只要它可传递）。但是我们还知道其他命名事物的语言吗？不要说我们不知道除了人的语言之外的其他语言。这不是真实的。我们只知道除了人的语言之外没有其他命名语言；如果把命名语言与一般语言相提并论，那么语言理论本身就失去了深刻的洞察力。——人的语言性存在就是他对事物的命名。

命名的目的是什么？人向谁传达自己？——然而，这个问题对人类来说，与其他传递形式（语言）相比，有什么不同吗？灯向谁传达自己？山呢？狐狸呢？

这里的答案是：人。这不是拟人化。人的认知，或许人的艺术也可以证明这一回答的真实性。此外：倘若灯、山和狐狸没有向人类传达自己，人怎么能命名它们呢？

但是人命名了它们，人通过命名它们来自我传达。他与谁传达呢？

在回答这个问题之前，有必要再次考考各位：人类如何传达自我？这其中存在着一个深刻差异，人们必须在下述两个问题中作出抉择，而对语言有着根本性的错误观点将露出马脚。人是通过（durch）赋予事物名字来传达他的精神性存在？还是在名字中（in）？这一问题的回答就在这一命题的似是而非中。要是有人相信人通过名称传达其精神性存在，那他就不会认为，他传递的就是他的精神性存在——因为精神性存在的传递并不是通过事物的名称，即通过人对一样事物用词语进行指称来实现的。他也只能认为，他向他人传达了一件事情，因为事情是可以通过一个词来传达的，只需用这个词命名物品即可。这一观点就是资产阶级的语言观，它站不住脚且是空洞的，在下文中会越来越清楚地显示这点。这种观点认为：传递的手段是词语，传递的对象是事物，传递的接受者是一个人。与之相反，另一种语言观不知道什么是手段，什么是对象，什么是接受者。它认为：在名字中，人的精神性存在是向上帝传达的。

唯有名字在语言的领域中有独一无二的含义、不可比拟的极高意义：名字是语言本身最内在本质。任何事物都不是通过名字进行自我传达，语言本身是在名字中绝对地自我传达的。名字中存在着自我传达着的精神性存在，也就是语言。传递中的精神性存在等同于绝对完整的语言时，那么语言就是名字，且只可能是名字。名称作为人类语言遗产的一部分，保证了语言就是人类的精神性存在；这就是为什么在所有精神性存在之中只有人类精神存在完全可传递的唯一原因。这就解释了人的语言与物的语言的区别。因为人的精神性存在就是语言本身，因此人不能通过语言传递自己，而是在语言中传递自己。狭义上，语言作为人类精神性存在，它的化身就是名字。我们发现，纯粹的语言发自人，因此我们认识到人是命名者。所有自然物，只要它们在传递自己，那么它们都是在语言中传达自己，因而最终也在人身上传递。因此，人是自然的主人，并可以命名事物。只有通过物的语言性存在，人才能从自身出发，达到对事物的认知——在名字中。上帝造物，只有当物从人类处获得名字才算完成，而只有人才会用名字言说语言。人们可以把名字称作语言的语言（如果属词表示的不是手段关系，而是媒介关系），当然，在这一意义上，正因为人用名字言说，所以人是语言的言说者。也正因如此，人是语言的唯一言说者。许多语言称人为"言说者"（但根据《圣经》，这显然是指人是"命名者"："人怎样叫各样的活物，那就是它的名字了"），其实它们都包含了这一形而上学的认知。

但名字不仅是语言最终的声响，也是语言原本的称呼。因此，名字中体现了语言的基本法则，按照这一法则，称呼万物就是表达自我。蕴含着精神性存在的语言，只有在名字中言说时，也就是说在普遍的命名中，才是纯粹地言说自己。因此，狭义上语言作为可绝对传达的精神性存在，广义上语言作为普遍传达（命名）实体，两者最终都归为名字。如果语言所言说的精神性存在，其完整结构不是语言性的，或者说是不可传达的，那么语言在传递性和普遍性方面是不完整的。只有人才具有普遍性和彻底性完整的语言。

鉴于这一认知，现在有可能提出一个问题，这个问题有着形而上学上的最高重要性，而没有造成任何混淆的危险，但这里可以首先明确地作为一个术语提出来。精神性存在——不仅仅是人的精神性存在（因为这是必要的），也可以是物的精神性存在，因而也是一般的精神性存在——是否可以在语言学理论中被称为语言。如果精神性存在与语言性存在是等同的，那么，物，就其精神性存在而言，就是传递的媒介，而在媒介中传递的，正是——根据媒介关系——媒介（语言）本身。那么，语言是物的精神性存在。因此，精神性存在从一开始就被设定为可传递的，或者更准确地说，被设置在可传达的疆域内。结论是物的语言性存在与它们的精神性存在是一致的，只要后者是可传递的。这里的"只要"成了同义反复。不存在语言的内容这种东西；语言作为一种传达，传递了精神性存在，而精神性存在就是一种可传递性。语言的差异就是媒介的差异，而媒介的差异在于其密度的差异，即渐进性的差异；这种密度差异体现在两个方面，一个是传递者（命名者）的密度，一个是可传递的东西（名字）在传递中的密度。这两个领域是纯粹独立的，但只在人类名字语言中才是统一的，自然会不断相互呼应。

对于语言形而上学来说，精神性存在与语言性存在是一致的，语言性存在只有渐进性的差异，这就导致了所有精神性存在的分级化。这种分级是在精神性存在本身的内部进行的，不能归为上层范畴，因此，它导致了所有精神性存在以及语言性存在按照实在或者存在级别进行分层，经院哲学家们对其早已不陌生了。从语言学理论的角度看，把精神性存在与语言性存在看作等式有着重大的形而上学的意义，因为它引出的概念多次占据语言哲学的中心，并与宗教哲学有着最密切的联系。这个概念就是启示。——在所有语言构成中，"已言说出来的"和"可言说出来的"与"不可言说出来的"和"未言说出来的"之间存在不可避免的冲突。观察这一冲突，人们便从"未言说出来的"的角度看到了终极的精神性存在。现在，很明显，在精神性存在与语言性存在的等式中，认为"未言说出来的"和"精神性存在"之间存在反比例关系的观点遭到质疑。因为这种观点认为：精神越深刻，即越存在、越真实，它就越可言说出来、越被言说出来，这种将两者画等号的观点目的就是明确精神与语言之间的关系，所以，语言上最具存在感，即最固定的表达，即语言上最简洁、最不可动摇的，一句话：言说得最充分的，同时就是纯粹精神性的。启示这一概念的含义正是如此，如果它把话语的不可侵犯性当作在其中自我言说的精神性存在的神性的唯一、充足条件和特征。宗教的最高精神领域（在启示概念上）同时也是唯一不知"不可言说出来的"为何物的领域。因为它在名字中被言说出来，作为"启示"来言说出自我。然而，这也宣告了，只有最高精神性存在才纯粹地建立于人与人身上的语言之上，正如它在宗教中显现的那样，而包括诗歌在内的所有艺术，并不建立于语言精神的终极典范，而是建立于物（甚至是处于美的极致状态的物）的语言精神。"语言，理性和启示之母，它的全部和终极！"哈曼说。

语言本身没有完全地表达于物本身中。这句话有两种含义，一种是比喻义，一种是字面义：物的语言是不完整的，它们是无声的。物被剥夺了纯粹语言的形式原则——声音。它们只能通过一种或多或少物质的共通性来传递自我。这种共通性是直接的、无限的，就像每一种语言交流一样；它是有魔力的（因为物质也有魔力之处）。人类语言的无与伦比之处在于，它与物的魔力共通性都是非物质的、纯粹精神的，而声音就是其象征。《圣经》表达这一象征性事实时说，上帝将生气吹入人体：这即是生命、精神，也是语言。

在下文中，要借助《创世记》第一章来思考语言的本质，这既不是以阐释圣经为目的，也不是把《圣经》客观地看作被启示的真理，为反思提供依据；而是要找到《圣经》对语言本性所下的结论；为了这一意图，《圣经》目前是不可替代的，因为，首先这些研究原则上要求把语言看作一种终极的、只能在其展开过程中加以观察的、无法解释的、神秘的现实。因此自视为"启示"的《圣经》必须有必要开展语言的基本事实。——第二个创世故事讲述了吹气的故事，也记载了人是用土造的。这是整个创世故事中唯一提到造物主所用材料的地方，他在这一材料中表达了意志，而其他万物的意志都是直接创造性地想出来的。在第二个创世故事中，人的创造并不是通过话语实现的：上帝造物时说"要有……便有……"，造人时不是这样，但不是通过语言创造出来的人，却被赋予了语言的天赋，他凌驾于自然之上。

在《创世记》的第一章中，也展现了上帝造人时的根本性革命，这一创世行为以一种不同的方式，肯定地证明了人与语言在创世行为中的特殊联系。虽然第一章中的创世行为多种多样，但还是形成了一种基本节奏，其中只有创造人的行为偏离了这一节奏。虽然无论在人还是自然的例子中，都没有明确地指出他们是用什么材料创造出来的；是否"神造了"一词指的是用材料创作，还有待商榷。但是（在《创世记》第一章中）创造自然万物的节奏是：要有—上帝造出（创造）—上帝起名。——在个别创造行为中（I：3，I：14）只出现了"要有"。在这个"要有"中以及创造行为开始和结束的"上帝起名"中，每一处都出现了创世行为与语言之间深刻而清晰的关系。开始的时候，上帝用无所不能的语言作为工具进行创造，而在结束时，语言与被创造物融为一体，为之命名。语言是创造者，也是完成者，既是话语，又是名字。在上帝那里，名字之所以是创造性的，因为它是话语；而上帝的话语之所以是有认知作用，是因为它是名字。"上帝看这是好的"，意思是：他通过名字认知了它。名字与认知的绝对关系只存在于上帝，只有在上帝那里，名字是认知的纯粹中介，因为在最核心之处它等同于创造性的话语。

这意味着：上帝使物凭名字变得可知。而人以认知为尺度命名它们。

创造人的过程是区别于自然造物三重节奏的，一种完全不同的秩序。这种秩序中语言具有完全不同的意义；虽然这里保留了三位一体的创造行为，但恰恰是这种平行结构使得用词间距更加明显：《创世记》I:27 行出现三次"神造"。上帝不是从话语里把人造出来的，也没有给他起名字。他不想让人从属于语言；上帝用语言当作创世的媒介，而他又把语言释放在人身上。上帝把他的造物留给人，他自己就休息了。这一创世的媒介离开了神的身体，成为认知。人是上帝造物语言的认知者（识别者）。上帝按照自己的形象创造了他，又按照创造者的形象创造了认知者。因此，"人的精神性存在是语言"这句话需要解释。他的精神性存在是他被创造时所用的语言。上帝在话语中创造，上帝的语言性存在就是话语。所有人类语言只不过是上帝话语在名字中的反射。名字并不能达到上帝话语，正如认知不能达到创造。与上帝话语的绝对无条件、创造性的无限性相比，所有人类语言的无限性始终是有限的、分析性的。

人的名字是这一神性话语的最深的写照，也是人类语言所能达到最接近纯粹话语的神圣无限性的地方，同时也是人类语言不会变成有限话语和认知的地方。专名理论是有限语言与无限语言理论的边界。在所有生命中，人类是唯一为自己的同类命名的存在，正如人类是唯一不被上帝命名的存在一样。在这种情况下，引用第 2:20 节的后半部分也许大胆，也未为不可：人类给所有生物取了名字，"只是那人没有碰见配偶帮他"。亚当一有了妻子就给她取名字（第二章是女人，第三章是夏娃）。父母给孩子取名，他们便将孩子奉献给上帝；他们给孩子起的名字并不符合——要理解为形而上学的，而不是词源学——认知，因为他们是给新生儿取名字。严格来说，任何人都不符合名字（其词源学上意义），因为专名是上帝用人的声音说的话。有了专名就证明每个人都是被上帝创造的，从这个意义上说，人本身是具有创造性的，正如"人的名字就是人的命运"这一说法中，神话智慧所表达的那样（这种观点可能并不少见）。专名是人与上帝创世话语的共通之处（这并不是唯一的语言共通之处，人与上帝的话语还有另外的语言共通之处）。通过话语，人与物的语言连接在了一起。人的话语是物的名字。因此，我们不再认同资产阶级语言观，即词与事物的关系是偶然的，词是某种约定俗成的事物（或其认知）的标志。语言从来不是单纯的符号。但神秘主义语言学理论对资产阶级语言理论的否定，同样具有误导性。神秘主义语言理论认为话语本身就是事物的本质。这是不对的，因为事物本身不拥有话语，它是由上帝话语所创造的，并根据人类语言用名称加以识别。但这种对事物的认识不是自发的创造，它并不是出现于创世过程那种绝对无条件、绝对无限的语言之中；事物如何向人传达自我，人便如何对物命名。在名字中，上帝话语并没有保持造物主的身份，它在某种程度上是有接受性的，尽管只对语言具有接受性。这一"接受"的目标就是物本身的语言，万物无声，在大自然无声的魔力中，上帝之言散发着光芒。

接受性与自发性的独特联系只存在于语言领域，正因它们同时存在，语言有了自己的话语，而且人的话语也在名字中接受无名之物。那便是将物的语言翻译为人的语言。有必要将翻译的概念建立在语言学理论的最深层面上，因为翻译的概念深远而强大，不可能像有些人认为的那样，可以在个别方面事后讨论。只有将每个更高语言（除了上帝之言）视为其他语言的翻译，才能洞见翻译的完整含义。上文提到，语言关系是密度不同的媒介关系，因此语言之间可以相互翻译。翻译是一门语言通过连续的转变到达另一门语言。翻译过程的转变是连续的，而不是横跨语言之间抽象的相等性和相似性区域。

将物的语言翻译成人的语言,不仅是将无声的翻译成有声的,也是将无名的翻译成有名的。这也是将一门不完全的语言翻译成更加完全的,因此翻译过程势必加入一些东西,那便是认知。翻译的客观性得到了上帝的保证。因为上帝造物,上帝留在物身上的创世话语是认知名字的萌芽,正如上帝在造物之后将它命名一样。但是显然上帝的命名只说明,创世话语和认知名字在上帝身上是一致的,它并没有解决上帝特地分派给人的使命,即对物命名。人接受了物的无声的、无名的语言,转化成了有声的、有名的,这才完成了这一使命。如果人的名字语言与物的无名的语言在上帝处不具备亲缘关系,不是从同一个创世话语释放出来的(这一话语在物身上变成了魔力共通性中对物质的传递,在人身上变成了伊甸园精神中的认知语言与名字语言),那么这一使命也难以完成。哈曼说:"太初之时,人之双耳所闻、双眼所见……以及双手所触,都是鲜活的话语;因为上帝就是话语。因了他口中和心中的话语,语言的起源就如孩子的游戏一样自然、无间、简单……"画家穆勒在他的诗《亚当的第一次觉醒和最初的幸福之夜》中,写道上帝用以下话语呼唤人来命名:"泥做的人,走上前来,凝视中变得更完全,通过话语变得更完全。"在"凝视"和"命名"关联中,暗含着将物(动物)的无声语言传达为人的话语语言,而人的话语语言在名字中接纳它们。诗的同一节表达了诗人的认知,他认为,人只有用物被创造时的话语才允许对物进行命名,尽管动物语言多种多样——即便是无声的——都只不过传达了上帝创世的话语,诗中描述了这样的画面:上帝依次给动物一个符号,它们凭符号走到人的面前接受命名。这样,以近乎崇高的方式,无声的创世世界与上帝在语言上的联系就呈现在上述符号的画面中。

正如物存在的无声话语无限落后于人类认知中的命名话语,后者也同样落后于上帝创世话语,所以,人类语言的多样性也有了原因。物的语言只有在翻译中可以进入认知的语言和名称的语言——有多少翻译，就有多少语言。人从只知道一门语言的伊甸园状态中堕落之后，紧接着这就发生了。（按照《圣经》的说法这一从伊甸园被驱逐出来的后果要晚一点发生。）人在伊甸园的语言一定是一种完全的认知语言；而之后，在语言的多样性中，所有认知发生了无限的分化，且不得已从名字的创世地位跌落，在较低的层面发生分化。智慧树的存在也不能掩盖，伊甸园的语言曾是完全认知性的。它的苹果赋予人善与恶的认知。但是，上帝在第七天已经用创世的话语完成了认知。（上帝）看是好的。蛇引诱得出的认知，也就是知识，是无名的。在最深层次上它是虚无的，且这一知晓本身也是伊甸园状态唯一的恶。知晓善恶抛离了名字，它是从外部的认知，是对创世话语的非创造性的模仿。这一认识中，名字走出了自身：人的堕落就产生于人类话语诞生的时刻，人类话语中的名字不再完美无缺的，它已然走出了名字语言、认知性的语言，可以说：走出了自身内在的魔力，从而魔力从外部显现出来，仿佛这种魔力来自外部。（人类）话语就是要传递（自身以外的）某种东西。这确实是语言精神的堕落。（人类）话语作为某种东西的外在传达，就像是明确间接的话语对明确直接话语、上帝创世话语的模仿，也是极乐的、亚当语言精神（亚当语言精神处于人类话语与上帝话语之间）的衰落。因为，事实上，根据蛇的应许识别善恶的话语，与表面上有传递性的话语在本质上是有一致性的。对物的认知在于名字，而对善恶的认知，就像克尔凯郭尔说的那样，根本就是"空谈"，它，以及空谈的人、有罪的人只有一种形式的净化和升华：上帝的宣判。而上帝宣判性的话语对善恶有直接的认知。它的魔力与名字的魔力不同，但是也非常有魔力。这一宣判性的话语将最初的人类驱逐出伊甸园；根据永恒的诫命，因为他们的自我觉醒犯了唯一且最深重的罪，上帝宣判性的话语将他们惩罚，这是他们自找的，也是自己期待的。在人的犯罪堕落中，名字永恒的纯洁性受到了破坏，从而凸显了上帝宣判性话语、审判更加严格的纯粹性。人的堕落对语言的本质有三重含义（这里不提其他含义）。人走出名字这一纯粹语言，从而将语言变成了工具（即与他不相称的认识），同时其中的一部分必然成为纯粹的符号；这也导致了语言的多样性。第二重含义是，在堕落过程中，名字的直接性被侵犯，作为补偿，一种新的直接性从堕落过程中脱胎而出，就是审判的魔法，而它也不再幸福地安息于自身。第三重含义是，也许可以大胆猜测一下，抽象作为一种语言精神的能力，可以追溯到人的堕落。善恶作为不可命名和无名之物处于名字语言之外，而人正是在抽象问题的深渊中将名字语言抛弃。名字在现存语言方面只提供了具象的语言要素根植的基础。但是抽象的语言要素——也许可以一猜——根植于宣判性话语、审判中。在堕落过程中，人抛离了传递具象事物的直接性，即名字，堕入了所有传播的间接性的、将话语视为手段的、空洞话语的深渊，堕入了空谈的深渊，这时传递抽象事物的直接性才以审判的方式出现。因为，有必要再次重申，创世之后的世界中，对善恶问题的提问都是空谈。智慧树并不是因为它能启发善恶的知识才在伊甸园有立足之地，而是因为它是裁决提问者的法庭。这一巨大的讽刺标志着法律的神秘起源。

人的堕落犯罪中，语言被间接化了，因此它为语言的多样性奠定了基础，此后，距离语言的混乱只有一步之遥了。因为人破坏了名字的纯洁性，只需背离对物的凝视就可以完成这一步，因为在凝视中，物的语言才进入人，这样，人就被剥夺了已然摇摇欲坠的语言精神的共同基础。物纠缠不清，符号就必定混乱。为了把语言奴役在空谈中，则必定将物奴役在愚蠢中，这几乎是不可避免的结果。在背离物的过程当中，也即奴役的过程中，诞生了巴别塔的建造计划，语言的混乱又随之而来。

在纯粹语言精神中的人类生活是极乐的。但是大自然是无声的。这一点虽然在《创世记》第二章就可以明显感觉到,这一被人命名的沉默无声本身是如何成为降格的极乐的。画家穆勒笔下的亚当,在谈及从他处得到名字后离开他的动物时说:"看到那些高贵的东西,它们是如何从我身边跳开的,人类正是因此给它们起名。"在人的堕落犯罪之后,上帝之言诅咒了土地,自然的景象也随之产生了深刻的变化。现在,自然开始了另一种无声,我们认为那是自然的深切悲伤。倘若全部自然都被赋予了语言,那么它就会开始哀怨,这是形而上学意义上的真理。(这里的"赋予了语言"不仅仅是"使之能言说")这句话有双重含义。首先它意味着:它会对语言本身哀怨。无语:这是自然的巨大的痛苦(为了救赎它的痛苦,人的生活和语言存在于自然之中,而不是人们认为的,只有诗人的生活和语言在自然中)。第二,这句话意味着:自然会哀怨。但这一哀怨是最不加分化、无力的语言表达,它几乎只包含了感官的气息;有植物沙沙作响的地方,总伴随着一种哀怨。因为自然是无声的,所以它悲伤。这句话反过来,就能更深入地了解自然的本质:自然的悲伤使它无声。在所有的悲伤中,都有一种无语的倾向,这种倾向要远远超过没有传达能力或者没有传达兴趣的倾向。悲伤之物感觉自己彻彻底底被不可认知之物所认知。被命名——即便命名者是与上帝一样,并极乐幸福的——也许总是保留着对悲伤的预感。更多的情况是,不是被伊甸园极乐的名字语言,而是被成百上千种人类语言所命名,虽然名字在其中已然枯萎,但是根据上帝的裁决人类语言认知万物。物只有在上帝身上才有专名。因为在创世的话语中,上帝用呼唤专名的方式把它们创造出来。在人的语言中它们被过度命名。人的语言与物的语言的关系中,存在着可以被称为"过度命名"的东西:过度命名是所有悲伤以及(从物的角度观察)所有沉默最深层的语言上的原因。过度命名作为悲伤之物语言性的存在指向语言另一个奇特的关系:过度确定,它在众多人类语言之间的悲剧关系中起着决定作用。

雕塑、绘画和诗歌都有各自的语言。正如诗歌语言，即便不是唯一的，也部分奠基于人的名字语言，同样可以非常容易想象，雕塑的语言或者绘画的语言也奠基于某些形式的物的语言中，而在雕塑或者绘画语言中存在一种翻译，它将物的语言翻译为一种高得多的语言，尽管后者仍属于同一（物的语言的）领域。它们是无名的、非听觉的语言，是材料组成的语言；所谓材料组成的语言，要重新回顾一下传递中的物的物质共性。

顺便一提，物的传递一定是这种共通性形式，以至于物的传递将世界理解为不加区分的整体。

为了认知艺术形式，就要尝试将所有艺术形式理解为语言并寻找它们与自然语言的联系。一个呼之欲出的例子是，歌唱与鸟的语言之间的亲缘关系，因为它们同属听觉领域。另一方面，可以肯定的是，只有了解艺术语言与符号学的深层关系，才可以理解艺术语言。没有符号学每一种语言哲学都只是碎片，因为语言与符号之间的关系（人的语言与文字之间只不过是一种特例）是原始的和基础的。

这给了我们描述另一对矛盾的机会，它统领了语言的全部领域，并与上文①提到的狭义语言与符号的领域有着重要关系，当然语言不会全部等同符号。因为语言在任何情况下都不是单纯传达了可传达的东西，而是同时也象征了不可传达的东西。语言象征性的一面和它与符号间的关系有关，但是在某些方面涵盖很广，比如涵盖名字和审判。它不仅具有传递性的功能，也很有可能有与它紧密相关的象征功能，这里没有特别提到这点。

综上，以上思考留给我们一个净化了的语言概念，即便这个概念并不完美。一个存在体的语言是媒介，它的精神性存在在其中

---

① 参见本书第 54 页，指资产阶级语言观。——译注

自我传递。这一传递不断流动，流经全部自然，从较低存在的自然流动到人，再从人流动到上帝。人通过名字将自己传递给上帝，他给自然以及他的同类（以专门）命名，他如何接受自然，便如何给自然命名，因为整个自然都被无名的、无声的语言所覆盖，也就是上帝创世话语的残留。残留在人身上，体现为认知性的名字，残留悬浮在人的上方，则体现为判决性的审判。可以把自然的语言比喻成一道密令，每个岗哨都用自己的语言把它传递给下一个岗哨，而密令的内容却是岗哨自己的语言。所有较高语言是对较低语言的翻译，直到这一语言运动归一为上帝语言，并最终清晰地呈现出来。

写于 1919 年，赵健品译自 Walter Benjamin, *Medienästhetische Schriften*, Suhrkamp Verlag Frankfurt am Main 2002, SS. 67 - 82。

反思媒介与艺术
——论作为反思媒介的艺术①

……

施莱格尔的"绝对"概念与前述费希特的"绝对"概念相比,是充分确定的。就其本身而言,对这种绝对最合适的描述也许是反思媒介②。这个术语可以概括性地描述施莱格尔理论哲学的全部特点。下文将经常引用这一术语。因此,有必要对其进行更详细的解释和论证。反思构成绝对,反思作为媒介构成绝对。施莱格尔在他的阐述中非常重视"绝对"或者体系中恒定、单一的内在联系,尽管他自己并没有用媒介这个表达。"绝对"或者体系都被阐释为真实之物的内在联系,但不能从实质上去理解它(实质到哪里都是一样的),而是要从其展开的程度中去理解(见上文第 31 页及以下③)。因此他说:"意志……是自我拥有的禀赋,这种禀赋可以把自己④增大或者缩小,直到成为绝对的最大或者最小;因为这个过程是自由的,所以它没有界限。"⑤他给这一关系提供了一幕特别清晰的图像:"回到自我之中,自我的自我,是数学中的指数化;走出自我⑥是数学的提根数。"⑦——诺瓦利斯以类似的方式描述了这种在反思媒介中的运动。在他看来,这一运动与浪漫主义的本质如此密切相关,以至于他使用了"浪漫化"一词加以证明。"浪漫化无非是一

---

① 本文节选自本雅明的博士论文《德国浪漫派的艺术批判概念》。——译注
② 这一指称的双重含义在这种情况下并没有造成歧义。因为,一方面反思本是媒体——因为两者始终关联,另一方面所涉及的媒体是那种反思会在其中运动的媒体——因为反思,作为绝对,在自身中运动。——原注
③ 本文节选自本雅明的博士论文《德国浪漫派的艺术批判概念》,这里的引页指原论文的第 31 页。——译注
④ 同上,在反思中。——原注
⑤ 《演讲》,第 35 页。——原注
⑥ 也就是反思程度的减少。——原注
⑦ 《演讲》,第 35 页。——原注

种质性的幂级化。在这一过程中，较低的自我与较高的自我融为一体。正如我们自己是这样的质性的幂级数……浪漫主义哲学……交互上升与下降。"①为了彻底弄清他心目中"绝对"的中介本性，施莱格尔从光的角度提出了一个比喻："自我的思想……可被……看作所有思想内在的光。所有思想都只不过是这内在之光折射出的彩色光谱。自我是每个思想中隐藏的光，人们在每个思想中都能找到自己；人们总是觉得那是自己或者自我，自然不会觉得那是平凡的、折射的自己……而是更高的内涵的自己或自我。"②诺瓦利斯热情洋溢地在他的著作中宣扬了同一种视"绝对"为媒介性的思想。他特别用"自我渗透"这一表述来给反思和媒介性的一体性打上了深深的烙印，且重复预言并要求了这样的（自我渗透）精神状态。"所有哲学的可能性……即智慧通过自我触及，赋予自身一种符合自身规律的运动，也就是一种自己独有的行为形式"③，也就是说，反思，同时也是"真正精神的自我渗透的开始，一旦开始便永无停息"④。"他把未来世界称作已经渗透自我了的混沌。"⑤"第一个已经渗透自我了的天才，在这里会找到不可估量的世界的典型的萌芽。他有一个发现，这一发现也必定是世界历史上最奇特的发现，因为人类全新的时期以此开始——在这个层次所有类型的真实历史才有可能，因为他迄今走过的路构成了自己的、完全可解释的整体。"⑥

温迪希曼讲演体系中提出的基本理论观点，在一个决定性的点，与施莱格尔《雅典娜神殿》时期的观点不同。换句话说，尽管总体而言，后期施莱格尔思想的体系和方法首次记录并保留了他早期思想的认知理论动机，但它们在一个方面偏离了早期的思想圈。

---

① 《全集》，第 304 页等。——原注
② 《演讲》，第 37 页等。——原注
③ 《全集》，第 63 页。——原注
④ 《全集》，第 58 页。——原注
⑤ 《诺瓦利斯全集Ⅱ》，由米诺出版，第 209 页。——原注
⑥ 《全集》，第 26 页。——原注

除了这一偏离，其他地方都保持了最大的一致，偏离的原因可能是反思体系本身的某种特性。费希特将其特征描述如下："人们断言，自我回到自我之中。因此，难道自我在回到自我之前，不需仰赖回到自我这个过程，就已经独立存在了吗？自我不必独立存在，就能成为行动的目标吗？……完全不是。只有通过回到自我这一行为……通过对行动本身的行动……这个特定的行动之前根本没有任何行动，自我才能是原初的自关联存在。只有哲学家才认为这是事先就存在的事实，因为只有哲学家已经经历①整个过程。"②温德尔班在其关于费希特哲学的论述中特别清楚地表述了这一观点："如果人们把行为看作是以存在为前提的东西，那么对费希特来说，一切存在都只是原初行为的产物。对他来说，功能，而没有功能性的存在，是形而上学的原始原则……思考的精神不是先'存在'，而之后通过某种诱因达到自我意识，而是首先通过无法推导、无法解释的自我意识行为才形成思考的精神的。"③如果说弗里德里希-施莱格尔在其 1800 年的《诗谈》中所说的④，唯心主义"可以说是凭空出现的"⑤是同样的意思，那么，我们可以在考虑上述阐述的基础上，用一句话对这一思路进行概括，那就是，逻辑上讲，反思是第一位的。因为反思是思考的形式，所以没有反思，逻辑上讲，思考是不可能的，尽管它就是对思考的反思。被反思的思考是随着反思而产生的。因此，我们可以说，每一种简单的反思都绝对地来自一个中立点。至于要赋予这一中立点什么样的形而上学的特质，还没有定论。在这一点上，施莱格尔的两个有争论的思想圈出现了分歧。温迪希曼讲演录继承费希特的观点，把这个中心，即

---

① 《全集》，第 26 页。基于他参与先验性的自我。——原注
② 《费希特》，第 458 页等。——原注
③ 《温德尔班 II》，第 359 页。——原注
④ 在较晚的《演讲》中，他的思想比较混含。虽然他不是以存在为出发点，但是也不是以思维行动为出发点，而是从纯粹的希望或者爱为出发点。（《演讲》第 64 页等。）——原注
⑤ 《青年文集 II》，第 359 页。——原注

绝对,定义为自我。在施莱格尔《雅典娜神殿》时期的著作中,他不怎么看重这个概念,既不如费希特看重,也不如诺瓦利斯看重。在早期浪漫主义的意义上,反思的中心是艺术,而不是自我。施莱格尔在讲演中提出的绝对自我体系的基本规定,其对象在他早期的思想中是艺术。对"绝对"的思考发生了改变,因此反思的作用也改变了。浪漫主义的艺术观基于这样一个事实,即在对思考本身的思考过程中,不去理解自我意识。无我的反思是对作为"绝对"的艺术的反思。这里已经阐释了这一"绝对"的原则,本文的第二部分专门探讨这一原则下对"绝对"的研究。这里把艺术批评看作艺术媒介中的反思。——反思的样式不是从上文的"自我"概念,而是从"思考"的概念被阐释的,因为前者在我们关心的施莱格尔的时代并不重要。相反,对思考本身的思考,作为所有反思的原始样式,也为施莱格尔的批评概念奠定了基础。费希特已经决定性地将其确立为形式。他自己将这种形式阐释为自我,是知识分子对世界进行理解的原始细胞,而浪漫主义者施莱格尔则在 1800 年将其阐释为美学形式,是艺术理念的原始细胞。

……

将艺术定义为反思媒介,可能是反思媒介众多定义中最硕果累累的一种。艺术批评是这一反思媒介中的对客体的认知。接下来的研究将展示,把艺术作为反思媒介的理解方式,对艺术的理念和构造的认知,以及对这一认知的理论,有着怎样的影响力。后一个问题已被前面的所有内容所推进,只需再扼要说明一下,就能把这一研究从浪漫主义艺术批评的方法转向艺术批评的客观成就。当然,如果问浪漫主义者们,他们将艺术视为反思媒介有何特殊原因,那就大错特错了。对他们来说,对包括艺术在内的一切真实事物进行这样的解释,是一种形而上学的信条。正如导言[①]中所指

---

① 本文节选自本雅明的博士论文《德国浪漫派的艺术批判概念》,这里的导言指的是该论文的导言。——译注

出的，艺术作为反思媒介并不是他们世界观核心的形而上学原则，它具体形而上学的分量还远远太轻了，不能成为核心。然而，尽管要理解艺术作为反思媒介，就要把这句话（指艺术批评是这一反思媒介中的对客体的认知）看成科学假说的类比，只阐明它的内在，并展开解释它对理解客体有什么样的成就，但不要忘了，在浪漫主义形而上学、浪漫主义的历史观的研究中，这种把一切真实之物形而上学地视为思考之物的观念，还会暴露出与艺术理论有关的其他方面，而对艺术理论来说，它的认识论的精神内涵是最重要的。本文不探讨它形而上学的意义，而只是在浪漫主义艺术理论部分稍有涉及。该理论直接并无比肯定地揭示了浪漫主义思想的形而上学的深度。

在温迪希曼的演讲中，有一处传来思想的微弱回声，它曾强烈影响了《雅典娜神殿》时期的施莱格尔，并决定了他的艺术理论。"存在……一种思维方式，它造就一些东西，这种思维方式因此与创造能力有着巨大的形式的相似，我们把这种创造能力归为自然之我（Ich der Natur）和世界之我（Welt-Ich）。这种思维方式就是诗歌创作；它某种程度上上帝般地创造了自己的材料。"[1]在那里，思想不再具备意义。但是"思想"是对施莱格尔早期立场的清晰表达，他早先认为反思是艺术，而反思是绝对创造性的，内容上充盈的。所以，本文所指的时代里，他还不知道反思概念中的现代主义，因此，在他的演讲中，他将反思与限制反思的意志（《德国浪漫派的艺术批判概念》，第 37 页）进行了对比。早期他只知道一种相对的、自主的、由自身引起的反思限制。我们将看到，这种限制在艺术理论中发挥着重要作用。他晚期作品既有弱点又稳重，这是基于他约束了反思的创造全能性，施莱格尔曾经认为，创造全能性在艺术中显现得最为清晰。在早期，他只在著名的《雅典娜神殿》

---

[1] 《演讲》，第 63 页。——原注

第116号断片①中，像讲演中的那段话一样清楚地将艺术描述为反思媒介。在这篇文章中谈到浪漫主义诗歌时说，它"不受任何……利益的约束，最能乘着诗意反思的翅膀，在表现对象与表现者中间徘徊，它一次次增强这种反思，并像在一串无穷无尽的镜子中一样使其增倍"。施莱格尔在谈到艺术的生产性和接受性关系时说："诗意感情的本质也许在于，一个人可以发自内心地自我激发。"也就是说：反思在中立点发源于虚无，这一反思的中立点就是诗之情感。很难确定，这一表述是否指向康德关于心灵能力的自由发挥理论，康德认为心灵能力中客体作为虚无而消退，只为诱发一种自我行动的、内在的精神情绪。顺便一提，对早期浪漫主义与康德艺术理论关系的研究并不在这本专著范围之内，这门专著探讨艺术批评的浪漫主义的理解，因此无法考虑这层关系。——诺瓦利斯还多次明确指出，艺术的基本结构就是反思媒介的基本结构。他说："诗歌艺术可能只不过是对我们感官任意的、有效的、生产性的使用……也许思考也差不多如此——因此，思考和诗歌创作是一回事。"②这句话跟上文引述的施莱格尔演讲稿的名言很相似，并指向了那个方向。诺瓦利斯非常明确地把艺术理解为反思媒介（χατ'ἐξοχήν），甚至把艺术这个词用作反思媒介的专业术语。他说："自我的开端只不过是理想化的……如果存在这一开端，那么它要晚于自我而形成；因此不可能存在这一开端。可以看出，我们现在所处的就是艺术领域。"③他问："是否存在一种没有资料的发明艺术，一种绝对的发明艺术？"④他这么问，一方面是求索绝对中立的反思起源，另一方面，他在自己的文章中经常把诗歌艺术标志成那种没有资料的绝

---

① 指《雅典娜神殿》中第116个断片，是具有划时代意义的纲领性文献。这里断片的德语是 Fragment，指作者有意识地运用的一种写作模式，是片段式写作的一种类型，并非指以不完整的形式流传下来的残篇。——译注
② 《全集Ⅲ》，由米诺出版，第14页。——原注
③ 《全集》，第496页。——原注
④ 同上书，第478页。——原注

对发明艺术。他反对施莱格尔兄弟关于莎士比亚的人为性理论，并提醒他们，艺术"似乎就是自我观察，自我模仿，自我构造的自然"①。与其说这里他认为，自然是反思和艺术的基质，不如说，他认为，反思媒介的完整性和一体性应该得到维护。在这点上，诺瓦利斯似乎认为，相比艺术，自然是对"反思"更好的表达。所以他认为，也要用自然描述诗歌现象，毕竟自然只代表了绝对。但他经常与施莱格尔看法完全一致，认为艺术是反思媒介的原型，并说："自然孕育，精神制造。被制造比自我制造更加容易（原文如此）。"②所以，反思在艺术领域，与所有精神领域一样，是原初性和建设性的东西。只有通过"心灵……自我感知"③，宗教才会产生；而对诗歌而言，只有当它"是自我构造的存在"④，诗歌才会产生。

在反思媒介中认知艺术是艺术评论的任务。一般适用于反思媒介中客体认知的规律，都适用于它。因此，批评之于艺术作品，就如同观察之于自然客体，它们是同样的规律，只不过在不同的对象上以不同的形式表现出来。当诺瓦利斯说"那些既是思想又是观察的东西，是批判性的……胚芽"⑤时，他表达的是批评与观察之间的密切关系——尽管是同义反复，因为观察就是一种思想过程。因此，批评可以说是对艺术作品的一种实验，通过这种实验，艺术作品的自我反思被唤醒，通过这种实验，艺术作品达到了对自身的意识和认知。"真正的评论应该……是哲学实验和文学研究的结果和展示。"⑥施莱格尔再次称"所谓的研究……为历史实验"⑦，回顾他在 1800 年开展的批评活动，他说："我不会拒绝与诗歌和哲学艺术作品做实验的机会，就像我迄今为止所做的那样，将

① 《全集》，第 277 页。——原注
② 同上书，第 490 页。——原注
③ 同上书，第 278 页。——原注
④ 同上书，第 331 页。——原注
⑤ 同上书，第 440 页。——原注
⑥ 《雅典娜神殿》，第 403 号断片。——原注
⑦ 同上书，第 427 号断片。——原注

来也会为我自己、为了科学继续实验。"①反思的主体基本上是艺术作品本身。而实验并不在于**对(über)**构造物进行反思，因为从浪漫主义艺术批评的意义上讲，反思本质上并不能改变对象，而是在于反思的展开，即对浪漫主义者而言：在于精神的展开，**在构造物内部(in)**。

　　只要批评是对艺术作品的认知，它就是艺术作品的自我认知；只要批评是对艺术作品的评判，它就是艺术作品的自我评判。在后一种表现形式中，批评超越了观察；它揭示了艺术对象与自然对象之间的差异，而自然对象不允许任何评判。在反思的基础上进行自我评价的思想，即使在艺术领域之外，对浪漫主义者来说也并不陌生。因此，我们在诺瓦利斯那里读到："知识的哲学有……三个时期。正题时期，知识进行自我反思；反题时期，知识进行对立的、二律背反的自我评判；合题时期，自我反思和自我评判共存。"②至于艺术中的自我评判，施莱格尔在《威廉·迈斯特》的书评中写道"幸好这恰恰就是那些自我评判的书之一"③，该书评也代表性地体现了施莱格尔批评理论。诺瓦利斯说："评论是书的补充。有些书不需要书评，只需要预告；它们已经包含了评论。"④
　　……

　　原载："Das Refexionsmedium und die Kunst — die Kunst als Refexionsmedium"，刊于"*Der Begriff der Kunstkritik in der deutschen Romantik*" Bern. 1920，赵健品译自 Walter Benjamin, *Medienästhetische Schriften*，Suhrkamp Verlag Frankfurt am Main 2002，SS.83‐90。

---

① 《青年文集Ⅱ》，第 423 页。——原注
② 《全集》，第 441 页。——原注
③ 《青年文集Ⅱ》，第 172 页。——原注
④ 《全集》，第 460 页。——原注

巴洛克用词与文字

......

　　这一类剧作的深邃含义隐含在巴洛克文字的意象中，而这种诗歌确实没有能力赋予文字以灵性的声音。它的语言充满了铺张浪费。从来没有哪种文学创作像这般缺乏轻巧。对古典时期悲剧的重新诠释与新形式的赞美诗一样，同样令人诧异，后者旨在与品达那总是黑暗的、巴洛克风格的激昂达到相似。20世纪的德国悲苦剧(Tauerspiel)没有机会——用巴德尔(Baader)的话说——使其难以辨认的文字变得清晰可闻。因为巴洛克的文字没有经过声音的美化；而更多的是，巴洛克的世界只满足于展开自己文字的力量。文字和话音处于高度紧张的两级，针锋相对。它们的关系为一种辩证法奠定了基础，而在它的光芒照射下，巴洛克的"浮夸风格"作为彻头彻尾有计划的、建设性的语言姿态也找到了理由。述说真理，这种看待事物的观点，作为最丰富以及最好的观点之一，对那些张开怀抱接受源文字的人来说，简直轻而易举。只有当深渊深处的眩晕感超过探究的深思熟虑时，浮夸风格才会变成无脑的模仿。富有意义的文字意象和使人迷惑的语言话音之间存在一条鸿沟，词意的坚固岩垒也在其中被撕裂，这迫使我们对(巴洛克)语言的深处一探究竟。尽管巴洛克时期还没有对这种关系的哲学反思，但是波墨(Böhme)的著作却给出了不容曲解的提示。雅各布·波墨(Jacob Böhme)是最伟大的寄寓者之一，在谈到语言时，他认为相比无声的沉思，有声的话价值更高。他提出了"感观性语言"或"自然语言"的学说。虽然这一学说——这一点至关重要——不是使寄寓世界变得有声音，而是让它永远流放在沉默中。"文字巴洛克"与"意象巴洛克"——塞萨尔兹(Cysarz)刚刚命名了这些表达形式——它们是相辅相成的两极。巴洛克时期的话语与文字之间的张力是不可估量的。可以说，话语是造物的狂喜，是上帝面前的袒露、僭越和无能；而文字则是以上全部的集合，是尊严，是优越，是超越世间万物的全能。至少在悲苦剧中是这样的，而波墨的观点更加友好，他为话音语言描绘了更加积极的图景。"永恒的话语或者神圣的回声或话音/它是一种圣灵/它将自己引入形式，成为说出的话语或回声，随着伟大奥秘的诞生/正如永恒诞生的圣灵中的欢乐游戏进入自身/所以它也是工具/作为说出来的形式进入自身/受鲜活的回声引领/受自己永恒的意志精神所敲打/它发出声响、引起回声/就像一个由许多声音组成的风琴，用一些空气驱动/每个声音/是的，每个管子都发出声音。"①"凡是上帝说的/写的或教导的/倘若识别不出签名，那便发不出声，也不能被理解/因为它只来自历史的错觉/来自另一个人的口/不被识别的圣灵是哑巴；但圣灵向他启示了签名/他就理解了另一个人的口/并理解了更多的/比圣灵……在声音的回声中启示的更多……之后，在所有造物外在的构造处/在它们的本能和欲望处/总之，在它们向外发出的回声处/声音或者语言/人们识别了隐秘的圣灵……每个物都会袒露心声。这就是自然语言/每个物都从中诉说自己的特性/总是袒露自己。"②据此，话音语言是造物自由的、原始的言说领域，而与此相反，寄寓式的文字意象则将物奴役在意义的古怪纠缠之中。这种（自然）语言，它在波墨眼中是极乐世界的语言，而在悲苦剧的诗行中则是堕落造物的语言，它不仅在表达方面被认为是自然的，更多的是，它的创世方式也被认为是自然的。"这是关于话语的古老争论/是否话语（！）/与我们内在感官理解的外在显现/属于自然或教诲/自然的还是任意的/是自然的（φυσει）还是设定的（θεσει）：而学者/将涉及主要语言的词汇/归为

---

① 雅各布·波墨：《自然的签名》，阿姆斯特丹，1682 年，第 208 页。——原注
② 同上书，第 5、8—9 页。——原注

特殊的自然效果。"①显然，德意志的主要语言及英雄语言——费施哈特（Fischart）在 1575 年首次在《歪曲历史》提到——在各"主要语种"中名列前茅。它（指德语）直接源于希伯来语是一种广为传播的理论，但并不是最激进的一种理论。其他人甚至把希伯来语、希腊语、拉丁语追溯到德语。柏林斯基（Borinski）说："在德国，人们根据《圣经》'证明'，历史角度看，包括古典时期在内的整个世界，最初都是德意志的。"②所以，一方面人们尝试掌握最偏的教育内容，另一方面，人们又竭力掩盖这种态度的弄虚作假，并极力删减历史角度。但是，如果认为话音现象在语言的原始状态都是一样的，那么这种观点时而转向唯灵论，时而转向自然主义。波墨的理论以及纽伦堡学派的实践代表了两种极端。他们两人都是以斯卡里格（Scaliger）为出发点的，只不过提取了后者客观的立场。《诗学》中有争论的地方已经够引人瞩目的了。"A 是宽度，I 是长度，E 是深度，O 是注意力……Veto 和 Religione 两个词中的元音组合极大地增强了感性特征。带有拖音的词更是如此，如 Dij，但是发音迅速的词并不总是如此，如 Pij。最后，还可以说明一个词内所存在的拖长音的有 Littora、Lites、Lituus、It、Ira、Mitis、Diues、Ciere、Dicere、Diripiunt……Dij、Pij、Iit：这些词如果不用力呼气就发不出来。Lituus 的发音与其所指之物并不像……字母 P 在某种程度上似乎缺乏稳定感觉。在下列词中我看到了拟声词的特征：pugna、pes、paruus、pono、pauor、piger。另外，Paece 这个词在不稳定中加入了一种坚韧。而 Pastor 则比 Castor 更加坚定。Plenum、Purum 和 Posco 等词也是如此。但是 T 是最充分表示其标志的字母。因为这个字母似乎强调自己的发音。你可以说，字

① 克内斯贝克的弗朗茨·尤利乌斯：《三立象征，用于丰产的收益及爱的享受，由秘密人员（克内斯贝克·弗朗茨·尤利乌斯）撰写》。不伦瑞克 1643 年。《向喜爱德语的读者的简单预告》第 aa—bb 页。——原注
② 卡尔·柏林斯基：《诗学和艺术理论中的古典》，第二卷，莱比锡 1924 年，第 18 页。——原注

母 S、R 或 T 都有非常明确的发音。Tuba、tonitru 和 tundo 都是重要的例子。但是如果仔细推敲，尽管大多数动词都是以这些字母结尾，但是就拟声词来说，不管发生了什么曲折变格，加上字母 T 都会添加其特殊的声音。所以 rupit 包含的爆破音就比 rumpo 更大。"[1]无独有偶，不受斯卡里格影响，波墨也独立地提出了相似的关于话音的推想。他打心底认为，造物的语言"不是作为词的王国而存在……而是溶解在语言的话音与声调中"[2]。"A 对他来说是第一个从心中迸发的字母，i 是最崇高的爱的中心，r 这个字母，因为它'有木质干燥的声音属性，并读起来噼里啪啦'，所以有火源的特性，s 对他来说是神圣之火。"[3]人们可以认为：这样的描述在那时显得如此有理有据，要部分地归功于当时方言的生命力，各地的方言在那时都处于全盛。因为那时语言协会只能让书面德语标准化。——另一方面，造物语言被自然主义地描述为一种拟声的构造物。布赫纳（Buchner）的诗学是这方面的典型，他正是推行了他的老师奥皮茨的观点[4]。虽然布赫纳认为，真正的拟声构词虽然不被允许出现在悲苦剧中[5]，但是激情在某种程度上恰恰是悲苦剧君王般的自然声音。纽伦堡学派走得最远。克拉尤斯（Klajus）声称，"德语中不存在一个不通过'特别的相似'就能表达其义指（Bedeutung）的词"[6]。相反，哈尔斯多夫（Harsdörffer）站在了这句话的对立面。"自然在万物身上言谈/万物发出自己的嗡

---

① 尤利乌斯·凯撒·斯卡利格：《诗学七书》，第五版，日内瓦 1617 年。——原注
② 保罗·汉姆卡莫：《语言在 16 世纪和 17 世纪的概念和释义：对文学史的事件次序问题的探讨》，第 159 页，波恩 1927 年。——原注
③ 约瑟夫·纳德勒：《德意志部落及景观文学史》，第二卷：《1300 年的新部落，1600—1780 年的旧部落》，雷根斯堡 1913 年，第 78 页。——原注
④ 参见乔治·菲利普·哈尔斯多尔夫：《"为了德语研究"保卫书》，选自：《女士房间对话游戏》第一部分，纽伦堡 1644 年。【特别分页】第 12 页。——原注
⑤ 参见汉斯·海因里希·波尔歇特：《奥古斯图斯·布赫纳和他对 17 世纪德意志文学的意义》，慕尼黑 1919 年，第 84—85、77 页（注释 2）。——原注
⑥ 尤利乌斯·蒂特曼：《纽伦堡派诗人：哈尔斯多夫、克拉耶、比尔肯——德意志 17 世纪文学、文化史研究》（《德意志文学史、文化史简述Ⅰ》），哥廷根 1847 年。——原注

鸣/我们德意志语言/因此有一些人妄想/第一个人类亚当给飞禽和地球上的所有走兽用只能我们的话音进行命名/因为他表达了每个天生就会自己发音的物,根据它们的自然本性;因此不要惊讶/我们的词根很大部分与神的语言是一样的声音。"①他从中引出了德意志抒情诗的任务,"用话语和节奏捕捉这一自然的语言。对他以及比尔肯(Birken)来说,这样的抒情诗甚至是宗教的要求,因为上帝正是那个深林的沙沙声中……在风暴的怒吼中启示"②。在狂飙突进时期类似的观点再次出现。"各民族的普遍语言是眼泪和叹息;——我也理解无助的霍屯督人,如果我是塔兰托人,我也不会听不到上帝的声音!……尘土也有意志,这是我对造物主最崇高的想法,连苍蝇也会反抗,我珍视对全能之神自由的本能。"③这就是造物和它的语言的哲学,从寄寓的语境中脱胎而来。

亚历山大体原本严格分成两部分,是一种常常用来表现正反对立的诗体,而巴洛克的悲苦剧则将这种诗体进行衍生,但这还远远不够概括巴洛克语言的特点。巴洛克还有个鲜明的特点,内部音韵的狂野与表面上有逻辑的(如果你愿意,也可以说是古典主义的)构造形成的鲜明对比。然而,用奥美斯(Omeis)的话说是"悲剧的风格……充满了华丽、冗长的用词"④。如果你面对巴洛克艺术和巴洛克绘画庞大的比例时,能看出两者"假装充满空间的特性"⑤,那么亚历山大体中绘画性十足的语言也有相似的任务。警

---

① 哈尔斯多夫:《"为了德语研究"保卫书》,同上书,第 14 页。——原注
② 弗利茨·施特里希:《17 世纪抒情诗风格》,选自:《德意志文学史研究》,祝弗朗茨·穆克 60 岁,由爱德华·贝伦特【等人】的献礼,慕尼黑 1916 年,第 45—46页。——原注
③ 约翰·安东·莱泽维茨:《莱泽维茨全集》(首次出版的全部作品集,并以作者生平作为导言,配莱泽维茨肖像及摹本。唯一合法全集版本),不伦瑞克 1838 年,第45—46 页(塔兰托的朱利叶斯 II,第 5 页)。——原注
④ 马格努斯·丹尼斯·奥美斯:《德语韵文艺术及文学艺术概要》,纽伦堡 1704 年;引自乔治·波普:《论 17 世纪德意志诗学中的戏剧概念》,博士论文,莱比锡1895 年,第 45 页。——原注
⑤ 卡尔·柏林斯基:《诗学和艺术理论中的古典》,第一卷,同上书,第 190 页。——原注

句必须——即便它所表现的行为在瞬间固定不动——至少要假装出一种运动；所以就不得不使用悲怆这种技巧。哈尔斯多夫将警句固有的（因为诗体的本性就是力量感）力量感清晰地展现出来。"为什么这些戏剧大多以被音韵约束的诗体对话写成？回答：因为心绪要最激烈地被感动/韵的构建对悲苦剧和牧童剧是一种惯例/就像小号约束着词句/和声音/使他们产生大得多的加强音。"①而因为警句通常不得已附着在意象的基础，而意象喜欢将思维推到惯有的老路，显得千篇一律，所以只得在话音的部分寻找价值。不可避免的是，即便对亚历山大体也进行文体批判，那么也会陷入早期语文学的普遍错误：他们错误地将古典时期的建议或者古典时期套用的形式作为它们本质的证据。以下里希特（Richter）的研究《1630 年爱情之争及 1670 年舞台》的第一部分中的评语非常典型地指出："17 世纪伟大剧作家特别的艺术价值与他们创造性的用词风格紧密相关。17 世纪高雅悲剧，不是因为它对性格的刻画或者剧情组合，而是因为其追溯到古典时期的修辞艺术手段……捍卫了它独特的地位。但是他们的语言背负过多意象而显得臃肿，各时期及各修辞体嵌合成坚不可摧的构造，不仅让演员难以记忆，而且它们是如此根植于古典时期完全不同性质的形式世界，以至于无限脱离了日常用语……可惜的是……没有文献记录了普通人是怎么无奈地接受的。"②倘若这种剧作的语言只是学者间关心的事情，那没受过教育的人倒也能好好享受戏剧。但是浮夸风符合那个时代的表达冲动，而且这种表达冲动也大大超过了用一目了然的语言进行表达的理智兴趣。耶稣会士非常了解观众，他们在讲课时几乎没有只懂拉丁语的听众。③ 他们可以

---

① 哈尔斯多夫：《诗学漏斗》，第二部，纽伦堡 1648 年，第 78—79 页。——原注
② 维尔纳·里希特：《1630 年爱情之争及 1670 年舞台：17 世纪德语戏剧史论文》，柏林 1910 年，(Palaestra 78)第 170—171 页。——原注
③ 参见弗莱明：《德语区的耶稣会戏剧史》，柏林 1923 年，第 270 页等。——原注

深信一个古老的真理，那就是表达的权威性不依赖于它的可理解性，反而晦涩难懂会增强这种权威性。

这些文学创作者的语言理论原则和惯例在非常令人惊讶的地方驱使寄寓观的基础动机形成。在回文变音修辞法、拟声转折词和其他类型的语言技巧中，话语、音节和话音摆脱了传统的意义联系，成为一种可以压榨其寄寓价值的物，大摇大摆地走来走去。巴洛克的语言无论何时都经受着其要素的反叛，有着受损的危险。节选自卡尔德隆（Calderon）的希律王戏剧的以下段落，只在生动形象方面超越了它的同类，尤其是格吕菲乌斯，这要归功于它的艺术性。希律王的妻子玛丽亚姆机缘巧合地发现了一封信的碎片。在信中希律王令人在自己死后杀死她，以维护他误以为岌岌可危的荣誉。她捡起这些碎片，她用极其简明扼要的诗行对里面的内容作了说明。"这些纸片写了什么？／死亡就是我找到的，／第一个词；这儿写着：荣誉，／那儿我读到：玛丽亚姆。／这是什么？天，救命！／因为简单三个词却内涵很丰富／玛丽亚姆，死亡，荣誉。／这儿写着：静静地；这儿／尊严；这儿：请求；还有这儿：追求；／以及这里：如果我死了，就继续。／但我在怀疑什么？这张纸的褶皱／已经让我知道，／那些脆片，展开这样的罪行，／相互有什么样的关联。／原野，在你的绿色地毯上，／让我把它们拼凑起来！"[①]这些话哪怕只是碎片也够致命的。人们忍不住会说，事实上，那些碎片的话还有言外之意，这反而使没说的留白具有威胁性。语言被如此打破，是为了赋予这些碎片被改变、被增强的表达。巴洛克将首字母大写引入了德语正字法。这样做不仅要求语言变得华丽，同时，寄寓观要求的碎片化、离散化的原则也随之而来。毫无疑问，一开始很多读者认为，大写的词带来了寄寓世界的特质，支离破碎的语言不再仅仅用于传达，并作为一个新生的客体将自己的尊严与诸

---

① 来自巴萨的唐·佩德罗·卡尔德隆：《戏剧集》（约翰·迪特里希·格里斯翻译），柏林 1818 年，卷 3，第 316 页（嫉妒是最大的怪物Ⅱ）。——原注

神、河流，美德以及类似之物的尊严并列，置于自然形态照拂的寄寓世界中。正如我所说，年轻的格吕菲乌斯在这一点上表现得尤其激烈。如果说，德语世界找不出可以与上述卡尔德隆选段相媲美的竞品，那么安德烈·格吕菲乌斯的力量感也可与西班牙人卡尔德隆的耐人寻味比肩。因为他可以炉火纯青地让人物用爆发力十足的台词对话，就像相互在争论一样，实在令人称奇。比如在《里奥·阿尔门尼乌斯》的《第二幕》中。"里奥：只要这房子的敌人战败，这房子就屹立不倒。/特奥多西亚：只要他们的战败不伤害守卫这房子的人。/里奥：用剑守卫。特奥多西亚：他们用剑守护我们。/里奥：他们用剑袭击我们。特奥多西亚：他们支持我们的王位。"[1]当对答变得怒气冲冲、暴躁激愤的时候，他就偏爱将片段化的台词堆积起来。格吕菲乌斯用的堆积比他的后来者都多得多[2]。除了生硬的简约化，堆积化也很好地融入格吕菲乌斯戏剧的总体风格：因为这两种方法都调动了支离破碎和混乱的印象。这种表现戏剧激荡的技术越是好，它就越不局限于戏剧。在西贝尔（Schiebel）的下述表述中，这种技术被呈现为牧师的技巧："今天，一个虔诚的基督徒有时会得到一丝安慰/（哪怕只是一句话/它来自一首充满智慧的歌或者寓教于乐的布道/）他大口大口（仿佛）如此开胃地将其吞下/好好消化/内心涌动着情绪/如此神清气爽/以至于他不得不承认/某种神圣的东西蕴含其中。"[3]

上面这段话的用词将话语比作吃的东西，仿佛要经过味觉的吸收，并非毫无缘故。话音对巴洛克来说依旧是纯粹的感官性的东西；而意义（Bedeutung）则在文字中安身立命。被宣告的话语被

① 安德里亚斯·格吕菲乌斯：《悲苦剧集》，赫尔曼·帕尔姆出版，图宾根 1882 年，第 62 页。（《里奥阿尔门尼乌斯Ⅱ》，第 455 页等。）——原注
② 参见保尔·施塔赫尔：《塞内卡和德意志文艺复兴时期戏剧：16、17 世纪文学史与文化风格史研究》，柏林 1907 年（《体育场：欧洲文学研究》46 期），第 261 页。——原注
③ 约翰·乔治·西贝尔：《新建的剧院厅》，纽伦堡 1684 年，第 358 页。——原注

意义干扰,如同被一个无法摆脱的疾病纠缠;声音渐渐消散时,话语也中断了,而即将倾泻的情感被阻塞,从而唤起了悲伤。意义就在这里产生,并且作为悲伤的原因会继续产生。倘若能成功地把话音和意义统一,但这种统一并不是指将两者在有机的语言结构上融合,那么话音和意义的对立中必然包含了悲伤最外在的锋芒。这一可演绎的任务被一个戏剧场景解决了,它作为维也纳政治大戏中的杰出选段闪闪发光,顺便一提,这种戏不怎么有趣。在《荣耀的审讯官约翰内斯·冯·拿破穆克》的第一幕第十四场中,阴谋者之一(徐陀)作为回音出现在他的受害人(奎托)神话学的讲话中,这场戏展现了,前者如何用死亡意味的回答来应答后者的讲话。① 将回音这种造物语言中纯粹声音性的东西转变为意味深长的反讽,而这种反讽又是出自阴谋者的嘴,这种转变对配角与语言之间的关系而言是标志性的。阴谋者是意义的主宰。拟声的自然语言的平静流露中,意义是哀伤的阻碍和起源,而阴谋者就是用意义造成哀伤的罪魁祸首。如果现在回音,这种自由的声音游戏的原本领域,遭到了意义所谓的侵袭,那么这种转变完全就是语言启示的证明,那个时代正是如此感受的。因此,人们赋予这种启示一种形式。"非常'乖巧',非常受欢迎的是那种回声,它重复一个节诗最后的两到三个音节,通常会省去一个字母,这样它就听起来像一个回答,一种警告或者预言。"这种表演跟其他同类表演一样,很容易被当作胡闹,但它就事论事。浮夸的语言姿态在其中无所遁形,所以也许可以用它们简单概括一下浮夸风格。(巴洛克)语言,一方面在大量的声响中尝试行使自己创世造物般的权力,另一方面,随着亚历山大体的进展,不断地被束缚在不自然的逻辑性中。

---

① 参见《荣耀的审讯官约翰内斯·冯·拿破穆克》;引自卡尔·韦斯:《维也纳政治嬉闹剧:德意志戏剧史研究》,维也纳 1854 年,第 148 页等。——原注

这就是浮夸风格的文体法则——悲苦剧"亚细亚话语"①的公式。那些尝试让意义显露全新形象的姿态，都无异于暴力篡改历史。巴洛克认为在语言中、在生活中造物运动只存在类型的区别，它凭着这一设想，却要讲述从古典时期到基督欧洲的整个文化世界——这是在悲苦剧中从未否认的杰出态度。悲苦剧极度造作的表达方式，正如牧羊剧一样，奠基在同样极端的对自然的渴望之上。另一方面，恰恰就是这种只有代表功能——也就是代表自然之语言——并极力避免庸俗的表达方式，才是宫廷的、高雅的。真正克服巴洛克，让话音和意义和解，可能最早也只能追溯到克洛普施托克(Klopstock)，因为他的颂歌有一种——正如威廉·施莱格尔所说——近乎"语法"的趋势。他的浮夸风格，与其说基于声响与意象，不如说基于词的复合和词序。

17 世纪语言中的语音张力直接导致音乐崛起，成为被意义所累的台词的对手。正如所有悲苦剧的根源都与牧羊剧的根源是交织在一起的，这类剧作也是如此。一开始只是舞蹈性质的"合唱"，在悲苦剧中时长越来越长，逐渐以演说性质的齐诵固定下来，而在牧羊剧中它就立刻显现出歌剧性质。在意象巴洛克中已经提到过"对有机体的热情"②，它在文学创作中不那么容易被勾勒出来。人们总会注意到，在这些话语中，与其说在回忆有机体的外在形态，不如说在回忆有机体的神秘内在空间。声音从这些内在空间渗透出来，而且事实上，如果观察准确，文学创作的有机瞬间就在声音的统治中，况且哈曼言所写的幕间表演中也能研究到这种现象。他写道："蜜一样甜的舞蹈是献给神灵自己的！／蜜一样甜的舞蹈让所有的痛苦都变甜！蜜一样甜的舞蹈能感动石头和铁块！连柏拉图也

① 哈曼：《悲苦剧、滑稽剧和牧人剧》，布雷斯劳，O. J.(1648 年)(未分页的前言)，第 1 页。——原注
② 威廉·豪森斯坦：《论巴洛克精神》(第 3—5 版)，慕尼黑 1921 年，第 14 页。——原注

要赞颂这蜜一样甜的舞蹈！蜜一样甜的舞蹈战胜一切娱乐！蜜一样甜的舞蹈使灵魂和心灵神清气爽！"①出于文体的原因，人们可以认为，这些选段是在合唱中说出来的②。弗雷明（Flemming）也偶尔提到格吕菲乌斯："过多期待配角是不合适的。因此他（格吕菲乌斯）不让他们多说，以合唱的形式把他们糅合起来，并以这种方式达到了艺术效果，如果单个配角以自然主义的方式说话，就不可能达到这种效果。所以，这位艺术家就巧妙地把物质条件的受限，转变为了艺术效果。"③想一想《里奥·阿尔门尼乌斯》的裁判、阴谋者和卫兵，想一想卡瑟琳娜的宫廷侍从，茱莉亚的少女们吧。除此之外，耶稣会士和新教徒放在正剧之前的音乐序曲也接近歌剧这种形式。舞蹈性质的幕间表演，以及更深层意义的阴谋所具备的舞蹈风格也顺理成章地发展起来，直到世纪末悲苦剧解散，而歌剧取而代之。——这些回忆旨在揭示这中间的联系，尼采已经在《悲剧的诞生》中展示清楚了。尼采的目的，就是要把瓦格纳的"悲剧性的"整体艺术作品恰当地衬托出来，让巴洛克时期流行的轻浮歌剧黯然失色。他通过对宣叙调的拒绝，展开了对歌剧的宣战。因此，他支持符合流行趋势——让所有造物的原始声音焕发新的生机——的那种形式，"人们可以……沉湎于梦想，现在再次降临到人类伊甸园的初始，那时候人们心中的音乐必然也曾有无与伦比的纯洁、权力和天真，诗人们也精通于在他们的牧羊剧中亲切动人地讲述那时候的人们……宣叙调曾被视为原始人类那重新发现的语言；歌剧曾被视为那个田园般或者英雄般美好生灵的重

---

① 哈曼：《悲苦剧、滑稽剧和牧人剧Ⅰ》，第 1 卷，参见"索菲亚"章节，第 70 页（第五篇，第 185 页等）；另见第 4 页（第 1 卷，第 108 页等）。——原注
② 参见理查德·玛丽亚·维尔纳：《戏剧家约翰·克里斯蒂安·哈曼》，选自：《奥地利文理高中杂志》50(1899)，第 691 页。——相反观点的是荷尔斯特·斯泰格尔：《他的生活和作品》，博士论文，莱比锡（印刷：图林根的魏达）1909 年，第 89 页。——原注
③ 弗莱明：《安德列亚斯·格吕菲乌斯和舞台》，萨勒河畔的哈勒：1921 年，第 401 页。——原注

新发现的国度，他所有的行为都遵循着自然的艺术本能，每当他想
说些什么的时候，至少会唱出来，这样他就能在情绪稍有波动时就
能马上引吭高歌……对艺术无能的人制造了一种艺术类型，恰恰
因为他本身不是艺术家般的人。因为他不能预知音乐狄俄倪索斯
的深度，他将音乐的享受转变成抒情调中对激情的理智修辞，用辞
藻及声调加以修饰，以及变成歌唱艺术的情欲；因为人没有前瞻的
能力，他便强迫机械师和装饰艺术家为他服务；因为他不知道怎么
理解艺术家的真实本质，他便自顾自根据自己的品位凭空变出了
'艺术家般的原始人'，所谓艺术家般的原始人，也就是激情歌唱、
吟诗的人。"[1]每种歌剧与悲剧的比较——更不用说那些音乐性悲
剧的比较——都不足以认识歌剧；不容误解，从诗歌创作尤其是悲
苦剧的角度看，歌剧不得不以堕落产品的面目示人。意义的阻碍，
像阴谋的阻碍一样，失去了它的重要性，歌剧故事像歌剧语言的进
程一样毫无抵抗地滑落，最终流向庸俗。随着阻碍的消失，哀伤，
即作品的灵魂，也消失了。正如戏剧的结构被掏空，场景的结构也
被掏空，它现在要寻找其他合法的生存途径，因为此时寄寓即便还
未失效，也成了毫无用处的陈列品。

　　对声音的纵情享受也对悲苦剧的没落负有责任。尽管如此，
音乐——不是因为作者的喜好，而是因为它的本质——与寄寓世
界密切相关。不妨听听与音乐有着亲和关系的浪漫派的想法，至
少他们的音乐哲学会支持这点。至少在浪漫派的音乐哲学中，也
只有在他们的音乐哲学中，被巴洛克小心翼翼撕开的反题的合题
才会出现，而只有合题出现，反题才具有完全的权力。至少用这种
浪漫主义看待悲苦剧的方式，就会思考以下问题：莎士比亚和卡
尔德隆的音乐怎么实现纯戏剧之外的效果。因为音乐就是这样
的。所以，天才的约翰·威廉·里特(Johann Wilhelm Ritter)的

---

① 弗里德里希·尼采：《全集》(第二版)第一部分，卷1：《悲剧的诞生》等，(出版人弗利茨·科格尔)莱比锡 1895 年，第 132 页等。——原注

以下论述可望为我们打开一个视角，而要进入这个视角必须放弃尼采的这段论述，就像一种不负责任的即兴表演一样抛弃它。仅对语言、音乐和文字进行基础的历史哲学讨论才可行。以下引文选自里特的一番（可以说是独白式的）长篇大论，他本来是在写一封关于拉克尼音图的信，在写作过程中他也许无意间涌现了许多想法，他强有力的旁征博引，小心试探。玻璃盘上撒上沙粒，如果用不同的音调叩击盘子，便会显现出不同的线条，他评论这些线条："如果这里外在呈现出来的，不管多么准确，就是我们内心声音的图像，就好了——光的图像，火的文字……每个声调都有一个它直接对应的字母……话语和文字如此密切的联系——以至于我们在说话的时候，就是在书写……这个问题困扰我许久。你自己说说看：思想、想法怎么会转变成话语的；如果没有思想或想法的象形文字，没有它们的字母，没有它们的文字，我们还会有思想或想法吗？的确如此，就是这样；但我们通常不会往那个方向想。但是曾经，在人类还保留更强的本性的时候，真的有人思考过这个问题，这就证明了话语和文字的存在。话语和文字之间最初的，也即绝对的同时性在于，发音器官本身就是为了发音而书写。只有字母说话，或者换个更好的说法：话语和文字在源头上是一致的，都不能脱离对方而存在……每个声音图形就是电流图形，每个电流图形都是声音图形。"①"我想要……从电流的角度再次找到或者寻找原始或者自然文字。"②"整个创世都是语言，就是字面意义上被话语创造的，被创造的话语就是创造性的话语本身……在话语中，这些字母整体上看起来如此不容拆分，在细微处也紧密相连。"③"首先，所有造型艺术：建筑、雕塑、绘画等，都属于这样的文

---

① 约翰·威廉·里特：《一个年轻物理学家的遗言残篇——给自然之友的口袋书》，由约翰·威廉·里特出版（出版商身份为编造！）第二卷，海德堡 1810 年，第 227 页等。——原注
② 同上书，第 230 页。——原注
③ 同上书，第 242 页。——原注

字、模仿文字，抄写文字。"①以上论述给寄寓潜在的浪漫主义理论画上了句号，但是似乎向读者提出了不少问题。每个回答其实应该给里特的预言概括以相称的术语；话音语言和文字语言，即便总是相互靠近的，但是无论如何都要将它们定义为辩证关系，定义为正题和合题，一定要保证音乐——一切反题的中间环节，巴别塔之后所有人类的最后一种语言——恰如其分的反题中心位置，一定要研究文字是如何脱胎于音乐，而不是脱胎于语言的话音成长起来。这些任务远远超出了浪漫主义直觉和非神学哲学范畴。寄寓的浪漫主义虽然是潜在的，却是巴洛克和浪漫主义之间亲和性的不可误判的纪念碑。更不必说，关于寄寓的讨论，正如弗里德里希·施莱格尔在《诗谈》②里说的，并没有达到里特的深度。是的，弗里德里希·施莱格尔的用语较不严谨，他说，所有的美都是寄寓，这么说跟经典的套话没什么区别，即寄寓是象征。里特则不同，他凭借他的原理直指寄寓观的中心，即所有的意象都不过是文字意象。在寄寓的语境中，意象只不过是标记，只不过是存在物的名字符号，而不是包裹在躯壳中的存在物。然而，文字本身并没有消耗属性，在阅读过程中不会像渣滓一样落下。它作为"形象"被阅读。印刷商，乃至巴洛克时期的诗人给了文字形象最高的关注。从洛恩斯坦处我们得知，他亲手将"铜版画上的铸文：'天鹅象征纯洁的情爱，乌鸦象征卑下的情欲'"③用最好的印刷体印到了纸上。赫尔德认为——至今依旧如此——巴洛克文学"在印刷和装帧方面……几乎不可超越"④。这个时代完全知道，语言和文字之间有

---

① 约翰·威廉·里特：《一个年轻物理学家的遗言残篇——给自然之友的口袋书》，第 246 页。——原注
② 参见弗里德里希·施莱格尔：《他少年的散文集》，由雅各布·米诺出版，卷 2：德意志文学和哲学第二版，维也纳 1906 年，第 364 页。——原注
③ 康拉德·穆勒：《丹尼尔·卡斯帕尔·洛恩斯坦的生平创作研究》，布莱斯劳 1882 年（日耳曼研究Ⅰ），第 71 页（注释）——原注
④ 约翰·歌特弗里德·赫尔德：《合集》，卷 5：散页，第二版新审查版，维也纳 1801 年，第 193—194 页。——原注

着广泛的联系,两者的联系奠定了寄寓的哲学基础,并包含了两者间真正张力的疏解。如果施特里希(Strich)兼具灵性和说服力的关于意象发展史的猜想说得正确,其中他"奠定了这一思想的基础:诗行长短不一,当它模仿了一种有机形式时,必定产生了一种有机的伸缩节奏"。比尔肯也持有相同的观点——他借弗洛迪安之口在《党尼贝尔格的英雄战利品》说——"这个世界每个自然事件都可能是某种宇宙声或者音作用的外化或者物质化,甚至天体的运动也不例外。"①这才是话语巴洛克和意象巴洛克在语言理论上的统一。

原载:"Ursprung des deutschen Trauerspiels",Berlin,1928,赵健品译自Walter Benjamin, *Medienästhetische Schriften*, Suhrkamp Verlag Frankfurt am Main 2002,SS.91－104。

---

① 施特里希《德意志文学史研究》,第 42 页。——原注

一百年前的儿童字母书

人们对字母有种特殊的爱，将字母视为需要装饰和关爱的对象，在文化历史的长河中，没有哪座国王的宫殿，也没有哪间亿万富翁的乡间小屋，能够体现出这份爱的千分之一。这份爱有时是因为对美的享受和对字母的尊崇，但同时也出于一些机巧、实用的目的。但丁在地狱之门上读到的文字，就刻在城门的柱子上，而字母就是门的柱子。每年有众多小孩通过这扇门，因此字母粗糙的原始形态不应该让这些小孩望而却步。那么每一根这样的柱子都被各类花环和阿拉伯式的图案所点缀。然而，直到后来才意识到，用过分的装饰来包裹字母的结构，试图使它们更加吸引人，这并没有让孩子更容易理解，反而可能让他们感到困惑。

与此同时，字母早就开始以自己为中心建造出庭院，这个庭院由各种事物组成。我们中老年纪的人也都知道把帽子恭敬地挂在"h"字母标志的上方，在"m"字母标志旁会看到老鼠咯咯作响，并且认识到"r"代表着玫瑰最多刺的部分。伴随着对外族、儿童和社会底层人民的深切关注（贯穿着欧洲启蒙运动）与人文主义的光辉（比古典主义更加耀眼），全新的一束光照射到了阅读书籍之中。之前，那些作为插图的小物品要么尴尬地环绕在华丽的字母周围，或者被压缩在像18世纪市井住宅上的小窗户那般狭小的盒子里，可突然之间它们传达出了革命性的标语。插图上的保姆、药剂师、炮兵、雄鹰和猴子，儿童、侍者、猫、保龄球童、厨师、鲤鱼、钟表匠、匈牙利人、长枪骑兵，它们认识到彼此的团结，并召开了一系列大会，以各种字母（如 X、B、C 等）开头的事物都派出代表，会议上大家喧哗吵闹。当卢梭说所有主权来自人民时，这些插图中的事物、符号等也大声而坚定地宣示："字母的精神源于事物。这些字母体现了我们以及我们独特的存在。我们不是它们的臣民，它们只是我们共同意志的有声表达。"

图 1: 所有儿童字母书都用这种方形木刻（XY-Blatt）。可以看到，这些木刻匠竟然有这种奇怪的想法，只把名字带有 X 和 Y 的男人（如 Xerxes、Xenophon、Young、Ypsilanti）刻进木块，这对我们的字母艺术家（即著名的盖斯勒）来说没有什么不妥。

图 2：一本儿童书《图像的世界》（*Orbis pictus*），新哈尔登斯莱本，出版年月不详。它被认为是比德迈耶时期最美丽的儿童书之一。这本书没有文字内容。艺术家认为每个插图后面附一页纸就够了，在这一页纸上按字母顺序列出了插图中所代表的事物。所有这些事物都以相同的字母开头。在图中以字母"P"开头的总共有二十三个事物。谁能找到它们？

图 3：这是法国的一本儿童书《幸福国度之旅》的封面，大约 1840 年出版于巴黎。每一页都有一幅全版的精美石版画。故事中的孩子们在前往幸福国度的旅程中很快感到厌倦，那里只有玩具和甜食。他们对学校充满了渴望，于是离开了这个天堂。

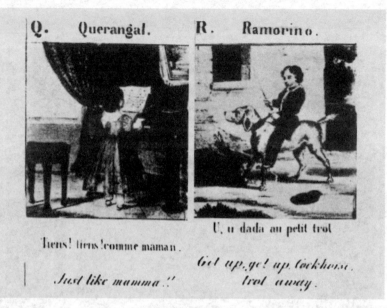

图 4 和图 5：一本来自法国的浪漫的儿童书。没有提及地点和年份。每一页上都有一个孩子，他们的名字以字母表中相应的字母开头，按字母顺序排列。然而在这本儿童书问世之前，已经在法国旅游了很长时间的人，却也从未遇到过一个名字叫作"Querangal"的女孩或名字叫作"Ramorino"的男孩。

原载："Für die Frau"1928 年，骆佩译自 Walter Benjamin，*Medienästhetische Schriften*，Suhrkamp Verlag Frankfurt am Main 2002，SS.105 – 109。

笔迹中的人类①

这本书还需要推荐吗？我认为不需要。它必将获得巨大的成功，而且完完全全配得上此等成功。

它不仅在笔迹学方面达到了顶峰，而且在笔迹分析上也达到了顶峰，更在语言表达艺术上达到了顶峰。

此外，值得一提的是，在众多具有精神分析特点的作品中，它体现出极强的节奏感。至少，这本书的简明和精确从某种角度来看就是一种节奏。它从不啰唆，也从不过于缄默。因此，它在教导人们的同时可以启发人心。最后，这本书表现出一种罕见的谦卑，那是全心全意投身于自己领域的人会表现出来的一种谦卑，他们在面对自己的领域时，不会摆出一副扬扬得意的姿态。

如果说，在笔迹学中还存在某些方面可能会让作风正派的人感到尴尬的话，那就是它带有庸俗的一面，特别是有一些粗俗之人，他们借此满足了小市民八卦的好奇心，揭示了各种各样的人的家庭"真相"，上到祖宗八辈，下到家庭主妇。克拉格斯（Klages）②、伊万诺维奇（Ivanovic）③等一行人的新的科学尝试当然与此无关。然而，可能还没有人注意到，人类这个复杂的谜团是如此顽固，我们对其进行各式各样的分析，它反而愈加难测。

值得称赞的是书中所运用的方法，其中我所提到的节奏感只是表象。虽然这个方法并不是史无前例的，但至关重要的是这本书所持有的严肃态度。这种方法试图将文明人的手写字体完全视为图

---

① 本篇文章引用了安娜乔治·门德尔松，《笔迹中的人类》，莱比锡，E. A. Seemann 出版社（1928—　　）1930 年，第八版，第 100 页。——译注
② Friedrich Konrad Eduard Wilhelm Ludwig Klages，是一位德国生命哲学家和心理学家，也是表现科学笔迹学的创始人。他代表了一种特殊的性格研究方法和生命中心的形而上学。——译注
③ Ivanovic, M.（M. Thumm-Kintzel），著有《现代笔迹学法则》。——译注

形文字。并且，此书的作者成功地保持了与图像世界的联系，这是以前所无法企及的。人们一直认为，手写文字的右和左，上和下，竖和斜，重和轻，是固定的、与生俱来的。但是，在其中仍然存在着模糊的类比和隐喻的成分。例如，对于一种紧凑的笔迹可以解读为："这个人把他的东西聚在一起，也就是说他很节俭。"这虽然有道理，但用语言洞察和解读笔迹需要人们付出相应的价格。克拉格斯也倡导一种"心灵洞察力"（seelische Schaukraft），试图用其评判字体的形式水平①、丰富程度、重要性、充盈度、温度、密度或深度，这种"心灵洞察力"会在关键位置受制于我们在书写过程中融入笔迹的图像。因此，相对而言，我们可以对克拉格斯的理论提出异议，将笔迹仅仅解释为"固定的表达活动"还并不足够，因为"这个理论表明，字体是由姿态决定的，但我们可以扩展这个理论，姿态又是由内心图像决定的"。

更进一步说，正是由于这种和图像的联系，让笔迹学家能够避免对笔迹进行道德解读。这也是笔迹学家现在以及今后必须承担的责任。如果有人敢于自发地对此类问题发表更多见解，那么将更好，而不是像如今那样让有声望的人发表言论，况且这些人并不能说出什么有价值的东西。或者正如书的作者所言："通过观察可以发现，人类在自己的本性中既有光明面，也有阴影面。"所有道德都是没有相貌的，是一种无言之物，从具体情境中或隐或现地展示出来。它可以被确认，但永远不能被预测。忽视它的走向，正是克拉格斯的笔迹学所提倡的。克拉格斯认为形式水平是衡量笔迹书写者道德高低的标尺，如果书中的作者背离了克拉格斯的基本概念——形式水平，也是情有可原的，因为克拉格斯将自己的生活哲学强加在笔迹学中使得这种概念晦涩难懂。"自文艺复兴和法国大革命以来，人类生命的充盈度以及心灵所表达的内容都在急剧

---

① 形式水平（Formniveau）是克拉格斯引入的一个评估手写质量的概念，包括笔迹诊断，笔迹系统和笔迹心理（Handschriftendiagnostik, systematisierte, Schriftpsychologie）。——原注

下降；所以，即便是今天最丰富、最有才华的人，也只能参与最贫瘠的媒介中，其充盈度最多只能达到四五个世纪前的平均水平。"屡见不鲜的是，克拉格斯的支持者们认为这样的想法在某种程度上是合理的，并且有其存在的理由。然而，把笔迹学想象成那些生命哲学或神秘学说的媒介，这是让人无法忍受的。目前，笔迹学的一个问题在于，它多大程度上能够独立于任何学说而存在。当然，问题的答案不能在封闭的环境中，而是要在一种"极端环境"中寻找，即以一种富有创造性和理性的方式面对问题，而非受到情绪的影响，也就是所谓的"创造性的冷漠"（schöpferische Indifferenz）。

这种"创造性的冷漠"立场，当然绝不是在中庸之路上找到的。因为这种冷漠是辩证的，不断在重新调和，它不是几何位置，而是事件的集合与释放的能量场。就笔迹解读的理论而言，门德尔松和克拉格斯两者不同学说之间的动态（而非机械的）调和就或多或少展现出这种立场。他们的对立之所以如此重要，是因为由此结下了丰硕的成果。这种对立植根于身体和语言之间的关系。

语言有一个身体，而身体也有一种语言。然而，世界的基础建立在两个方面：一是身体上不是语言的方面（即道德），包括一些无法用语言准确描述的道德、伦理或情感等元素；二是语言上不是身体的东西（即非语言的元素），它超出了语言的范围，是难以言说的。可是，笔迹学确实涉及了在手写语言中身体化的部分，也涉及了在手写身体上所言说的部分。克拉格斯从语言出发：也就是说，从表达出发，门德尔松从身体出发：也就是说，从图像出发。

一些幸运的发现让我们领略了图像维度之丰富，这是迄今为止几乎不敢想象的。在许多方面，书的作者都借鉴了巴赫芬和弗洛伊德的思想。但他们足够开放和敏感，即使是不引人注目的地方，只要对我们的生命感受有价值并且有所表达，他们就能够探寻到丰富的图像世界。在笔迹和儿童绘画之间的比较中，没有比下面这个比较更具智慧、更贴切的了，在这个比较中，写字的水平线代表着地面。"字母自发展伊始位于水平线上，就像它们的原型——人、动物和物品——曾经站在大地上一样。当我们将字母转换为具体的形象时，有些字母部分会在水平线以下，但不能因此放弃寻找水平线以上的'腿'的部分。就在同一高度，旁边的其他字母中会出现头、眼睛、嘴巴和手，就像早期儿童画中那样，不过当时对身体部位的排列和比例了解得还不够。"同样还具有深刻意义的是，对立体笔迹学轮廓的勾勒。笔迹在表面上似乎只是一个平面结构。落笔的力度表明，在书写平面的背后存在着一个有立体深度的空间，而笔迹在少数位置中断则表明，羽毛在书写平面上有所退缩，以在其中描绘一种"非物曲线"（immaterielle Kurven）。笔迹的立方体图像空间是不是天启视域的微观映像？① 在这个空间中，像拉费尔·舍曼这样的具有心灵感应的笔迹解读者是否能够获取一些启示？无论如何，立体笔迹图像的理论为有朝一日将笔迹解读应用于研究心灵感应过程打开了一扇大门。

对于一个处于领先地位的学说而言，不宜采用任何方式来辩护早期著作，也不宜进行任何论战。这本书通过自身内在的逻辑展开阐述。即便此书中的笔迹样本不如其他类似书籍中的丰富，但其笔迹学的观念是如此强烈，以至于作者几乎可以冒险仅通过一份笔迹来展示他们的学科方法，更确切地说，是阐释他们的实践。人们若像他们那样去观看，每一张被书写的文字碎片便都是进入大型世界剧场的免费门票。它将整个人类本质和人类生活的哑剧以缩小十万倍的方式呈现了出来。

原载："Die literarische Welt"1928 年，骆佩译自 Walter Benjamin,
Medienästhetische Schriften，Suhrkamp Verlag Frankfurt am Main
2002，SS.110‑113。

---

① 即笔迹所呈现的空间特征是否反映了某种深层的感知或理解。——原注

作家写作技巧十三则

1. 每个打算写作一部比较重要著作的人都应该善待自己，每写完一点都要克制自己任何对继续写作会有不良影响的想法。

2. 如果你想谈谈已经写完的部分，那是可以的。但是，写作过程中不要将已写完的部分读给别人听。你由此获得的每一次满足都将妨碍你的写作速度。如果遵循这个原则，想说给别人听的欲望会越积越多，但那最终会成为圆满完成作品的动力。

3. 进入写作状态时要避免接触日常平庸的事情，带有细细声响的不完全宁静是难以忍受的。相反，一段肖邦或李斯特的练习曲或工作时发出的絮絮嘈杂声，则与深夜感受到的宁静同样重要。如果说后者使内在听觉变得敏锐，那么，前者就会成为文体的试金石，文体一旦出现，它就会淹没那些外在的声响。

4. 不要随意使用写作工具。刻板地坚持使用某种纸和笔墨是有好处的。这不是奢侈，但是，使这样的器具应有尽有是必须的。

5. 不要让你的任何思想隐名埋姓地流逝而过，要在小本子里仔细记录下你的每一个思绪，就像当局登记外国人那样严格。

6. 让你的笔在灵感面前矜持些，灵感会借助磁力将笔吸引到自己身边来。对于是否马上写下突然想到的东西，你越是持审慎的态度，它就越会以成熟的样态走向你。演说征服思想，但文字统治思想。

7. 永远不要因为你没有什么可写了而停止写作，这是文学荣耀的一条戒律。只有必须遵守的时辰（如进餐、约会）或者在作品完成之时，才可以中止写作。

8. 工工整整地抄写你已写好的东西，以此填补灵感暂时的空白，直觉将会在此过程中苏醒。

9. 至少每天写一点——但也可能若干星期。

10. 不要将没有通宵达旦写作过的作品视为完美的。

11. 不要在你熟悉的书房里写一部作品的结尾，你在那里可能找不到写结尾的勇气。

12. 写作的几个阶段：思想—风格—文字。誊写的意义在于：必须誊写得清楚和漂亮。思想扼杀灵感；风格束缚思想；文字报偿风格。

13. 写成的作品是构想死去时的面容。

原载："Einbahnstraße" 1928 年，王涌译自 Walter Benjamin, *Medienästhetische Schriften*，Suhrkamp Verlag Frankfurt am Main 2002，SS.114 - 115。

办公用品

老板的办公室里摆满了武器,使来访者解除戒备的舒适实际是一个隐蔽的军火库。办公桌上的电话每隔很小一段时间就会发出刺耳的响声,它会在最关键的时刻打断你们的谈话,使你的对手有时间想出巧妙的对策。此间断断续续的谈话表明,电话里处理的许多事情比现在正在谈论的要重要得多。随着谈话如此这般地延续,你会慢慢走离自己原有的立场。就此你会开始自问,整个交谈涉及的是谁。于是便会惊奇地发现:和你谈话的人明天要动身去巴西,而且他马上表示与公司的意见完全一致,以致他所抱怨的因接电话而出现的偏头痛被当作令人遗憾的工作故障(而不是机会)。不知是否由于老板召唤的缘故,秘书进来了。她非常漂亮,老板对她的美貌淡然置之,也许他早就表达了对她美貌的赞叹,而恰恰这样反倒使初次见她的人会不止多看她几眼。她知道如何利用这一点为她的老板效劳。他的员工们开始忙碌起来,拿出卡片索引放在桌上进行整理。这时,造访者知道自己被登录在卡片索引中形形色色标题下的哪一栏。他开始觉得疲劳。但是,背着灯光的另一个人,正欣喜地在他那张被照得发亮的面孔上读着他那疲倦的表情。此间,扶手椅也发挥了它的作用,你坐在上面身子向后倾斜的幅度同坐在牙医诊所椅子上一样。就这样,你最终将这种使你窘迫的状况当作事情的全部合法程序来接受。这种处事方式迟早会使企业倒闭。

原载:"Einbahnstraße", 柏林, 1928 年, 王涌译自 Walter Benjamin, *Medienästhetische Schriften*, Suhrkamp Verlag Frankfurt am Main 2002, S.116。

相似物学说

洞察相似物，对于照亮隐秘知识的宏大领域具有根本性的意义。但是要获得这样的洞察，与其说要通过分析偶然发现的相似性，不如说要通过重现产生相似性的过程。自然产生相似性；只需想一想生物的拟态就知道了。拥有创造相似性最高能力的，是人。也许人的所有高级功能中，没有一种是不以模仿能力为决定条件的。这种能力拥有两方面的历史，也就是种系发生史和个体发生史。就后者而言，游戏在很多方面是学习它的学校。首先，孩童的游戏处处充满了模仿行为，其领域绝不仅仅局限于一个人向另一个人的模仿。一个孩子，他不仅仅会扮演商人或者老师，他也会扮演风车或铁轨。关键问题是：这些模仿行为的训练对他来说到底有什么用？

要回答这个问题必须先思考一下，模仿行为在种系发生史上的意义。为了估量这一意义，仅仅考虑今天我们所理解的"相似"概念是不够的。那曾经似乎被相似法则支配的生命之域非常全面。那就是微观宇宙和宏观宇宙——在历史长河中，有许多描述相似性的措辞，这仅仅是举其中一个为例。对于今天的人们来说，可以断言：他们在日常生活中有意识地感知到相似性的情况，与他们无意识地被相似性所影响的情况相比，仍然可以说是微乎其微。有意识地感知到的相似性——例如人脸的相似性——与无数无意识中感知到的相似性相比，就好像是冰山一角。

然而，自然产生的对应关系根本上都是模仿能力的兴奋剂和唤醒者，而人的模仿能力只不过是它们的回应，只有这么去思量，这些自然的对应关系才具有决定性的意义。在此过程中要考虑到，无论模仿能力还是模仿对象，它的目标，随着时间的推移，都不会一成不变；几个世纪以来，模仿力以及后来的理解力，都从某些领域减少了，也许又涌入了其他领域。也许，我们可以大胆假设，总体而言，这种模仿能力的历史是朝着同一个方向发展的。

初看之下，其方向只能是模仿能力的日渐式微。因为很显然，现代人类的世界，与古老民族或者原始民族注意力的世界相比，似乎少了很多魔法般的对应关系。唯一的问题是：这是不是模仿能力的消亡，还是随之而来的、已然发生的模仿能力的转变。模仿能力朝着什么方向发生转变，这一问题也可间接地从占星学中推断出一二。我们作为古老传统的研究者，必须估算到，曾经我们发现直观构造的能力、模仿对象的特性，它存在于我们今天甚至不能感知的地方。比如，星体在星座中的位置。

为了掌握这点，首先要把星座理解为一个原始的整体，只有在占星学的解释中才能对其分析。（星座代表着一种特性的统一，只有通过各星体在星座中的作用，才能认识它们的特性。）原则上，我们必须期望，天体的过程，可以被古人模仿，无论是被集体还是被个人：事实上，这种可模仿性包含了一种指令——那就是处理现存的相似性。在这一由人产生的可模仿性中，或者说，在人拥有的模仿能力中，可以看到赋予占星术以经验特性的暂时唯一权威。但是，如果模仿天赋真的是古人生命的决定性力量，那么就不难想象，新生儿就完全拥有这一禀赋，尤其是，他能完美地适应宇宙的存在之形。

这里决定性的出生时刻，是一个瞬间。这把目光转向相似性领域的另一个特点。感知相似性在任何情况下都是与"闪现"紧密相关的。它一闪而过，也许可以重新获取，但是不能像其他感知一样被固定。相似性对眼睛来说如此匆匆而过，稍纵即逝，就像天体在星座中的位置。所以，对相似性的感知与瞬间有关。就像两个星体汇合的那一刻，占星学家这个第三者闯入，试图把握这一瞬间。如果不把握这一瞬间，即便天文学家用非常清晰的观测工具，也是看不到那奖励性的画面。

占星学的引喻也许已经足够解释清楚非官能相似性这一概念。不言而喻，这是一个相对概念：它指出，那曾经使谈论星体位置与人之间相似性成为可能的东西，在我们的感知中已经不存在了。然而，我们也拥有一条规范，能用这个规范把"非官能相似性"的含义解释得更加清楚。这一规范就是语言。

从远古时期起人们就开始思考，模仿能力对语言有若干影响。但是，这种思考并不遵循原则，既不考虑模仿能力的深远意义，更遑论考虑模仿能力的历史。这些思考主要都与常见的（官能的）相似性领域密切相关。毕竟，人们往往把语言产生过程中出现的模仿行为归为一种拟声行为。如果现在语言不是一种约定的符号系统——洞察力敏锐的人已经清楚地察觉这点，那么人们不得不重复地追溯到最初的思考，人们在最原始、最粗糙地思考语言的模仿能力问题时，是怎么想到用拟声来解释的。问题是：这种解释方式能否成型，并经得起更高明的洞察？

换言之，里昂哈特曾在他启发性很强的文章《词语》中声称："每个词——以及整个语言——都是拟声的。"这句话是否有意义。让这一论题一目了然的关键，就藏在非官能相似性的概念中。如果人们把不同语言中有同样意义的词排成一个圈，把"意义所指"围在这个圈的中心，这样就能研究发现，这些词——它们虽然相互之间没有任何相似——但与中心的意义所指是多么的相似。自然，这样的理解与神秘学或者神学的语言学理论有着紧密的亲缘关系，实证的语言学对此也并不陌生。现在已然清楚，神秘学的语言学说不仅仅满足于只思考口头说出的话语，也要完全考虑到书写文字。值得注意的是，文字也许比音节的碰撞更适合解释非官能相似性的本质，可以从文字或印刷字的字形与"意义所指"或命名者之间的关系中看出。比如字母 B 代表一幢房子。简而言之，正是非官能相似性，它不仅把"所说"与"义指"联系起来，还把"所写"与"义指"联系起来，随之而来的是将"所说"与"所写"联系起来。并且总是以一种完全全新、原创、不可衍生的方式。

其中最重要的联系是最后一种，"所写"与"所说"之间的联系。因为支配它们的相似性是相对最非官能的，也是最晚实现的。如果不考虑两者成功关联的历史，那么就不能尝试回忆其真正的本质。尽管，这一谜团至今还被黑暗笼罩，如此不可穿透。

最新的笔迹学指出，在手写文字中可以识别出书写者无意识地隐藏其中的意象或者画谜。可以假设，在书写者的活动中表达出来，并在非常古老的时代以文字的形式出现的模仿行为，对书写这一动作来说有极高的意义。文字，与语言并列，都记录了非官能相似性、非官能对应关系。

语言这一魔力（如果你愿意这么说）的一面以及文字的一面，不能脱离另一个方面，也就是符号的这一面。语言所有模仿性的因素，更多的是一种深思熟虑的企图，只能通过某种陌生的，也就是符号的，语言传递性的元素显现。所以，字母组成的文字文本是画谜形成的基础，也唯独画谜可以在其中成型。所以，存在于句子音调中的语境是基础，相似物在一瞬间像闪电一样以声音的面貌挣脱出现。但是因为这一非官能相似性对所有类型的阅读都产生影响，所以，理解这一深层含义，我们也获得了"阅读"一词的奇特双重含义，它既有普通世俗的含义，又有魔力的含义。"学生阅读入门书"，"占星学家在星体中阅读（占星）"。在第一个句子中阅读的两个含义并没有撕裂。但是，第二句就不一样了，这句话清楚地展现占星过程的两个层面：占星学家从天空的星体中读取天体位置；同时他从中读出未来或者命运。

如果这类对星体、内脏、巧合的"占卜"在人类的远古时期就等同于"阅读"，如果在此之后经由例如符文这样中介环节，发展出了新的"阅读"，那么有理由认为，那一模仿的天赋，早先曾是占卜的基础，在数千年的发展过程中逐渐迁移到语言和文字中，并在其中创造了非官能相似性最完整的档案。

如此，语言或许是模仿能力最高级的应用：语言作为一种中介，早期人类所有的想象相似物的能力都迁移其中，所以，现在语言就成了中介，万物不再像之前那样直接出现在先知或神父的解读中，而是出现在物的精华，最匆匆、最精致的质料中，比如香气，并相互关联。换言之，在历史的发展中，占卜将它古老的力量禅让给了文字和语言。

与阅读或者书写过程不能分割的速度、快慢，可能就是让精神参与那一瞬间的努力、天赋。在这一瞬间，相似性稍纵即逝地从物的流动中发出闪光，而又即刻消沉。因此，普通世俗的阅读——如果完全不想错过理解的机会——与魔力的阅读有一点是一致的：它们都受制于必要的阅读速度，或者更确切地说，受制于关键时刻，阅读者如果不想空手而归，无论如何都不能忘记这个时刻。

补　　充

我们拥有的、看到相似性的禀赋，只不过是强大约束——变得相似并举止相似——的残余，是一种无法查找的能力，这种能力远远超过我们还能看到相似性的、狭窄的注意力世界。千年之前，天体在诞生的那一刻作用到人身上的，被深刻地编织进了相似性的根基。

写于 1933 年，赵健品译自 Walter Benjamin, *Medienästhetische Schriften*, Suhrkamp Verlag Frankfurt am Main 2002, SS.117 - 122。

论模仿能力

自然产生相似性。只需想一想生物的拟态就知道了。谁在生产相似性方面的能力最高？是人。人有看到相似性的禀赋，但这种禀赋不过是曾经强力约束——变得相似并举止相似——的残余，也许人的所有高级功能中，没有一种是不以模仿能力为决定性条件的。这种能力拥有两方面的历史，也就是种系发生史和个体发生史。就后者而言，游戏在很多方面就是学习它的学校。首先，孩童的游戏处处都充满了模仿行为，其领域绝不仅仅局限于一个人向另一个人的模仿。一个孩子，他不仅仅会扮演商人或者老师，他也会扮演风车或铁轨。关键问题是：这些模仿行为的训练对他来说到底有什么用？

要回答这个问题必须先深入理解，模仿行为在种系发生史上有什么意义。为了估量这一意义，仅仅考虑今天我们所理解的"相似"概念是不够的。那曾经似乎被相似法则支配的生命之域包罗万象，相似性统领微观宇宙和宏观宇宙。自然产生的对应关系根本上都是模仿能力的兴奋剂和唤醒者，而人的模仿能力只不过是它们的回应，只有这么去思量，这些自然的对应关系才具有决定性的意义。在此过程中要考虑到，无论模仿能力还是模仿对象，它的目标，随着时间的推移，都不会一成不变。我们更要假设，产生相似性的禀赋——比如在舞蹈（其最古老的功能就在于模仿）——以及识别相似性的禀赋随着历史的变迁也发生了改变。

这一改变的方向似乎是模仿能力的日渐式微。因为很显然，现代人类的世界，与古老民族或者原始民族的世界相比，似乎少了很多魔法般的对应关系和相似，这些相似对他们而言都习以为常，但对现代人来说，只保留了极少的残留。问题是：这是不是模仿能力的消亡，还是模仿能力的转变。到底朝着什么方向发展，这一问题也可间接地从占星学中推断出一二。

原则上我们必须考虑到，在更加悠远的过去，那些天体运动也属于可被模仿的过程。人们可以通过舞蹈以及其他宗教崇拜活动，将它们模仿出来、将它们的相似性进行操作。但是，如果模仿天赋真的是古人生命的决定性力量，那么就不难想象，新生儿就完全拥有这一禀赋，尤其是，他能完美地适应宇宙的存在之形。

占星领域的引喻可能为"非官能相似性"这一概念的含义提供了初步的线索。那曾经使谈论相似性、特别是产生相似性变得可能的东西，在我们存在的世界中已经不见了。然而，我们也拥有一条规范，能用这个规范把"非官能相似性"的含义解释得更加清楚。这一规范就是语言。

从远古时期起人们就开始思考，模仿能力对语言有若干影响。但是，这种思考并不遵循原则：既不考虑对今后的意义，更遑论考虑模仿能力的历史。这些思考主要都与常见的、官能的相似性领域密切相关。毕竟，人们往往把语言产生过程中出现的模仿行为归为一种拟声行为。如果现在语言不是一种约定的符号系统——这一点已经很明确了，那么人们不得不重复地追溯到最初的思考，人们在最开始思考语言的模仿能力问题时，是怎么想到用拟声来解释的。问题是：这种解释方式能否成型，并经得起更高明的洞察？

"每个词语——以及整个语言，"曾有人断言，"是拟声的。"单把这句话里可能包含的纲要解释清楚，就很难了。但是，"非官能相似性"这一概念提供了某些解释机会。如果人们把不同语言中有同样意义的词排成一个圈，把所指围在这个圈的中心，这样就能研究发现，这些词——它们虽然相互之间没有任何相似——但与中心的所指是多么的相似。但是，这种类型的相似，不单可以从（不同语言但意思相同的）词与词之间的关系上看清。这种考虑更多的是与书写文字有关，不局限于言说的话语。值得注意的是，书写下来的词——在一些情况下也许比口头说出来的词更加简明扼要——借助它的字形与意义所指的关系,可以解释非官能相似性的本质。简而言之,正是非官能相似性,它不仅把"所说的"与"义指"联系起来,还把"所写的"与"义指"联系起来,随之而来的,也将"所说"与"所写"联系起来。

笔迹学指出,在手写文字中可以识别出书写者无意识地隐藏其中的想象。可以假设,在书写者的活动中表达出来,并在非常古老的时代以文字的形式出现的模仿行为,对书写这一动作来说有极高的意义。书写文字,与口头语言并列,都记录了非官能相似性、非官能对应关系。

口语语言以及书写文字模仿的一面,不能脱离另一个方面,也就是符号的这一面。口语语言所有模仿性的因素,与火焰相似,只能通过某种形式的载体显现。这一载体就是符号因素。所以,词或者句子的语境就是载体,只有通过这个载体,相似性才能像闪电一样显现。因为人产生相似性的过程——正如人感知相似性——在很多场合,尤其是重要场合,都像闪电一样。它倏忽而过。书写和阅读的速度提升了符号因素与模仿因素在语言领域的融合,这也不是不可能。

"去读那些从未被书写出来的。"这里的阅读指的就是最古老的阅读:语言产生之前的阅读,从内脏、星体或者舞蹈中阅读。之后,产生了一种新的阅读形式的中介环节,那就是符文和象形文字的阅读。我们有理由认为,这些就是模仿天赋——它曾是灵异实践的根基——迁移入文字和语言的领域经历的不同阶段。由此,语言可能是最高级别的模仿行为,并且最完整地记录了非官能相似性:语言作为一种中介,过往产出模仿的力量和理解模仿的力量全部徘徊进入其中,直到这股力量越走越远,最终消解魔法的力量。

写于 1933 年,赵健品译自 Walter Benjamin, *Medienästhetische Schriften*, Suhrkamp Verlag Frankfurt am Main 2002, SS.123 - 126。

讲故事的人
——对尼古拉·列斯克夫作品的一个考察

1

　　讲故事的人这一名称我们谁都知道，但他实际拥有的效果我们如今却绝对陌生。讲故事的人已成为离我们远去的事物，而且还在不断离我们而去。将列斯克夫（Nikolai Leskow）这样的人称作讲故事者并不表明在走近他，而是相反加大了我们和他的距离。保持某种距离来看，讲故事的人拥有的简明而大致的特点在列斯克夫身上有着鲜明的体现，确切些说，这些特点在列斯克夫身上的体现宛如人在观看一块岩石时看到的特点一样，观看一块岩石时观者都会与之保持合适距离，以便获得正确视角，人用头、动物用身体都会做这样的调整。我们日常生活中几乎每天都在做这种距离置入和视角择取。这告诉我们，讲故事的艺术在走向消亡。如今，很难再遇见一位着实能讲好故事的人。若是今天有人表示想听故事，越来越有可能会弄得大家尴尬无比。似乎一种原本对我们不可或缺的东西，也是我们最踏实的拥有，从我们身上给剥夺了，那就是交流经验的能力。

　　原因很显然：经验不再受宠。经验看似仍在继续凋零，无有尽期。只消浏览一下报纸就会发现，经验已跌至新的低谷。一夜之间，不仅我们对外在世界，而且精神世界的图景都惨遭想不到的变化。随着第一次世界大战出现了一种现象，至今未有停止过。战后，将士们从战场回归，开始沉默寡言，可分享的经验不是增多而是变少，这不是有目共睹的吗？十年之后潮涌般出现的战争书籍中倾泻的内容，绝不是口口相传的经验。这不足为怪，因为经验从未像现在这样惨遭挫折：战略经验为战术性战役所取代，经济经验由通货膨胀代替,身体经验沦为材料的厮杀,道德经验被当权者操纵。乘坐马拉车上学的一代人如今伫立于茫茫天穹之下,世界早已物换星移,唯独白云依旧。白云之下,身陷天摧地塌暴力场中的,是人那渺小、孱弱的躯体。

2

　　所有讲故事者都是从口传经验中吸取创作灵思的。就写故事者而言,他们当中只有佼佼者才能使书写版本贴近众多无名讲故事人的口语。顺便说一下,无名讲故事人有两类,两者当然有不少重叠处。只有对能够感受这两种类型的人,讲故事者才变得血肉丰满。民间流行这样一句话:"远行者必有故事可讲。"以此也就将讲故事的人视为来自远方之人。而对于在本地住下、有亲切感、对本地故事和历史又有了解的人,人们同样乐于聆听他们讲述故事。若用古代原型来描述这两类人,那么前者是在农田上安居耕种的农夫,后者则是泛海通商的水手。实际上,这两种生活圈某种程度上都有着自己的讲故事族群,他们数世纪之后仍保持着自己的特点。由此观之,近代德国讲故事者中,赫伯(Hebel)和哥特赫夫(Gotthelf)就属于第一类,西斯菲尔德(Sealsfield)和哥斯代克(Gerstäcker)就属于第二类。这样的划分触及的只是基本原型,故事讲述实际能达到多远的广阔历史疆域是依赖于这两种原型紧密交叠互相渗透的。这种交叠尤其在中世纪手工制作群体中出现。安居本土的工匠和漂游四方的年青匠人在同一作坊工作,而每个本土师傅在落户之前也都曾是浪迹四方的年青匠人。如果说农夫和水手是古代讲故事大师,那么,工匠阶层则更胜一筹。在讲故事的工匠那里,漂游四方者从远方带回的域外传闻与本地人最谙熟的掌故传闻交叠在一起。

3

　　列斯克夫对地域上的远方和时间上的古今皆感相宜。他是希腊东正教教徒,有着一种男人都有的宗教情感。但对于教会的官僚体制,他也有着由衷的反对。他也同样不能与世俗官僚机构相安无事,所以,在政府机构的供职都不长久。所有任职中工作时间最长的是作为一家英国大公司的俄国代办,这应该令他最为受益。受公司派遣,他前往俄国各地。这些旅行使他深谙世事,也使他对俄国状况有了了解。他因此而有机会了解了俄国各教派的状况。这在他的小说作品中留下印记。列斯克夫领导了反对东正教官僚体制的斗争,他在俄国传说中发现了对抗正教官僚体制的同盟。为此,他创作了基于传说故事的系列小说,小说主角是一名正直之士,该人很少会是一名禁欲主义者,通常单纯活跃,往往以世上最自然的方式成为圣者。情绪激昂的神秘性并非列斯克夫所长,有时他也沉溺于宏伟事件,但是,即便满怀虔信他还是最乐于将之置于实实在在的自然性中。他创作的原型是一名精于世道而又不为世虑所羁绊的男人。他在处理日常事务上也表现出了同样的态度。与此一脉相承的是,他较晚在 29 岁时才开始写作,那是在他商务旅行之后。他出版的第一部作品是《为什么在基辅书籍昂贵?》。他还写了一系列关于劳工阶级、酗酒、警医和失业采购员的篇什,这是他进行小说写作的前奏。

4

生来就擅长讲故事的人有个共同特点：以实践所需为导向。列斯克夫有这样的特点,但哥特赫夫(Gotthelf)更为显著,他在讲故事时就会给农民提供农艺上的指导。有个叫诺迪亚(Nodier)的人,讲故事时就会关注使用煤气灯可能出现哪些危险这一问题。赫伯(Hebel)在他的《小宝贝盒》里为读者塞进了一些科学知识,也是这个路子。所有这一切点出了任何一个真正的故事讲述拥有的实际情况。讲故事或明或暗都携带着某种功利性因素,这功利有时是道德说教方面的,有时则是实用知识方面的,又有时会是传递生活谚语或格言方面的。无论如何,讲故事者都是一个知道如何给读者以提议的人。假如"给人提议"今天听起来有点过时的话,那是因为经验的可奉告性程度在降低,结果是我们对己对人都没有任何提议。说到底,提议与其说是对一个提问的解答,不如说是对一个刚刚铺展的故事如何继续的建议。要进行提议得先会讲故事(且不说一个人只有在说出他的境况时才乐于接受提议),将提议编织进实际生活故事中就是智慧。由于智慧代表着真理的史诗性一面,而且这一面正走向衰亡灭绝,因此,讲故事的艺术也在走向消亡。然而,这一发展过程从很早就已开始。只是将此看成一种"衰败现象"而无视其现代性一面,是极其愚蠢的。确切些说,讲故事渐渐从活生生的口语世界分离出来是世俗历史生产力发展的一个次生现象,这也同时令消逝之物内蕴的新型美变得可感可触摸。

5

讲故事渐渐走向衰亡这个过程的最先征兆是长篇小说在现代初期的兴起。长篇小说与讲故事的区别(严格意义上与史诗的区别)在于它在根本上是依赖于书本的。小说的广泛传播只是在发明了印刷术后才有可能。史诗的长项在于可以口述,这在根本上与小说有别,这也使小说与所有其他散文性文体有区别,比如神话、传说,甚至中篇故事。小说既与口述传统无关,也不参与其中。这使其与讲故事尤其不同。讲故事者讲述的东西直接来自经验,不是来自本人的经验,就是来自所讲述对象的经验,他又将这种经验变成听故事人的经验。小说家则离群独处,小说诞生于独处的个人。这样的人已无法用列举方式表达自身最深切关怀的东西,没有人给他们提议过什么,他们自己也无从给出提议。写小说意味着在对人类生活的描述中将不可公约之事推向极致。身处繁复生活之林并且通过对这繁复生活的描述,小说展现了生活者至深的茫然不知所措。甚至连小说文体第一部伟大经典《堂·吉诃德》都表明，堂·吉诃德这位堪称无比高尚之人的伟大精神、勇气和侠义助人，对读者丝毫不具有提议之义，也丝毫没有智慧闪烁其中。如果说数百年以来时不时有小说家试图在作品中注入一些教诲性要素，这方面最为急切的应该是《威廉·麦斯德的漫游时代》，那么这些尝试总是超越了小说形式。成长小说（Bildungsroman）则与之不同，它一点也不偏离小说的基本结构。它将社会生活进程一体化到一个人的成长过程中，由此就决定社会进程的种种制约性要素提供的说明，可想而知是极其脆弱的。这种说明的合法性与现实截然相左，这一不足恰恰在成长小说那里成了命里注定的。

6

我们必须把史诗形式演绎的节奏，想象成犹如地球表层几世纪中经历的变化。就形成和消亡而言，几乎没有哪一种人类告知方式（Form der Mitteilung）比史诗还要徐缓。小说的起源可以回溯到古典时代，但它只花了数百年时间就在成长中的中产阶层遭际了让它繁荣发达的因素。伴随而来的是，讲故事开始逐渐隐退而作古。一方面，故事讲述虽然也在不断注入新内容，但这些新内容还是无法真正决定故事讲述的成败；另一方面，我们看到新闻出版属于发达资本主义时期中产阶级最重要工具之列，随着这样的中产阶级充分占据社会主导，一种新的告知方式渐渐成形。不论其源头有多久远，不管以什么方式，这种新形式过去从未对史诗有过影响。然而，它现在却对史诗有着影响。这种新形式固然也给小说带来了危机，但是同比而言，它与讲故事更为对立，威胁也更大。这种新告知方式就是信息（Information）。

《费加罗报》创始人维耶梅桑（Villemessant）曾用一句有名的话道出了信息的实质，他说："对于我的读者而言，拉丁区一个屋顶脚手架发生了火灾要比马德里闹革命更重要。"显而易见，人们最乐于听闻的不是远方的情况，而是使人对近邻有了解的信息。消息只要由远方传来，无论是空间上的远方比如异域，还是时间上的远方比如从前，都具有自带的权威性，即使未经核实考证也不失这种权威性。信息则声称能立即进行检测确证，它的首要之处是，"本身和对人都明白易解"。信息通常没有先前世纪的情况报道来得精准。但以前的情况报道往往聚焦于惊人事件，而信息则必须听上去让人觉得可信。因此，信息传播与讲故事的精神不相容。如果说讲故事的技艺变得日渐稀罕的话，那么，信息广泛传播是导致这一状况的罪魁祸首。

每天早晨，媒体都会告知我们全球发生了什么新鲜事，我们却缺少值得关注的故事，这是因为任何事件传到我们耳边时都早被解释得通体清澈了。换句话说，现在发生的事几乎没有任何会有益于讲故事艺术的施展，差不多一切都对信息传播有益。也就是说，讲故事艺术的一半奥妙在于讲述时避免清澈解释。这方面，列斯克夫是大师，比如《骗局》和《白鹰》。对于事件的非同寻常之处、奇异无比之处，他能极其精准地讲述，但不会将事件内蕴的心理关联输入给读者。读者拥有按照自己的理解去看待事件的自由，由此，讲述的事就拥有了一个浮沉空间，这是信息没有的。

7

列斯克夫走的是古典之路。古希腊第一个讲故事者是希罗多德（Herodot），他的《历史》第 3 卷第 14 章有一则引起许多后人效仿的故事，讲述的是莎门尼特斯（Psammenit）的事。埃及国王莎门尼特斯受到波斯国王坎比希斯（Kambyses）攻击，导致被俘。坎比希斯立意羞辱被捕获的莎门尼特斯，他下令将莎门尼特斯置于大道旁，观看波斯军队凯旋。他还安排被俘的莎门尼特斯看见自己女儿沦为女佣，提着水壶走向井边取水。埃及国民不堪此惨状，都哀叹唏嘘不已。而莎门尼特斯则孑然伫立，一言不发，毅然不动,两眼紧盯地面。少顷,他又目睹儿子随同俘虏行列被拉去行刑,依然不动声色。随后,他在俘虏中认出他的仆人,一个又老又贫穷的仆人,顿时,拳击脑门,伤心至极。

从这个故事可以看出故事讲述的内核。信息的价值只是发生在它是新的这一片刻,信息就只是存活在这一片刻中。它完全依存于这一片刻,必须时时刻刻将自己呈现给这一片刻。故事讲述则不同,它不会将自己给出去,它聚集自己的力量,即便故事讲完后也能很长时间发威。因此,蒙田(Montaigne)提起这位埃及国王故事时曾自问:为什么他在见到自己仆人时才悲痛欲绝?蒙田答道:"因为他已经满腔悲痛,只需有毫厘之增便决堤而泄。"这是蒙田的解释。但人们也可以说:"国王不为皇室的厄运所动,因为那就是他自己遭受的厄运。"或者也可以说:"舞台上许多触动我们的东西,在实际生活中却不会触动我们。那个仆人对国王而言就只是舞台上的一个演员。"或者也可以说:"当剧痛积聚绷紧之时,一有松弛疼痛便爆发。看见那个仆人便是松弛。"希罗多德本人并没有对故事进行诠释,他的讲述极其平实干涩。因此,这则来自古埃及的故事数千年之后仍会引发惊艳,催人深思。这则故事宛如一粒谷物种子,在金字塔内某处密室全封闭存放了数千年,至今依然保有着生根发芽的能力。

8

能将一个故事持续留在记忆中的,莫过于讲述的逼近性,这是一种不带有任何心理铺垫的单纯逼近。讲故事者越是自然地放弃拖沓的心理堆砌,故事也就越能占据听者的记忆,越能充分地黏附在听者的经验中,听者也就越是愿意日后某时向别人重述这故事。这个在深层发生的融合,要求听者处于完全放松状态,这种放松日渐稀少。假如说睡眠是肢体放松的极点,那么,百无聊赖则是精神处于放松状态的顶点。百无聊赖是孵化经验之卵的梦幻之鸟,林中枝叶婆娑声将它惊走。它的巢穴是百无聊赖时有所作为之地。如今，都市已不见它的巢穴，乡村也不见它踪影。随之而来的是倾听故事的禀赋不存，能够倾听的群体消失。讲故事总是一门复述故事的艺术，当故事不再被记住，这一艺术也就随之消失。之所以消失是因为人们听故事时，不再去罗织，不再去增奇附丽。听故事者越是忘掉自我，听到的东西就越能深深地在记忆上打下印记。只要听者紧紧依附在讲述和倾听的节奏中，重述故事的禀赋便会自动降临。这就是讲故事的艺术得以哺育的网状传承，这网状传承数千年前在最为古老的手工劳动中建成，如今却消失殆尽。

9

讲故事曾很长时期盛行于手工劳动者中，比如农事、海运和镇邑的劳动者。可以说，讲故事本身就是一种手工的分享方式。讲故事与消息或报道不同，看重的不是将事情本身讲清楚，而是将事情沉入讲故事者自己的生活中，然后再从中捞出来讲述。所以讲述中留有讲述者自己的踪影，就像陶土器皿上留有陶工的手影一样。只要讲的故事不是亲身经历，讲故事者开篇都会先陈述他们是在怎样的情况下得知该故事以及后来的情况。列斯克夫在讲述《骗局》时一开始会先描述自己是乘火车旅行时从一名同行旅客那里听来了要讲的故事；有时开场时会先说想起了陀思妥耶夫斯基的葬礼，说是在那里遇见了他的故事《关于克罗采奏鸣曲》中的女主角。在跟我们讲述《有趣的男人》时会先突出一下聚在一起的读者圈并对之进行描述。这样，他自己的踪影在他讲述的故事中频频出没，不是作为亲历者，就是从某人处听来。

这种进行讲述的工艺列斯克夫本人也视为一种手艺。他在一封信中写道："如此诉诸文字对我来说不是一种艺术，而是一种手艺。"他觉得自己与工匠艺人相近，而与工业技术却相距甚远，这毫不足怪。托尔斯泰称列斯克夫为"第一个指出经济发展弊端的人……奇怪的是，人们读了那么多陀思妥耶夫斯基，而列斯克夫却鲜有人知……这简直令人费解。他是一个尊重事实的作家"。托尔斯泰一定看到了列斯克夫的技艺所在，因此写下了这些话，直指列斯克夫讲故事天赋的内核。列斯克夫精彩而亢奋的故事《铁跳蚤》拥有着介乎传奇和趣闻之间的特质，故事中他颂扬了吐勒镇铁匠本乡本土的工艺。《铁跳蚤》是列斯克夫的一部杰作，引起了彼得大帝的关注，使他相信，俄国人不必在英国人面前感到愧疚。

保罗·瓦雷里（Paul Valéry）曾描述过造就讲故事者列斯克夫精湛手艺的灵性氛围。他的描述如此意味隽永或许是无人可以媲美的。他提到了无比完美的自然造物：白璧无瑕的珍珠、丰盈醇厚的葡萄酒、肢体丰满的动物，并称之为"相同情况催生之一长系列产物中的臻品"。这种相同情况的叠加只有在出现臻品时才会终止。瓦雷里接着说道："从前人们还会去跟进模仿自然的这个慢慢来的方式。精雕细刻直至完美的小工艺品、象牙雕、光润圆滑造型精美的宝石、漆器漆画内含的一系列透明薄层的叠加劳作——所有这些无止无尽根除一切念想的辛劳正在消失。时间无关紧要的时代已成为过去。现代人已经不会去从事无法缩减裁截的工作。""事实上，现在的人甚至把讲故事也成功缩减了。我们已经经历了短篇小说的发展。短篇小说是从口述传统中剥离出来的，它不再容许有透明薄层缓缓地层层叠加，而恰是这缓缓叠加最为恰当地展现出了由不断重述铸造成的故事之完美讲述。"

10

瓦雷里以这样的话语结束了他的描述："几乎可以说，永恒观念的衰微是与越来越高涨的对经久劳作的厌恶相伴相随的。永恒观念从一开始就主要是由死亡助生的。"如果永恒观念消失了，那我们就可以推断，死亡的面目也一定发生了变化。事实表明，与讲故事艺术走向终结时的情形一样，发生变化的是，经验的可分享性程度降低了。

几个世纪以来，人们脑海里死亡就在眼前，历历在目的程度开始降低，这个降低后来愈演愈烈，到了 19 世纪，随着卫生、社会、私有和公共制度的建立，市民社会出现了一个附带效果：人有了不去直面死亡者的可能，这样的效果或许恰是潜意识中建立那些制度的初衷。死亡原本是个人生活中的一个公共事件，极具有示范性。遥想一下中世纪的绘画，那里，死榻变成了一个王座，人们穿过死屋敞开之门涌向死者那里。现代社会，死亡越来越远地从生者的视界中移开。过去，没有一户人家，没有一个房间不曾死过人。[中世纪对于时间上的东西也会从空间上去感知。恰是这一点使伊比扎(Ibiza)日晷上的铭文《众生末日》(*Ultima multis*)显得意味深长。]如今，人们居住在从未被永恒的干枯居民——死亡——问津过的房屋里。一旦临终之时将至，则被后继者隐藏到疗养院或医院里去。可是，实际情况是，一个人不仅仅是他的知识和智慧，尤其是他经历的人生——这是故事赖以编成的材料——是在临终时才获得可传承的形式。恰如人在弥留之际心中会涌现一系列图景，俯瞰整个人生，展示种种所遭遇但未实现的自我，这时，无以忘怀之事会在表情和目光上陡然浮现，这便赋予所有在场者某种权威，连最贫穷凄凉的人临终时也会赋予在场的生者这种权威。讲故事就是由此权威而来。

11

死亡赋予了讲故事者进行叙说的许可。他从死亡那里获得了权威，换句话说，他讲述的故事可以回溯到自然史中。这一点以堪称典范的方式体现在约翰·彼德·赫伯(Johann Peter Hebel)的故事里，他讲述的这段故事算得上是最为精美的故事之一了。故事载于《莱茵家庭乐事珍集》(*Schatzkästlein des rheinischen Hausfreundes*)，题为"不期而遇的重逢"。故事从一位在费伦(Falun)工作的年轻矿工的订婚典礼讲起。婚礼前夜，他在矿道深处意外丧生。新娘在他死后对他一直忠贞不渝，经年累月成了伛偻老妪。一天，一具尸首从废弃的矿井中拖出，因浸透了铁硫酸，仍完好无损。老妪认出这是她的未婚夫，相逢之后她也被死神召去。讲到这里，赫伯就必须去突出老妪一路走过的岁月有多长。他用这样的话语进行了这样的强调："这期间，葡萄牙城市里斯本被地震摧毁，七年战争爆发，佛朗西斯一世驾崩，耶稣教会被废除，波兰被瓜分，玛利亚·特丽莎（Maria Theresia）女王仙逝，斯楚恩希（Struensee）遭到处决，美国赢得独立，法国西班牙联盟夺取直布罗陀海峡受挫，土耳其人把斯坦恩元帅关押在匈牙利的维特拉那洞穴，约瑟夫皇帝去世。瑞典的古斯塔夫国王征服了隶属俄国的芬兰，法国大革命爆发，出现连绵战事，利奥普二世皇帝也进了坟墓。拿破仑占领俄国，英军轰炸哥本哈根，农夫们播种又收获，磨坊主碾磨谷物，铁匠们敲来打去，矿工在地下坑道开采铁矿。但1809年当费伦的矿工们……"赫伯嵌入了整个编年史中，从未有人在讲故事时像他那样将讲述如此深地切入了自然史中。细读就能发现，死亡在其中有规则地轮替出现，就像执镰刀在典礼队列里进行杀戮的死神，而队列绕着指向正午的教堂时钟从容而行。

12

对特定史诗形式的任何研究都涉及史诗形式与历史描述间的关系。确是的，我们可以进一步提问：历史描述是否构成了全部史诗形态创作方式上的共同点？如果是，那么描述出的历史之于史诗，恰如白光之于光谱析出的色彩。不管怎样，全部史诗形式中，描述出的历史以纯粹的无色之光呈现的莫过于编年史。在编年史宽泛的色带上，进行讲述的方式逐次渐变，即便同一种色彩也会有不同色层的变化。编年史家是历史的讲述者。回想赫伯那富于编年史基调的段落，我们不费气力就能捕捉到历史描述者，即历史学家与讲述历史的人,即编年史家之间的区别。历史学家总要想方设法去解释他所描述的事件,他绝不会满足于将事件展示为世界进程本身的标准体现。而这恰是编年史家要做的事,尤其是中世纪编年史家更是这样。他们是编年史方面的经典代表,也是新时代历史描述的先行者。由于编年史家的历史讲述以一种神圣而玄妙莫测的救赎计划为基础,他们就一开始便从肩上卸下了论证和解释的包袱。代之而起的是诠释(Auslegung),诠释关注的并不是具体事件之间准确的前后关联,而是如何嵌入世界玄妙莫测的恢宏进程中。

至于这世界进程是与末日审判教义相关还是单纯自然的进程,这无关紧要。编年史家以转变了的,即世俗化的形态在讲故事的人中留存下来,列斯克夫的作品便属于尤其清楚展现了这一点的作品之列。不管是有宗教倾向的编年史家,还是有世俗倾向的讲故事者,他们在有些作品中都做到了令人几乎难以区分,他们编织的故事是在以金色的宗教方式还是多彩的世俗方式看待天地演变。让我们看看《绿宝石》(*The Alexandrite*)这一故事。故事把读者引进了"一个古老时代。那时,地球腹中的石头和高悬的神圣星辰仍然关怀人的命运。不像今天,天地万物对人类的遭际皆漠然置之,不再与人晤谈,更不要说听从人之颐指。新发现的星体已没有一个能在占星术中起作用。还有许许多多新石块,都测量过、磅秤称过,也检验过特别的重量密度,但它们已不再向我们昭示什么,已不再给我们带来什么裨益。它们跟人交谈的时日已一去不返了"。

显然,要清清楚楚地描述列斯克夫这一故事所展现的世界进程,几乎是不可能的。这进程是受命于宗教,抑或顺应自然?唯一可以肯定的是,它恰是作为世界进程而游离在一切本来的历史范畴之外的。列斯克夫告诉我们,人信奉自己与自然和谐一体的时代已终结。席勒称这个世界时代为素朴诗的时代。那时,讲故事的人仍尽忠于时代，他的目光从不会离开那只映照整个造物队列的日晷仪，队列中，在不同情形下，死亡有时作为领队位于队伍的前列，有时是悲惨的落伍者。

13

很少有人看到，支撑起听者与讲故事者间纯真朴素关系的是，要去记住讲述的故事。自然淳朴的听者的中心任务是使自己能重述出所听的故事。记忆是史诗的关键禀赋。只要有广博的记忆，史诗就能沉入事件的内部进程中，即便事件终结，突发死去，也不会有突兀和不安。对于列斯克夫曾构想出的普通人来说，他故事中出现的沙皇，世界首领，就拥有着渊博无比的记忆，这并不奇怪。他说："我们的皇帝，人们都这样称呼他，和他全家确实拥有惊人的记忆。"

在古希腊人那里，记忆和回想是史诗艺术的缪斯（Muse）。这样的称谓又将钻研者带回到了世界史中的一个岔道那里。如果说由回忆记录下的东西，如历史描述，体现了各种史诗创作上的共同点（有如优秀散文体现了各类诗律形式创作上的共同点），那么，由回忆进行记录的最古老形式，史诗，就创作上的共同而言就可以将故事和小说囊括进来。数世纪的漫长进程中，当小说从史诗这个母腹中脱胎而降时，出现的情形是，史诗的缪斯要素，即回忆，在小说中与在故事中迥然不同。

回忆支撑起了传统之链，令事件得以代代相传。这就是广义上史诗中的缪斯因素所在，史诗中缪斯因素的别种变形也包括在内，这别种变形中首先是讲故事的人。他们促成了一个由全部故事最终合力织成的网。一个连着一个，一个开启了下一个，正如杰出的讲故事者，尤其是东方的讲故事者一贯热衷做的那样。每个故事中都有一个谢荷拉查德（Scheherazade）①，她的讲述所到之处

---

① 《一千零一夜》中讲故事的女子。——译注

二、语言、声音、文字 | 133 ■

都会触发新的故事。这就是史诗般的记忆,故事讲述中的缪斯要素。然而,这应与另一种更为狭义的缪斯原则,即小说的缪斯原则相比照。这原则最初在史诗中隐而不显,与讲故事中的缪斯因素还未有区分。尽管如此,这一原则在史诗中有时也会有显现,尤其在荷马史诗里庄严肃穆的时刻,比如开篇乞灵缪斯之时。荷马史诗里的这些篇章展示出,小说家永恒化的记忆是与讲故事人的短时记忆不同的。前者致力于一个英雄、一段歧途、一场战斗;而后者倾心于遭际的众多零散事件。换句话说,随着史诗的消亡,小说中的缪斯要素与讲故事的中的缪斯要素同为回忆这一现象不复存在,之后,想起(Eingedenken)作为小说中的缪斯要素便与讲故事中缪斯要素显出了差别。

14

帕斯卡(Pascal)曾说过:"没有人死时会穷困得身后没有任何东西可以留下。"对回忆来说亦是如此,只是回忆并不总是能找到传人。小说家接过了这份遗留,大多怀着深沉的忧郁。阿诺德·贝内特(Arnold Bennett)曾在他的一部小说里提到一个过世的女人,说她从未有过真正的生活。小说家通常都是这样安排的。对此,乔治·卢卡奇(George Lukacs)曾做出过最富启示性的表述。他在小说中看到的是"无家可归的超然形式"。而卢卡奇同时又将小说看成唯一按照时间法则来建构的艺术形式。他在《小说理论》中写道:"只有当我们与精神家园失去联系时,时间才成为建构性的因素。只有在小说里,意义与生活彼此分离,由此,本质与时间也分离开来。我们几乎可以说,小说的整个内在构造无非是抵御时间威力的一场斗争……从这抗争中诞生了真正史诗性的时间体验:希望和回忆。只有在小说里才出现触及对象并令其递变的创造性回忆……这里,只有主体从由回忆汇聚在一起的过往生命流中窥察出了他整个人生的一体性,才能克服内心生活与外部世界的双元并存……而且，窥见这一体性的洞察还要成为对未达到因而无以言说之生命意义的神启似的直觉把握。"

"生命意义"确实是小说创作的核心中枢。可是，追问意义无非表达出了小说读者将自己移入写出的生活中伴随而来的初始惶惑。此处是"生命意义"，彼处是"故事教诲"。在这样的标签中，小说与讲故事彼此对峙。由此可以看出，这两种艺术形式出自截然不同的历史状态。如果说《堂·吉诃德》是小说最早的完美范本，那么，它最晚近的完美范本应该是《情感教育》（Éducation Sentimentale）。在《情感教育》的结尾文字中，刚走向衰败的资产阶级时代实实在在拥抱的意义，却宛如沉渣留在了生命之杯的杯底。弗里德里克和德斯罗赫是少年时的挚友，他们一起回顾年少往事。当年发生过这样一桩小事：一天他们偷偷地、羞怯地造访本城的妓院，什么也没干，只是向鸨母敬献了一束从自家花园摘来的花。"三年后他们又说起了那件事。他们互述事情的细节，互相补充各自的回忆。追述完毕后弗里德里克叹道：'那兴许是我们一生中最美好的事。''是的，没错，'德斯罗赫答道，'那兴许是我们一生中最美好的事。'"随着这一洞悉，小说结束。这样的结尾严格来说只为小说固有，不会出现在随便哪个故事中。事实上，任何一个故事都会追问：接下去怎样了，而且这样的追问没有人会觉得突兀；小说则不同，除了末尾用"剧终"二字邀约读者自己去冥会生活意义外，不会再有任何举措。

15

人一旦去听故事总会身处讲故事者的氛围中，即便读故事也会进入这氛围里。而小说读者则孑然一人，比任何一种别样文类的读者都要孤独（连诗歌读者也都愿读出声来让人听）。小说读者孤身一人，比谁都更贪婪地攫取所读材料。他处于将读物全盘占为己有的状态中，某种程度上要将其吞噬殆尽。是的，他捣毁了小说里的叙事,像壁炉中的烈火吞噬木块一样将其吞噬下去。令小说自始至终紧扣人心的东西恰如一股气流,扇旺炉中之火,使之生动狂舞。

这是令阅读小说的兴致燃烧不止的干柴。如何理解这句话呢?莫里兹·海曼(Moritz Heimann)曾说过:"一个35岁去世的人无论就其一生的哪一点来看,都是一个35岁上死去的人。"这句话简直令人费解不已,单看错乱的时态就已经令人无法理解了,前后两句话中的死去用的都是一般现在时。这句话实际指的是,一个35岁时去世的人,在生者对他的回想中无论想到其一生的哪个点,都是一个35岁而终之人。换句话说,一句对现实生活滋生不出任何含义的话,对于回想起的生活中却无可辩驳。这句话将小说人物的本质刻画得真是淋漓尽致。它表明,小说人物的"生命意义"只有从他们的死亡切入才能发现。而小说读者真的在寻找可以从他们身上读出"生命意义"之人。因此,小说读者无论如何必须先有这样的意识:自己已经亲历了小说人物的死去。必要的话,是变样的死去——让小说结束,但更佳的还是他们真的死去。那么,小说人物何以使读者察觉到,死亡在等他们过去,而且是在某个具体地点的确切死亡? 这是一个永葆读者对小说浓烈兴趣的提问。

因此,小说的意义并不在于它富有教诲地向我们展示了他人的人生遭际,而是因为他人的命运借助将自己烧尽的烈焰将我们从自身命运中永不可得的温暖传递给了我们。吸引人去读小说的恰是这么一个希冀:用读到的死去来温暖自己寒战的生命。

16

高尔基有言:"列斯克夫是一位深深扎根于人民的作家,完全没有外邦的影响。"伟大的讲故事者总是扎根于民众,尤其是生根于手工劳动阶层。然而,就像这一阶层在其经济技术发展的不同阶段含有着农事、海运和城镇诸要素一样，那些对我们而言留存他们经验储存的概念也有不同的层次。（更不消说商人对讲故事艺术做出的不容小觑的贡献，他们主要做的并不是增加教诲内容，而是细化吸引听众的技巧。这一点在《天方夜谭》的连环故事中留下了深刻的印迹。）简言之，尽管讲故事在人类家庭生活中扮演过重要角色，但是，内蕴讲故事成果的概念却无比多样。列斯克夫轻而易举用宗教概念表述的东西，到了赫伯（Hebel）那里似乎自动融入启蒙主义的教育观念中，到了爱伦·坡那里，则以神秘的由前人传承而来的方式出现，而到了吉卡林（Kipling）描写的英国海员和殖民士兵生活中，则找到了最后归宿。其间，所有讲故事大师的共同之处是，他们都能轻松自在地在自身经验层级间上下穿行，犹如沿着阶梯上起下落。这条阶梯往下延伸至地球内腹，往上直冲云霄，这就是有关集体性处置的意象（das Bild einer Kollektiverfahrung）。对此，即便个人经验中最深重的震惊、死亡，也无法撼动或阻挠。

"如果他们没有死过，那今天依然活着。"童话故事如是说。童话由于从前是人类的启蒙导师，那么今天依然还是儿童的首席教师。童话仍隐秘地存活于故事讲述中。真正的第一个讲述者是讲童话的人，今后还会是这样。只要有贵重指点需求，童话就会出现。只要劫难紧急无比，童话就会最先跑来相助。这个劫难是神话的劫难。童话告知了我们人类最早举办的一次聚会，目的是抖落神话压在人们胸襟上的梦魇。小丑形象告诉我们，人类在神话面前是如何"装傻"的，小弟弟形象告诉我们，随着神话时代的消退，人类的机会开始增多，那位力求探明何谓恐惧的人物形象告诉我们，我们害怕的东西是可以看得清清楚楚的，那位聪明人的形象告诉我们，神话里提出的问题都是头脑简单者提出的，就像狮身人面兽所出的谜，那些济助儿童的动物形象告诉我们，自然不仅仅为神话服务，还更愿聚在人的四周。太古之时童话已教会人类、至今仍在教导儿童的最值得倾听的是：用机智和勇气应对神话世界的暴力。(因此童话将勇气分成两极,辩证地划分为机智和勇猛。)童话拥有的令人自由的魔力并不是以神话方式对待自然,而是在人获得自由时指向自然复杂性。这种复杂性只有成人偶尔才感受到,也就是在他幸福之时才感受到,而儿童是先在童话中遇见这个复杂性,这使他欣喜。

17

讲故事者中像列斯克夫那样与童话精神表现出如此深厚因缘的为数不多。这里指的是希腊-天主教教义所推崇的倾向。奥里根(Origen)关于众生皆可升天的冥想为罗马教廷所不齿,但在希腊-天主教教义中却扮演着一个重要角色,列斯克夫深受奥里根的影响,计划翻译其著作《论终极原理》。他遵循俄罗斯民间信仰,没有把复活指认为形变,而更多的是像在童话中那样视之为去除魔幻。奥里根的这种解读是列斯克夫《魔幻旅行》的基础。这部作品如列斯克夫其他作品一样,是一个童话和传奇的杂糅,类似于恩斯特·布洛赫(Ernst Bloch)所说的童话和传说的杂糅,他是在采纳我们对神话和童话的区分时提到了这种糅合。他说:"童话和传说的糅合,大致说来指的是其中有神奇因素,这些因素的效果恒常不变,引人入胜,但并不超绝尘寰。传奇中出现类似道士的形象,尤其是年纪大的老人,就具有'神奇'色彩,比如费勒蒙(Philemon)和包西斯(Baucis)这一对,自然如常,却童话般地退场。在哥特赫夫程度更低的道形象中也无疑有这样的关系。这一点一点将传说里呈现魅力之处抽去,拯救了生命之火,即内在外在都在默默燃烧的生命之火,这是人固有的生命之火。""童话般地退场"指的是列斯克夫所创造人物系列中的佼佼者,那些正直的人。巴甫林、费格拉、戴假发者、驯熊者、助人的哨兵,所有这些都体现了智慧、仁慈以及对世人的慰藉,他们紧紧环绕在讲故事人的周围。不难看出,里面渗入了列斯克夫母亲的影像。列斯克夫这样形容他母亲:"她内心善良，不忍心伤害任何人，甚至动物也不会。她不食鱼肉，因为她对生命体有着深厚的恻隐之心。我爸爸因此有时责备她，她却答道：'这些动物是我亲手养大，它们就像我孩子一样。我怎么能吃自己的孩子！'她在邻居家做客也不吃肉，常说：'我见过它们活着时候的样子，它们是我的熟人，我怎么能吃我的熟人！'"

正直之人是造物的代言人，同时也是造物的最高体现。在列斯克夫那里，正直人带有母性色彩，这一母性色彩有时还有神奇意味。（当然，这会有损于童话的纯粹性。）最为典型的是他的故事《克廷：哺育了两性之灵肉的人》中的主角。此人是农夫，名叫彼斯昂斯基，兼具男女性别。他母亲把他当作女儿养了 12 年。他的男女性器同时生长成熟，他的双性"成为上帝显灵的象征"。

在列斯克夫看来，这是造物所能企及的顶峰。同时还认为，这打造出了连接现世在此与彼岸的桥梁，因为列斯克夫讲的故事中总是有现世中强壮、有母性的男性形象，在青春勃发之时已从情欲的奴役中解脱出来。但是，他们体现的并不是禁欲理想。这些正直人物的节制很少带有私人色彩，不会成为讲故事者在《孟真斯克的麦克白夫人》描绘的那种情欲勃发的对立面。如果说巴甫林与那个商人之妇间的种种所为展现出了造化的繁盛品类，那么，列斯克夫便在他人物的贵贱高低层次中掘出了深处景象。

18

造物的贵贱高下以正直人为高点，等而下之，渐次向无机物的深处递进。这里须注意这样一个特有状况：在列斯克夫那里，整个造化世界并不以人声言说，而是以"自然之声"被察觉，这也是列斯克夫一个最富有意味故事的标题。这个故事描述的是一个底层小吏菲利甫·菲利玻维奇如何使尽浑身解数以求能够接待一名途经小城的陆军元帅。他还真弄成了。这名客人开始时惊诧这小吏的殷切邀请，但逐渐觉得此人曾经见过。但他是谁呢？客人想不起来了。奇怪的是主人这方也不愿就这样告知真相，反而一再安慰这名贵宾说，有朝一日"自然之声"会向他清楚表明的。如此数日，客人临行前准许了主人的请求，要当众让"自然之声"发言。于是主妇走开，"回来时带回一个硕大的、闪闪发光的铜制狩猎号角，递给了她丈夫。他接过号角，用双唇抿住，人一下子变了样。在他没鼓气吹响如雷声嘹亮的号角时，陆军元帅就突然喊道：'停下！我想起来了，兄弟，这让我一下就认出你。你是步兵团的号兵，因为你为人老实，我派你去监视爱搞邪门的司务长。''没错，元帅大人，'主人答道，'我不想自己向你提起这事，但要让自然之声告诉。'"这故事在其表面的故弄玄虚背后隐藏着深刻含义，这显示出列斯克夫出色幽默之一斑。

这幽默在同一故事中还以更为隐秘的方式出现。我们得知这小吏因为人诚笃被派去监视心术不正的司务长，这在元帅认出他的场景中已叙述过了。但在故事开头，我们了解到有关该主人的如下情况："镇上所有居民都认识他，知道他无高官厚禄，因为他既不是政府官员也不是军官，只是一个小军需站的主管。他与鼠蚁一起咀嚼国家粮饷，经年累月为自家咀嚼出一座漂亮的木屋。"可以看到，故事不无道理地引发了讲故事的人置入的对骗取和动坏心思的传统同情，整个滑稽文学就有这样的影子，这一情形甚至在高雅艺术中也会出现：赫伯塑造的全部人物中，布拉森海姆的磨坊主，廷得·弗雷德和红颜节食人就最为鲜明地体现出这一点。但对于赫伯，正直人在世俗剧台上也扮演主要角色，可是因为无人能真正胜任，角色总是变来变去。一会儿是流浪汉，一会儿又是喋喋不休讨价的犹太商贩，时而又会是智力迟钝的人插足进来代替这角色。这一次又一次地总是一场客串表演，一场道德上的即兴而作。赫伯是一个决疑论者，他不会强求自己接受什么原则，但也不拒斥原则，因为任何原则都有可能成为正直者的工具。我们可以将此与列斯克夫的态度相比较。列斯克夫在其《关于克罗采奏鸣曲》这一故事中写道："我意识到我的思想主要来自务实的人生观，而不是抽象的哲思或高尚的道德，但我对思考的倾向一点也没有因此减少，我一直都在思考。"当然，列斯克夫作品中的道德灾难比起赫伯世界里的道德事端，犹如静默流淌的伏尔加河之于欢快奔流、水花四溅的水车溪流。在列斯克夫讲述的历史故事中还有更多的作品是这样的，激情对作品的毁坏力宛如阿喀琉斯的愤怒或哈根的仇恨。令人惊异的是，在这个作者眼前，世界会多么可怕地变得灰暗，其中的恶魔会以怎样的堂皇举起魔杖。列斯克夫显然了解令他走近悖论式伦理的状态，这也许是他与陀思妥耶夫斯基的少有的相似之一。在《来自远古的故事》中，蛮荒的自然力肆意暴虐，直至极点。但恰是这极点在神奇论者眼中是由极端堕落升至圣域的转机。

19

列斯克夫越是下降沉入造物的底层，他对事物的看法就越明显地邻近神秘。此外，许多迹象表明，即便在这方面，讲故事者自然天性上的一些东西在显形。当然，敢于沉入无机自然深层的人寥寥无几。在现代故事文学中，并没有多少无名讲故事者的声音听上去有列斯克夫的故事《绿宝石》那样嘹亮，而无名讲故事者却是先于一切书写文学而存在的。《绿宝石》故事讲述的是一种未经雕琢的宝石：金绿宝石。这石块虽然处于造物阶梯的最底层，但对讲故事者来说，却直接与造物的顶层相连。讲故事的人得天之禀，能从一块只是勉强称得上宝石的金绿石头中读出这块石化的无机自然对讲故事的人身处的历史世界做出的天然预言。这个世界就是亚历山大二世的世界。讲故事者，也就是列斯克夫将自己所知授之于他的那个人，是位钻石雕匠，名叫温哲。他用自己的手工劳作将列斯克夫的所知发展成了完美地步。我们可以将他与杜拉的银器匠相提并论，并在列斯克夫意义上说，完美的艺匠能够进入造物世界的内里深处。这宝石雕匠是虔诚的肉身显现。故事这样描述他："他突然抓起我戴着金绿宝石戒指的手，这宝石据称在人为光照下会闪闪发红光。他喊道：'瞧这里，就是它，会预言的俄罗斯宝石！狡猾的西伯利亚宝石，总是绿荧闪闪，有如希望，只是到傍晚才罩上一轮血色，自有世界开始，一直如此。但它长年藏匿，藏于地下，直到一位魔法师为寻此石来到西伯利亚，它才愿在亚历山大俄皇登基之际见天日。这魔法师……''你胡说什么，'我打断他，'这宝石根本不是魔法师发现的，而是一位学者叫诺基斯克找到的！''是魔法师找到的，我告诉你，就是魔法师！'温哲大声喊道，'瞧一下就知道，这是怎样一块宝石啊，里面有绿色的黎明和血红的黄昏……这昭示的是命运，是尊贵的沙皇亚历山大的命运！'说着说着，老温哲转向墙壁，用胳膊支着头……伤心地啜泣起来。"

最为接近这一意味深长故事之真谛的莫过于瓦雷里在一个与此相去甚远的关联中写下的话语。

瓦雷里在考察一名艺术家时说道："考察艺术可以企及近乎神奇的深层，视线所及对象失去了它们的名称：光和影构成十分别致的系统，提出无比独特的问题。这些问题既不来自知识，也不出自实践，而纯粹由心、眼和手的和谐获得其存在和价值，这种和谐是天生就能在内心洞悉它并将之呼唤出来的人那里出现的。"

话语将心、眼和手关联为一体。三者交互关联决定了一个实践。对于这样的实践我们已经不再熟悉。手在创作中的角色变得越来越弱，讲故事时所处的位置上也杂草丛生。（从感性角度看，讲故事绝不仅仅是声音的劳作。在地道的讲故事艺术中，手会更多地加入其中，用工作中凝练成的手势给声音传达提供各式各样的支撑。）瓦雷里这些话语中讲述的古老的心、眼、手协调一致也是我们讨论的手工劳作应有的协调一致，讲故事艺术的根本就在于此。是的，我们可以进一步深入追问，讲故事者与他的素材，即人类生活的关系本身是不是一种手工劳作的关系？讲故事者的任务是否恰恰在于用确凿、有益和独特的方式去加工经验的原材料，包括自己和他人的经验？如果我们把谚语视为故事的表意符号，那么，谚语或许就可以帮助我们去把握这个加工的所指。可以说，谚语是伫立于古老故事旧址的废墟，其中一则教训缠绕着一个表情，有如青藤缠绕在墙垣上。

由此观之，讲故事者便属于导师和智者之列，知道如何去教诲，但这不像谚语那样只针对有些场合，而是像智者那样对多人有效，因为讲故事者有回溯整个人生的禀赋。（这人生不仅来自自己的经历，还包含不少他人的经历，他将道听途说的都据为己有。）他的天赋来自他的生活，来自他能够讲述整个生活的卓绝。讲故事者是一个让其生命之灯芯伴随着故事讲述中的柔和烛光徐徐燃尽的人。这就构造出了环绕于讲故事者的无与伦比的气息，无论是列斯克夫和豪夫（Hauff），还是爱伦·坡和斯蒂文森（Stevenson），都是如此。在讲故事人的形象中，正直之人走向了显现。

原载："Orient und Occident"1936 年，王涌译自 Walter Benjamin, *Gesammelte Schriften II*，Suhrkamp Verlag Frankfurt am Main 1980，SS.127 - 151。

三、书籍与读物

第 13 号：书籍与妓女

> 十三这个数字——每当我碰到它，都有一种无以抵御的快感。
>
> ——马塞尔·普鲁斯特

> 合得很紧的一本书，还没有人打开过，反正等着成为流淌鲜血的以前书籍的祭品；插入一把刀或一把裁纸刀，实施对它的占有。
>
> ——斯蒂芬·马拉美

1. 书和妓女都能带上床。

2. 书和妓女都把时间搞乱。她（它）们将夜晚当白天，将白天当夜晚。

3. 没有人会看到时间的分分秒秒对书和妓女来说都极为宝贵。但是，只要与她（它）们亲密接触就会发现，她（它）们是多么性急。在我们深入她（它）们体内去时，她（它）们便开始计时。

4. 书和妓女之间自古以来就具有对对方的不幸爱恋。

5. 书和妓女都有各自的男人，她（它）们靠这些男人过活，同时也会逗弄他们。书籍的男人是批评家。

6. 书和妓女都是对公众开放的，都是由学生去研读的。

7. 书和妓女：占有过她（它）们的人很少目睹过她（它）们的结局。她（它）们往往努力在凋零之前消失。

8. 书和妓女都喜欢用编造去讲述她（它）们是如何变成现在这个样子的。实际上，她（它）们往往自己也没有搞清楚这一点。曾几何时，她（它）们年复一年地"出于爱"追逐所有人；有朝一日，她（它）们却挺着肥胖的身躯站在街头兜客，而人们只为"研究生命"才在她（它）们那里逗留。

9. 书和妓女都喜欢在展示的时候转过身去。

10. 书和妓女都有无数后代。

11. 书和妓女——"老伪君子和年轻娼妇"。多少以前曾经声名狼藉的书籍如今却让年轻人去学习。

12. 书和妓女都当众争吵。

13. 书和妓女——书籍中的脚注在妓女那里便是连裤袜里的钞票。

原载："Die literarische Welt"，1927 年，收入"Einbahnstrasse"
1928 年，王涌译自 Walter Benjamin，*Medienästhetische Schriften*，
Suhrkamp Verlag Frankfurt am Main 2002，S.155。

19 世纪的女佣小说

女佣小说？精美文学作品从何时起可以根据其受众圈层进行分类呢？可惜的是，不会或者极少这样来分类。然而，相比于老套的美学评论，人们或许可以从这样的划分方式中获得更多的启示。但是这样的分类很难。特别是因为人们很少去深入了解生产关系。过去的生产关系比现在清晰明了。所以，这就是为什么我们应该从走进通俗文学开始，而不是一直沉湎于经典文学之作，文学史应该探索浩瀚书山的基础地质结构。

在广告业发展之前，如果书店想将他们的产品分销到较低阶层，他们就需要依赖于通俗小说的书商。在每个时代和每个阶层，人们都幻想有那么一个完美的书商，他能够把幽灵故事和骑士传奇带进城市的佣人房间，带进乡村的农舍里。他必须稍微把自己也融入所讲述的故事里。当然，他的角色不会是英雄，也不是年轻的、被驱逐的王子或行进的骑士，而是一个带有双重意味的老人——警告者抑或引诱者？这个老人在许多这样的故事中都有出现，然后在旁边的图画上正准备消失于十字架标志前。

当人们迷信于绝对的"艺术"时，便会长期蔑视整个文学，这也不足为奇。我们如今将一些原生态文学作品、病人以及儿童的文学创作纳入文献的概念，却同时也把这些作品带入了新的、重要的联系之中。人们认识到那些典型素材的价值，也更热衷于研究数量有限的素材，这也让他们的研究愈发富有创新、愈发有生命力和吸引力。并且人们发现，在这些素材的变体中，不同世代和不同阶层的艺术意志就如形式语言一样明确地展现出来。这些永恒素材的集合就是一个梦，一个如我们所熟知的、弗洛伊德式的梦。

如果这些作品本身就非常有趣，直接满足了观众对素材的渴求，而且还通过带有图形和色彩的插图来表达相同的精神时，这种趣味性就更加增强了。这些插图的设计本身就证明了读者与素材之间的紧密联系。读者想要精确地知道这些插图表达了什么。如果我们有更多这样的图片就好了！但是除非这些图片附在书页上，被图书馆的印章所保护，否则它们就走向了既定之路——先是在书本上，然后被贴到墙上，从墙上又被扔到垃圾堆里去了。

这样的书籍涉及诸多问题，其中有一些外在的问题，还有作者身份和影响等问题就更不必说了，比如，在资产阶级繁荣时期的叙事作品中，为什么道德权威总是与贵族阶层的形象紧密相连？也许是因为当时的下层阶级与资产阶级仍然有一种团结感，他们共享着资产阶级最隐蔽的浪漫理想。

在一些描写凶杀的章节前，许多这类小说都附有一段以诗歌形式表达的座右铭。其中，可能会引用歌德、席勒、施莱格尔和伊默尔曼等诗人的句子，同时也会引用像瓦尔道、帕鲁克、查布斯尼格这样的诗人的句子，或者，某无名诗人也曾写了以下几行诗：

> 她孤独地徘徊，被遗弃
>
> 穿过这座广阔的城市，
>
> 时刻都在担心
>
> 和敌人对峙。

对于那些"不入流"的作品，我们的研究还只是初步尝试。让我们认真对待那些从未被列入"图书馆"的书籍，这似乎很罕见。但我们不要忘记，书籍最初是一种日用消费品，甚至是一种食物。这些书已经被我们吞咽下去了。让我们通过对这些作品的研究来探索小说的"营养成分"吧。①

---

① 作者使用了一种隐喻，指这些书已经被深入阅读过，将对这些书的研究比作对食物的"营养成分"进行研究。——译注

原载：“Das illustrierte Blatt”1929 年，骆佩译自 Walter Benjamin，*Medienästhetische Schriften*，Suhrkamp Verlag Frankfurt am Main 2002，SS.156 - 161。

伯努瓦：印刷师、出版商与写作者

伯努瓦(François Bernouard)曾向我讲述过他的人生故事，那时，我们正坐在他位于文森的小屋外面共进早餐。我还记得那个房间，有谁会忘记曾与他同处的那个房间呢？还有那张曾与他面对面共坐的桌子会成为遗忘之海中的岛屿吗？我不仅想起了我们与科特之父(Pere du Cote)共进晚餐常常专门预订的那张精致木桌和双偶咖啡馆里的大理石桌，还想起了那间工作室里的小桌，正是在那张小桌旁，我第一次与他相见。自那以后，我在那张桌上观赏了他的许多印刷之作。一生中我还从未到过比这更小的工作室，那是一间能追溯到书籍印刷伊始的小密室，印证了早期印刷的场地，墙上看不到挂有电话机。这让人想到，里面的那个男人从零开始学会了印刷(不仅仅是印刷)。现在，又作为一个企业家想把自己变小，将里面的所有空间让给机器和工作人员。这个男人是一个与众不同的企业家，他有钱，但丝毫没有沾上有钱人会有的那种粗野和愚昧，因此，他身上没有任何一寸忘记过那些艰难岁月和万般辛劳。他曾发行过一本无政府主义杂志，但那是很久以前的事了。如果说单纯与追求纯度的精神合为一体是件可怕的事的话，那么，这个男人如今依然保留着一种面容，好似警示着自己不要忘记过去的艰难岁月。

与他谈话的魅力是极其震撼的，宛如窄桥搭上了通向深邃意蕴的堕道，他将诗句、轶事和自己的经历一起汇入交谈中。没有任何东西不内蕴隽永意味，没有任何话语是泛泛而谈的。当然，他有喜欢的主题，往往是宗教方面的，比如犹太人和圣经。对于那些了解他那马索里特经典《圣经》版本的人来说，没有什么比听他以自由思想讨论这本书更让人高兴了。大家应该读到过第 18 卷里那个狡黠的修道院院长吧。我明白，推出 20 多卷本的马索里特《圣经》这项宏伟举措本身就用行动表达了他对《圣经》的实际信仰；他信仰的不是《圣经》里教导的东西，而是使《圣经》在文字和语言上具有威慑力的坚实根基。一般而言，在较大范围内进行辩论，主要吸引人的往往还不是平和的对话。因此，紧随他的战术，见证他如何突破对手种种花招，进而紧紧抓住对方，见证他如何做到不将见解背后的人作为争斗对象，而只是与人持有的见解进行斗争，总是一件令人兴奋不已的事。

每个手工行业都曾凝练出了它们特有的专业面貌，但是，其曾拥有的威力如今在绝大多数行业中却已消失。可是，看一下印刷方面的大家，即便是新近时代，比如慕尼黑的维甘（Wiegand）和巴黎的伯努瓦，谁都会自然看到，他们的影响力在排版师那里至今犹存。伯努瓦并不是以出版商，而是以印刷匠的身份起家的，那是大约 20 年前的事了。那时，法国的书籍装帧艺术远不及德国，更不用提英国了。在 50 卷本的《左拉作品》"序言"中，伯努瓦以排版师的身份讲述了当时他是如何受到威廉·莫里斯（William Morris）的思想影响的，那些思想给欧洲图书艺术带来了革新。当然，这革新为时不长，对书籍设计师来说，虽没有达到引领的程度，但足以唤醒他们的责任感。"但是，一个 20 岁的人主要还是通过前人而非自己在思考。"伯努瓦如是说。他开始印刷时的打算是：唤醒 15 世纪和 16 世纪排字工的手工精神；最大心愿是拥有一台手摇印刷机。后来，他从最初试着使用这样的印刷机发展到了今天在万塞讷（Vincennes）经营着一间工作室，其间走过的路如同上述篇章所述，足以成为写就一部伟大史诗的题材。他在万塞讷的工作室使用了绝妙无比，顶级完美的排字机、压槽机和装订机。他将地面一寸一寸地留给机器，而且这样做绝不是出于投机，而是出于信念，唯其如此，印出的书才变得更棒，工人也觉得更加自由。伯努瓦在那篇"序言"中所叙述的及其叙述方式，不仅在对左拉致敬，而且还比有些学者型考察更贴近左拉作品的核心。同时，这也展现出什么样的人才叫严格忠于事物逻辑，才配得上多面手这个称号，还有，什么才叫足智多谋。如果"从不缺少主意"的奥德修斯这个形容词适用于人的话，那一定就是伯努瓦了。但是，他这名多面手同时也是在法国现实和精神世界来回游荡的漂泊者。他始终游荡在一个有限疆域，一个极其陌生却又感到宾至如归的疆域。我不认为，他经常或长时间跨出法国边界出游过。（有一天他曾告诉我，他每年秋天都会在尼斯或马赛停留几天。那时，这些地方的名字在他口中听起来甚至像梅尼蒙坦或比兰库尔。）他的出版物上印有法国玫瑰，这是出版地的标志。

50 卷本的《左拉作品》展现出了一种全新的图书样式，那是有关现代作家的完整和批判性的集子，无论文字还是装帧都具有绝佳品质，同时也成了现代作家的标准性全集文本。集子里除了收有左拉的作品外，还能读到内瓦尔（Gérard de Nerval）、梅里梅（Prosper Mérimée）、奥尔维利（Jules Amédée Barbey d'Aurevilly）、施沃布（Marcel Schwob）、列那尔（Jules Renard）、布尔日（Élémir Bourges）和库特利纳（Georges Courteline）的作品。这样的集子在德国是没有类似案例的，集子中的每一卷开本和装帧都完全一样，也可称之为现代《经典作家读本》，只是这个概念主要指的还是陈旧、保守和乏味，剔除了这些要素，这个概念的内涵也就所剩无几了。还有，集子里丝毫见不着闲散、小市民和懦弱之气这些其他作品里成为核心的东西，因为集子里的绝大多数作家通常经济上尚未自由。因此，这套合集可以看成这些作家作品的首个批判性完整版。

这套合集的出版商也是集子的印刷者，同时又是写作者：小说家和剧作家。在两方面他越过了职业上的中间人角色，参与了书籍的思想生产和亲手制作之中。从他这一活动的截面中可以无比清晰地看到这个男人的多面手品质。每周四，朋友们都会到他那里聚会小饮，这些人中的每个都曾默默揣摩过他一眼望不尽的面相：那头发未经车间一粒尘埃沾染过；那眼神是没有一种爱未沉浸过；那双耳是没有一种法兰西方言未听懂过；那嘴角是没有哪一种微笑未亲临过；那双手是没有一种搅拌棒未握过；那双脚是没有一条路未走过。如此之多的知识和技能必须汇聚在一起才能将1850年街头行人充盈的人生体验带给最为灵巧活跃的企业家，并使其从中受益。如果说这样的汇聚也少有会预示这位非凡之辈的降临，那么，非凡之辈的隐匿性乃是这种汇聚的体现之一。是啊，这个男人对印刷工作亲力亲为，也许只是为了在一个百般召唤神灵的世界中不让人们发现自己。

原载："Die literarische Welt"，1929年，王涌译自 Walter Benjamin，*Medienästhetische Schriften*，Suhrkamp Verlag Frankfurt am Main 2002，SS.162 - 164。

出版业

作家是最缺乏社会经验的群体之一。他们只把彼此看作同社会阶层的成员,他们的判断力和自我保护意识,与所有阶级倾向的人一样,更针对下层,而不是上层。他们虽然偶尔知道怎么以对自己有利的方式与出版商打交道。但是在大多数情况下,他们并不了解自己写作的社会功能,在他们面对出版机构的行为中很少考虑到出版社需要履行职能,来满足他们的权力。当然,其中也有一些出版商对自己所从事的行业持天真态度,他们真的相信,他们唯一的道德任务就是区分好书和坏书,唯一的业务任务就是区分畅销书和难买的书。但是,一般来说,出版商对其印刷对象的认识,要比作家对其写作对象的认识要清楚得多。因此,作家无法对付出版商,也没有能力控制出版商。那谁能做到这点呢? 公众当然不行;出版行为完全不在公众的视野里。零售商仍然是唯一的权威。不用说也知道,他们的控制有多么问题重重,哪怕只是因为这种控制既不负责任、又卑鄙阴险。

诉求是什么,已显而易见。虽然无法一蹴而就,也不能在资本主义经济体系中彻底实现,但这不应该成为说出此事的障碍。作为其他一切的基础,首先需要做的就是统计出版业的资本情况。从这一基础出发,调查必须朝着两个方向进行。一个是向上的提问方向: 这些资本从何而来? 换言之,哪些资本从银行、纺织、采矿和印刷企业转移到了出版业? 另一个是向下的提问方向: 出版资本用什么供应图书市场? 此外,有理由将这两个问题合并处理,并调查一番,比如采矿资本(与纺织资本相比),它的出版会迎合哪些买家阶层或哪些趋势。但是这第三种表述的统计基础难以获得,所以暂时还没有解决的希望。另一方面,现在出版商就有必要每间隔较长一段时间,通知公众和书商补充进行那无关紧要的调查问卷,统计主要产品的销售数据和销售领域。因为出版社无论如何都是要记录发行量的，那么可以认为，上述做法并不是太大的飞跃。除此之外，统计发行量与广告成本的关系也非常有意义；最好还要调查一下表现商业成功（销售额）和文学成功（报刊评论）之间关系的数据，当然，这方面技术难度会比较大。最后是最难的诉求：算一算成功图书和不成功图书分别在各出版社和德国图书出版贸易的年产量中所占的比例。

反对意见认为，这样的方法会导致书籍的成功成为书籍被认可的唯一衡量标准，这种观点显然是错的。当然也有那些不成功但是有价值的书，为它们保留一席之地不仅是荣誉，而且也是一个优秀出版社的商业原则。（例如，糖果店会在展示架上摆放糖果宫殿和糖果城堡，但并不打算售卖。）但是当然，这里所需的分析是用书来探索民族精神生活过程的最可靠的方式，这种分析的特殊性就在于它结束了对出版业最常见，同时也是错误的理解。根据往常的错误理解，出版社只不过是赞助基金会和博彩行业的组合，每本新出版物都是一个号码，而公众则是庄家；彩民，也就是出版商，赢得的任何奖金，都将用于排印这些号码，这些号码虽然看起来很美、很有意义，但几乎从未出现在公共的舆论轮盘赌中。简言之，这是对出版业的抽象理解——出版商是各手稿与"公众"之间的掮客。但是，这种观点从根本上说就是错的，因为出版商不可能在真空环境中对理想价值或商业价值做出判断。归根结底，出版商不能缺乏与特定领域的联系——在这些领域内，他不需要有确定的趋势倾向，因为他不能以其他任何方式与公众保持接触，要是脱离公众，他注定失败。这一点越是不言而喻，以下事实就越引人注意：在德国，活跃着如此多风格鲜明的出版机构，比如英塞尔、雷克拉姆、S. 菲舍尔、贝克、罗沃尔特等出版社，但从没有人尝试过对它们进行社会学的描述，更不用说对这些机构进行批判。然而只有这样做，才能计算出我们的大型出版机构和那些庸俗的私人机构之间的差距，每年都有许多私人出版商消失，取而代之的是类似出版社。甚至有人言之凿凿，即便只是满足单纯的商业需要,尽管不值得夸耀,也比华而不实的理想主义有讨论价值得多。理想主义让市场充斥着空洞无物的书籍,要是将这些投入其中的资本用于非文学的目的该多好。

只有实践才能让人认识到,一年一度地对德国出版政策提出概括性的批判,会产生什么样的效果。这种批判中,文学标准必须让位于社会学标准,它让人们看到了——这只是其中的一个方面——姑且称为"建设性出版政策"与"有机性出版政策"之间的矛盾。一个出版人可以大刀阔斧,追根问底,将某些他兴趣领域充分开发,从而构建属于他自己的出版王国;他也可以忠诚于特定作者或者流派,从而使自己有机地发展。这两种可能并不能总是毫无问题地相互协调。正因如此,出版商要从中得到启发,要精打细算,拿着特定的订单来到特定的作家面前。这种情况并不是没有发生过。在经济和知识生产合理化的时代,这种情况应该是常态。这种情况之所以没有引起人们的注意,顺便说一句,是因为大多数出版社对编辑工作估计不足。尤利乌斯·埃利亚斯或莫里茨·海曼能决定一家出版社生死的时代似乎已经过去了。但是出版社把编辑培养成了接待员和说"不"的人,而不是培养成懂得让有用稿件付梓的出版政策专家,这么做是不对的。而另一方面,编辑将自己的理想主义与出版商的物质主义对立起来,而不是理解和维护出版商的理念,这么做也是不对的。因为经济利益不断迫使出版商强化自己的理念。如果出版商能清醒地认识到,他们中的佼佼者期盼别人对其工作扎实地批判,从而盼来更多的荣誉和鼓励,而不是期盼别人对其产品和正派作风进行案例鉴定,那么上文所提的些许建议也许能得到一些重视。

原载:"Literaturblatt der Frankfurter Zeitung"1930 年,赵健品译自 Walter Benjamin, *Medienästhetische Schriften*, Suhrkamp Verlag Frankfurt am Main 2002,SS.165 – 168。

书籍如何获得巨大成功
——一本瑞士草药书

　　我们的图书馆时刻关注着新书的发布。新书的各种特征以及它们的缺陷都与图书馆的选择和收录密切相关。信息每天或每小时都在更替。认识无法与信息更新的速度相抗衡。不过，人们的反应能够以与新书发布的相同的速度，对其文学魅力作出回答。信息与反应之间的紧密互动催生了评论。而所谓的"判断"或"评价"不过是在信息更替瞬间彼此传递的接力棒。可以说，书籍"评价"的方法与将其作为知识性内容进行处理的方法截然不同，这无须证明。在这种情况下，纯粹的审美角度显得不够充分，公众所获取的信息变得可有可无，评论者的判断也无关紧要。相反，许多全新的问题浮出水面：作品成功或失败的原因是什么？是什么决定了书评的意见？它与哪些传统相联系？它在哪些圈子中寻找读者？评论界正在通过崭新的视角经历一种约束和复兴的过程。其特征是：独立于新书本身；和关注文学作品一样关注科学著作；对所评论的作品的质量保持中立。新闻界曾丢失的水准和态度，在书评中最有可能失而复得，而如今的评论总是奉自己的观点为圭臬，毋庸置疑，这在未来将被视为荒谬和令人讨厌的。想要达到书籍的知识性利用与其文学"价值"合一的情况——这种罕见的最佳评论，不仅需要完美的评论者；即便如此，他也只能在遇到伟大的作品时才能达到这一目标。

　　因此，知道了这一点，我更想要去评论一部没那么伟大的作品，它不需要评论者那么完美。库因兹尔牧师①的《草药书》是一本这样的著作，它让病人和评论者都心存感激。在这里也呼吁一

① 约翰·库因兹尔，《草药书》。约翰·库因兹尔的实用草药小册子，库尔（瑞士）齐泽尔的草药牧师约翰·库因兹尔著。费尔德基希：弗朗茨·乌特伯格，1930年，第64页。

些新的评论者。旧的评论者面对草草木木的民间文学感到无聊，而新的、以物质主义为导向的评论者则会被书中的绿色与生命所吸引。书的封面自然是绿色的，版次字数按照植物学的分类方法足以计算出一小片草地的草药数量，不够的话用天文数字。72 万左右的印数让新的评论者心潮澎湃。因为他面前有这样一本书，像评论、报纸广告、图书馆和书商这样的概念都失去了意义；这本书之于文学巨著，如同高山上坚硬的草地之于其覆盖下的堡垒、城市、教堂和宫殿，文学巨著因此而显得微不足道。因为这可能是瑞士仅次于圣经的、传播最广泛的书，所以它以一种世俗的方式，自然地在书目里占有一席之地。甚至可以说，它以一种轻松有趣的方式，成为圣经的对立面。否则，在书的第一页上，为什么会以粗体字写着"禁止转载"呢？接下来的第二页写着"给非瑞士人的词汇解释"，其中还有一则广告宣传该书的学生版本，去掉了"一切不适合学生的内容"。第三页是前言的一部分，这些前言在书籍传播过程中引导了数十万读者。印刷册数为：14 万到 18 万册。

"亲爱的上帝赐予了我这小书的成功。人民争相购买，古老的传统草药重新受到尊重，那些带有傲慢的外来名字的小瓶子受到怀疑。为了荣耀上帝和惠及人民，这本小书将继续印刷下去。"

那些稍微翻翻书页或学会细读的人就会注意到：这是为了人民的利益，向医生们发起挑战。事实上，这本书对医生的抵制与所有的民间医学一样，甚至更加顽固。一个很明显的矛盾是，瑞士的医生在欧洲享有盛誉，但自帕拉塞尔苏斯（Paracelsus）以来，这里却是各种民间医学的乐土，从最有根据的顺势疗法到最不靠谱的江湖医生。两者显然与以农民为主的社会结构有关。对农民来说，身体的每一个部分都是不可或缺的生产工具；每一个损伤，即使它是微小的，对于从事农业的人来说，都比从事工业的工人更难以弥补。因此，他们有对身体状况的敏感性和维护意识。毫无疑问，库因兹尔牧师把这两者都当作自己的盟友。他不断强调，健康以及他自己的科学知识，源自农民阶层，并服务于农民阶层。可以说，在这个独特的瑞士人身上，能感受到一种农民阶层的团结。他如此热心地将他的保护对象与城市中的时髦小子、脱离实践者、软弱无能之人和书呆子区分开来，同时在谈到农民时，他又能以真正的黑贝尔的世界公民精神①，提及那个"被堵得像老酒瓶"的人；再也没有药丸和毒药能奏效。于是，那个人不得不在法国北部的农民中生活了一个季度。在那里，他不再吃肉——在库因兹尔给瑞士人带来极大的挑战之前——"而是喝牛奶、燕麦粥和稀啤酒，吃大量蔬菜"。如此，他在农民的餐桌上恢复了健康。

草药人无疑是自然知识者。然而，草药人首先要让人们相信他的社会地位，以此来获取他们对他拥有的自然知识的信任。只有这样，那些与他团结在一起的底层人才可能明白，即使在自然界中，最不起眼的事物也是最好的，因为他对杂草的辩护实际上是他社会信仰的另一面。"所有的杂草实际上都是药草。"在这些杂草中，"最常见和最被轻视的"就是"路边的草；它就像那个贫穷的工作者，虽然在各方面都受到忽视，却能将他人托起，清理沟渠，并投票选举政府，却永远无法进入政府"。而实际上，它却是"所有药草中最好和最常见的"。在这里是民主的公民自豪感主导了话语的基调，而且这种自豪感相当强烈；而在槲寄生的身上则带有反叛的意味。"作为一种烦人的、被官方禁止且法律上不允许的杂草"，"可它在所有 22 个州中"仍然顽强存在，实在是个意外之喜；早在此之前，库因兹尔牧师就常常向农妇们推荐它。

传统是伟大的知识源泉，使得思想简单的人在高傲的学术公式面前占据先机。库因兹尔牧师发出了"回归自然"的口号，路德维希神父，"已故的艾因西德尔的植物学教授"，最后还有上帝，作为"纯自然生活的完美范本，即人类的理想"，都是基于传统的创始

---

① 原文 Hebelscher Weltbürgerlichkeit 与德国作家雅各布·赫贝尔（Jakob Hebel）有关，他以关注乡村生活和人性的普遍主题而闻名。——译注

者们。它们所启示的有一个共同点，那就是偶尔会有异教徒（或非信徒）也能明白和宣扬这些真理。许多草药在基督诞生之前就已经被人们认识。这个草药宝库在不断丰富，所有疾病都有众多的疗法可供选择。通常，它们的效果逐渐增强。民间医学的古老模式是：quod ferrum non sanat（铁不能治愈）①。有时事情会变得很神秘：最后，所有疗法中最好的竟然是最简单的。九种草药治疗牙痛，但最后是："每天早上用纯净的冷水洗脸；但要等五分钟再擦干，这能让那些找不到其他疗法的人得到安宁。"想想医生的处方，相比之下能够立刻明白这种疗法的多样性。"这样和那样，"医生说；这就是他的诊断。"这个和那个，"他说；这就是他的建议。库因兹尔牧师让病人有更多的空间来依靠自己的直觉、运气和灵感。他也不把疾病从阴暗的身体深处提到临床科学的刺眼光下：血病、心脏病、眼痛或肿瘤，都是如此。如果一种疗法不起作用，仍然有希望尝试第二或第三种。而了解十种疗法的草药牧师，比开处方的医生知道得更多，所承担的风险也更小。同时，他也更显得专业和更灵活。

越是长时间与这本四页的小册子打交道，就越惊讶于它所展现出的社会触觉，以及对阶级的敏锐（而非阶级自觉），这种敏锐在时时处处调节着这个男人的言行，尽管他似乎只是徒步于山谷之间，进行植物学的探索。因为似乎一种简单的家长式思想②要特别被强调，这本书不是以疾病，而是以药用植物的描述开头。在进入正式内容之前，它对描述性的自然科学领域稍作了阐释。另外，"简单地通过分析或构建"来理解这本小小的杰作是毫无希望的，而是需要考虑到多种元素和细节的交织。就像食物一样，它根本无法被"构建"，最终给它增添风味的不是基本成分，而是配料。可

---

① 这里提到的铁，是在比喻一些医疗方法或药物，暗示这些方法并不能解决所有问题。——译注
② 简单的家长式思想在这里强调的是一种与自然和传统相连接的态度，这种态度在处理健康和治疗时看重直观的、实用的知识，而不是仅仅依赖于现代医学的理论和技术。——译注

这些配料是从丰盈之源中汲取的！如果认为农民的自豪感和对学校医学的敌意促使这位草药师远离科学，那将是一个严重的错误。相反，尽管他对科学有些冷漠，但科学的最新成果恰好适合他的受众。为什么要向牧人或女仆隐瞒圣本尼迪克特草或鹤嘴草的疗效是由于其放射性呢？当然，这并非没有对"自以为是的18世纪科学"进行攻击，当时的科学否定了所有它所无法理解的事物，并试图将民间智慧排除在外。然而，可能更加自以为是的是18世纪神学，牧师库因兹尔却很乐意接受："神圣的天意在创造植物时是多么善良地考虑了人类。"而且神将药用植物"随处散布到人类身边，让他们无论愿意与否，总能随时获得"。

带有一点自然神论，又带有一点离子理论——整部书确实是有些混乱，章节如同杂草一样。回想一下农民的日历、农业年鉴和类似的印刷品，人们会发现，群众喜欢他书中的这种无序。为什么呢？有一点是肯定的：熟悉的无序让人感到亲切，而陌生的秩序则显得冷漠。那些偶尔要求佣人查找电话号码的人会知道，并不是所有学会阅读的人都能查找信息。对于理解了这一点的人来说，虽然书里提供了一个按字母顺序排列的疾病目录，但除此之外，这种混乱代表着一种百科全书式的特征，而这种特征正是这种类型的写作所特有的。这本书里的内容可真不少，读者可以在阅读时思考许多本来不曾想过的话题。你会遇到巴比伦和纽约、哥萨克和保加利亚人、蒙面女子和自以为是的人、女性投票权和亵渎王权、蒙面偷猎者和犹太人、健康委员会和守护天使，何况还有许多熟悉的人物，像托尼、阿尔弗雷德、雅各布、塞普尔、丽莎、巴贝莉等。只需看看教授们的特征，就发现既像在看多雷的插图，又像在看莱茵狂欢节的宣传册①。书中

---

① 多雷插图：古斯塔夫·多雷是著名的插画家，以其生动、夸张的插图而闻名。他的作品常常表现出强烈的情感和戏剧性；莱茵节日的宣传册：指在德国莱茵地区举行的一系列庆祝活动，宣传册则通常用来推广这些节日，通常内容丰富、色彩鲜艳，给人以热闹和欢快的感觉。——译注

用大写字母写道:"我称这款茶为教授茶,主要是为那些像教授、指挥官、上尉、牧师、教理老师、学校老师、车站的门卫、叫卖者等需要大量高声说话的人准备的。"这里,教授们是一个不安分的群体,他们无法与坚韧的农民对抗。另一种情况是,他们与铁路工作人员一起出现;并非因为需要大声说话(尽管列车时刻常常需要人大声叫喊),而是因为夜班工作。两者都被建议去空气疗养胜地,"在那里没有太多的陌生人,也没有钢琴和狗,但有许多松树和潺潺流水"。松树和潺潺流水的底下,正是瑞士农民阶层的美好形象,所有的药草都是它的花环。"哦,幸福的农民阶层,你最大的粪堆远没有知识分子的傲慢臭气熏天。上帝选择在一个马槽中降生,绝不是没有原因的。"

这些书籍之所以成功,是因为它们在读者生活中发挥了重要作用。它们注定要与那些饱受折磨的读者一起,分享他们的生活历程,页面撕裂、角落折叠、划线、墨水污点,可能会让他们成为医生、教师、诗人、幽默的人、牧师和药剂师。那些因大量的小说而失去批评能力的评论家通过这些书会知道,什么是值得关注的。因为在这个粗鄙的家庭宝藏中,灵活性和实用性是显而易见的,而它们的根基则深藏于伟大诗歌的底蕴之中。在这里,这种灵活性建立在关于两个世界力量的古老理论之上:光明与黑暗、善良与邪恶、真与假。它们都汇聚到一组对立面之中:农民与城市人。这就是牧师库因兹尔对人性的深刻认识,远远超过了他在草药方面的知识。

原载:"Blätter des hessichen Landestheaters"1932 年,骆佩译自 Walter Benjamin, *Medienästhetische Schriften*, Suhrkamp Verlag Frankfurt am Main 2002, SS.169 - 174。

打包我的图书馆

　　我打开我的图书馆。是的。那些书还没有被放在书架上，它身上还没有罩上一层安静无聊的秩序感。我不会大步流星地沿着它们一排排地走动，我也不会在诸位友好听众面前，像阅兵一样检阅它们。这些你们都不用担心。不过我要请求你们，和我一起参观我的图书馆，它在杂乱无章的、撬开的木箱里，在布满灰尘的空气中，在被碎纸覆盖的地板上，在一摞尘封两年后重见天日的书卷下，我要在演讲的开头向你们分享一点小情绪，不是那种伤感的，而是轻轻松松的，因为这些对真正的收藏家来说会带来一阵放松。因为像我这样的收藏家在跟你们说话的时候，其实大体还是在说我自己。如果我在这里坚持表面的客观性和实际性，向你们列举我图书馆中的主要藏书或主要藏书类别，或者细数它们来到这里的故事，或者甚至是它们对作者产生的收益，这难道不会显得狂妄吗？无论如何，我想通过下面的话来表达一些更直观的、更明白的东西；我热切地想让你们深刻了解一个收藏家与他的藏品之间的关系，想让你们深刻了解收藏这回事，而不是收藏物。如果通过研究书籍的不同获得方式来实现这点，这么做就显得我非常武断了。无论怎样安排我的演讲，都只是一道可以抵御回忆洪流的堤坝，它朝着每一个关心自己藏品的收藏家滚滚而来。一切激情都是近乎混乱的，而收藏的激情近乎回忆的混乱。但是我还要多说几句：巧合、命运，给我眼前的过去涂满色彩，它们在这些书籍熟悉的混乱中展现了感性的一面。因为，这种拥有除了杂乱无章还能是什么呢？在习以为常中自得其乐，就能让混乱变得有序吗？你们肯定听说过，有人因为丢了书生病了，有人为了得到书成了罪犯。每一种秩序都是悬浮于深渊之上的迷茫状态。"唯一存在的确切知识，"阿纳托尔·法兰西说，"是关于出版年份和书籍格式的知识。"

事实上,存在一种图书馆无序状态的反面,那就是图书索引带来的条理性。

所以,收藏家的存在是辩证的,分布在无序和秩序的两极。

当然,收藏家的存在还与许多其他东西相关。比如,他与所有物有着谜一样的关系,这点稍后还会再提到。还有,他与物之间存在一种非功利的关系,他不把物的功能价值,也就是它们的利润、它们的可用性,看得最重,而是把物当作它们命运的展览、剧院来研究,来爱护。这就是收藏家最深的魅力,他将每个物件包围在自己的魅力中,最后的颤抖——被获取的颤抖——过去,物就在它的魅力照拂下固化了。所有被回忆、被思索、有意识的东西,成了基座、框架、底脚、它们所属物件的封口。产生的时代、地形、工艺、曾经的拥有者——对真正的收藏家来说,所有物的每个细节统统成为魔力百科全书,其缩影就是物件的命运。那么,在狭窄的领域中,我们可以推测,伟大的相术师——收藏家是物之世界的相术师——是如何成为命运的诠释者的。只需观察一个收藏家是如何摆弄他陈列柜中的物件的。他刚把它们拿在手里,就似乎受到了启发,透过它们看到了它们遥远的过去。关于收藏家魔力的一面,他白发老者的形象,我只能说这么多。书有自己的命运——这句关于书籍的话可能设想得很普通。《神曲》或者斯宾诺莎的《伦理学》,抑或《物种的起源》这样的书籍,有各自的命运。但是收藏家对这句拉丁文谚语有不一样的阐释。对他来说,书籍不仅作为"册子"有其命运。在这个意义上说,每本册子最重要的命运就是与收藏家相遇,与他的收藏相遇。我没有夸张:对真正的收藏家来说,获得一本旧书就是这本书的重生。收藏家的童真就在于此,这份童真穿透了他的耄耋老态。因为儿童有对"此在"的回忆,这是一种重复百倍的、从不尴尬的实践。对孩童来说,收藏只不过是回忆的一种方式,另一种就是把物件画下来,还有一种就是裁剪,以及影印,这样就形成了孩童学习的全部阶段,从触摸到命名。更新旧世界——这是收藏家最深层的冲动，它隐藏在获得新东西的欲望之中，因此，相比那些喜欢珍藏新书印刷版的人来说，旧书收藏者更加接近收藏的本源。现在我就稍微讲一讲，书籍是怎么跨过收藏品的门槛，是怎么被收藏家所拥有的，简言之，它们的获得史。

所有获得书籍的方式中最荣耀的一种就是自己写。说到这里，有些人会觉得我指的是这种情况：就像让·保罗笔下那可怜的小学校长乌兹，他只要对书籍目录中的作品标题感兴趣，就会自己写一本，因为他买不起，久而久之他就积累了一个图书馆。作家其实是那种出于对书籍的不满意而不是贫困原因写书的人，他们买得起书，但是不喜欢这些书。女士们，先生们，你们可能会认为这是对作家的古怪定义；但是站在真正收藏家的角度说出来的所有话，都是古怪的。——最常见的获取方式中，对收藏家来说最得体的方式就是借而不还。重要的借书者，正如我们眼前的这位，是不折不扣的藏书者，不仅因为他热衷于保护自己借来的宝藏，还对日常法律生活中的一切告诫充耳不闻，更重要的是他不会去读这些书。如果你们相信我的经验，他更有可能偶尔把借来的书还回去，而不是读这些书。你们可能会问，不读书难道是收藏家的特点吗？这是不是新闻？不。内行会向你们证实，这是旧闻一件，我在这里只提一个弗朗茨为门外汉准备的回答，每当有门外汉对他的图书馆发出赞叹时，他就会用这个回答敷衍每次必定出现的问题："弗朗茨先生，这么多书您都看了吗？"——"还不到十分之一。您难道还天天都吃塞夫勒奶酪吗？"

顺便说一句，我对这种观点的准确性进行过交叉验证。有很多年——我图书馆存在以来的足足前三分之一时间——它的规模都不超过两到三排书架，且每年只增长几厘米。那是一个令人生畏的时代，因为不经我的检阅，不经我的阅读，没有书可以被收入我的图书馆。如果没有通货膨胀，也许我永远也不会得到这座从规模上可称得上图书馆的东西，因为通货膨胀使得实物变得更有价值,使书籍变成了有形资产,至少变得难以获得了。至少在瑞士就是这样的。我的第一笔大订单就是在十二点钟从那里开始的,并得以挽救像《蓝骑士》(*Blauer Reiter*)或巴霍芬的《汤纳奎尔传奇》(*Sage von Tanaquil*)这样不可替代的书,当时还能在出版社买到它们。——现在,你们肯定觉得,我说这么多有的没的,终于要说点我怎么买书的经历了吧。是的,买书,是获取书籍的一条康庄大道,但并不是一条轻松的大道。藏书家买书跟大学生买教科书、丈夫给妻子买书当礼物、出差的人为了打发火车上的时间而在书店买书大不相同。我最值得纪念的书是我作为行人在旅途中买的。占有物和所有物属于战术范畴。收藏家是具有战术本能的人;根据他们的经验,如果他们想征服一座陌生城市,那么最小的古董店就意味着一个要塞,最偏僻的纸店就意味着一个要地。在我征服图书的过程中,有多少城市没有迈着正步向我打开大门,让我满载而归。

通过拜访经销商来买书只是重要采购的一部分。图书目录的作用要大得多。无论买家多了解他从目录中订购的书:这本书始终是个惊喜,并且总是带有赌博性质。收到书的那一刻,除了敏锐的失望,还有喜人的收获。我记得,有一天我订购了一本带有彩图的书,来丰富我以前收藏的儿童读物,仅仅因为它里面有阿尔伯特·杜德维希·格林的童话,而且它的出版地是图林根州的格里马。我记得有一本寓言书出自格里马,恰巧也是这个阿尔伯特·路德维希·格林出版的。我所拥有的这版寓言书,有 16 幅配图,是伟大的插图师勒塞尔(Lyser)起步的唯一见证,这位大师在 19 世纪中叶曾经在汉堡生活。好了,我反应过来这些名字之间的联系。果然,在这本书里我又发现了勒塞尔的绘画,而且是一部名为"丽娜的童话书"的作品,所有图书目录编撰人都对这部作品一无所知,其影响力远比我刚才提到的配图更甚。

光用钱或者光用内行知识绝不是获得书籍的途径。且两个合在一起也不够建立一个真正的图书馆，一座既高深莫测又独一无二的图书馆。谁要是根据图书目录购买书籍，那他必须还要有敏锐的辨别力。出版年份、地点、尺寸、前主人、装订方式，等等，这些东西在他看来必须都是重要信息，他不仅要将它们枯燥地分开鉴别，还要让它们相互协调，以保证这些信息处于和谐、清晰的状态。做完这些他还必须识别出来，这本书到底属不属于他。——他还需具备的其他能力就是那些拍卖会要求收藏家具备的技能。阅读图书目录的人必须单独阅读书籍，如果知道其出处，无论如何都要跟前主人谈谈。谁要是想在拍卖会报价，那他就必须平均地将注意力分配到书和竞争者身上，并保持清醒的头脑，不要——正如每天发生的那样——咬着竞拍不放，最后到了白热化的程度，为了比对手多出价而不是为了得到书籍而盲目出价，最终不得已以高价购得。相反，收藏家最美妙的回忆之一，就是突然看到一本他一生中从未想过要买、更别说希望要买的书，但是它如此孤零零地暴露在露天市场。就像《一千零一夜》童话故事里的王子买漂亮的女奴隶一样，他买下了这本书，是为了给它自由。因为，对图书收藏家来说，所有书籍真正的自由就在他书架的某处。

最难忘的经历当属我拍下巴尔扎克《驴皮记》的拍卖会，在我图书馆里一排排法国书卷中，它至今都是鹤立鸡群的存在。那是1915年吕曼拍卖会，由埃米尔·赫希（Emil Hirsch）支持，他既是最伟大的图书鉴赏家之一，也是最杰出的商人之一。该版本于1838年在巴黎波尔多交易广场面世。刚刚，当我手里拿着这本书的时候，我不仅能看到吕曼给藏品的编号，还能看到之前的书店给这本书标的价签，90年前第一个得到这本书的人大概以现在八十分之一的价格买到了这本书。上面写着弗兰诺第一文具店。那真是一个美妙的时代，那时这样精致的作品——因为这本书的钢板雕刻是由法国最伟大的绘图师设计并由最伟大的雕刻师完成的——还可以在文具店买到。但是我还是想讲一讲我得到它的故事。我当时到埃米尔·赫希的会场进行预览，40 到 50 卷书经过我的手，但我热切希望，再也不要把它交出去了。拍卖的那天到了。巧合的是，在拍卖这本《驴皮记》之前，要先拍卖该书整套插图在瓷器上的特别影印版。竞拍者们坐在一张长桌旁：我的斜对面是拍卖会上万众瞩目的人物：大名鼎鼎的慕尼黑收藏家冯·西莫林男爵。他对这套作品很感兴趣，他有竞争对手，总之一场激烈的争夺战随即展开。竞拍结果是全场拍卖的最高价，远远超过 3 000 地租马克（RM）。似乎没有人想到会有这么高的价格。与会者一阵骚动。埃米尔·赫希没有理会，不知是为了节省时间还是出于其他原因，他在大家都没注意的情况下进入了下一个拍卖环节。他喊出价格后，我的心怦怦直跳，我清楚地意识到，我无法与在场的任何一位大收藏家竞争。然而，拍卖师并没有强迫大家集中注意力，而是公式化地喊了常见的"没有更高价"，然后三次敲槌——对我来说，这三下敲击相互之间似乎隔了很久很久——我竞价成功了。对我这个学生来说，这个数字还是够高的。但第二天早上在当铺里的事情，已经不再是这个故事的一部分了。相反，我更愿意谈另外一件事，我想把它称为拍卖会的阴影。这是去年在柏林的一次拍卖会上发生的。提供的拍卖品在质量和主题方面良莠不齐，其中只有一些罕见的神秘学和自然哲学著作值得一提。我竞拍了其中一些，但是，当我进场时，我注意到前排的一位先生，他似乎一直在等着我出价。每次我出价，他总是随便出一个价格。在我反复经历之后，我放弃了买到我最感兴趣的书的希望。它们是罕见的《一个年轻物理学家的遗言残篇》，约翰·威廉·里特于 1810 年在海德堡出版了该书的两卷本。这部作品没有再版，但出版商为这本书写的序言又出版了。序言里他写了这位据称已经过世、知名不具的朋友（其实这个朋友就是他自己）的生平当作讣告。我一直认为这本书的序言是德国浪漫主义最重要的个人散文之一。在号码被叫出的那一刻，我灵光一闪。很简单，既然我的出价一定会给他人做嫁衣裳，那我就不能出价。我克制住自己，保持沉默。我所希望的现在实现了：没有人感兴趣，没有出价，书被退了回来。我想，再等几天是明智之举。的确如此，一周后，我在二手书店发现了这本书。人们对这本书兴趣缺乏，这让我对收购这本书有了底气。

如果你曾走进堆积如山的箱子，从中——像露天采矿一样，或者更确切地说像井下作业——取出书籍，什么回忆不会涌上心头呢？一旦开始拆箱就停不下来了，还有什么能比这更证明拆箱工作的魅力吗？我从中午开始拆，还没等我拆完最后一个箱子，已经是午夜了。现在我手里拿着两本纸板书，严格来说，这两本书压根就不属于书箱：两本米纸糊的相册，这是我母亲在我小时候粘起来的，我继承了它们。这两本相册是我收藏儿童读物的种子。直至今天这颗种子还在生长，即便已经不在我的花园里了。——没有一个有生命力的图书馆是不收藏一些来自边疆地区的"图书生物"的。它们不必是米纸相册或家谱，既不需要亲笔签名，也不需要装订成册，里面也不必装有法学讲义或修身文本：有的附在传单和小册子上，有的附在手写摹本或无法找见的书籍的打字誊本上，甚至杂志都可以构成图书馆的棱角边缘。但回到这些相册，继承实际上是最有分量的收藏方式。因为收藏家对其所有物的态度源于所有者对其所有物的义务感。因此，义务是继承人的最高态度。收藏品最尊贵的头衔总是它的可继承性。我刚刚讲，蕴含在收藏中的思想世界是如此发展的——你们要知道——我非常清楚，这些会让你们中的许多人更加坚信，这种热情已经过时，也会让你们更加不信任收藏家这类人。无论你持有第一种观点，还是持有第二种不信任，我都不会动摇你们。只有一点需要注意：收藏现象失去了它的主体，也便失去了它的意义。如果说，相比私人收藏品，公共收藏品产生社会福利的那一面不那么令人反感、更加有利于科学贡献——但物件只有在私人藏品中才能得到应有的重视。此外，我还知道，对于我这里说的一类人来说，就是我——稍微有点依职权——在你们面前代表的这类人，夜幕降临了。但是，正如黑格尔所说：只有在黑暗中，密涅瓦的猫头鹰才开始飞翔。只有在灭亡中，收藏家才能涅槃。

现在，在最后一个半空的箱子前，早已过了午夜。我的脑海里充满了其他的想法，而不是我刚才所说的那些。不是想法，而是画面和回忆。对城市的回忆，那些有许多发现的城市：里加、那不勒斯、慕尼黑、但泽、莫斯科、佛罗伦萨、巴塞尔、巴黎；回忆慕尼黑罗森塔尔的华丽房间、已故的汉斯·罗厄（Hans Rhaue）住过的但泽的塔楼（Stockturm）、柏林 N. 苏森古特的发霉书窖；回忆这些书曾经所在的客厅、我在慕尼黑的学生宿舍、我在伯尔尼的房间、布里恩茨湖畔的伊瑟尔特瓦尔德的孤寂，以及最后，我孩童时期的房间。

在我周围堆积如山的几千册藏书中，只有四五册来自那间房间。收藏家的运气，个体户的运气！没有人比他更不受追捧，也没有人比他更自在，因为他可以戴着施皮茨韦格面具继续他不光彩的生活。毕竟，精怪占据了它的内心，至少是小的精怪，这些精怪对收藏家来说，我指的是真正的、本应如此的收藏家，占据物品是人与物之间能建立的最深层的关系：不是因为物在收藏家心中是鲜活的，而是收藏家就住在物的里面。所以，我把收藏家住所中的一座，那座用书垒成的房子，展示在了你们面前。现在他要消失在里面了，这是多么合情合理。

原载："Die literarische Welt"1931 年，赵健品译自 Walter Benjamin, *Medienästhetische Schriften*, Suhrkamp Verlag Frankfurt am Main 2002, SS.175 – 182。

当德国的经典作家创作时，德国人在阅读什么①

［结尾］

一阵鼓声、一声号角或类似的声音，另外还有一个叫卖者的声音：向所有尊贵的礼拜者，特别是尊敬的书商、出版商、古籍商，以及各位学者、牧师和其他社会人士通告，在柏林皇家和科学院书商哈乌德先生与斯佩纳先生的委托下，银熊酒店正在进行一场稀有书籍的大拍卖。

乌格：至于我嘛，却在银熊酒店享用早餐。

作家二号：这恐怕是您错过的第一场书籍拍卖，尊敬的商业顾问……请不要为难自己，海因茨曼先生。我们还会再见的。

拍卖师：赫尔曼·路德维希·冯·塞肯多夫先生，布兰登堡选侯的秘密顾问，哈勒大学的校长，他有关政治与道德的书籍《马尔基·安那伊·卢卡尼的法尔萨利亚》，以一种全新的方式翻译成德语，每页对照拉丁文，附有对晦涩难懂的词语的解释和必要的索引，莱比锡 1695 年……

一个竞标者的声音：十八个格罗森。

乌格：这样的书名标题如今可不敢再出版了。在我们这里，无论是出版商还是作者都不敢在书名上大做文章。

一阵敲击声。

拍卖师：编号 211，《诸侯行为规范》，即《反马基雅维利或统治艺

---

① 本雅明创作的广播剧。——译注

术》，斯特拉斯堡 1624 年。

另一个竞标者的声音：一个塔勒。

乌格：拉丁文版的《诸侯行为规范》很稀有，而德文版更是如此，只有少数人知道……两个塔勒。

另一个竞标者的声音：两个塔勒十个格罗森。

乌格：三个塔勒。

拍卖师：第一次，第二次，第三次。

一阵敲击声。

拍卖师：这本书的成交人是？

乌格：书商约翰·弗里德里希·乌格，柏林。

拍卖师：编号 212。约翰·沃尔夫冈·歌德的著作，莱比锡，乔治·约阿希姆·戈申出版，1787—1790。可惜我们这里只能找到这本漂亮的第七卷。

乌格：第七卷，老师，这可是……

钟声响起。

19 世纪的声音：浮士德！这是德国中产阶级的世界传奇，开始于世俗的剧院，结束于天国的舞台，始于黑暗艺术的地狱魔鬼，升至世俗政治艺术的魔鬼，始于幻象，结束于声音。一个小型集市木偶剧展现了德国中产阶级的痛苦与屈辱，同时也记录了他们的历史，以及这段历史中的古典图像，海伦娜与斯巴达的宫殿。

发言者：安静！你怎么敢打断我？

19 世纪的声音：我是 19 世纪，我还曾打断过其他人。我在伟大的经典作家们尚未完成创作时便打扰了他们，而他们中的伟大作家歌德在仅看到我四分之一的身影时，便向我问候，因此我有权在这里发声。

发言者：你认为他应该怎么问候你？我想我们是在谈论歌德。

19 世纪的声音：依我看您已然知晓。歌德曾对我说："现在的一切都到达了极致，一切都在无法阻挡地超越。无论是在思考还是在行动中。没人了解自己。无人理解他所处的环境与其影响，也没人理解他所接触的质料。财富与极速是世人所惊叹和追求的。火车、快递、蒸汽船和各种通信便利，都是受过教育的世界所过分追求的，而最终停滞在平庸之中。实际上，这个世纪属于那些有能力、简单的和务实的人，他们感受到自己超越了普通大众，尽管他们自己并不具备最高的天赋。让我们尽量保持我们所持的信念；我们可能会是为数不多的，最后一批即将消失的时代的代表。"

发言者：你没有理由为这样的问候感到自豪。

19 世纪的声音：我为他们带来了荣耀。我普及了如歌德所预言的那样的中产文化。

发言者：中产文化？在你这 19 世纪的漫长岁月中，德国人尚未翻开歌德的诗集。不久之前，科塔还在出售《西东诗集》的最后几本。

19 世纪的声音：那太贵了。我出版了更便宜的版本，让人们能够获取。

发言者：让那些没有时间阅读的人获取。

19 世纪的声音：同时，我的世纪为思想的传播提供了比阅读更快的手段。

发言者：换句话说：它确立了时间的暴政，我们在这里依旧感受到。

现在你可以清楚地听到秒针的滴答声。

19 世纪的声音：歌德本人也欢迎这些节拍，并命令他的孙子们适应这样的生活。

接下来是响亮的音符应和着秒针的节拍：

> 一小时有六十分钟，
> 一昼夜超过了一千。
> 小孩子！要有这个认识，
> 人能成就多少贡献！

原载："Funkstunde Berlin"1932 年，骆佩译自 Walter Benjamin, *Medienästhetische Schriften*，Suhrkamp Verlag Frankfurt am Main 2002，SS.183–185。

儿童书籍和读物

1. 识 字 盒

忘掉的东西我们是不可能再原原本本地重新记起的。也许这是一件好事，否则由这样的重新想起引发的惊异会严重扰乱我们的心思，令我们顿时无法理解自己为何有所渴求。因此，忘掉的东西在我们内心沉陷得越深，我们反而越能理解自己有所渴求。就像刚才还挂在嘴边的词语丢失后反倒使唇舌插上了德谟斯泰纳①式的翅膀一样，忘却会使我们觉得那些不该忘掉的整个经历过的生活分量很重。也许，使忘却物显得分量重和富有内涵的，不外是那些下落不明之习惯的印痕，那是我们无法再找回的习惯；也许忘却与我们衰败之脑壳粉尘的关联正是被忘掉事物得以持续有效的秘密所在。正是由于这样的缘故，对每个人来说都会有一些使习惯得以有最持久体现的事物，正是这些事物对人具体生活产生着决定性影响。就我的具体生活而言，这样的东西是与阅读和写作分不开的。因此，在我所淡忘的早年事物中最让我留恋的是识字盒，里面放着许多小木片，木片上分别写着的德语字母看上去要比印刷字母好看得多。那些字母清晰并错落有致地镶嵌在小木片上，每个都混成一体，被按照宛如修女隶属的教团规则——语词规则——排成序列。我惊叹，如此这般的随遇而安何以能融进那么多的美景妙意。那是一种天赐状态。我刻意去谋求它，就是无以如愿。这种刻意必须像允许特定人入内的看门者那样留在外面。因此，面对识字盒里的字母必须根除任何刻意性奢望。识字盒在我身上激发的渴望表明：它与我童年时代是多么形影相随。我在

---

① 德谟斯泰纳（Demosthenes，前384—前322），古希腊雄辩家。——译注

识字盒里找寻的实际是这童年时光,是整个童年时代,它聚集在字母片的把手上,我当年的小手正是握着这样的把手将字母片插入片槽里,使其按序组成语词。我还会梦见这样的把手。但是,已不再会醒来去真正推插它。所以,我会梦见当初我是怎样学步的,可是,这已无济于事。如今,我已经会走路,已不会再去学步。

2. 消 遣 读 物

我从学校图书馆里得到了最心爱的书,书是分发给低年级学生的。班主任喊到我的名字以后,那本我要的书就踏上了越过一张张课桌走向我的旅程:一个同学将它传给另一个,或者它会越过同学们的头顶被交到出声应答的我手中。曾翻阅过它的手在书页上留下了印迹,书脊上下两端的收束装订线绳线隆起且脏兮兮的,尤其是书脊显然忍受了许多粗鲁的使用,因此封面和封底无法对齐,书的切面歪斜着,形成了一层层小阶梯和平台。有些书页上还挂有细细的网线,宛如树枝间晚夏的游丝。在初学阅读的时候,我曾把自己编织其中。

书被放在一张过高的桌子上。阅读的时候,我堵住两只耳朵。这种无声的叙说我何尝未曾聆听过?当然不是听父亲说话。冬天我站在暖意浓浓的卧室窗边,外面的暴风雪有时会这样向我无声地叙说,虽然我根本不可能完全听懂这叙说的内容,因为新雪片太迅速而密密地盖住了旧雪片。我还未及和一团雪片好好亲近,就发现另一团已突然闯入其中,它不得不悄然退去。可是现在时候到了,我可以透过阅读那密密聚在一起的文字去寻回当初我在窗边无以听清的故事。书中我遇见的遥远异邦,就像雪片一样亲昵地交互嬉戏。而且由于雪花飘落时,远方不再远去,而是落到了里面,所以巴比伦和巴格达,阿库①和阿拉斯加,特罗姆瑟②和特兰斯

---

① 阿库(Akko)系以色列北部的一座城市,曾是巴勒斯坦重要的港口城市。——译注
② 特罗姆瑟(Tromsoe)系挪威北部的一座港口城市。——译注

瓦尔①都在我的心里。柔和的浓雾缭绕这些城池，里面的流血和惊险无可抗拒地奉承着我的心，我对这些被翻破的书本永远忠心耿耿。

或许我还忠心于那些更破旧、已无法再找见的书籍？也就是那些我仅在梦中见过一次的、美妙无比的书籍？这几本书叫什么名字？我除了它们已失踪许久和再也无法找到之外，便一无所知。而梦中，它们静躺在一个柜子里，醒来之后我不得不承认，这个柜子是我从未见过的。可是在梦中我们就像老相识。这些书不是竖立着，而是平躺在柜子里一个天气恶劣的角落。书本里雷雨交加。随意打开一本，我便会被带入一个封闭的世界，那里变化多端、迷糊幽暗的文字正在形成孕育着纷繁色彩的云朵。这些色彩翻腾着，变幻不定。最后，它们总是变成一种宛如被宰杀后动物内脏颜色的紫色。那些书的名字与这种不受重视的紫色一样不可名状而又意味深长。我觉得，它们一本比一本离奇，一本比一本亲切。可是，就在得以拿到那本最好的之前，我醒了，还没来得及触摸一下那几本旧旧的少年读物，哪怕是在梦中。

3. 学生图书互借

课间休息时，学生们将书收集起来，然后再分发给需要这些书的学生。我有时反应并不怎么快，常常眼睁睁看着自己想要的书落入不明其价值的他人之手。这些书与学校读本大相径庭。面对学校读本，我必须整日、整星期地一头扎入里面的每个故事中，就像住进门上——标题上——标有号码的军营一般。而置身爱国诗歌的战壕时，情形更糟，里面的每行诗句都是一间令人窒息的斗室。而从课间分发的书中则轻盈地吹拂出一股柔和气息，随着这

---

① 特兰斯瓦尔(Transvaal)系南非的一个省份。——译注

股气息，斯蒂芬大教堂①向簇拥在维也纳的土耳其人点头示意；随着这股气息，香烟厂烟囱冒出的深色浓烟在空中画出一道一道弧圈，那弧圈在贝雷斯纳河②上翩翩起舞，并惨淡地映照出彭培基③岁月末日的情形。这样的气息只有在从奥斯卡·赫克尔（Oskar Hoecker）和冯·霍恩（W. O. von Horn）那里，从尤里斯·乌尔弗④和乔治·埃博斯⑤那里向我们飘来时，才会大多显得有些落伍。而最让人感到迂腐的是诸如《祖国追忆》这样的书，这些书在中学一年级被大量收集，因此很难躲开它们，而且，这使得到一本韦利斯赫弗尔（Woerishoeffer）或丹恩⑥的书的可能变得非常渺小。这些书的红色帆布封面上镶嵌着一名中古时期的执戟士，内页文字配有中世纪骑兵用的小旗作为装饰，此外还配有可敬的手工作坊学徒形象、金发的寨主女儿、兵器加工场，还有向他们的主人发誓效忠的奴仆。当然，不可或缺的还有中世纪宫廷里冒充膳务总管正在图谋策划以及为外国军团卖命而冲锋陷阵的年轻人。在所有这些主人和仆人中，如果我们想象不出什么正儿八经的商人之子和枢密大臣之子之类的话，那么，他们也会通过他们自身的存在、行动或影响，能够超越我们的传统观念和理性思考，直接进入到我们的生活空间并占据一席之地。中世纪骑士城堡上挂着的徽号从我父亲皮沙发那边向我们的整个居室示意，配有把手和盖子的大酒杯在托盘四周围了一圈，放在我家瓷砖壁炉的座架上供人使用，

---

① 斯蒂芬大教堂（Stephansdom）系位于维也纳市中心的大教堂。最初建于 1147 年。——译注
② 贝雷斯纳河（Beresina）系欧洲第三大河邓叶佩尔河（Dnjepr，全长 2 201 公里）上游的一条支流，长 613 公里。1812 年 11 月 26—28 日，拿破仑军队撤出莫斯科时在该河流域与俄罗斯军队展开激战，法国军队惨败。——译注
③ 彭培基（Pompeji）系古代意大利的一座名城。公元后 79 年在一次巨大的符山石爆发中被埋没。1748 年被重新发掘，自此成了一个重要的考古研究基地。——译注
④ 尤里斯·乌尔弗（Julius Wolff, 1834—1910），德国作家。——译注
⑤ 乔治·埃博斯（Georg Ebers, 1837—1898），德国作家，著名埃及文化研究者。——译注
⑥ 丹恩（Felix Dahn, 1834—1912），德国作家，历史学家和法学家。——译注

还有兵营里正对着墙角将路堵死的小板凳，一模一样地放在我家的奥布松地毯①上，这样只是为了不让辎重夫岔开双腿坐上去。可是，这两种世界的交合只在一种情况下才会完全奏效，那是在一本青少年刊物中见到的一幅彩色全身照片那里发生的情形，关于该刊物我只记得刊登那照片的位置。当时我怀着从不会削减的惊恐翻到了那个位置，我在浏览这幅照片的同时又在寻找着它，就像我后来面对《鲁滨孙漂流记》②里那幅插图时一样。插图画的是鲁滨孙首度发现生人踪迹那个地方的星期五，不远处还发现了头盖骨和其他骨骼。但是，在一个身着白色晚礼服的女人宛如手持拐杖般地斜拿着枝形烛台半睡半醒地徒步走过画廊时，由此引发的恐惧要模糊得多。这个女人是盗窃狂（Kleptomanin）。在盗窃狂这个词中，某种一闪而过、带有贬义的预先定调使该词中两个业已神秘的音节（Ahnin）变了样，就像葛饰北斋③用一些水墨线条使死者面容变成了精灵一般。——盗窃狂这个词使我由于惊恐而变得神志惶惑。我柏林卧室通往后房的过道一直是那个居于宫殿的女人深夜穿行的长长画廊，这样的事出现时，那本旧书（题目是《凭借自己的力量》）会在中学一年级中早就又传开了。而那些被传阅的书不是让人觉得自在就是惊恐，它们要么索然寡味，要么悬念四起。——没有什么东西能提升或减弱它们的魅力，因为这个魅力并不取决于书的内容，而是在于它们总是能给我一些有趣的时辰，从而帮我度过难以忍受的无聊课堂教学。每天晚上在我将这样的书放进我书包时，就已经对之心中有数，知道课堂上的时间不难打发了。书包里那本书与我的课堂读本，作业本和铅笔盒同处一个暗黑的空间，这恰好对应了第二天课堂上为了不被察觉而偷偷摸

---

① 奥布松地毯系一种产自法国奥布松市（Aubusson）的地毯。——译注
② 《鲁滨孙漂流记》系英国小说家笛福（Daniel Defoe, 1660—1731）的名篇，作品主人公为鲁滨孙（Robinson）。——译注
③ 葛饰北斋（Katsushika Hokusai, 1760—1849）系日本画家。19世纪中叶至20世纪初对欧洲现代美术运动产生深远影响。——译注

摸要做的事。接着,终于在先前还使我显得有点抬不起头的地方出现了我可以耀武扬威的时辰,就像随着梅菲斯托弗斯①在浮士德那里的显身而使浮士德分有了他的威力一般。那位离开讲台到教室储藏柜边去收集或分发图书的老师如果不是那个为了投我所好而节制住破坏力量去展示其技能的低等妖魔又会是什么呢!而且他根据指点和说明去做的每一个尝试都以失败告终。在我早就沿着神奇的地毯准备步入最后一个莫希干人②帐篷或孔拉丁·斯萄汾③营地时,他作为可怜的妖魔完全在做着徒劳无功的事。

4. 新德国青年朋友

刚接过新书《新德国青年朋友》时,我几乎不敢瞥一眼书本,这种欢愉犹如一位客人来到城堡,几乎不敢用赞叹的目光扫视那通往房间的漫长的走廊,他更渴望能退回去。每年圣诞节时,我在桌子上发现《新德国青年朋友》的最后一卷,也几乎是在它那有着纹章装饰的封面的掩护下,准备摸索进入武器室或狩猎室,在那里我想度过新年的第一个晚上。通过快速浏览,在阅读的迷宫中寻找那些蜿蜒穿行的地下通道,寻找更长的故事,虽然其常常被打断,却又不断以“续集”的形式再次浮现出来,这无疑是最美好的体验。即使马萨潘的香气突然从我在陶醉翻阅中嗅到的战争火药味中渗透出来,又有什么关系呢?但如果坐着专注地阅读了一段时间后,然后再次回到放礼物的桌子旁,那本书就不再像第一次走进圣诞房间时那样散发着强烈的威严感,读了它之后,就仿佛下了一小段台阶,将我们从“幽灵城堡”带回到夜晚。

① 梅菲斯托弗斯(Mephistopheles)系欧洲传说中的超凡力量。在浮士德身上得到体现。——译注
② 莫希干人(Mohikaner)系北美印第安人,已被白人统治者灭种。——译注
③ 孔拉丁·斯萄汾(Konradin von Staufen,1252—1268)系南德施瓦本公爵之子。1267年进入意大利行使对西西里王国的统治权。1268年战败,逃亡途中被抓获,被处以绞刑。——译注

5. 书　桌

　　医生发现我有近视。他不仅给我配了一副眼镜，还给我配了一个书桌。这个书桌的构造非常巧妙。座位可以调节，以便靠近或远离倾斜的桌面，桌面用于写作；还有一个水平的横杆，能为背部提供支撑，还有一个小书架装饰在上面，并且可以移动。窗边的书桌很快成了我最喜欢的地方。书桌下的小柜子不仅放着我在学校需要的书籍，还藏着我的邮票册和三张明信片。书桌侧面的一个坚固钩子上不仅挂着早餐篮，还挂着我的文件夹、轻骑兵制服的佩剑和植物采集桶。放学回家时，我总是第一时间去庆祝与书桌的重聚，把它变成我最喜欢的活动的舞台——比如剪贴。我很快就在原本放墨水瓶的地方放了一杯温水，开始剪切图片。那些在纸张和本子上凝视着我的图片，背后隐藏着多少故事和情感啊。在工作台上的鞋匠，坐在树上采摘苹果的孩子们，冬雪覆盖下的门前的送奶工，伏低着准备跃向猎人的虎豹，猎人的枪里射出的火焰，在蓝色小溪旁的草地上坐着的垂钓者，教室里听着老师讲课的学生们，装饰华丽店铺前的药剂师，灯塔前的小船——它们都笼罩在一层薄雾之中。然而，当它们柔和地、静静地待在纸上时，我的小指轻轻滚动、刮擦、摩擦，在它们的背面来回游走，厚厚的一层图片随着细小的滚动渐渐脱落，最后在它们那破裂、受伤的背面，甜美而真实的颜色透了出来，仿佛灿烂的九月阳光在阴沉的、洁净的世界上升起，所有被露水滋润的事物都在迎接新的一天。不过，我在这游戏中玩得够久时，总能找到借口继续拖延作业。我喜欢翻阅旧本子，这些本子因我成功地保护了它们而具备了特别的价值，避免了老师将它们收上去。于是，我的目光停留在他用红墨水写下的分数上，心中充满了一种静谧的愉悦。因为，就像墓碑上已故者的名字无益无害，分数已经不再发挥作用了。在书桌上耗上一小时来做手工或修整书本，也是一样的快乐。书本需要用坚固的蓝色包装纸做封面,至于那些笔记本,规定是每个人都必须配备一张不易丢失的吸水纸,用于去除手写文本中多余的墨水。为此,可以购买各种颜色的小带子。每个本子的封面和吸水纸上都用这些带子固定着贴纸。如果颜色搭配得当,可以得到各种各样的、既富有情感又美丽的设计。因此,书桌虽与学校的课桌有些相似,但这个书桌更让我感到安全,给了我秘密的空间。在学校上完一天乏味的课程之后,我在这里又感受到了新鲜的力量。这里不仅让我有回家的感觉,还让我仿佛身处一个只有教士们才能进入的房间中,如同中世纪画作中,教士们坐在祷告或书写的桌子前沉浸在自己的世界里。在这个环境中,我开始阅读《借方和贷方》与《双城记》。我找了一个每天最安静的时间,选择了这个最隐秘的角落。然后,我翻开第一页,心中充满了庄重,就像踏上一个新大陆的人。实际上,这确实是一个新大陆,克里米亚和开罗、巴比伦和巴格达、阿拉斯加和塔什干、德尔菲和底特律,如同我收藏的雪茄盒上金色的奖牌般近距离地重叠在一起。在被所有痛苦的工具——单词本、圆规、词典——包围之下作片刻的停留,此时它们不再施予我重压,没有什么比这更令人宽慰的时刻了。

原载:"Berliner Kindeit um Neunzehnhundert" 1928—1938 年,王涌译自 Walter Benjamin, *Medienästhetische Schriften*, Suhrkamp Verlag Frankfurt am Main 2002,SS.186 - 192。

四、报纸与广告

加油站

眼下，对生活的建构早已不再受信念的左右，而是很大程度上受事实的左右，而且这些事实几乎从没有成为信念的基础。在这种情况下，真正的文学活动便不可能指望在文学框架内发生——更确切地说，这其实是文学变得平庸的通常表现。具有意义的文学效应只会在行动与写作的严格交替中诞生，它必须在传单、宣传小册子、杂志文章和广告中培育出一些不显眼的形式。与书籍精致而千篇一律的姿态不同，这些形式更能在活生生的社群里发生影响。只有这种即时的语言才是为那一时刻而生的。观念对于社会生活这部庞大机器来说好比机油与机器之间的关系：人们并不是站在涡轮机前用机油浇它，而只需往看不见但必须知道的铆钉接口里注入一点点机油。

原载："Die literarische Welt"，1927 年，收入"Einbahnstrasse"1928年，王涌译自 Walter Benjamin, *Medienästhetische Schriften*, Suhrkamp Verlag Frankfurt am Main 2002，S.195。

宣誓就职的审计员①

正如这个时代与文艺复兴时期有着鲜明的不同一样,它与发明印刷术的时代也截然不同。不管这是不是一种巧合,反正当印刷术在德国出现的时候,正值书籍这个词通过路德对书中之王《圣经》的翻译获得了显赫意义,并且成了民族财富。而现在,所有迹象表明:书籍这一传统形式已开始走向末路。正如马拉美在明显属于传统写作的晶体般清晰结构中看到了未来写作的真正情形一样,他在《掷骰子》一诗中首次将广告的图形张力加工成了文字形象。后来,达达主义者进行的文字试验虽然不是由结构,而是由文人精密的神经反应出发,但远不如马拉美由他内在风格生发的试验来得持久。正是基于此,我们可以看到马拉美在他隐居的斗室里做出的发现在当代的现实意义,这些发现是他像单子②一样通过与当时经济、技术和公共生活方面所有重大事件保持某种先定和谐做出的。文字曾在印出来的书中找到了避难所,它在那里能够保持自律的存在,而如今却被广告无情地拖到大街上并且屈从于混乱经济生活中残酷的他律性。严格说来,这是对其新形式的一种培育。如果说文字为了最终在印刷书籍中卧床长眠,几百年前开始进入了渐渐躺下的过程,即从竖式的刻印文字到斜面书桌上的手写体,那么,它现在又开始慢慢从静躺中站起。早在报纸那里,人们把它竖起来看就比平放着看要多,而电影和广告则迫使文字完全处于蛮横的竖起状态。一个现代人在打开一本书之前,眼前已密密麻麻满是变化着的、色彩缤纷并且彼此不协调的铅字字

---

① 德语"审计员"(Bücherrevisor)一词由 Bücher(书籍)和 Revisor(终审校对员)复合而成。——译注
② 单子系莱布尼茨哲学概念,意指世界万物的实体,独立存在,但各单子间有着预定和谐。——译注

母，以致他洞察书中远古宁静的机会变得微乎其微。蝗虫群般的印刷文字如今已经遮蔽了大都市居民奉为精神之光的太阳，而且它们还会一年一年地变得更加密集，至于商务活动中不得不做的事则在这方面走得更远。卡片索引导致三维文字的胜利，这就与文字起源时作为神秘符号或结绳文字具有的三维特性令人惊异地形成对位。（正如当今学术生产方式所示：书籍如今已经成为两种不同卡片索引系统之间过时的中介，因为所有重要的东西都可在研究者所写的卡片箱中找到，而在那里研读的学者又将其收入他自己的卡片索引中。）但毋庸置疑的是：文字的发展不会被束缚于学术和经济领域混乱运转那难以预料的权力要求上，更会出现的情况是：量变会走向质的飞跃，而且越来越深入到新奇图像之形象世界中去的文字会一下子富有活力地显示出与其适应的成分。对于这种图形文字，想借此像远古时期那样捷足先登地成为文字专家的诗人，只能参与进去。这样，他就为自己开拓了一个（不用费很大力气）产生文字结构的领域，即统计的和技术的示图结构。随着一种国际转换文字的创立，诗人们将要重新树立他们在人们生活中的权威，并将发现会有某个角色正等着他们。与这个新角色相比，所有谋求更新修辞学的抱负都将被证明是古老弗兰克人的白日梦。

原载："Einbahnstrasse"1928 年，王涌译自 Walter Benjamin, *Medienästhetische Schriften*，Suhrkamp Verlag Frankfurt am Main 2002，SS.196 - 197。

供出租用的墙面

抱怨批评衰落的人都在犯傻,因为批评的时代早已过去。批评要求对事物保持恰当的距离,它存在于特定视角和解说得到尊重的地方,在那里人们还能采用特定的立场。如今,物对人类社会的侵入让人感到太直入肺腑。"没有偏见的""自由的"目光已成为没人相信的谎言,或许,整个天真的表达模式已成为纯粹的无能。今天,对物之实质最切实、最具商业性的审视是广告。它拆除了观察得以自由展开的领地,使物近得有点可怕并向我们直冲而来,就像电影屏幕中一辆变得巨大的汽车向我们冲来一样。电影从不将家具和建筑物的正面完整展现出来以使人们能用批评眼光去审视,而是仅凭那强行截取的近景去引发轰动效应,与此相同,真正的广告也以一部优秀影片所具有的速率将事物投给我们。由此也就最终告别了"事实性"(Sachlichkeit),而且面对画在房子外墙上的巨幅图像——比如可以供巨人信手拿来使用的牙膏和化妆品——业已恢复的感伤便以美国方式释放了出来,正像本来不为任何事情所动的人在电影院重又学会了哭泣一样。但是,对普通人来说,正是金钱将物如此推到他跟前,使他与物有了真正的接触。被付钱雇用的评论家在画商的艺术沙龙里钻研作品,与在展览橱窗里观看这些作品的艺术爱好者相比,他从中即便不是看到了更佳的也会从中获知了更重要的东西。对象的气息传达给了他,激起了他感觉的源泉。——究竟是什么东西使广告如此优于批评? 不是闪烁的霓虹灯广告牌上面的内容——而是沥青路面上反射出的那摊火光。

原载:"Einbahnstrasse"1928 年,王涌译自 Walter Benjamin, *Medienästhetische Schriften*, Suhrkamp Verlag Frankfurt am Main 2002, S.198。

阵亡战士纪念碑：卡尔·克劳斯

卡尔·克劳斯①——没有谁比他的信徒更凄凉，没有谁比他的对手更孤单寂寞；没有任何一个名字比他更恰当地被人用沉默表示尊崇。他身着远古的盔甲，像一尊中国神像，咬紧牙关怒气冲冲，双手挥舞着出鞘的剑，在写着德语的拱形墓穴前跳起了战争之舞。他"只是住在语言这所古老房子里的众多巨匠模仿者之一"，如今成了他们墓地的看守人。他日日夜夜坚持守护着，没有哪一个岗位的看守比他更忠心，没有人像他这样失不复得。这里站着的是一个与达那伊德（Danaide）一样从同时代人的泪海里取水饮用的人，那块从他手里滚出的本应埋葬敌人的石头与西西弗斯（Sisyphos）手中的石块一样。有什么能比让他改变信仰更让他束手无策的呢？有什么比他的人道精神更无力的呢？有什么比他与新闻媒体的抗衡更无望的呢？对真正与自己结盟的力量他究竟知道多少？可是，新一代术士的哪些预言能比得上这个魔幻祭司的话语呢？甚至一门死去的语言本身也能激发他的言辞。迄今为止，有谁像克劳斯那样用魔法在"被遗弃的人"身上呼唤出灵魂？难道此前"精神的渴望"从未被诗歌创作出来过吗？来自地底下语言深处的轻声细语真切地告诉他：如此这般的召唤是没有用的，就像只是让人听到灵魂的声音没有用一样。来自地底下的每个声音都无比真切，但是它们都像鬼神话语那样令我们无所适从。语言像亡灵一样盲目地呼唤他去报仇，那是一些头脑狭隘、只认血亲关系的幽灵，他们的呼唤与在活人王国里的煽动是一样的。但是他不会搞错，他们托付的事也不可能有错。谁撞入他的怀抱就已经遭到了审判：在他嘴里，敌手的名字本身就成为一种判决。他

① 卡尔·克劳斯（Karl Kraus，1874—1936），奥地利作家。——译注

一张嘴,无色的智慧火焰就喷射而出,而任何在生命道路上漫步的人都不会遇见他。在远古的荣誉战场,在一个巨大的血腥沙场上,他在一所荒芜的墓碑前怒吼。他的死带来的荣誉是无比辉煌,那将是最后赐予的荣耀。

原载:"Einbahnstrasse"1928 年,王涌译自 Walter Benjamin, *Medienästhetische Schriften*,Suhrkamp Verlag Frankfurt am Main 2002,S.121。

卡尔·克劳斯

献给古斯塔夫·格吕克

1. 全　　人

> 一切变得多么喧嚣。
>
> ——《诗话》二

　　旧的铜版画中有这么个信使，他叫卖着，头发蓬乱、手中挥舞着一张纸，匆匆而过。这是一张充满战争和瘟疫、杀戮和悲痛，火灾和干旱的纸，它四处宣传"最新的报纸"。这份报纸的名字正体现了莎士比亚笔下"火炬"一词的用意，它正是《火炬》。它充满了来自理智世界的背叛、地震、毒药和火灾。它锲而不舍地仇恨一望无际蜂拥而至的新闻种族，这不仅是道德上的仇恨，更关乎他的生命，这种仇恨就像祖先仇恨堕落为小人无赖的不肖子孙一样。对他来说，"公众观点"这个名称是一种暴行。观点是私事。公众只对判决感兴趣。公众是有判断力的群体，也可以压根没有判断力。但这正是新闻界制造"公众观点"的目的，就是要使公众没有判断能力，他们向公众暗示不负责任、不知情的态度。事实上，即使是日报上的比较精确的信息，与《火炬》对法律、语言和政治事实一丝不苟的表述相比，又算得了什么。它不需要关心公众观点。因为这份"报纸"血淋淋的新闻挑起了公众的判决。而没有哪种判决，比对新闻业本身的判决有着更加狂热的渴望。

　　克劳斯掷向记者的仇恨，不能简单地归因于他们的所作所为——即便他们的行为如此随心所欲、卑鄙可耻；他们的存在本身就是这份仇恨的原因，即便记者的存在与克劳斯的存在一贯以来如此针锋相对，或者说又如此血脉相连。事实上，两者都是这份仇恨的原因。最近有记者这样刻画他，其第一句话就是：他是"这样一个人，他对自身和自己的存在，就像对待无关紧要的事物一样，不感兴趣；只有在事物与事物之间发生联系时，尤其是当它们以稀有事件的形式彼此碰撞时，他才会感知到它们——只有这时，他才振作起来，像一个真实存在、生气勃勃的人"。如果有人相信这句话里描述的克劳斯的形象，那么他对克劳斯的理解恰恰是相反的。事实上：谁会比他对自己和自己的存在——这一他时刻关心的话题——有着更灼热的兴趣，谁会比他更关注事物的存在及其起源，谁会比他更加为不寻常事件与事实、目击者或者镜头之间的冲突而更绝望？他终于集中所有的精力投入与空谈的斗争。空谈，是新闻业的专横在语言上的表现，凭着这份专横，时事性在新闻业上升为对事物的统领。

在他与新闻界的斗争中，他的战友阿道夫·卢斯（Adolf Loos）的毕生事业就是照亮他斗争之路最亮的光。手工艺人和建筑师是卢斯的天赐对手。他们在"维也纳工坊"（Wiener Werkstätten）的圈子里努力创造新的艺术产业。他在许多文章中提出了自己的观点，尤其是 1908 年发表于《法兰克福汇报》的《装饰和犯罪》一文。文中所引发的真知灼见展现了一种非常奇特的思路。"歌德曾写过一段话，他责备门外汉以及某些懂艺术的人触摸铜版画和浮雕的方式，他读到这段话时，他突然意识到，应被触摸的东西绝不可能是艺术品。而艺术品必须是可触不可及的。"因此，卢斯首先关注的是如何将艺术品与实用物品区分开来，而克劳斯首先关注的也是这个问题：将信息与艺术品区分开来。没有信念的记者本质上与装饰主义者是一样的。海涅，作为装饰主义者，作为在新闻与文学创作边界上模糊不清人，作为诗歌和散文中"文艺小品"（Feuilleton）的创造者，克劳斯不厌其烦地谴责他，后来甚至将其斥责为将警言叛变为印象的叛徒①，克劳斯甚至借尼采的话来支持自己的观点。"我认为，"尼采说，"他在混杂了……上半个世纪欧洲解体风格的元素的基础上，又添加了心理学，他所创造的新的语言层次是随笔主义，就像海涅所创造的语言层次是文艺小品。"这两种形式都是一种慢性疾病的症状，而所有对这种疾病的态度、观点都只能决定体温升降的曲线，这种疾病就是不真实。揭开不真实之物的面纱，正是这场与新闻界斗争的起因。"究竟是谁会矫揉造作、滥竽充数，从而让这个世界倍感抱歉？"

空谈②是技术的产物。"报业设备就像工厂一样，需要劳动力和销售区域。在一天中的某些时候——大型报社需要两三次——必须为里面的机器准备和完成一定数量的工作。且它的原料并不是某一种材料：在此间隔的某时某刻，在生活、政治、经济、艺术、文化等领域发生的事情，都必须在此刻到达现场，并经过新闻处理，"克劳斯曾高超地概括，"应该对这一技术加以说明，虽然它不能形成新的空谈，却可以使人类的精神处于无法离开旧的空谈的状态。生活已然发生改变，生活的形式被拖拽其后，在这样的二重性中，世界的邪恶得以生存和发展。"克劳斯一语将技术与空谈打上了死结。将此结松开自然得遵循另一种方法：在高度资本化的世界中，语言的功能发生了改变，新闻就是这种改变的产物。克劳斯笔下"空谈"一词一以贯之的含义，就是使思想具有市场价值的

①　克劳斯在《海涅及其后果》(*Heine und die Folgen*)的第二页就写道："没有海涅，就没有文艺小品。这就是他把我们拽入其中的法国疾病。"克劳斯在这篇论文中仔细对比了罗马民族和德意志民族的区别，并认为法语是："思想的懒汉"(同上)，是一种容易驾驭、书写者可以迅速创造出令人愉悦的结构，但德语需要费一番心思，但却能写出与法语典型的文艺小品完全不同分量的文字。文艺小品在德语区的成功要归功于海涅。克劳斯嘲讽了文艺小品这种"寓言式"风格，他认为这种风格美化了每份报告，无论其主题如何。

②　克劳斯借用卢斯《装饰和犯罪》中体现的思想，表述了自己对语言以及对新闻业抗争的看法："Die Phrase ist das Ornament des Geistes（空谈是精神的装饰）"(F 279 - 280, 8)。——译注

商标,就像作为装饰品的空谈赋予其爱好价值。但正因如此,解放语言就成了解放空谈——将它从印刷到生产工具的转变中解放出来。《火炬》本身包含了这方面的范本,即便还称不上理论;它的方式是系紧这个死结,不是松开它。它用圣经般的悲怆顽固地记录下维也纳生活中有失体统的事,——这就是它靠近现象的方式。它不仅仅满足于,呼吁世人见证收账员的恶劣行为;它必须把死者从他们的墓穴中挖出来。——理所当然。因为对维也纳咖啡馆、新闻界和社会丑闻细小、力透纸背的大量报道,只是对一种先见之明的不显眼的表现,突然间,比任何人预想的都要快地,这种先见之明在战争爆发两个月后以"在这伟大的时代"为名的这篇演讲中,点名说出了它最初的、真正的预知对象:所有曾附身于克劳斯这个人魔之人的牛鬼蛇神统统涌入了同时代人的乌合之众中。

在这个伟大的时代,我仍然知道,它曾多么渺小;它将再次变得渺小,如果它还有时间;因为这种大小的转变不可能是一种有机生长的趋势,所以我更愿意称它为厚的时代,也是重的时代;在这个时代,发生了人们以往无法想象的事情,在这个时代,必定会发生人们无法想象的事情,但倘若人们可以想象,那便不会发生——;在这个"严肃的"时代,它对自己变得严肃的可能性一笑置之;它对自己的悲剧感到惊讶,它让人分散注意力,它寻找话语并被当场抓包;在这个喧嚣的时代,轰隆隆地演奏着毛骨悚然的、催生报道的罪行的交响曲和招致罪行的报道的交响曲:在这个时代,你们不会期待我说出属于我自己的话。除了因误读而保持沉默的话。对不幸面前的语言之不可修正性、从属性的敬畏在我心中根深蒂固。在想象力贫乏的境界中,人死于精神饥荒,却感觉不到精神饥饿。在羽毛笔浸入鲜血,刀剑浸入墨水的地方,必须做那些不曾想到的事情。而只存在于脑中的东西,是不能被说出来的。你们不要指望我说自己的话。我既不能说出新的话；因为在一个人书写的房间里，噪声如此之大，无论这份噪声来自动物，来自孩子还是迫击炮，现在还不好说。谁要是判决罪行的归属，谁就亵渎了话语和行为，并双重可耻。这个职业并没有灭绝。谁要是因为让行动说话而无话可说，请继续说话。谁有话要说，请站上前来，保持沉默！

克劳斯笔下的一切，都是这样一种情况：它是一种被翻转的沉默，事件的风暴刮向这种沉默的黑色斗篷，将它吹开，并将它刺眼的内衬翻出来。尽管他的动机很多，但似乎每一个动机都像一阵风一样骤然而至。随之而来的是一套精确的对应工具：口头和书面这两种表达形式交错进行，每一种情况的论战可能都会被分析得一清二楚。克劳斯是用怎样的严谨态度把自己包得严严实实啊！这点可以从每期《火炬》的编辑公告中看出，也可以从他写在《个人著作节选》讲稿的大纲和研讨会的尖锐定义和保留意见中看出。沉默、渊博、果断的三位一体构成了论战家克劳斯的形象。他的沉默是堤堰，堤坝围成的渊博水池反射出光芒，并不断加深。他的果断不容置疑，从不愿意遵守与之对立的准则。相反，其首要任务是打破僵局，发现其中隐含的真正问题，将其呈现给对手，而不是任何形式的回复。如果你觉得约翰·彼得·赫伯以最高形式展开了这种老练中最具建设性、创造性的一面，那么克劳斯的就是破坏性的、批判性的一面。但对这两个人来说，老练都是一种道义上的果断——司铎塞尔（Stoessl）说这是"一种在辩证法中提炼出来的态度"——一种未知惯例的表达，它比公认惯例更重要。克劳斯生活在一个恶劣至极的无耻行径还被视为失礼的世界中；他之所以辨别可怕的东西，是因为他从不拿资产阶级为人正派这一品质作为他的标准，在平庸恶行的分界线之上，为人正派这一品质将迅速偃旗息鼓，不再有能力理解世界历史意义的恶行。

克劳斯早已熟知这一标准，其实，真正的老练也没有其他标准。这是一种神学标准。因为老练不是——正如一些拘束的人设想的——一种让人在权衡所有情况的前提下，成为在所有人眼中符合社会体面标准的天赋。恰恰相反：老练是一种将社会条件视为自然条件，甚至视为伊甸园条件，但又不脱离社会条件的能力。因此，不仅对待国王，要像他生来额头上就戴着王冠一般，而且对待男仆，也要像对待穿了制服的亚当一样。赫伯以牧师的姿态展现了这种高贵，盔甲中的克劳斯也拥有这种高贵。他的造物观念包含了思辨的神学遗产，这种思辨最后一次于 17 世纪在整个欧洲流行。这一创世观念的神学核心，发生了一种转变，使其毫无拘束地被奥地利世俗主义的全人类信条吸收，这一信条将创世变为教堂，在那里，除了迷雾中偶尔飘来的熏香，再也没有什么能让我们想起礼拜式了。这一信条对斯蒂夫特的影响最为深远，我们可以在克劳斯专心研究动物、植物和孩童的地方到处听见前者的回声。"风的吹拂，"斯蒂夫特写道，"流水的潺潺，谷物的生长，大海的澎湃，大地的绿色，天空的闪耀，星辰的闪烁，我认为这些都是伟大的。壮丽的雷雨，劈开房屋的闪电，翻起汹涌波涛的风暴，喷火的高山，掩埋国家的地震，我并不认为它们比上述现象更伟大。事实上，我认为它们更渺小，因为它们只是更高的法则的影响……因为人们在童年时代他们的灵眼还没有被科学所触及，他们被近在眼前的、显眼的东西所吸引，并被引向恐惧和钦佩。但当他们的心灵被打开，当他们的眼睛开始关注周围的事物时，个别现象就越降越低，规律就越升越高，神奇的事就停止了，奇迹就越来越多……就像在自然界中，一般规律在无声无息地发挥作用，而显而易见的事物只是这些规律的一种表现形式……道德法则也是如此，它通过人与人之间的无限交往，悄无声息地作用于灵魂，使灵魂充满活力，而事件发生时，瞬间的奇迹只是这种普遍力量的小小特征。"在这些名句中，神圣的东西已让位于谦逊但令人生疑的法律概念。

但斯蒂夫特的本性和他的道德世界是一目了然的，足以与康德的本性区分开来，并且，其核心可以辨认为造物。而那些被轻蔑地世俗化了的雷暴、闪电、风暴、浪潮和地震——克劳斯这个全人，把它们变成了上帝的创世对亵渎神灵的人类发出的末日审判般的回应，通过这种方式，他使它们重新回到了创世的地位。只不过，位于创世到末日审判之间的，并不是一段救世史，更谈不上对历史的超越。因为，正如奥地利的风景天衣无缝地满足了令人欣喜的斯蒂夫特式的散文的宽度，那么对克劳斯来说，他生命中可怕的岁月不是历史，而是大自然，是一条河流，一条注定要在地狱般的风景中蜿蜒流淌的河流。这是这样一种景象，每天都有 60 种报纸的原材料需要砍伐 5 万多根原木。克劳斯以《终结》为题揭露了这些信息。因为，人类将在对抗受造物的战斗中失败，他确信这点，就像技术一旦与上帝所造的万物作对，就不会止步于它的主人。他的失败主义是超国家的，也就是全地球性质的，对他来说，历史只是一片荒漠，把他的族类与受造物分隔开来，而创世最后的行为就是毁灭世界。他倒戈向受造物的阵营——他就是这样穿越这片荒原的。"只有屈服于人类的动物，才是生命的英雄"：阿达尔贝特·斯蒂夫特这一古老信条的影响从未经历如此阴暗、徽章性的一面。

克劳斯以造物之名反复向动物及"所有心灵的心灵——狗的心灵"表达自己的好感。对他来说，狗是映射造物美德真正的镜子，这面镜子中的忠诚、纯洁和感恩从逝去的岁月中向我们微笑。而人取代了狗的位置，这是多么的可悲！他们就是拥护者。比起聚集在主人身边，他们更多地，也更宁愿成群结队地围在被击毙的对手周围，并明目张胆地东闻西嗅。当然，狗成为克劳斯的徽章动物不是没有道理的：狗，理想的拥护者，是一种忠诚的造物。这忠诚越是个人化、越是毫无根据，就越好。克劳斯对它们进行了最严峻的考验，这么做是有道理的。如果有什么东西将这些生物无限可疑的一面表现了出来，那么就是，它们完全是克劳斯精神创造的产物,他先创造了他们,与此同时他孕育并说服了他们。他创作只能决定那些不能因他的创作实现创造的人。

如果穷困潦倒的当代人只允许以"个体"这种最可怜的形式,在造物的神殿里要求一个避难所的话,那将是多么合乎逻辑啊。克劳斯对"神经"①(维也纳人最后的根须)的追求中包含了多少放弃和多少讽刺?正是通过这最后的根须,克劳斯才发现了大地母亲。"克劳斯,"罗伯特·舍尔(Robert Scheu)写道,"发现了任何时事评论员从未下笔的重大的课题:神经的权力。他认为,神经是值得热情捍卫的对象,就像财产、房屋、农村、党派和国家基本法一样值得捍卫。他成为神经的代言人,开始了与日常生活中的小烦恼的斗争,但是,在他手中,捍卫对象变多了,给私人生活造成了麻烦。他必须抵御警察、媒体、道德和观念,最终基本就是要抵御普通同胞;不断发现新的敌人,成了他的职业。"如果有什么地方,反动理论与革命实践交替出现,其实克劳斯笔下处处可见这种交替,那就是在这里。事实上,"要确保私人生活不受道德和观念的影响",在一个对性和家庭、经济和物理存在进行政治透视的社会;在一个准备建造玻璃幕墙房屋,其露台一致延伸到房间,而房间也不再是房间的社会——这句口号将是最反动的,倘若这种私人生活恰恰不是资产阶级私人生活的反面,也不严格遵守社会颠覆,一言以蔽之,如果不是一种遵守自我解体、不言而喻的穷人生活,如彼得·阿滕贝格,如阿道夫·鲁斯,在他们的庇护下克劳斯实现了自己的事业。在这场斗争中——也只有在这场斗争中——拥护者才也有好处,因为正是他们通过匿名性将自己肆无忌惮地排除在外,而克劳斯却曾尝试将自己的私人生活以匿名的方式封闭起来;

---

① 尼采说过:"我们这个神经质的时代认为,长期的兴奋和不稳定的情绪是伟人的特点:他们不知道向着目标进行稳定、深沉、强力地流动;他们荡漾着,喧闹着,并没有感受到这种反复无常的兴奋的可悲之处。"克劳斯所处的时代就是以神经、情绪、敏感、轰动为关键词的时代。——译注

没有什么东西可以阻止他们，除了克劳斯本人踏出门槛的决心，以便问候这片他在其中还是"个体"的废墟。

他如此坚决地懂得将自己的存在变成一项公共事业，如果这场斗争要求这样；他如此无情地反对个人批评和事实批评之间的区别，因为这种区别被用来诋毁论战，是我们文学和政治关系中腐败的主要工具之一。克劳斯对那些头衔多于所做，所说多于所写的人，以及他们的书最不感兴趣，这是他的论战权威的前提，作为权威，他相信一个人一定是整体和谐的、自洽的且可以预判的；他知道如何从一个句子片段、一个词，甚至一个语调中便可完好无损地看出一个作家的精神世界，这个精神世界越是虚妄，他的推测就越是准确。个人因素与客观因素不仅在敌人身上，而且主要在他自己身上也重合了，这一点从他从来不表达意见这一事实中得到了最好的证明。因为观点是虚假的主观性，它可与一个人脱离，可以融入商品的流通。克劳斯从来没有给出一个不是全身心投入的论证。所以，他表现了权威的秘密：从不使人失望。除非权威死亡了或者使人失望了，它才终止。权威根本不受其他所有人避之不及的东西的攻击：自身的武断、不公平、前后不一。恰恰相反，如果发觉权威发表了空谈，那才令人失望——比如通过蹩脚或者甚至因为言之凿凿。"对男人来说，"克劳斯曾说过，"有理不是一件色情的事情，相比自己的无理，男人更偏爱陌生人的有理。"在这方面，克劳斯从未能证明自己是个男子汉；他的存在最好就是要将自己的无理与陌生人的有理相对立，而他坚持自己的无理又是多么有理。"有一天，许多人都会是有理的。但那将是从我今天的无理中产生的有理。"这才是真正权威的语言。洞察他的事业只会发现一件事：他对他自己的约束达到了与对他人一样的程度，这是一种无情的约束，以至于它从不厌其烦地在自己面前——从不在他人面前——战栗；以至于它永无止境地自我满足于，面对自己的拷问，而这拷问的回答从不以个人体质，更不会以人类能力的界限为借口,而是从事情本身,无论在别人看来是多么的不公正、多么的个人化。

　　这种绝对权威的标志,自古以来就是立法权和行政权的统一。两者的关系没有别处比《语言学理论》更加紧密。正因如此,在克劳斯的作品中,《语言学理论》最绝对性地体现了他的权威性。他像哈伦·拉希德(Harun al Raschid)一样,默默无闻地在夜晚穿行于报纸的字里行间,透过僵硬的词句表面,他窥视着词语的内心世界,他在"黑色魔法"的狂欢中发现了对文字的亵渎和殉难:"新闻是一个信使吗? 不是,是事件。是言论吗? 不,是生活。新闻不仅主张,其关于事件的新闻报道就是真实的事件,还实现了两者之间画上毛骨悚然的等号,因为事件和新闻的等同性,总是出现这样的假象:行为在实施之前就被报道了出来,而且往往还有这种可能性。无论如何,现在出现了这种情况:虽然战地记者被蒙上了眼睛,但战士们成为通讯员。在这个意义上,我很高兴有人告诉我,我一生都高估了新闻业。它不是一个仆人——一个仆人怎么会要求这么多、得到这么多——它就是事件本身。我们又一次被工具所超越。我们已经把新闻业这个仆人,这个必须报告火灾的人,这个必须在国家中扮演下级角色的人,置于世界之上,火灾之上,房子之上,事实之上,以及我们的想象之上。"权威和文字对抗腐败和魔法——这就是这场战斗的宣传话语。为这场斗争预测结果并非多余。没有人,尤其是克劳斯,能沉湎于"实事求是"的报纸乌托邦,沉湎于"不偏不倚的新闻传播"的幻想。报纸是权力的工具。它的价值只取决于它所服务的权力的特性;权力,不仅表现在报纸所拥护的东西上,而且还表现在它的实现方式上。但是,如果高度资本主义不仅贬低其目的,而且也贬低其手段,那么人们也就无法期待一种新的伊甸园式的全人类之花从一种统治它的力量中绽放出来,也不能期待歌德式或克劳迪式的语言得以繁荣。这种语言与现行统治地位的语言的不同之处首先在于,它将理想的、被贬低的语言束之高阁。这些足以衡量克劳斯在这场斗争中赢得的，或者失去的有多么微不足道；《火炬》又是多么不受干扰地启迪他。他将《火炬》放在了用千篇一律的轰动效应来满足读者的日报的对立面，它是一份可被创世故事所记载的报纸：历久弥新、永无止境的控诉。

2. 恶　魔

> 我睡了吗？我不是正在入睡吗？
>
> ——《诗话》四

所有护卫式的辩解都是错误的，这点在克劳斯的形象中根深蒂固，也给每场关于他的辩论打上了深深的烙印。利奥波德·利格勒（Leopold Liegler）[1]的伟大作品就是从护卫式的态度中产生的。把克劳斯当作"道德伟人"，是他的首要计划。但是这是行不通的。映衬他形象的黑暗土地，并不是当代世界，而是前一个世界或者恶魔的世界。造物之日的光芒照拂在他身上，他就这样从那样的黑夜脱颖而出。但是，并非他所有部分从那黑夜挣脱，有些部分滞留在了黑夜，并且比人们预想的还要深地根植于那黑夜。一只不能适应黑夜的眼睛，永远也识别不出克劳斯的轮廓。克劳斯乐此不疲地暗示他那不可抑制的需求——被关注，但所有的暗示都是徒劳的。因为像童话里那样，克劳斯身上的恶魔让他的虚荣成为他本质的表达。

在那隐秘山丘上疯狂舞动的恶魔的孤独也是他的孤独："感谢上帝，没有人知道我的名字叫侏儒怪。"就像这个跳舞的恶魔永不停歇，克劳斯古怪的思考也保持着最持续的骚动。维特尔称他为"天赋的病人"。的确，他的能力是一种疾病，而在真正的疾病之

---

[1]　利奥波德·利格勒，卡尔·克劳斯的第一个专题论著作者，他认为克劳斯"作品和人格是统一的"，"存在和行为完全等同"（KG 1，Nr. 76，1924，第 383 页），显然本雅明不认同这种看法。——译注

外，他的虚荣心使他成为一个臆想症患者。

如果说他在自己身上没有映射出自己，那么他在他脚下的对手身上就可以映射出他自己。他的论战始终使用最先进手段的揭穿技术和古老手段的自我表达艺术，并以最亲密的方式将它们交织。然而，在这一方面，他身上的恶魔也是通过模棱两可的方式表现出来了：自我表达与揭露相互渗透，最终变成自我揭露。当克劳斯说"反犹太主义是一种情绪的名称，这种情绪对自己煞有介事的指控大约只占股市笑话中对自己血统的指控的十分之一"时，他就提出了他的反对者与他自己关系的组织模式。没有对他的责难，没有对他个人的诽谤，他们无法从他自己的著作中，从其中自我反省上升到自我赞美的段落中，找到最合理的表述。为了扬名立万，他不惜付出任何高昂的代价，而这种投机行为的成功总是证明他是正确的。如果说风格是一种纵情于语言思想的广度和深度而不陷入平庸的能力，那么它通常是通过伟大思想的心灵跳动而获得的，随着这心跳，语言的血液通过语法的血管流入最远端的肢体。在克劳斯身上，我们一刻也不会错判，他是有这样的思想的，但他风格的心灵力量却是他内心背负着的他自己的形象，以便以最无情的方式将它揭露出来。是的，他是虚荣的。卡琳·米凯利斯（Karin Michaelis）就是这样描绘他的，他在房间里踱来踱去，语无伦次，试图赢得演讲时台下的观众。看看他为他的虚荣心献祭了什么吧——归根到底，如果不是他用所有的伤口、所有的裸露来献出他自己、他的生命和他的苦难，他就不必成为现在这样的恶魔。这就是他的风格，也是典型的《火炬》读者的风格，在从句中、在顿号中，甚至在逗号中，仍有无声的碎片和神经纤维在挑动着他们，一块块被剥了皮的肉体仍悬挂在最遥远、最枯燥的事实中。过度的敏感作为最高的批判器官——这就是这种自我陶醉隐秘的合理性，也是只有作家才知道的地狱状态，对他来说，每一次满足都同时是殉难的阶段，除了克劳斯，没有人像克尔凯郭尔那样经历过这种状态。

克劳斯说："我也许是第一个同时把自己的写作当作表演来体验的作家。"他用"表演"一词为自己的虚荣指明了最合理的位置，那就是模仿。克劳斯，这个模仿的天才用讽刺的评论模仿，在论战中做着鬼脸，在朗诵戏剧时庄重地释放自我，而他表演的戏剧作者不无道理地占据着两种职业的特殊中间位置：莎士比亚和内斯特洛伊，诗人和演员；奥芬巴赫，作曲家和指挥家。就好像他身上的恶魔在寻找这些戏剧所有灵光乍现、激烈动荡的时刻，因为只有这样的时刻才能为他提供无数机会，让他挑逗性地、折磨性地、威胁性地迸发出来。

他的声音挑战着多重魔鬼人格的极限——所谓人格面具，就是通过它发出回声的东西——他的声音变幻，而与他声音融为一体的人物姿态随着他的指尖舞动。不过，在他与论战对象的关系中，模仿也起着决定性的作用。他模仿他的伙伴，以便在其姿势的最细微间隙处施加仇恨的撬棍。这个咬文嚼字的大师在音节之间狠扎猛刺，将巢居在音节中的幼虫成块拉出，它们是奸诈和流言蜚语、卑鄙和好色、幼稚和贪婪、贪食和欺骗的幼虫。事实上，这里以行为主义的方式来揭露不真实的东西，比揭露恶劣的东西更困难。《火炬》中的引文不仅仅是证据，更是克劳斯这个引用者用模仿方式用来曝光的道具。当然，正是在这种情况下，我们才会清楚地看到，作为讽刺家的克劳斯的残忍与作为阐释者的克劳斯含沙射影的屈从有着多么紧密的联系，而后者在读者心中更是达到了难以理解的地步。摧眉折腰——人们这样称呼最低级的奉承，这并非没有道理，而这正是克劳斯所做的事情：他这么做是为了摧毁。在这里，礼貌是否成了仇恨的模仿，仇恨是否成了礼貌的模仿？尽管如此，两者都达到了完美的阶段，即中国式的阶段。克劳斯用晦涩的典故大谈特谈的"痛苦"，就在这里。他对信件、材料和文件的抗议，不过是一种被舍简求繁做法所纠缠的人的自卫反应。然而，与同胞的所作所为和袖手旁观相比，使他陷入这种困境的是他们的语言。他热衷于模仿他们，既是这种纠缠的表现、对这种纠缠的抗争，同时也是永远清醒的负罪感的原因和结果，而只有在这种负罪感中，恶魔才自得其所。

他的所有的错误和弱点——与其说是他天赋的总和，不如说是一种奇迹的构造——它们如此精细、精确地组织起来，以至于任何外部的证实都只会动摇它。尤其是，一旦他被认证为"和谐人性的典范"，并以"博爱主义者"——一个在风格上和思想上同样荒诞的短语——的形象出现，以至于"用灵魂之耳偷听他的凌厉"之人会感同身受地为他的无情找到理由。不！这种坚定不移的、干预性的、防御性的笃定，并非来自他的追随者们所喜欢的那种高尚的、诗意的或慈善的思想。他们认为，他的仇恨是从爱中引申而来的，这是何等的平庸，同时又是犯了何等的根本性错误。因为，显而易见的是，有更原始的东西在驱动：是一种从恶意过渡到诡辩，从诡辩过渡到恶意的人性；是一种堪称人类仇恨高等学府的秉性；是只有与仇恨交织在一起时才有生命力的怜悯："哦，如果当时我有得选，/把狗或者屠夫切成薄片，/我一定会毫不犹豫地选择！"没有什么比根据他喜欢的形象塑造他更加荒谬的了。人们有充分理由把偶尔被善意目光擦过的克劳斯，这个"不受时间限制地让世界心慌意乱者"与"永恒的世界改善者"对立起来。

布莱希特说："当这个时代伸手自杀时，它就是那只手。"很少有东西能与这一认识相提并论，作为朋友的阿道夫·卢斯（Adolf Loos）的话自然也不能。"克劳斯，"他说道，"站在了一个新时代的门槛上。"哦，一点也不。——他正站在末日审判的门槛上。就像在巴洛克祭坛画的杰作一样，圣徒们紧紧地贴在画框上，天使、升天之人和卑鄙之人在他们面前盘旋，圣徒们伸出双手，抵御着后者肢体惊心动魄的压迫，对克劳斯来说，整个世界历史也如此，一个当地简讯、一个空谈、一个广告的肢体向克劳斯压迫而来。这是他从在圣克拉拉布道的亚伯拉罕①中继承的遗产。那接踵而至的亲密，那完全不加沉思的瞬间产生的机智应答，和使得意愿只能表现为理论、知识只能表现为实践的交替就是这么来的。克劳斯不是历史天才。他没有站在新时代的门槛上。如果说他曾背弃创世，如果说他在悲叹中半途而废，那也只是为了在末日审判面前控诉。

如果我们没有认识到，对克劳斯来说，一切，无一例外，包括语言和物质，都必然发生在法律的范畴内，我们就无法理解这个人。他全部"吞火""吞剑"的期刊哲学，与语言哲学一样，都是遵从法律的。如果人们没有认识到，他的《语言学理论》是语言过程秩序的贡献，而把他口中别人的话语只理解为"犯罪事实"，并把他自己的话只理解为审判性的语言，那么人们就不能理解他的《语言学理论》。克劳斯不知系统为何物。每个思想都有自己的细胞。但每一个细胞都可以在瞬间变成一个房间，一个看似无中生有的法庭，然后语言占据它的主席位置。有人说，克劳斯不得不"在自己的内心深处压制犹太人的特性"，他甚至走过了"从犹太教到自由的路"——没有什么比以下事实更能反驳这种说法了：即便对他来说，正义与语言也是相互成就的。将神圣的正义形象当作语言——甚至用德语本身——来崇拜，是他试图打破恶魔魔咒的真正的犹太式的孤注一掷。因为这是这个狂热分子的最后一次正式行动：对法律制度本身进行审判。不是用那种"死板公式"对"自由个人"奴役小资产阶级式的反抗。更不像那些激进分子的态度，他们抨击法条，却从未对正义有过片刻的思考。克劳斯控诉的是法律的实质，而不是法律的效果。他控诉的是法律对正义的背叛。更确切地说，控诉的是概念对它赖以生存的话语的背叛：对想象

---

① 巴洛克时期的布道者。除了本雅明，《苏黎世晚报》的文化栏目主编 Max Rychner 也称亚伯拉罕为克劳斯的榜样。本雅明将克劳斯与亚伯拉罕作比较，一方面体现了克劳斯 37 年日复一日、年复一年辛勤地撰写《火炬》，另一方面表明克劳斯像布道者一样善用嘲讽、幽默、讥讽来回应。——译注

力的肆意扼杀，想象力缺少一个字母便消亡，他在《声音之死的挽歌》中对此唱出了最凄美的哀歌。因为正字法凌驾于司法判决之上，如果前者必须承受痛苦，那么后者就会遭殃。因此，他在这里与新闻业正面交锋，甚至在其势力范围内——法律——也要好好地会一会这些魑魅魍魉。他看透了法律，很少有人能及。如果说他还是引用了法律，那正是因为他身上的恶魔被法律所代表的深渊深深吸引。这是这样一种深渊，他在其最大的裂缝处，也就是精神和性爱的交汇处——在道德过程中——体验了一把这个深渊，并用一句名言对其进行了探讨："道德过程是有目的地将个人的不道德发展为普遍的不道德，从它黑暗的底部反映出被告已被证实的罪行。"

在这个范畴中，精神和性爱无条件地团结在一起，其法则就是它们内涵的双重性。被恶魔般性欲附生的状态就是自我，它被"苦涩的大地所不珍惜的"女性的甜美形象所陶醉，并享受这样的女性自我。而入魔的精神那无爱的、自足的表象，也没什么不同，它体现为笑话。两者都达不到各自本质；自我之于女人，就像笑话之于文字。解体的，取代了孕育的；瞩目的，取代了隐秘的。但现在，它们在最阿谀的细微之处发生了变化：情欲在笑话中，噱头在手淫中得到了应有的重视。克劳斯将自己描绘成被恶魔囚禁的无望之人；在时间的魔窟中，他为自己在冰冷的沙漠中保留了一个最悲哀的、被火焰的倒影所照亮的地方。他站在了"人类的最后一天"①——这个"诺格勒"②，描述了之前的日子。"我承担了这场悲剧，它瓦解在衰败的人性场景中，这样，怜悯受害者的灵魂就能听

① 这里借用了克劳斯的戏剧《人类最后的日子》的标题，该剧目展示了一战的非人道及荒诞。该剧陆陆续续产生于 1915 年至 1922 年，由 220 个场景组成，素材选自同时期历史事件。——译注

② 是《人类最后的日子》的悲剧角色，其德语意思为"一个发牢骚的人"，下文的独白就是他在《人类最后的日子》的最后一幕，黑暗降临之前的独白，这里克劳斯模仿了哈姆雷特的独白。该角色代表着克劳斯本人。——译注

到它，而这灵魂自己却为了未来放弃了与人类耳朵取得联系。这灵魂接收了这个时代的基调，我血腥疯狂的回声，因为我的疯狂，我成了这些嘈杂声音的同谋。让这灵魂把这当作救赎吧！"

"同谋……"——正因为这与知识分子的宣言不谋而合，知识分子希望唤起人们对一个打算背弃自己的时代的记忆，即便是通过自我谴责的方式，所以，有必要谈谈这种负罪感，带着这种负罪感，即便最个人的意识也总是明显带有历史自觉。这种负罪感总是会导致一种滋养克劳斯作品成熟的表现主义的出现，而其汲取营养的根须已经破土而出。我们知道这些关键词——除克劳斯本人之外的人又是以多么嘲弄的口吻将它们记录下来的：舞台布景、乐章和绘画都是以集中的、阶梯式的和陡峭的方式构成的。表现主义者们自己也以他为荣——早期中世纪微型画对他们想象世界的影响是显而易见的。但是，如果你观察一下微型画中人物的形象——例如《维也纳创世记》——你就会发现一些非常神秘的东西，这不仅体现在睁得大大的眼睛、深不可测的衣褶，更多地体现在他们整体的表现上。就像上了瘾一样，这些人物在快速发展的插图组画中有相互亲近的趋势。这种"亲近"首先表现为一种深沉的人类冲动，这种冲动不仅渗透了这些微型画的世界，也深刻地影响了那一代诗人的宣言。但这只是一种角度、对这一事实的某种程度上正面角度，只是对这些人物面貌的观察。在看到他们背影的人眼中，同样的表象却截然不同。这些背影在施跪吻礼的圣徒身上，在客西马尼场景中的仆人身上，在耶稣进入耶路撒冷的目击者身上，交错成人的脖颈、人的肩膀所形成的阶梯构图，它们确实紧凑地构成陡峭的阶梯，与其说，它们的方向是通向天堂的，不如说，它们是向下的，朝向地面上，甚至是地底下。如果不考虑以下事实：它们像垒在一起的巨石，也像粗凿的台阶一样可以攀爬，那就不可能为它们的悲怆找到合适的表达。无论哪种力量在这些肩膀上进行了怎样的鬼神之战——其中一种力量使我们可以对一种经验直言不讳,那就是战争刚结束时我们对战败群众状况的经验。最终留给表现主义的——表现主义几乎毫无保留地将一种原始人类的冲动转换成了一种时代浪潮的冲动——就是那种无名力量的经历及其名字:罪恶感。克劳斯早在 1912 年就写道:"顺从的大众被一种未知的意志引向危险,这并不能让他们变得值得同情;而若他们被一种未知的罪恶感引向危险,这才让他们变得值得同情。"作为一个"爱发牢骚的人",他分担这种罪恶感,是为了谴责它,他谴责它,是为了分担它。他通过牺牲直面这种负罪感,有一天他投入了天主教会的怀抱。

在那些被克劳斯泄露给正义女神和维纳斯的追逐交替舞步的棱角分明的舞步中,其中心思想——"庸人对爱情一无所知"——以一种尖锐和持久的方式呈现出来,只有在颓废派的相应态度中、在"为艺术而艺术"的宣言中才能找到对应物。因为"为艺术而艺术"(对颓废派来说,爱情也是如此,即"为爱情而爱情")将内行知识与手工艺、技术最紧密地联系在一起,才使得诗歌在文学的背景下绽放出最耀眼的光芒,从文学的背景中脱颖而出,就像爱情从奸淫猥亵中脱颖而出。"困境可以把每个男人变成记者,但不能把每个女人变成妓女。"在这一表述中,克劳斯暴露了他反对新闻业论战的双重底色。发动这场无情斗争的,与其说是慈善家、开明的人类和自然爱好者,不如说是娴熟的文学家、艺术家,甚至是花花公子,是波德莱尔后代。只有波德莱尔像克劳斯一样,痛恨健全理智的饱和,也像他一样,痛恨知识分子为了在新闻业谋生而与之达成的妥协。新闻业是对文学、对精神、对恶魔的背叛。空谈是其本色,每篇小品文章都重新提出了一个无法解决的问题:蠢和坏之间哪个力量更大?而空谈正是这种蠢与坏的一种表现形式。从根本上说,正是这些存在形式——以单纯的精神为标志的生活、以单纯的性为标志的生活——的完美对应,才让文人与妓女有了休戚与共的理由,而波德莱尔的存在就是对此最有力的证明。因此,克劳斯可以像他在《中国长城》中所做的那样，可以把自己技艺的法则与性爱的法则相比较，并直言不讳地说出来。一个男人"与另一个也许不在世的人搏斗了无数次，但他的胜利是肯定的。不是因为他有更好的品质，而是因为他是另一个人，是后来者，他给女人带来了一系列的快感，并将成为最后的胜利者。但他们像忘记噩梦一样从脑海中抹去了这法则，都想要成为第一个男人"。如果，语言——让我们把它放在字里行间——是一个女人，那么，骗不了人的本能会让一个作者与急于成为她第一个男人的人相去甚远，他会多少次产生一种想法，那就是只用越来越多的预感刺痛她，而不是用知识喂饱她，他是如何让他纠缠于仇恨、蔑视和恶意之中，他又是如何踟蹰不前，并寻求附庸风雅的弯路，以便最终用最后一击结束她这一系列的快感，就像杰克准备为露露做的那样。

文学是以纯粹精神为标志的存在，正如娼妓是以纯粹的性为标志的存在。但是，将妓女引向街头的恶魔却将文人驱逐到法庭。因此，对于克劳斯来说，法庭是一场座谈会，对曾经的卡雷尔、保罗·路易·库里尔、拉萨尔这些伟大的记者来说也是如此。不要成为纯粹精神真实的、恶魔般的功能的捣乱鬼；不要背刺妓女——在克劳斯看来，记者就是做不到这两件事的人。——罗伯特·舍尔正确地看到，对克劳斯来说，卖淫是一种自然形式，而不是女性性爱的社会畸形。然而，性交和交易有着何其相似的地方，构成了卖淫的特性。如果说卖淫是一种自然现象，那么无论从经济学的自然方面来看，还是从性的自然方面来看，卖淫都是一种交换现象。"蔑视卖淫？/妓女比小偷还坏？/学着点：爱情不只拿报酬，报仇也产生爱情！"这种双重含义——作为双重自然性的双重性——使卖淫成为恶魔。但克劳斯"站在自然力量的一边"。他从未看透社会学领域——无论对新闻业的抨击，还是对卖淫的辩护，都是如此——这与他对自然的依恋有关。在他看来，具有人类尊严的东西，不是被解放（所谓解放即革命性地被改变的）之后的天性的天命和实现,而是天性本身的一个要素,它古老、没有历史,其原始存在从未中断,这隐约地、极大地折射了他对自由和人性的理念。

克劳斯比任何人都更血淋淋地经历了这一现实,面对这一现实,追随者们在大师的作品中所推崇的"纯粹精神"显出了原型,它不过是一个毫无价值的魅影。因此,在他创作的所有动机中,最重要的莫过于对所谓的纯粹精神进行持续的限制和控制。《黑夜》是他的控制之书的书名。因为夜晚是一个转换机制,在这里,单纯的精神变成了单纯的性欲,单纯的性欲变成了单纯的精神,这两个与生命相悖的抽象概念通过相互识别而得以安息。"我夜以继日地工作。这给我留下了很多空闲时间。我问房间里的一幅画:你喜欢不喜欢你的工作;问时钟,你累不累;问夜晚,你睡得怎么样。"这些他在工作时提出的问题都是给恶魔的祭品。然而,他的夜晚不是母性的夜晚,甚至也不是月光下的浪漫之夜;它是睡眠与清醒之间的时刻,是守夜,是他三重孤独的核心:与敌人共处的咖啡馆之孤独;他与工作独处的夜室之孤独。

3. 非　　人

雪已经降落
——《诗话》三

讽刺是唯一合法的家乡艺术形式。但当人们称克劳斯为维也纳讽刺作家时,其本意并非如此。相反,人们试图尽可能地将他推向这条死胡同,让他的作品成为文学消费品大仓库的一部分。因此,将克劳斯描绘成一位讽刺作家,既能让人们对他有最深刻的了解,也能让人们看到他最可悲的扭曲形象。对他来说,最重要的是将真正的讽刺作家与那些以嘲讽为业的作家区分开,后者只不过为了在谩骂中给观众带来一些笑料。相比之下,克劳斯,这个伟大的讽刺作家混迹于这准备登上坦克、戴上防毒面具的一代人之中,他脚下的根基从未如此坚实。这是一群眼泪已经干涸但笑声未曾消失的人类。在克劳斯身上体现出，这代人，在必要时，准备着把文明活活熬死，并且，他们在讽刺艺术的真正神秘之处：津津有味地吃掉敌人，与他交流。讽刺家是一种形象，在这层形象的掩盖下，食人者得以被文明接受。克劳斯不无崇敬地回忆起食人者的起源，因此，迫不得已时，克劳斯渐渐开始从吃人的建议中获得启发。从斯威夫特（Swift）的相关计划，它是一种剥削较不富裕阶层儿童的计划①，到莱昂·布洛伊（Léon Bloy）②的提议，它授予地主榨取破产租户肉体价值的权力。在这样的指令中，伟大的讽刺作家们用标尺度量着人类同胞的博爱。"博爱、学识和自由，是珍贵的商品，用再多的血、再昂贵的理智和人类尊严都不能将它们买下"——所以，在克劳斯处，食人者对人权的讨论就这样宣告结束。人们把这次讨论与马克思《论犹太人问题》相比较，就可以判断出，1909 年的游戏似的反动——对经典博爱理想的反动——是多么有利，可以利用这第一次，也是最好的机会，转变为对真正人本主义信仰的声明。当然，人们从《火炬》的第一期开始就必须逐字逐句地理解它，才能预见，这份美学导向的出版物注定会成为1930 年的政治散文，而不牺牲任何一个题材，也不赢得任何一个题材。这要归功于它的搭档、新闻业，是新闻业让博爱走到了那克劳斯影射的终点："人权是成年人的玩具，可以被撕碎，被肆意践踏，因此他们不许别人夺走它。"因此，私人和公共之间边界的划分，原本应该在 1789 年宣布自由，已然变成了笑柄。克尔凯郭尔说："通过报纸，私人和公共之间的区分在私人公共的闲谈中被消解。"

公共和私人领域，在闲谈中恶魔般地交织在一起。将其带入

---

① 这里的斯威夫特是乔纳森·斯威夫特，《格列佛游记》的作者，同时也是英国著名讽刺家。这里指的是斯威夫特讽刺小说《一个小小的建议》。——译注
② 法国天主教作家，评论家，论战家。——译注

辩证的讨论,引导真正的人性取得胜利,这就是克劳斯发现的轻歌剧的意义,而奥芬巴赫则将其淋漓尽致地表达了出来。正如闲谈以愚蠢奴役语言,歌剧也以音乐使愚蠢澄澈起来。人们可能对女性的愚蠢之美认识不清,这点在克劳斯看来是最昏暗的庸俗。在她们的光芒下,进步的魅影烟消云散。而在奥芬巴赫的歌剧中,资产阶级的真、美、善三位一体,经过重新排练,在音乐的伴奏下在荒诞的秋千上汇聚成一场大戏。荒诞是真,愚蠢是美,软弱是善。这就是奥芬巴赫的秘密:在公共纪律的深层荒诞中——无论是上层社会、舞池还是军国主义国家的公共纪律——私人淫乱的深层含义是如何睁开一只蒙眬的眼睛的。而原本作为语言的司法严明、克己、分权,则变成了作为音乐的诡计和逃避、抗议和拖延。——音乐临时替代了道德秩序?音乐是欢乐世界的警察?是的,这就是洒在古老巴黎舞厅、"大茅屋画室"、"丁香园餐厅"的光芒,演绎着《巴黎人的生活》。这种音乐独一无二的两面性,在表达任何事物时,既有积极的一面,也有消极的一面;既背叛了田园牧歌,变成了戏仿诗,又背叛了嘲讽,变成了抒情诗;大量的音调形象包罗万象,将痛苦和快乐融为一体——这种天赋在这里得到了最丰富、最纯粹的体现。无政府主义作为对世界唯一道德、唯一人道的理解,成为这些歌剧的真正音乐。克劳斯的声音,与其说通过吟唱表现这内在的音乐,不如说是通过诉说。它在令人目眩的无稽之谈的山脊上尖锐地呼啸,从荒诞的深渊中发出震耳欲聋的回声,像烟囱里的风一样嗡嗡作响,像在弗拉斯卡的台词中为我们的祖辈哼唱的安魂曲。——在克劳斯的演绎下,奥芬巴赫的作品正在经历一场死亡危机。它收缩,摒弃一切多余的东西,穿过这一存在的危险空间,重新获得拯救,比以前更加真实。因为,这个反复无常的声音所到之处,霓虹灯的闪烁和地铁的轰鸣声穿过公共汽车和煤气火焰中的巴黎。而《巴黎人的生活》这部作品则将这一切还给了巴黎。因为在一瞬间,巴黎变成了一块幕布。克劳斯整场演出都在用市场叫卖者的狂野手势撕开这块幕布，他突然揭开了它的恐怖陈列室的内部。他们就在那里：舒伯(Schober)、贝凯西(Bekessy)、克尔(Kerr)①和其他一些人，他们不再是敌人，而是珍品，是奥芬巴赫或内斯特洛伊世界的传家宝，不，是更古老、更稀有的人，是穴居人的家神，是史前时代家的愚昧家神。克劳斯在朗诵时并不说奥芬巴赫或内斯特洛伊的话，而是后两者通过他的口说话。他时不时地用一种令人惊叹的、半麻木半灵光的皮条客的目光注视着前方的人群，邀请他们参加与蛆虫的不幸婚礼，而他们却认识不到自己就是那蛆虫，这也是他的目光最后一次行使模棱两可的邪恶特权。

这里，这位讽刺作家的真面目，或者说真面具，才显露出来。这就是泰门的面具，人类敌人的面具。"莎士比亚预见了一切"——是的。但最重要的是，莎翁预见了他。莎士比亚描绘了非人的形象——泰门②是其中最非人的一个——他说："如果大自然想要创造出这样一种这个世界应得的东西，正如它创造了你们一样；如果它想创造出一种本应长在它身上，本应长满它身上的东西，那么它就会创造出这样一个造物。这样的生物就是泰门，这样的生物就是克劳斯。它们都没有，也不想与人类有任何共同之处。""动物的敌意就在这里：它拒绝成为人"；克劳斯从格拉卢斯的一个偏远村庄向人类发起了挑衅，而泰门只想人们在他的坟前泪如雨下。就像泰门的诗句一样，克劳斯的抒情诗在戏剧角色冒号后面。他是一个傻瓜，一个卡列班③，一个泰门——没有更深思熟虑，没有更有价值，也没有更好——但他就是他自己的莎士比亚。人们应该认识到，围绕在他身边的所有人物其原型都来自莎

---

① Schober 指维也纳警察局长、奥地利总理 Johann Schober，Bekessy 指报业巨头 Imre Bekessy，Kerr 指戏剧评论家 Alfred Kerr。克劳斯曾对他们发起论战。——译注

② 雅典的泰门，他对当时席卷雅典的道德沦丧进行了尖刻的嘲讽，同时也是莎士比亚的同名戏剧。1930 年克劳斯对莎翁的这部作品进行了改编。人们称克劳斯为"维也纳的泰门"。——译注

③ 莎士比亚笔下丑陋凶残的奴仆。——译注

士比亚。无论他跟魏宁格谈男人,还是跟阿尔滕贝格谈女人;无论他跟韦德金德谈舞台,还是跟卢斯谈食物;无论跟埃尔斯·拉斯克·舒勒谈犹太人,还是跟西奥多·海克尔谈基督徒,他总是莎翁的化身。恶魔的力量在这个"非人"的国土停止。他的"中间人"或"亚人"的部分被真正的"非人"的部分所征服。克劳斯在以下这段话中暗示了这一点:"在我身上,强大的心理能力与更强大的、超越心理状态的洞察力相结合。"克劳斯这位演员用这句话所标榜的自己"非人"的部分,就是食人的一面。因为凭借他的每一个角色,作为演员的克劳斯都把某个人吞进了自己的身体,在莎士比亚巴洛克式的激情长篇独白中——当食人者实则为更好的人,英雄实则为演员,当泰门扮演富人,哈姆雷特扮演疯子——他的嘴唇仿佛在滴血。就这样,克劳斯以莎士比亚为榜样,在笔下塑造了一个个他舔去鲜血的角色。他信念的持久性,是一个带着刻板形象的角色对自己提示词的坚持。他的经历,无一不是如此,就是一个个提示词组成的。所以,他坚持按着提示词亦步亦趋,并要求提示词的存在,就像一个演员,如果他的搭档不给他提示词,他就永远不会原谅对方。

对奥芬巴赫歌剧的朗读、对内斯特洛伊对句的朗诵都被所有音乐手段所摒弃。文字从未因手段而退位,但通过不断突破自己的极限,它最终会削弱自己的力量,消解为纯粹的生物声音:哼唱——其与文字的关系,就像它的微笑与笑话的关系一样——就是这门表演艺术的至圣之物。在这种微笑中,在这种哼唱中,就像在最巨大的岩石和熔岩之间的火山口湖中一样,世界被静美而知足地反映出来。与听众和倾听模式的深度复杂性就这样被打破了,克劳斯也从不在自己的话语中体现这样的复杂性,他对话语的侍奉不容他妥协。但只要话语一转身,他发现自己愿意做不少事情。这就是这些朗读的折磨人的、从不枯竭的魅力所在:看到陌生的灵魂和相似的灵魂之间的区分成为泡影,看到虚伪的朋友们形成了给这些活动定调的同质群体。克劳斯出现在全是敌人的世界中，他想要迫使他们去爱他，但是强迫来的只有虚伪。他无力抵抗这种局面，这与奥芬巴赫朗诵表演中的颠覆性的浅尝辄止的作风紧密相关。在这些朗读中，克劳斯将音乐置于比格奥尔格学派所梦想的宣言更狭窄的范围内。当然，这并不能掩盖两种语言姿态的反差。恰恰相反，决定克劳斯靠近语言表达的两极——哼唱的衰退表达和悲怆的武装表达——的动因，与他绝不准自己话语神圣化的形式采取格奥尔格式语言崇拜的动因，两者之间存在最精确的联系。对于格奥尔格眼中"使身体神化、使神身体化"的宇宙起伏而言，语言只是有着上万个词语后裔的雅各梯（Jakobsleiter）。相比之下，克劳斯：他的语言摒弃了一切等级时刻。它既不是视觉媒介，也不是支配媒介。它是名字神圣化的舞台——以这种犹太式的确定性，它反对"文字身体"①的召唤神灵的能力。很晚的时候，克劳斯以一种在多年的沉默中成熟起来的果断，面对着这位伟大的合作伙伴，他的作品与他自己的作品同时出现在世纪之交。格奥尔格公开出版的第一部作品集和《火炬》第一卷的日期都是 1899 年，而克劳斯只是在 1929 年的回顾《三十年之后》这首诗中才开始尝试点出对手的名字。克劳斯，一个强烈抨击的恶人，与作为名人的格奥尔格正面交锋。

> 住在庙堂里的人，从未
> 赶出商人和钱商，
> 不是法利赛人和文士，
> 他们把此地包围、描绘。
>
> 庸人赞美半途而废者，

---

① 文字是有生命的身体，可以唤起读者的感情。——译注

他从不告诉他该恨什么。

而在找到道路之前就找到目的地的人，

他不是从原点出发。

"你从原点出发——原点就是目的地"①，《将死之人》②欣然接受这句诗行，把它当作上帝的宽慰和应许。克劳斯在这首诗里也暗示了这点，维特尔也这么做过，他在克劳斯的意义上，称这个世界为"通往天国的错误道路、歧路、弯路"。"因此，"他在这篇关于克劳斯的文章中，在最重要的地方继续说道："我也试图解释这种奇特才能的发展：才智是返回直接性的歧路……知名度——返回语言的错误道路。讽刺——通往诗歌的弯路。"这个"原点"——烙在现象上的真实性之图章——是一个需要发现的对象，要发现它则需要以特别的方式再次识别它。在克劳斯的作品中，展现这种哲学的再次识别场景的是抒情诗以及韵文的语言，"一个词，从不躺在它的原点上"，它的原点在行的末尾，就像幸福在于一天的尽头。押韵——两个把恶魔抬进坟墓的小天使。他在原点坠落，因为他是作为精神和性爱的中间形式来到这个世界的。他的剑与盾——观念与罪恶——从他身上掉落，成为将他杀死的天使的脚下徽章。这是一个充满诗意、武艺高强的天使，他的手中拿着只有波德莱尔才知道的剑：我独自去练习我奇异的剑术，

向四面八方嗅寻偶然的韵律。

踉绊在石子路上，

---

① 克劳斯的原文是"你待在原点。原点就是目标"。选自其诗歌《将死之人》。本雅明认为，克劳斯的这行诗体现了一种"重新发现"的哲学过程。本雅明认为，韵律作为克劳斯语言思想的构成要素，与他近乎超验的起源概念密切相关。在克劳斯看来，"诗歌中最强烈的韵文是那种，与声音一起，同时也必然协调两个感知或想象世界的韵文"。——译注

② 克劳斯在这首诗里以对话的方式与道德、回忆、狗等对话，最后上帝以一种宽慰的方式与抒情主人公的"我"对话。——译注

有时碰见了长久梦想的诗行。

显然，他也是一个无拘无束的天使，"一会儿在这里捕捉着一个刚刚转过弯来的隐喻，一会儿在那里撮合两个词语，赋予短语反常的用法，痴迷于排比、并醉醺醺地滥用交错法让词语盘根错节，总是在冒险的路上，好在欲望和痛苦中完成作品，急急切切、犹犹豫豫"。因此，这部作品的享乐时刻与克劳斯的存在处于一种忧郁、梦幻的关系，并以纯粹的方式表达出来，克劳斯继承了雷蒙和吉拉尔迪的维也纳传统，得出了一种既感性又顺从的幸福概念。想理解克劳斯出于何种必然性直面尼采的舞蹈，那便要弄清这一幸福的概念，更不用说，还要弄清克劳斯这个"非人"带着何种愤怒，因此必然遭遇尼采这个"超人"。

当克劳斯还是孩子时，他就从韵脚中认识到，他已经站上了语言的排头浪尖，在那里，他听到了一切源泉在源头处的潺潺流动。在那里，语言这造物就像回到了自己的家，在动物的缄默和娼妓的谎言之后，它在孩童时期的克劳斯心中开口说话。克劳斯说："一个好的大脑必须能够想象出童年的每一次发烧及其所有表现形式，从而使体温升高。"——克劳斯这样说，他的目标要比表面展现得更加高远。无论如何，他自己实现了这一要求，儿童在他面前从来不是一个客体，而是他自己早年的形象，一个教育的反对者，是这种反抗态度将他培养，而不是老师。"要废除的不是教鞭，而是用不好教鞭的老师。"克劳斯只想做一个更好地使用它的人。他的慈善之心、怜悯之心的极限就体现在他儿时教室里遭受的教鞭上，就在同一间教室里，他写出了最好的诗歌。

"我只是模仿者之一"——克劳斯是读本的模仿者。《德国男孩的风度》《齐格飞的剑》《布森托的坟墓》《卡尔皇帝是如何举行学校探访活动的》——这些都是他的榜样。克劳斯这位用心学习这些诗歌的学生,改写了它们。因此,《格拉沃洛特的玫瑰》变成了诗歌《为了永久的和平》,甚至他最灼热的憎恨诗歌也因为霍尔蒂的《林中之火》而产生,这首诗在我们学生时代的读物中闪闪发光。如果到了审判日,打开的不仅是坟墓,还有课本,那么孩子们心中真正的飞马将在"号角吹响,轻骑兵出来"的旋律中冲出课本,一具毁容的木乃伊、一个用布或淡黄色象牙做成的玩偶,这位独一无二的诗歌匠人将死气沉沉地挂在马背上,但他手中的双刃马刀将穿过树林,像他的诗歌一样闪亮,像第一天一样锋利,风格之花将铺满大地。

语言从未像克劳斯在洞察中所做的那样,与精神完美分离,与爱神紧密相连:"你越是仔细观察一个词,它就越远地回望过去。"这是柏拉图式的语言之爱。但词语无法摆脱的亲近只是韵律。他与语言亲近与疏远之间的原始情欲关系可以从韵脚和名字中表达出来。作为韵脚,语言从造物世界中升起,而作为名字,它将所有造物向上引向自身。在《被遗弃者》(*Die Verlassenen*)中,克劳斯体验到了语言与爱神之间最亲密的相互渗透,表现出一种无动于衷的宏伟气势,让人想起完美的希腊箴言和花瓶画。"被遗弃者"——它们被彼此遗弃。但这正是它们最大的安慰——它们也在彼此身边。它们停顿在"死亡"与"成为"之间的门槛上。欲望向后转着头,"以一种闻所未闻的方式"永别;灵魂背对着欲望,"以一种陌生的方式"默默地进入它的异乡。欲望和灵魂,还有语言和爱神、韵律和名字,就这样在一起被抛弃了。——《诗话》第五卷献给《被遗弃者》。只有承认柏拉图式的爱情,才能到达对它们的致敬,这种柏拉图式的爱不是从被爱者身体上满足自己的欲望,而是在名字①中占有被

① 参见本雅明《一般语言与人类语言》,名字即精神。——译注

爱者，在名字中将被爱者带在手上。克劳斯，这种自我迷恋的人除了感恩，不知道其他的自我表达方式。他的爱不是占有，而是感恩。感恩和献词；因为感恩就是将感情寄托到一个名字之下。爱人如何在远处眨眼，她的渺小和光辉又是如何延伸成名字，这就是《诗话》唯一展现的爱的体验。因此："没有女人，活得容易。/没有跟女人生活过，活得难。"

从名字的语言范围中，也只有从语言范围中，可以展现克劳斯辩论的基本方法：摘引。摘引一个词就是直呼其名。因此，克劳斯最高水平的成就只在于让报纸也变得可引用。他将报纸置于自己的空间中，空谈必须突然意识到：在报纸期刊的最深的沉渣中，空谈无法逃避那乘着词语翅膀的声音的冲击，那声音从天而降，将空谈从黑暗中夺走。当那声音靠近时，它不是来惩罚的，而是来拯救的，那是多么美妙，就像乘着莎士比亚的翅膀，就在那句诗里，有一个人在阿拉斯郊区向家里报告，在他阵地前最后一棵被击中的树上的云雀是如何在早晨开始唱歌的。克劳斯只需要一句话，甚至不需要是他自己的，就足以让他降临这个地狱去拯救，只需要小小的变动："那是夜莺，不是云雀，它坐在那棵石榴树上唱歌。"在拯救性和惩罚性的引语中，语言被证明为公正之母①。这句引言直接点出了相同的用词，将其摧毁性地从上下文中抽离出来，但同时也将其带回原点。它看起来并没有不押韵，声音悦耳、和谐，融入新文本的结构中。作为韵律，它在其光芒中聚集相似之物；作为名称，它孤独而无表现力。语言中存在的两个领域——起源和毁

---

① 克劳斯有一句箴言如下："语言是思想之母？思想不是思想者的应得么？哦，当然，他必须使语言受孕。"原文用了 Mater 一词，是"妈妈"的意思，这与克劳斯一贯地把语言比作女性有关。这里本雅明说"语言为公正之母"，指克劳斯用语言抨击对手时，他的语言就像审判词，给对手下了定论，所以他的语言本身就是判决。同时克劳斯善用对手自己说过的话来反驳对方，只需改动一点点。本雅明把克劳斯的引语分为拯救性的和惩罚性的引语，但是大多数时候，克劳斯的引语是惩罚性的。——译注

灭——在引语中展现出来。而相反，只有在它们相互渗透时——在引语中——语言才算完整。克劳斯身上反映了一种天使语言，这种语言中的所有词语，在田园牧歌般的意义关联中被惊起，变成了创世记书中的格言。

以语言的两极——古典人本主义和现实主义人本主义——为开端，引语合围了克劳斯这位作家的整个教育世界。席勒，当然没人提到，他可与莎士比亚并列："在道德世界中也有高尚。庸俗的人/用他们所做的事情来支付，高尚的人用他们的所是来支付。"这句经典的双行体在封建贵族的高贵和世界公民的格调中标志了一个乌托邦的交汇点，魏玛的人本主义在这个交汇点扎根，最终由斯蒂夫特将这个汇合点固定下来。对于克劳斯来说，重要的是他如何将起源确切地放在这个交汇点。将资产阶级、资本主义的状态退回到它们从未存在过的状态中，这是他的计划。但正因为如此，他并不是最后一个要求从存在中获得认可的公民，而表现主义成为他命运的形象，因为在这里，这种态度首次在革命形势面前经受了考验。正是表现主义试图通过存在而不是通过行动来恰当地对待这种形势，正是这种尝试导致了他的挤压和陡峭。因此，表现主义成为"个性"最后的历史庇护所。使他屈服的罪恶和他宣扬的纯洁——这两者都属于非政治的或"自然"人的幻影，就像这样的人在那种退行的最后阶段出现，并被马克思揭露的那样。"人，作为资产阶级社会的成员，"马克思写道，"即非政治的人，必然表现为自然人……政治革命将资产阶级生活分解为其几个组成部分，而不对这些组成部分本身进行革命和批判。它把资产阶级社会，也就是把需要、劳动、私人利益、私人权利等领域看作自己持续存在的基础……从而看作自己的自然基础。……现实的人只有以利己的个体形式出现才可予以承认，真正的人只有在抽象的公民的形态中可以予以承认。只有现实的个体的人把抽象的公民复归于自身，并在自己的经验生活中、自己的个人劳动中、自己的个体关系中，作为个体的人成为类存在物的时候……因而社会力量不再以政治力量的形式同自己分离的时候，人的解放才算完成。"在克劳斯看来，与马克思的经典人本主义对立的真正人本主义在儿童身上显现出来，处于成长阶段的少年扬起自己的脸，以理想的、浪漫的自然人，以及献身于国家的模范公民为偶像。克劳斯正是本着这种初生之犊不畏虎的精神修订了课本，尤其是对德国教育进行了调查，他发现德国教育摇摆不定，受制于新闻记者的任意妄为。因此，他在《德意志人的抒情》中写道："谁能，谁就是德意志的男人，而不是那个不得不是德意志人的人，/他们把本质错认为表象。/他们抒情的诗人不是克劳狄乌斯，/而是海涅。"然而，新生的人实际上并不是在自然的空间中，而是在人性的空间中，在争取解放的斗争中形成的；与剥削和苦难的斗争迫使他产生一种态度，人们可以从这种态度中辨别出他；没有理想主义的解放，只有挣脱神话的、物质主义的解放；纯洁不是生物的起源，净化才是，这给克劳斯的真实人本主义留下了最后的痕迹。只有绝望的人才会发现摘引中的力量：不是留存，而是净化，是脱离关联，是毁灭；唯有一种摘引的力量还留有希望，人们尚能希望有些摘引能经受从净化到毁灭的过程——因为人们从中雕琢出了它们。

因此证实：这个男人投入的所有力量本来就是公民美德；只有在混战中，他的美德才获得了争论的外表。但是现在已经没有人能够认出它们；没有人能够理解，为何这位伟大资产阶级品格高尚的人，不得不变成喜剧演员，为何这个歌德语言的维护者不得不变成抨击者，为何这个无可指摘的绅士变成了狂战士。然而，这种情况必须发生，因为他认为，应该从他的阶级、他的家庭、从维也纳开始改变世界。当他承认他的努力是徒劳无功时，他中道而逝，那时他又将事情交还给自然的手中：这次是毁灭性的自然，而不是创造性的自然。

让时间停止！太阳，完成你的使命！

让结局变得伟大！宣告永恒！

威胁般地伸展自己，雷鸣，隆隆地闪耀光芒，

让我们响亮的死亡默不出声！

你，黄金钟，融化在自己的炽热中，

成为对抗宇宙敌人的大炮！

向他的脸上射火！如果我有约书亚的力量，

知道，那么又会是吉贝恩！

克劳斯后来的政治信条建立在这种自然的基础上，这种被解除束缚的自然之上，这显然是对父权式斯蒂夫特的对立，他的信条是一种坦白，其中一切都令人惊讶，但令人费解的是，没有用《火炬》上最大的字体记录它，而是在《火炬》的一本遗落的期刊中——那便是 1920 年 11 月的那期——战后最强的资产阶级散文就在那里。

"我所指的是——我要和这些拥有财产和血统的野兽及其追随者谈一次，因为他们不懂德语，不能从我的《矛盾》中推断出我的真实看法，我要用德语说一次……——我所指的是：共产主义作为现实只是他们自己那种意识形态的反映，尽管它源自更纯粹的理念，是对更纯粹理念目的的一种棘手的对抗手段——但愿上帝将它悬浮在那些拥有财产并想要将所有其他人推向饥饿和祖国荣誉前线，还安慰别人物质不是生活中最重要的人头上，持续威胁他们。愿上帝保佑他们，使这些无耻之徒不再更加无耻，使那些认为只有他们才享受权利的上流人物，那些认为人类染上了梅毒、已经得到足够的爱的人，至少也会噩梦缠身！这样他们至少会没了向受害者布道的乐趣，以及嘲弄他们的幽默！"

一种人类的、自然的、高贵的语言——特别是在卢斯发人深省

的声明的照拂下："如果人类的劳动仅仅由毁灭组成，那么这才是真的人类的、自然的、高贵的劳动。"长期以来，重点一直放在创造性的东西上。只有那些避免差事和控制的人才真正具有创造力。被任命的、受控制的工作——它的典范是政治工作和技术工作——充满了污垢和废物，对物质进行破坏性干预，对所做的事情持有消耗态度，对自身的条件持有批判态度，在所有这些方面都与那些沉湎于创造的业余爱好者形成鲜明对比。

他的作品是无害和纯洁的；从典范中吸取营养并令人净化。因此，克劳斯这个"非人"作为更真实人道主义的使者站在我们中间。他是空谈的克服者。他并不与修长的杉木团结，而是与砍削它的刨刀团结；他不与高贵的矿石团结，而是与熔炼它的熔炉团结。普通的欧洲人无力将自己的生活与技术融合，因为他执着于创造性存在的偶像。人们必须密切关注卢斯与"装饰"这条恶龙的搏斗，必须听到世界主义者歇尔巴特式的星际造物或必须看到克莱的"新天使"，他们更愿意通过取来解放人类，而不是通过予让人类高兴，才能理解一种通过毁灭来证明自己的人道主义。

因此，正义也是破坏性的，它以破坏性的方式制止了建设性的法律双重含义；克劳斯以破坏性的方式评价自己的事业："我受迷失的引领，而我全部的迷失都落在了后面！"这是清醒之语，其统治建立在不朽之中，克劳斯的文章已经开始不朽，他可以将利希滕贝格的话作为自己作品的序言，后者将其最深刻的文章之一献给了"遗忘之主"。这就是自我知足的样子——比曾经的自我贯彻更大胆，后者在恶魔般的自我陶醉中溶解。恶魔的主宰不是纯洁，也不是牺牲；然而，当起源和毁灭相互发现时，其统治就结束了。作为一个由儿童和食人者组成的造物，克服他的人站在了他的面前：不是一个新的人类；是一个非人；一个新的天使。也许是那些根据犹太教法典每时每刻在无数群体中被创造出的新生命之一，他们在上帝面前发出声音后就消失于虚无。是抱怨的、控诉的还是欢呼的？无所谓——这个瞬息即逝的声音是克劳斯的短暂作品所模仿的。天使——这是古老版画的信使。

原载："Frankfurter Zeitung" 1931 年，赵健品译自 Walter Benjamin, *Medienästhetische Schriften*, Suhrkamp Verlag Frankfurt am Main 2002，SS.200 - 229。

报纸

我们文字书写的载体在更幸运的时代曾经相互滋养，如今变成了不可调和的对立面。科学与小说、批评与创作、教育与政治之间，彼此无关且杂乱地分崩离析。这场文学混乱的舞台是报纸。报纸只能以读者的迫切需求为基础来组织其内容。因为迫切性是报纸读者的状态。而这种迫切性不仅仅在于政治家急于获取信息，或投机者期待得到建议，更在于被排除在外的人，他们认为自己有权表达自己的利益。没有什么能像这种日复一日、消耗性的新需求一样把读者与报纸紧密相连，这一点早已被编辑部利用，他们不断为读者的问题、意见和抗议开辟新的栏目。因此，事实的无序同化与读者的无序同化并行不悖，后者瞬间被提升为参与者。然而，其中隐藏着一个辩证的要素：报纸上书写的没落反而为其以新的表达方式复兴提供了可能性。也就是书写的广度增大，深度降低，虽然报纸一直在保持作者和读者之间的界限，但这种界限正在变得模糊。读者随时准备成为写作者，即描述者或规定者。作为某种专家，即使不是某个领域的专家，而只是对他所处位置的理解，也能成为写作者。劳动本身开始发声，而其通过文字的表现成为进行该劳动所需能力的一部分。文学的权威不再建立在专业化的基础上，而是建立在多元化的教育上，从而成为公众的财产。简而言之，通过将生活状况文学化，原本无法解决的矛盾和对立得以理解和掌控，而报纸作为一个贬低文字的地方，反而为文字的拯救提供了可能性。

原载："Der öffentliche Dienst"Zürich，1934 年，骆佩译自 Walter Benjamin，*Medienästhetische Schriften*，Suhrkamp Verlag Frankfurt am Main 2002，S.230。

作为生产的写作者

如此去建构特定群体的原则是无益的。可是,这一原则仍继续在起作用。三年前德布林的《知识与改变》问世,人们可以从中看到这一点。这篇文字如大家所知是答一个德布林称其为霍克先生的年轻人的提问所作,这个年轻人向这位著名作者提出的问题是,"该做什么?"德布林请他追随社会主义事业,但要拥有怀疑精神。照德布林看来,社会主义意味着"追求自由,人与人之间自发结社,拒绝任何强制,怒视不公平和压迫,弘扬人性、宽容与和平的思想"。具体情况如何呢?反正他从这种社会主义出发筑起了一道战线,用以反对激进工人运动的理论和实践。德布林声称:"一件东西如果在某对象中根本不存在,那么也不可能从中出现,从你死我活的阶级斗争中会出现正义,但不会出现社会主义。"德布林自有原因地给霍克先生建议道:"您,尊敬的先生,您自愿加入了无产阶级阵营,原则上同意加入(无产阶级)斗争中去,但不能真的去那样做,您激动而剧烈地赞同这场斗争就够了。您知道,如果您做的比这更多,那么就会有一个极其重要的位置空着了……个人自由的原始共产主义位置,人与人之间自发团结和联合的位置……尊敬的先生,这个是专门落在您身上的位置。"显见,"有精神的人"是一个根据人的意见、思想或者天赋,而不是根据人在生产过程中的地位来确定的类型,这样的构想会将人引向何处,这也是显而易见的。如德布林所述,这样的人应该在无产阶级旁边找到他的位置。这是一个怎样的位置呢?一个赞助人的位置,一个思想指导者的位置,一个不可能有的位置。这样我们就回到了一开始提出的命题上:知识分子在阶级斗争中的位置只能根据他在生产过程中的地位来确定或者选择。

针对进步知识分子生产形式和生产工具的变化,布莱希特创造了"功能转变"（Umfunktionierung）这一概念，因此，他也对解放生产手段感兴趣，也是对阶级斗争有益的。布莱希特首先给知识分子提出了一个意义深远的要求：只提供已竭尽可能根据社会主义需求改造过的生产机器！"有些写作不应再带有个人体验的色彩（作品特性），而更多是为特定机关和机构所用（写法转变Umgestaltung）。《尝试》这一出版系列就诞生在这样一个时间节点上。"这是该系列引言中出现的话。值得追求的并非如法西斯主义者宣称的那样是精神上创新，更应重视的是技术创新。我还会再回到这种创新上。这里我想指出那种至关重要的区别，即单纯提供生产器械和对它进行改变这之间的区别。我想在阐述"新现实派"伊始就提出，向人提供一件生产器械，当与之一起提供的材料显得具有革命性时也不尽可能对之做些改变，这是极值得争议的。因为我们面对的事实情况是，资产阶级生产器械和出版机构可以以惊人的数量吸收乃至宣传革命论题，可它并不对自己的存在以及占有该器械的那个阶级的存在真正提出什么质疑。对此，近10年的德国可以提供大量例证。只要这器械是由老手提供，即便老手具有革命精神，那情况就永远不会改变。但我说的老手是这样一种人，他原则上放弃对生产器械进行改善，使之对社会主义有利，远离统治阶级。我还要进一步指出，所谓左派文学中的相当一部分起到的社会作用就是，不断从政治局势中制造新的娱乐大众的效果，除此之外，他们再没别的社会作用了。这样我就说到了新现实派，它使报告文学得以出现。我们不禁要问：这种写作技术到底对谁有用呢？

关于技术我首先要提摄影，这是考虑到摄影的直观性。在技术问题上适用于摄影的也同样适合文学。两者的极大发展都归功于发行技术：广播和配图出版物。让我们回想一下达达主义。达达主义的革命性意义在于用是否具有原真性（Authentizität）来衡量艺术。它将入场券、线团、雪茄烟蒂与具有美术要素的静物画组合为一体,又把所有这一切装进一个画框,并以此向观众指出:看,你们的画架冲破了时间。日常生活最微小的原真片段述说的能力要比绘画来得多,如同谋杀者在一本书上留下的带血指印能比上面的文字讲述出更多的东西一样。这种革命性做法在摄影剪辑里出现了许多。对此只需想一下约翰·哈特菲尔德(John Heartfeld)的工作就会明白,他运用的技术使书的封面变成了政治工具。现在请你们沿着摄影走过的道路继续往前看,你们发现了什么?摄影变得越来越细腻,越来越时尚。最终,不做美化处理就无法再去拍摄简陋出租屋和垃圾堆。对着一座大坝或电缆厂他除了说出"这个世界是美丽的"外怎么可能会是别的东西呢?《这个世界是美丽的》是雷格尔-帕琪(Renger-Patzsch)一本著名的摄影画册,这本画册让我们看到了新现实派摄影达到的高度。面对苦难它通过用一种绝对时尚的方式去处理,成功使其变成了审美享受的对象。如果说摄影的一种经济性功能是用时尚的处理方法将从前从大众消费中夺走的东西开始提供给大众,比如春天、名人、异国风光,那么,摄影的一种政治功能就是,对世界按照其现在的样子从内部,换句话说,用时尚方式进行更新。

对于不做任何改变而单纯提供生产器械这一点,我们做一个清楚的说明。改变意味着再次扫除其中阻碍知识分子生产的某一障碍,突破其中不利知识分子生产的某一对峙,这里也就是文字与图片之间的对峙。对于摄影师我们应要求他具备给照片以说明的能力,这种说明能使照片摆脱时尚的侵蚀,并赋予它革命的使用价值。当我们这些作家去关注摄影的时候,这一要求就尤为重要。即便这里,对于作为生产者的作家来说,技术进步也是他政治进步的基础。换句话说,只有越过精神生产活动中专业能力的限制,才能使这种生产在政治上有用。按照资产阶级的观点,由这专业能力建构出了整个精神生产的秩序。而且为做区分而设立的精神生产和物质生产这两种生产力导致的专业能力沟壑，必须通过将这两种生产力联合在一起加以克服。作为生产者的作家通过与无产阶级的一致，同时也就直接有了与某些其他以前不关注的生产者的一致。刚才我谈到了摄影，这里我想极简短地插入艾斯勒(Eisler)关于音乐家的一段谈话。"在音乐发展中，无论在制作还是在复制中，我们都必须看到出现了一个越来越强的理性化过程……唱片、有声电影、音乐播放器能够把最好的音乐作品以录制形式作为商品销售出去。这种理性化过程的结果是，音乐的再生产被限制在越来越小而质量却越来越高的专业人员之内。演奏会这个行业的危机其实是由新技术发明而变得过时的陈旧生产方式的危机。"因此要做的事是，转变演奏会这种形式的功能，使其满足两个条件：其一，消除演奏者和听众之间的对峙；其二，消除技巧和内容的对立。对此艾斯勒发表了下列富有启发性的意见："不要过高评价专业乐团演奏的音乐并将之看成唯一高级的艺术。没有语词介入的音乐只有在资本主义社会才获得了伟大意义和充分发展。"这就是说，改变演奏会的使命，没有语词的介入是不可能的。如艾斯勒所说，只有它才能把一场演奏会变成一次政治聚会。其实，这样的改变展现了音乐和文学技巧的最高水平。对此，布莱希特和艾斯勒已经用教育剧《措施》给予了证明。

如果从这里回过头来看一下先前说过的文学形式的重新融合过程，你们就会发现，照相和音乐处于同样的过程中，而且你们也会看到，未来还会有什么进入那呈炽热液体状的大众中，进而浇铸出怎样的新形式。你们也会确切地看到，只有对全部生活情况的文学化把握才会精准规约文学形式融合过程走多远，就像引发融合的温度——完全或不完全地——由阶级斗争情况决定一样。

我前面说起过有一种时尚摄影将痛苦转变为消费对象的做法。在我转向文学上的新现实派时，我必须更进一步指出，它把与痛苦的斗争变成了消费对象。许多情况下，新现实派文学将资产阶级社会中出现的革命性反应，转化成了很容易归入大都市小品演出之列的消遣娱乐对象，这在实际上将它的政治意义消耗殆尽。新现实派文学的标志性特征就是，将政治斗争从内心诉求变成了进行谨慎娱乐的对象择取，从一种生产手段变成了消费品中的一种。有个目光犀利的批评家以埃里希·克斯特纳（Erich Kästner）为例对此作了以下阐述："左翼激进知识分子与工人运动毫无关系。作为资产阶级腐败之体现，他们更是赞赏帝国之封建主义的翻版。"克斯特纳、梅林（Mehring）、图霍查尔斯基（Tucholsky）这一类左翼激进写作者是腐朽资产阶级阶层的拟无产阶级群体。他们的作用从政治上看是产生小团体而不是政党，从文学上看是引发时尚而不是流派，从经济上看是引发代理商而不是生产者。本来只是代理者或老谋深算罢了，贫穷却开支大，空无一切还要办节日盛典。一个人状态不佳是做不成大事的。

这一系列写作者如我所说，贫穷却开支大，他们用此逃避了当代作家最紧迫的任务：认识到自己是多么贫穷而且穷到无法再从头开始了。问题就在这里。苏维埃国家虽然不会像柏拉图理想国那样驱逐诗人，但它会明确告诉诗人，不允许创作者将本来就莫须有的富足改头换面成新杰作推出，为此我一开始就提到了柏拉图的理想国。指望这些人的作品会有这样的更新，是法西斯主义特有的。法西斯主义还愚蠢地在光天化日之下表达了这一指望。比如京特·格吕特尔（Günther Gründel）在其《致青年一代》里就用这样的表述结束了他的文学节目："结束这种现状回顾和未来展望的最好方式莫过于指出，属于我们这一代的《威廉·麦斯特》和《绿衣亨利》至今还没写出来。"一名写作者只要细察过当今生产条件，就绝不会期待或只是希望这样的作品出现。他的工作从来不会只是造出一件产品，而是同时对生产手段的创造。换句话说，他的产品一旦要成为作品就必须同时具备激励功能，还有，在成为作品之前这样的功能就要存在，而且这个可用于激励的功能绝不仅限于宣传。单靠倾向性是做不到这一点的。杰出的利希腾贝格

(Lichtenberg)说过："重要的不是一个人有什么见解，而是这些见解把他塑造成一个什么样的人。"见解固然很重要，但是，一个见解再好，如果不能把持有它的人塑造成有用之人，那么它也是没用的。一个倾向再好，如果无法起到引领作用，那也是错误的。这样的引领作家也只能靠写作去实施。要达到一部作品本该具有的激励作用，倾向性是必要条件，但绝不是充分条件。它还要求写作者能指明和传授一些东西。如今，尤其要指出的是，一名写作者如果除了教导怎么成为作家外什么也没有教，那么，就别指望他能教导谁了。这就是说，问题的关键是，生产要拥有楷模特性。首先，要能引导别的生产者进行生产，其次能给他们提供一个改进了的器械，而且这个器械越是能引导消费者加入生产中，简言之，越能将读者和观众变为共同行为者，那么这个器械就越好。我们已经有了这样的楷模性创造。但我在这里只能略提一下，这就是布莱希特的叙事剧。

总是不断有人写悲剧和歌剧，好像有一个自古至今一直有效的舞台器械可供使用。其实，他们除了提供一台业已失效的舞台器械以外什么也没有做。布莱希特说："这一点音乐家、作家和批评家们谁都没有看清。如此后果极为严重，而这一点又太不为人所注意。因为他们认为自己占有着一个机械，而其实是器械占有着他们。据此，他们守护着一个不再处于自己掌控中的器械，这器械不再如他们所相信的是生产者的工具，而是成了与生产者作对的工具。"拥有复杂机械装置、大批跑龙套演员和精心设计出特定效果的戏剧大多由此成了与生产者作对的工具。这驱使生产者进入被广播和电影拖进去的无望取胜的竞争。这种戏剧，无论是教育剧还是消遣剧，都是在打补丁，而且相互补充。这是属于有闲阶层的戏剧，对于这样的人来说，凡手能触摸到的都会吸引他们。他们丧失了自己的定位。这样一种戏剧并没有进入与那种更为新颖的受众群体竞争，没有顾及他们，向他们学习，简言之，没有深入关心那新兴的受众工具。而叙事剧义不容辞地进行了这样的关注，从电影和广播的发展现状来看，这是与时俱进的。

为了进行这样的关注，布莱希特回到了戏剧的一些最为根本的要素上。某种程度上他专注于舞台本身，不将情节铺得很开。这样他就成功改变了舞台和观众、剧本和表演、导演和演员之间的功能关联。他解释道，叙事剧既不展开情节，也不呈现状况。正如我们马上将看到的，叙事剧是通过情节中断来获得状况的。对此请回想一下情节中断时起主要作用的歌曲。这里，叙事剧通过情节中断吸取了近几年电影、广播、新闻报道和摄影中常见的处理方式，你们应该也看到了这一点。我说的是蒙太奇手法：剪辑连接其实就是中断了本来的关联。请允许我这里对这个方法简单做一下说明，因为它很特别，完全有必要这么做。

正是由于情节中断，布莱希特才将他的戏剧称为叙事剧。情节中断在不断阻击观众那里出现的某种想象，也就是那种不适用于这样一种戏剧的想象，这种戏剧打算将现实要素只是作为情节构造的试验来处理。于是，状况就不是在这种试验的开始，而是结束时出现。状况无论是以这样还是那样形态出现，就总是我们自己的。叙事剧不是将状况送到观众面前，而是使之远离观众。这样，观众看到的就是实时出现的真实状况，伴随而来的就不是观看自然主义戏剧时的那种满足，而是惊奇。叙事剧更多的不是反映状况，而是发现状况。这种发现是借助进程中断进行的。只是这种中断没有刺激性，但具有组织作用。它使情节在过程中停止并以此迫使听众对事情，演员对他所表演的角色做出反应。我想用一个例子向你们表明，布莱希特对手势的发现和塑造，无非在把广播和电影中至关重要的蒙太奇方法从一个常常只是为了显示时尚的做法变回成一项人类活动。请大家设想一个家庭场面：一个母亲正准备去抓一个青铜器扔向女儿，父亲准备开窗户呼救，这一刹那进来了一个陌生人，这一过程被打断了。这时出现的东西就是状况。那个陌生人目光所及就是这种当时的状况：惊慌失措的表情，打开的窗户，乱七八糟的家具。但是，还有一种目光在投向这状况，一种与当今生活基本一致的常人目光，这就是叙事剧剧作家的目光。

他把整个戏剧艺术作品放入一个戏剧实验室里，因而以新的方式重塑了戏剧古老而伟大的成功之路：让在场观众一起加入。他这个实验关注的核心是人，即今天之人，约减收缩之人，在一个冷酷环境里冻住之人。由于我们面对的只有这样的人，自然就会出现想了解他们的念头。对他们进行检测和考察我们发现，能令他们发生变化的并非事件高潮，也不是道德和决断，而仅仅是他们严格惯常行为进展，即理智和练就。叙事剧的本意是从行为举止的最小要素出发去建构，这在亚里士多德戏剧学中称为"行动"。这一方法要比传统戏剧方法来得简朴。它的目的也是这样，不是用情感，甚至激情去填满观众，它们更为看重一种持续久远的艺术，通过思考，通过疏离那些观众身临其境的状况。顺带指出，对于思考来说，笑是最佳的启动，尤其是捧腹大笑常常能比灵魂震撼给思考以更多的开启，叙事剧之所以吸引人，只是因为能引起大笑。

也许你们已经发现，我们马上就要结束的整个思考给作家只提了一个要求，要求他们认真思考自己在生产过程中的位置。可以相信：这样的思考早晚会使如此行事的作家们，也就是行业中的最佳操手，以最务实的方式与无产阶级协同一致。我想在快要结尾时从巴黎这里的杂志《公社》里摘引一小段，旨在对此提供一个活生生的例证。《公社》举办过一次"您为谁写作？"的调研。我引证了一下勒内·莫布朗（René Maublanc）的回答以及阿拉贡（Aragon）紧接着的评语。莫布朗说："毫无疑问，我的写作几乎只为资产阶级读者。首先是因为我不得不这么做。"这里莫布朗暗示出他作为中学老师的职业责任。"其次是因为我出身于资产阶级，受的是资产阶级教育,在资产阶级环境里成长。因此,我当然乐意朝向我所属于的这个阶级,这是我最了解和最能理会的阶级。但这并不是说,我写作是为了讨他们喜欢,或者为了支持他们。一方面我坚信,无产阶级革命是必要和值得追求的;另一方面,资产阶级的抵抗越小,这一革命就会越快,越容易,越富有成果并越少流血地获得成功……如今,无产阶级需要从资产阶级阵营中争取同盟者,正如18世纪资产阶级需要从封建阵营中争取同盟者一样,我想成为这同盟者中的一员。"

阿拉贡对此评述道:"我们的同志在此触及了一个涉及今天一大批作家的实际情况。不是所有的人都有勇气去正视这一事实……如今,像勒内·莫布朗那样清楚意识到自己处境的人很少。但是,对于这一大批作家我们必须提更高的要求:从内部削弱资产阶级是不够的,还必须跟无产阶级一起与它作斗争……对勒内·莫布朗,还有我们许多尚动摇不定的作家朋友来说,苏联作家就是典范,他们从俄罗斯资产阶级中来,但成为建设社会主义的先锋。"

阿拉贡的话摘引到此。那么,他们是怎样成为先锋的呢?无疑不会没有痛苦的斗争,不会不经历无比艰难的斟酌。我前面向你们提过的那种思考,会令人从这痛苦斗争中获益。这思考会将人引向那个令有关俄国知识分子态度这场争论快速平息的概念,即专家这一概念。专家与无产阶级联手是平息这场争论的开始,这联手永远只能是被促成。唯意志论者和新现实派的代表想怎么做就能怎么做,但他们抹杀不了的事实是,即便使知识分子无产阶级化也几乎创造不出一个无产者来。为什么?因为资产阶级在塑造知识分子的过程中将生产工具也一同给予了他,基于受教育的特权,恰是这生产工具令知识分子与资产阶级站在一起,或更多的是令资产阶级与知识分子站在一起。由是观之,阿拉贡在另一语境下说过的话倒是完全正确的。他说:"革命的知识分子一开始,而且主要是作为他原来所属那个阶级的叛逆者出现的。"对作家来说，这种背叛在于，将自己从生产器械的提供者变成一名以之为己任的工程师，即将生产器械打造成符合无产阶级革命的目的。这在起着一种居间促成的作用，但它把知识分子从那种纯建构性使命中解放了出来，莫布朗和许多其他同志就把自己死死地限制在这样的使命上。莫布朗成功促成了精神生产工具社会化了吗？他发现了精神生产者在生产过程中自己组织起来的途径了吗？他对小说，戏剧和诗歌的功能转变提出了什么建议吗？他的写作活动越是以此为依循，他作品的倾向性也就越正确，写作技巧达到的水准也就必然更高；另一方面，他对自己在生产过程中所处位置知道得越清楚，就越不会想到把自己说成是"富有精神的人"。精神这个在法西斯主义意义上的字眼必须消失，与之对立的出于对自己神奇力量自信的精神这一说法将会走向消失，因为资本主义和精神之间并没有出现革命斗争，革命斗争发生在资本主义和无产阶级之间。

写于 1934 年，王涌译自 Walter Benjamin, *Medienästhetische Schriften*, Suhrkamp Verlag Frankfurt am Main 2002, SS.231－247。

巴黎书信

安德烈·纪德和他的新对手

雷南（Renan）的一句话令人难忘："只有那些能够确信自己所写的东西不会产生任何后果的人，才有思想自由。"纪德如是引用道。如果这是真的，那么《新日记页》（*Nouvelles Pages de Journal*）①的作者和他的对手蒂埃里·莫尼耶（Thierry Maulnier）②一样没有思想自由。两人都清楚地知道自己写作的后果，他们写作，就是为了造成后果。如果我们对他们两人抱有同样的兴趣，并不是因为这位年轻后辈重要到可以与纪德平起平坐，而是因为他在面对纪德、反对纪德时所表现出果断。在纪德把共产主义作为自己的事业的那一刻，他就开始了与法西斯的纠葛。

好像别人还没有把纪德放在眼里似的。事实上，从 1897 年以来，他的文学之路就开始被人密切关注，那时他在《隐宫》（*Eremitage*）上发表了一篇著名的文章，以此来反对巴雷斯。后者发表的《无根者》在当时是为民族主义服务的③。后来，纪德作为新教徒在宗教方面的发展受到了文学界的关注，且没有人比他的朋友、天主教评论家夏尔·杜·博斯（Charles Du Bos）对他的关注更为准确。纪德的《科里同》（*Corydon*）按鸡奸自然历史条件并通过类比展现了鸡奸，它引起了一场风暴，这一点并不难理解。事实上，纪德 1931 年在日记第一卷中描述了他共产主义的道路，那时，他已经习惯了遭遇反对。

---

① 安德烈·纪德：《新日记页 1932—1935》，巴黎（1936 年）。——原注
② 蒂埃里·莫尼耶：《社会主义神话》，巴黎（1936 年）。——原注
③ 纪德今天可能会提到这篇文章。他在上述日记卷中写道："巴雷斯不是某种正义的辩护者吗？难道不容易预见到，这些美丽的理论一经别人掌握，就会反噬我们自己？"——原注

　　资产阶级报刊对这本书进行了大量的评论和论战。弗朗索瓦·莫里亚克（François Mauriac）主笔的《巴黎回声报》（与"法国火十字团"亲近）曾三次重提此书，这足以说明纪德引起的轰动。这场辩论太广泛，甚至太激烈，以至于无法始终保持水平。这场辩论在"真理联合会"中达到了思想的巅峰，纪德回答了一圈重要作家的问题①。但是这场辩论依旧不能平息，而就这一年，《新报》问世了。

　　就纪德本人主导的讨论而言，辩论在许多方面都集中在以下问题上：他转变信仰之后有多大程度上还忠于自己？或他与成年期的思想世界决裂到什么程度？纪德可以——在日记的第一卷中他就这样做了——依凭那份热情，那份热情促使他把个体的事业打造成他自己的事业；这是这样一份事业，他从中认识到，在今天的共产主义中，这份事业有着肩负使命的拥护者。新一卷日记中的几篇笔记揭示了，纪德的思想发展是连续的，虽然这种连续性是隐秘的，但并不意味这种连续性不重要。当纪德回忆贯穿其全部作品的"对需求的辩护"（《新日记页 1932—1935》第 167 页）时，他提到了这种连续性。这种连续性有着极其多样的表达：从令人难忘的早期作品《浪子回家集》②到最新的《新粮》③，我们在其中读到："一切独占的东西对我来说都变得令人厌恶；我在给予中找到快乐，而死亡不会从我手中夺走太多东西。在死亡让我失去的所有东西中，最容易被剥夺的将是那些到处都有的、自然的东西，它们不属于任何人，是所有人的财产。至于剩下的，我更喜欢在旅店的用餐，而不是享用家中丰富摆盘；我更喜欢公共公园，而不是围墙后的精致花园；我更喜欢一本可以在散步时随身携带的书，而不是最珍贵的藏本。如果我不得不独自欣赏一件艺术品，那么，作品

---

① 辩论以《安德烈·纪德与我们的时代》为题于巴黎（1935 年）出版。——原注
② 这本书德语由里尔克翻译在岛屿出版社出版。——原注
③ 安德烈·纪德：《新粮》，巴黎（1935 年）。——原注

越美,我观看时的悲伤就越会超过快乐。"(《新日记页 1932—1935》第 61 页)

纪德为需求的辩护体现出非常多样的形式。它们基本上都与青年马克思(《神圣家族》的作者)眼中具体的需求形式相吻合,对后者来说,社会有义务把这种需求不虚伪地呈现出来;在纪德看来,它们都是不同的人的需求的变种。如果说纪德在创作过程中致力于许多软弱的体现形式,如果说他对陀思妥耶夫斯基的研究中(在许多方面看,这项研究更像一种对镜自画),他将软弱看作"肉体的不足、躁动不安、反常现象",那么他反复探讨的就是那种值得极度共情、人之所以为人的软弱。

纪德偶尔喜欢自己表现出这种弱点。但决定他这样做的,并不是他的软弱,而是他的算计。他之所以匿名,是因为这能让他对世界和人们有所了解。因此,他在 1935 年 5 月写道"人们可以用托尔斯泰创作力的衰退来解释他放弃艺术创作的原因。如果第二部《安娜·卡列尼娜》在他心中成形,他就不会——有很多证据表明事情就是如此——那么专注于《杜霍博尔岑》,也不会对艺术嗤之以鼻。但他感觉到自己的文学生涯已经走到尽头:诗歌的冲动不再膨胀,他的思想不再充满诗意……如果说我今天专注于社会问题,那也是因为创造力的魔鬼正在从我身边消失。这些问题之所以占据空间,是因为魔鬼早已为它们腾出了空间。我为什么要高估自己?我在托尔斯泰身上观察到的创造力消失,为什么这种消失现象一定不能出现在我身上?"(《新法兰西评论》,1935 年 5 月刊,第 655 页)

我们不想在这里与作者唱反调,也不想提出这样一个问题:创造力难道就不会暂时沉睡?(纪德自己在他的《新日记页》中也是这么说的);创造力是否不能以非魔鬼的形象走近作品?(《新粮》就展示了这点);它们是否不会遇到历史障碍?(纪德的《伪币制造者》暗示了长篇小说会遭到历史障碍)。我们让匿名的纪德走近一场富有启发的邂逅。这就是与莫尼耶的相遇，他引用了纪德上述写在《法兰西行动》中的句子，并继续说道："任何赞美和责难都不能为这些令人吃惊的文字增添任何东西。我们相信，一个创作者站出来这样忏悔，几乎是史无前例的。我们还相信，他的敏锐、谦虚、这种针对自己进行无情诊断的勇气，值得我们尊敬。但我们不能仅限于在这里表示尊重。这种悲剧性的自我揭露蕴含着丰富的启示，而我们无权隐瞒这些启示。"

以这些句子为铺垫，莫尼耶开始了对纪德的全面批判。这一批判深刻揭示了法西斯主义的立场，尤其是法西斯主义的文化概念。背弃"文化"并把它背叛给共产主义——这就是莫尔尼尔对纪德后期作品的指责。

文化概念似乎形成于法西斯主义的早期阶段。无论如何，德国的情况就是如此。令人遗憾的是，1930 年之前的德国革命批判停止了对戈特弗里德·本恩（Gottfried Benn）或阿诺特·布朗宁（Arnolt Bronnen）的意识形态的必要关注。正如他们两个成为德国法西斯的先驱，那么，如果没有《人民阵线》，莫尼耶早就被归类为法国法西斯主义者了。他不可能很快摆脱被遗忘的命运。因为法西斯主义越是强大，它就越不能依靠莫尼耶专业领域上的高水平知识分子。法西斯主义的大部分前景都是向次等人敞开的。它寻求宣传部的爪牙。这就是本恩和布朗宁被解雇的原因。

莫尼耶所代表的反动是一种特殊的法西斯反动，并不同于克洛德的天主教反动，不同于波尔多的资产阶级反动，不同于莫兰德（Morand）的月亮主义反动，不同于贝德尔（Bedel）的市侩主义反动。他的同志主要在年轻一代①。在老一代中，像莱昂·多代（Léon Daudet）或路易·贝尔特朗（Louis Bertrand）这样的坚定的法西斯主义者是很少见的。莫尼耶之所以是法西斯主义者，是因

---

① 参见德里厄·拉罗谢尔：《法西斯社会主义》，巴黎，1934 年。——原注

为他意识到特权阶层的地位只能通过武力来维护。将他们的特权总和设想为"文化",这就是他认为的自己的特殊任务。因此,不言而喻,他认为不以特权为基础的文化是不可想象的。他文章的主旨就是将西方文化的命运与统治阶级的命运紧密联系在一起。

莫尼耶不是政治家。他是在对知识分子讲话,而不是大众。前者的惯例禁止(在法国依旧是这样)诉诸赤裸的暴力。在呼吁赤裸的暴力时,莫尼耶不得不格外谨慎。实际上,他只能酝酿这样的呼吁。

他非常熟练地宣称,即使在"辩证的合题"仍然不可能的情况下,也要通过"行动的合题"把内在和外在的现实结合在一起(《社会主义神话》第 19 页)。他借用针对资本主义文明(法西斯总是佯攻资本主义文明)的斥责——资本主义文明在面对时代所面临的物质和精神问题时并没有拼尽全力,来"承认这些问题是无解的"——更清楚地解释了自己的观点(《社会主义神话》第 8 页)。

不能向特权阶级提出任何反对论点的要求,使得今天的作家特别是理论家带来了不同寻常的困难。莫尼耶有勇气大刀阔斧地处理这些困难。这些困难部分是道德方面的。当莫尼耶扫清了道德标准的障碍时,这名法西斯主义的代理人收获颇丰。他对手段的选择并不苛刻。这是一门糙手艺,不用给概念蒙上遮羞布。他劲头十足地埋头苦干起来,而且是以如下方式进行的:"文明……是每一次人与人之间的互动都会造成的、对计策和虚构的投入和排列,是有益的约定俗成的制度,是人为的、极其重要的、按伟大程度和不可缺少程度排列的等级制度。文明是谎言……谁不愿意……在这个谎言中认识到所有人类进步和所有人类伟大的基本条件的人,谁就承认他是文明本身的反对者。人们必须在文明和真诚之间做出选择"。(《社会主义神话》第 210 页)因此,莫尼耶在其散文集中针对纪德的文章中这样写道。围绕着这一名言的,正是奥斯卡·王尔德的陈旧悖论长久以来特有的寒酸魅力，人们可以很容易地追溯到他的《说谎术的衰落》。

人们一下就认识到，来自同一个生命的种子有时会结出像王尔德和纪德那样不一样的果实。同一个人发觉自己的唯美主义——他创作中最容易腐朽的部分——被法西斯主义所接受，而在那一刻，就在他作为这个社会的鄙视者，这个他毕生都在取笑的社会，站在它对立面的那一刻，给年轻的安德烈·纪德树立了一个决定其余生①的榜样。其次，人们也许会从中得到解释，法西斯主义意识形态有着多么深刻的颓废和唯美主义倾向，以及为什么它在法国像在德国或意大利一样，极端艺术家中找到了它的先驱。

在一个建立在谎言之上的文明中，艺术还能有什么命运？它将其悬而未决的——而且确保财产制度的前提下不可解决的——矛盾表达了出来。法西斯主义艺术中的矛盾与法西斯主义经济的矛盾或法西斯主义国家的矛盾一样，是实践与理论之间的矛盾。法西斯艺术理论具有纯粹唯美主义的特征：艺术只是众多面具之一，正如莫尼耶所说，这些面具之后"是人的动物性之外，赤裸裸的、被剥夺了一切的、卢克莱修的人这种动物"（《社会主义神话》第209页）。这种艺术是为那些知情者、精英所保留的。"他们是整个文明的受益者"，莫尼耶说得好，"他们是寄生虫、继承者和无用的花朵"（《社会主义神话》第2页）。这就是理论上的情况。但法西斯主义的实践则呈现出另一番景象。法西斯的艺术是一种宣传。它的消费者不是有知识的人，相反，它的消费者是受愚弄者。此外，目前不是少数人，而是多数人，或者至少是非常多的人。因此不言而喻，这门艺术的特点与那些颓废唯美主义所展示的特点

① 纪德1910年写的《王尔德讣告》证明了王尔德对他的重要意义。——原注

完全不符。颓废派从未对不朽的艺术产生过兴趣。将颓废的艺术理论与不朽的实践相结合，一直是法西斯主义的专利。没有什么比这一自相矛盾的杂交体更有教育意义了。

法西斯艺术的不朽特征与其群众性有关。但绝非直接相关。并不是每一种大众艺术都是不朽的艺术：海贝尔的农民故事和莱哈尔的歌剧都不是不朽的艺术。如果说法西斯的大众艺术是一门不朽的艺术——从文学风格上看的确如此——这就具有特殊的意义。

法西斯艺术是一种宣传艺术。因此，它是为大众而实施的。此外，法西斯主义的宣传还必须渗透到整个社会生活中。因此，法西斯主义艺术不仅是为大众而创作的，也是由大众创作的。根据这一点，我们可以合理地假定，在这种艺术中，群众要面对的就是自己，他们相互谅解，他们是自己的主人：剧院和体育场的主人，电影制片厂和出版社的主人。每个人都知道，事实并非如此。相反，这些地方是由"精英"统治的。而且法西斯艺术不希望大众在艺术中了解他们自己。因为，如果那样，这种艺术就必须是无产阶级的阶级艺术，通过这种艺术，雇佣劳动和剥削的现实就会被人们注意到，也就是会走上废除剥削和雇佣劳动的道路。但这会使精英阶层受到损害。

因此，法西斯主义的兴趣在于限制艺术的功能性，不必担心艺术会改变无产阶级的阶级立场——无产阶级占据了法西斯艺术所触及的干部的大多数，而在执行法西斯艺术的干部中，无产阶级只占据少数。"不朽的设计"满足了这种艺术政治利益。它通过两种方式来实现这一目的。首先，"不朽的设计"表现了经济和平秩序的"永恒特性"，即把它表现为不可逾越的，以此来谄媚现存的经济和平秩序。第三帝国是以千年为单位来计算的。——其次，它把执行者和接受者都置于一种魔力之下，在这种魔力的作用下，他们本身必须显得不朽，即无法采取深思熟虑的独立行动①。艺术以牺牲知识分子和启蒙人士为代价，加强了其影响的暗示能量。在法西斯艺术中，现存关系之所以固化，是通过麻痹（执行的或接受的）人们来实现的，而这些人是有能力改变现状的。法西斯主义教导说，唯有带着这种魔力强加给他们的态度，群众才开始表达自己。

法西斯主义眼里光荣的不朽材料，首先便是所谓的人这种材料。精英们在这些纪念碑中使其统治永垂不朽。也正是因为有了这些纪念碑，人的材料才有了自己的形式。在法西斯主子的注视下（正如我们所见，他们的目光游移了千年），用石块建造金字塔的奴隶，与那在广场和训练场上在领袖面前自己建造石块的无产阶级群众之间的区别微不足道。因此，我们不难理解莫尼耶将"建筑工人和士兵"归类为精英阶层的代表[不过纪德的观点更好，他将新的罗马纪念性建筑看成"建筑新闻"（《新日记页》，第85页）]。

如上所述，莫尼耶的唯美主义并不是法西斯主义在艺术史问题辩论中刚刚才采用的即兴观点。法西斯主义在任何它希望接近表象、同时又不愿接触现实的场合，都得采取这种立场。这是一种排斥艺术的功能价值的思考方式，它在其他场合也同样适用，那就是有人希望消除一种现象的功能特征的时候。正如可以在莫尼耶身上看出的，技术正是这种情况的典型例子。原因显而易见。生产力的发展（在生产力带动下，技术与无产阶级齐头并进）带来了危机，推动了生产资料的社会化。因此，技术的功能同时也是这场危机首当其冲的原因之一。那些在保留特权的同时打算以不恰当的方式暴力解决这场危机的人，他们所关心的，就是尽可能地让人认不出技术的功能特性。

有两条路可以选择。它们的方向截然相反，但都是由有亲缘关系的理念决定的：即美学理念。我们可以在乔治·杜哈曼

① 有魔力的不仅是群众艺术的法西斯风格（比较一下德国和俄罗斯的节日装扮吧），还有群众艺术处于其内的、不同"社区"和"阵线"的边界。——原注

(Georges Duhamel)身上看到其中一条路①。这条路引导人们坚决撇开机器在生产过程中的作用,批判机器在个人使用机器时(无论是为他人使用还是为自己使用)引起的各种担忧和不便。杜哈曼对汽车作出了保留的判断,半开玩笑半认真地建议国家应该禁止所有发明五年。无产阶级反对企业家;小资产阶级反对机器。杜哈曼以艺术的名义站在了机器的对立面。不言而喻,法西斯主义的情况有些不同。法西斯的委托人所持有的上层资产阶级思维方式在供它驱使的知识分子中留下了痕迹。马里内蒂就是其中之一。他首先本能地感觉到,"未来主义"的机器观将有利于帝国主义。马里内蒂一开始是一个噪声主义者,他宣称噪声(机器的非生产性活动)是机器的最大意义。他最后成为皇家学院的一名成员,承认在埃塞俄比亚战争中实现了他年少时的未来主义梦想。② 莫尼耶宣称反对高尔基的"新人文主义",他说,构成在技术和科学中发现的主要价值的,"并不是它们的结果或它们可能的用途……也不是……它们的诗意价值"(《社会主义神话》第 77 页),莫尼耶此时已不知不觉地成了马里内蒂的追随者。"马里内蒂,"莫尼耶写道,"陶醉于机器的高度,它们的运动、钢铁、精确、噪声、速度——总之,陶醉于机器的一切本身可以被视为价值而不具有工具特性的东西……他限制自己,刻意停留在无法使用的一面,也就是审美的一面。"(《社会主义神话》第 84 页)

莫尼耶认为这一立场是如此有根据,以至于他毫不介意地引用了马雅可夫斯基论述马里内蒂对机器看法的句子,并将其看作一种趣闻。马雅可夫斯基用常识性的语言说道:"机器的时代并不要求人们为它献上赞美诗;它要求人们为了人类的利益而驾驭它。摩天大楼的钢铁不需要沉思默想,而需要在住房建设中坚决地加

---

① 乔治·杜哈曼:《未来生活》,巴黎,1930 年,和《人文主义者和自动木偶》,巴黎,1933 年。——原注
② 参见马里内蒂就埃塞俄比亚战争的宣言。——原注

以利用……我们不寻求噪声，而要组织宁静。我们的诗人希望能在车厢里静静地交谈。"（《社会主义神话》第 83 页）马雅可夫斯基的庄重态度，因其矜持、清醒，与从技术中获得"不朽"一面的追求格格不入。这种态度与莫尼耶提出的论断——俄国人的集体主义使"工程师成为精神统治者"（《社会主义神话》第 79 页）——相悖，并给予了其明确的、有力的反驳。这种论断是技术官僚主义式的重新诠释。它将苏联公民的综合技术教育扭曲成了被技术官僚主义引导的强迫劳动。从另一种意义上说，这也是一种技术官僚的重新诠释：做出这样论断的人，极有可能就是技术官僚者。

没有人会比莫尼耶更坚决地拒绝别人对他的指责——技术官僚主义思维。相反，这种思维方式似乎对他来说与艺术思维方式格格不入。乍一看，他对艺术的定义可以赋予他拒绝这种指责的权利。他对艺术的定义是这样的："艺术的真正使命是使物体和造物变得无用。"（《社会主义神话》第 86 页）让我们不要只看第一眼。让我们仔细看看！在各种艺术中，有一种艺术特别准确地符合莫尼耶的定义。这种艺术就是战争艺术。它大量使用了人这种材料，并投入了摒弃平庸目的的全部技术，从而体现了法西斯主义艺术思想。法西斯用来对抗俄罗斯人过分强调技术平庸一面的、技术诗意的一面，就是技术杀人的一面。因此，"一切原始的、自发的、纯真的东西都让我们憎恨，原因就在于此"（《社会主义神话》第213 页）这句话的含义得到了充分的体现。

这句话在文章的最后一部分，莫尼耶就在这部分讨论了纪德。难道能唤起如此大逆不道的反应不值得感谢吗？难道纪德身上没有体现出他在 1935 年 3 月 28 日的日记中呼唤的理想人物形象：Inquiéteur——麻烦制造者？事实上，他成了那些人的代言人——那些让法西斯作家闻风丧胆的人的代言人。

这些人就是大众，也就是阅读大众。"通过为各级教育做出巨大努力,通过消除不同教育水平之间的一切障碍……通过以惊人的速度减少文盲……通过直接呼吁所有人发挥文学聪明才智……甚至儿童的聪明才智……通过这一切,你们送给了,"让·理查德·布洛赫在1935年巴黎作家代表大会上对苏联代表说,"作家们……梦寐以求、最奇妙的礼物:你们给了他们一亿七千万读者。"

这是送给法西斯作家的危险礼物。对那些驰援莫尼耶的精英阶层来说,如果艺术享受没有受到教育垄断的全方位保护,以防止破坏性因素的影响,那这样的艺术享受是不可想象的。取消教育垄断本身就足以让莫尼耶感到恐惧。而现在,高尔基告诉他,恰恰是艺术有资格为废除教育垄断做出贡献。高尔基告诉他,在苏联文学中,科普读物和有艺术价值的读物没有本质区别。这句话早已被西方文学最现代的庸俗化者——弗兰克、德·格赖夫、爱丁顿、诺伊拉特所表明,而莫尼耶对这句话的最好处理,莫过于把他写进对"高尔基为之效力"的"野蛮"的描述中(《社会主义神话》第78页)。

在这里,莫尼耶没有哪怕一点点的偏离将文化描绘成特权总和的想法。也许在这种描绘中,文化的形象并不好。但由于寻求帝国主义文化与苏维埃俄罗斯文化之间的对抗,莫尼耶不得不接受这一点。他无法改变前者的消费主义特征与后者的生产性特征相对立这一事实。我们在文化辩论中所熟悉的对"创造性"的刻意强调,其首要任务是转移人们的注意力,使人们不再关注这样"创造性"地生产出来的产品对生产过程的益处有多么少,以及这种产品是如何完全沦为消费的牺牲品的。帝国主义造成了这样一种局面,即被赞誉为"神圣"的诗歌理所当然地与实用的糕点共享这种赞誉。

莫尼耶无论如何也不能舍弃"创造"。他写道:"人为了使用而制造；但人为了创造而创造。"（《社会主义神话》第 86 页）对创造和制造进行死板、非辩证的分离，奠定了创造美学的基础，这样做是多么具有欺骗性，这一点已被苏联人的综合技术教育证明。这种教育能够引导工厂工人在他可以忽略的生产计划框架内、维持他的生活的生产群体框架内、他可以改进的生产方式的框架内，从事创造性工作；就像这种教育为作家提出精确的使命，也即通过为作家保证特定的读者，以此来促使作家从事一种可以被冠以制造的光荣称号的生产，因为制造者能够解释他的程序。作家尤其应该记住，"文本"（text）一词——源自编织法：textum——曾经是这样一个光荣的名称。在人类刚刚开始接受综合技术教育的背景下，精英阶层的代言人告诉作家，"就像灰色时代之前那样，人类几乎完全致力于维持生活，人类可以摆脱这种存在的时刻，是稍纵即逝的……集体主义社会把这些时刻视为一种叛逃"，当他听到这句话的时候会无动于衷（《社会主义神话》第 80 页）。如果这些时刻如此短暂，人类又该感谢谁呢？精英。谁致力于让工作本身变得人性化？无产阶级。

在重建工作中，它可以很容易地摆脱莫尼耶所说的"内在的特权"（《社会主义神话》第 5 页），但绝不能摆脱如此感受这些特权的人，正如纪德在 1935 年 3 月 8 日所描述的那样："今天，我在内心深处压抑地意识到一种自卑感：我从未有过挣钱养家的经历；我从未在需求的压力下工作过。然而，我一直非常热爱工作，我的幸福不会受到一点点工作的影响。我还想说明以下几点。总有一天，不了解这种工作会被认为是一种缺憾。最丰富的想象力也无法取代这样的工作，它所给予的教诲永远无法重现。资产阶级感到自己不如普通劳动者的时代即将到来。对某些人来说，这个时代已经到来。"（《新日记页》，第 164 页）

比东方有 1.7 亿读者这一事实更让莫尼耶担忧的是，法国也有作家在思考这个问题。安德烈·纪德将他的最后一本书《新粮》

献给了苏联的年轻读者。这本书的第一段写道：

> 你，你将到来，如果我不再听到大地的声响，我的嘴唇不再被它的露水湿润——你，也许，你今后会读到我——正是因为你，我写下这几页纸；因为这也许不足令你足够惊讶地活下去；你不会被令人目瞪口呆的奇迹，也就是你的生命，所征服。我有时候感觉，似乎我的渴求，就是你将与之共饮地渴求，而令你俯身于你所爱抚的其他造物之上的，就是我自己今日的渴求。

原载："Das Wort" 1936 年，赵健品译自 Walter Benjamin, *Medienästhetische Schriften*, Suhrkamp Verlag Frankfurt am Main 2002, SS.248 - 259。

波德莱尔笔下第二帝国的巴黎

......

在一个半世纪中，日常的文学活动是以期刊为中心的。约在 20 世纪 30 年代末，这种情况开始有了改变，美文学通过报纸上的文艺副刊在日报市场上赢得了一席之地。报纸上文艺副刊的出现典型地表明了七月革命给新闻出版业所带来的诸多变化。复辟时期，单张报纸是禁止出售的，人们只能订阅。那些出不起八十法郎高价订一年报纸的人只好去咖啡馆，那里经常有好几个人凑在一起读一份报纸。1824 年巴黎有四万七千个报纸订户，1836 年有七万，而到 1846 年则达二十万户。在这个递增过程中，吉拉丹（Girardin）的《快报》（La Presse）起了决定性的作用。它带来了三次重要的革新：把一年的定价降到了四十法郎，登广告以及在文艺副刊上刊登连载小说。同时，开始用简短、直截了当的信息去与详尽的报道抗衡，这种信息报道由于可以商业化地被再利用而很快流行了起来。人们所说的广告（réclame）便为它们的盛行作好了铺垫：当时所指的广告是一种表面看来中立，而实际由书籍出版商付费购得的通告，这个简讯经过编辑加工，指向一本前些天或当天在报上介绍的书。早在 1839 年圣·波甫就指责了广告的非道德性，"人们怎么能一边在一篇评论中批评一本书，另一边却在下面两指宽的地方把它说成是时代的杰作呢？广告的字体越来越大，它绝对地吸引了人的注意力，构成了一座具有磁性的山脉，使罗盘的指南针偏离了方向。"[①]这种广告只不过是某种过程的开端，它的最后发展就是由人付钱刊登在报刊上的股市通告。因而，人们很难撇开新闻出版业的腐化来写一部有关报刊报道的历史。

---

① 圣·波甫：《论工业文学》，载：《两世界杂志》，1839 年第 4 期，第 682—683 页。——原注

这种信息报道只需很小的空间，报纸对人具有的吸引力离不开它具有每天各异的面貌，离不开它的每一页都被机灵地编排得丰富多彩而又各不相同，导致这一点的并不是那些重大政治性报道，也不是文艺副刊上的连载的小说，而是这些信息报道。这些信息必须不断地更新，市井闲话，桃色新闻以及"值得知道的事情"是它的最通常的来源。它们本身易得，精巧，非常符合专栏的特点，这从一开始就很明显。德·吉拉丹夫人（Mme de Girardin）在她的"巴黎书简"中对照相摄影表示了热烈的欢迎。她写道："目前，人们非常关注达盖尔①先生的发明。没什么东西比我们的那些沙龙学究对这一发明进行的一本正经的解释更滑稽可笑了。达盖尔先生不必担心，没人会偷走他的秘密……确实，他的发明太棒了，可人们并不理会这一点，对于这一发明的解释已经太多了。"②人们并没有很快，也没有绝对地接受了专栏风格。1860 年和 1868 年，伽斯东·德·福洛特（Garston de Flotte）男爵写的两卷本的《巴黎的刊物》相继在巴黎和马赛问世，该书的题旨就是要努力改变人们对历史资料，尤其是对巴黎新闻出版物副刊中出现的历史资料的漫不经心态度——在咖啡馆当人们喝开胃酒时候，出现了各种各样的无数消息。"街头新闻出版的出现就源于这个喝开胃酒的习惯时辰。从前，在只有一本正经的大报纸的时候……人们对这种喝开胃酒时辰还一无所知，它是'巴黎时辰'以及市井闲话的合乎逻辑的结果。"③在编辑们的工作器械还没有被发明之前，出于时效性的缘故他们便从咖啡馆主那里获取消息。当电报在第二帝国末期被投入应用时，消息之街头来源的垄断便被打破。从此，突发

---

① 达盖尔（Louis Jacques Mandé Daguerre, 1787—1851），法国画家和摄影发明者。——译注
② 德·吉拉丹夫人（婚前原名 Delphine Gay）：《作品全集》，第四卷，《1836—1840 年巴黎书简》，巴黎 1860 年版，第 289—290 页。——原注
③ 加布利埃尔·吉耶莫（Gabriel Guillemot）：《浪荡游民——巴黎人的特征》（附 Hadol 的配图），巴黎 1868 年版，第 72 页。——原注

事件和灾难新闻可以从全世界获得。

一个文人与他生活的社会之间的同化就如此地发生在大街上。在街头，他必须使自己准备好应付下一个突发事件，下一句俏皮话或下一个传闻。在这里，他展开了自己与同事及其他同仁之间全部的联系网，他对这种关联的依赖就好像妓女离不开乔装打扮的技巧。① 在街头，他把时间用来在众人面前显示其闲暇懒散，这是他工作的一部分。他的行为像是告诉人们，他已从马克思那里懂得了，所有商品的价值都是由生产它所需的社会必要劳动时间决定的。因此，他自己劳动力的价值就取决于那被延长了的无所事事，在读者们看来，这种无所事事对完成他的工作来说是必不可少的，甚而几乎是绝妙无比的。持这样看法的并不仅仅是读者们，当时报纸文艺副刊所付出的高报酬就说明，对他们劳动力价值的认可是有社会依据的。事实上，报纸订费的下降与广告的增加以及副刊重要性的上升是有某种关联的。

"由于实行了新的措施——降低订费——报纸必须靠广告收入维持……为了赢得更多的广告，报纸四分之一的版面成了广告版，而且必须使尽可能多的订户看见。因而，报纸必须以它的诱惑面向所有人，而不管人们私下持有怎样的观点，要用好奇心来替换政治……一旦把订费降到四十法郎的基点确立后，从广告到副刊上的连载小说都必须有相应的变动，这几乎是绝对不可或缺的。"②恰恰这一点说明了这一块工作所应得的高额报酬。1845 年，大仲马与《立宪党人》及《快报》签了合同，根据这份合同，如果他五年内每年提供至少十八卷作品，便可每年获得至少六万三千法郎

---

① "用不着多么敏锐的眼力很容易就可以看出，一个八点钟时穿着华丽精美，做富态样的女子，其实就是九点钟时的女店员，而到了十点，她又成了农家女。"（贝罗 F.-F.-A.Beraud）：《巴黎的妓女及管理她们的警察》，巴黎/莱比锡 1893 年版，第 1 卷，第 51 页。——原注

② 阿尔弗雷·奈特孟（Alfred Nettement）：《七月政府统治时期的法国文学史》，2 卷本，巴黎 1859 年版，第 1 卷，第 301—302 页。——原注

的报酬。① 欧仁·苏②由《巴黎的秘密》获得了十万法郎的收益。拉马提尼③在 1838 年至 1851 年间的稿酬收入达五百万法郎。仅从最先刊登在文艺副刊上的《纪龙德人的故事》上,他就获得了六十万法郎的收入。日常文学交易的慷慨的报酬不可遏制地泛滥了起来。时常出现这样的情况,当出版商得到手稿后,会保留印上他们选中作家名字的权利,因为实际上,一些功成名就的作家并不太看重在手稿上签上自己的名字。有关这方面的详情可以从讽刺小品文《小说工厂:大仲马家族》④中获得。《两世界杂志》当时写道:"谁知道有多少书是大仲马写的呢?"

"他自己知道吗? 如果他没有一本应有资产与实际资产的分类账,那他肯定忘了不少他的合法的,不合法的或是收养的孩子们……"⑤这就是说,大仲马在自己的地窖里雇用了整个一支由穷作家组成的军队。在这家了不起的杂志发表上述意见后的十年,即在一八五五年,"浪荡游民"的一家小报刊登了一段文字,它富有情趣地描绘了一位被作者称为德·桑蒂(de Santis)的成功作家的生活:"回到家里,德·桑蒂先生小心翼翼地把门锁上……打开了一扇隐藏在他书籍后面的暗门,他走进一间相当肮脏,昏暗的小屋,里面坐着一个人,头发蓬乱,面目阴郁而又诣媚,手上拈着一支长长的鹅毛笔。即便在远处人们也可以一眼看出他是那位真正小说家,虽然他只不过是个从前政府的小职员,通过读《立宪党人》学

---

① 参见厄奈斯特·拉维斯(Ernest Lavisse):《法国当代史:从大革命至一九一九年》,第 5 卷;夏勒蒂(S. Charléty):《七月王朝(1830—1848)》,巴黎 1921 年版,第352 页。——原注
② 欧仁·苏(Eugène Sue,1804—1857),法国作家,撰写了法国第一部航海小说。代表作为十卷本的社会小说《巴黎的秘密》,完成于 1849—1857 年间。——译注
③ 拉马提尼(Alphonse Lamartine,1790—1869),法国作家。——译注
④ 参见米雷库(Eugène de Mirecourt):《小说工厂:大仲马家族及其成员》,巴黎1845 年版。——原注
⑤ 保兰·利美拉克(Paulin Limayrac):《现代小说与小说家》,载:《两世界杂志》,第11 期(年号 14),11 月卷,1845 年,第 953—954 页。——原注

会了巴尔扎克的写作技巧。他是《蜗居》的真正的作者，是那位小说家。"①②在第二共和国期间，国会曾试图制止副刊文章的过度扩散，对每一期连载小说都课以一个生丁的税。过了不久，这一规定便被撤销，因为，反动的出版法限制言论自由反而使副刊的吸引力得到了提高。

报纸副刊凭借它的巨大市场给撰稿人提供的高报酬，帮助这些作家在读者那里赢得了巨大名声。很自然，有些单个人会让自己的名声和钱财一同去工作，这样，政治生活的大门便会自动朝他们打开。这导致了腐败的新形式，它比滥用作家姓名还更有危害。一旦作家的政治野心被唤起，政府自然要告诉他们正确的道路。1846 年，殖民大臣萨尔弯蒂(Salvabdy)邀请大仲马由政府出钱到突尼斯旅行——花费总计一万法郎——以为殖民地作宣传。不过考察并不成功，花了大笔钱，国民议会只询问了一下便不了了之。欧仁·苏的运气好些，凭借《巴黎的秘密》的成功，他不仅使《立宪党人》的订户由三千六百增至两万，而且还在 1850 年以十三万张巴黎工人的选票当选为议员。不过无产阶级选民由此并没有得到很多好处；马克思称这次选举为对一个势在必得之席位的"具有感伤色彩的削弱性阐释"。③ 如果文学能为一个被它所宠爱的作家打开政治生活的通路，那么，这个政治生活本身便会被用于对他作品的评价，拉马提尼就是一个例子。

拉马提尼的决定性成就，即《冥想》与《和谐》，要追溯到法国农民还在从自己的土地里收获果实的时代。在一首致阿尔封·卡尔(Alphonse Karr)的质朴的诗里，诗人将他的创作同一名种葡萄酿

---

① 保罗·索尔尼耶(Paul Saulnier)：《小说总论及现代小说家的个案研究》，载非政治性期刊：《浪荡游民》(年号 1)，第 5 卷，1855 年 4 月 29 日，第 2 页。——原注
② "黑人"的说法当时并没有局限在报纸的副刊上，斯克利波(Scribe)为讨论他的作品就曾雇用了一批隐名埋姓的人。——原注
③ 马克思：《路易·波拿巴的雾月十八日》，维也纳/柏林 1927 年版，第 68 页。——原注

酒人的劳作相提并论：

> 每一个人都能骄傲地出卖他的辛勤劳动！
> 　我卖我的葡萄一如你卖你的鲜花，
>
> 　多么幸福，当我脚踏地下的葡萄，
> 看着无数散发出龙涎香的仙汁流入我的酒桶。
> 　你为主人酿造的仙汁有它迷人的价格，
> 　大量的黄金换来大笔的自由。[1]

在这些诗句里，拉马提尼赞美其乡村的丰饶，夸耀那些产品在市场上给他们带来的收入，如果人们淡化道德维度[2]而把这些诗句看成拉马提尼对自己阶级归属感——小土地所有者的阶级感——的一种表述，那将是很能说明问题的。这是拉马提尼诗歌史的一部分。在18世纪40年代，小土地所有者的境况变得糟糕起来。他们债台高筑；他们那小片土地"已不是躺在所谓的祖国怀抱，而是被存放在抵押账簿上了"。[3] 这意味着田园乐观主义走向了没落，而这种田园乐观主义恰是拉马提尼抒情诗所具有的理想化自然观赖以植根的基础。"如果说刚刚出现的小土地由于它和社会相协调，由于它依赖着自然力量并且顺从着保护它的最高权力，因而自然是宗教性的话，那么，债台高筑而和社会及政权脱离并被迫越出自己作用范围的小土地自然就变成非宗教性的了。苍天是刚才获

---

[1] 拉马提尼：《拉马提尼诗歌全集》(Guyard 编)，巴黎1963年版，第1506页（"阿尔封·卡尔书简"）。——原注

[2] 教皇极权主义者路易·弗约(Louis Veuillot)在致拉马提尼的公开信中写道："难道你真不知道'获得自由'实际上更意味着蔑视金钱？而你为了获得那种用金钱买来的自由而按照生产蔬菜或酒那样的商业方式去生产你的书。"路易·弗约：《文选》（附 Antonine Albalat 评注性引言），里昂/巴黎1906年版，第31页。——原注

[3] 马克思：《路易·波拿巴的雾月十八日》，维也纳/柏林1927年版，第122—123页，第122页。——原注

得的小块土地的绝对美妙的附加物，何况它还创造着天气，可是，
一旦有人硬要把它当作小块土地的替代物时，它就会变成一种凌
辱。"①就是在这片天空上，拉马提尼的诗成为乌云，正如圣·波甫
在 1830 年写道："安德烈·舍尼尔②的诗……在某种程度上不妨
说是拉马提尼所铺展开的天空下的一幅风景画。"③当 1849 年法
国农民选举波拿巴当总统时，这片天空便永远崩溃了。拉马提尼
也一同促成了这样的表决。④ 圣·波甫就拉马提尼在革命中的角
色写道："他或许并没有想到，他注定要成为俄尔普斯，⑤用他那金
色的琴弓引领并缓解了原始人的进攻。"⑥波德莱尔干脆称他是
"有点像妓女，有点婊子味道"。⑦

　　对于这个光彩照人形象的颇成问题的一面，波德莱尔比谁看
得都清楚，这可能是由于他很久以来较少在自己身上感受到这种
光彩的缘故。坡希（François Porché）认为，当时波德莱尔的情况
似乎是很难找到出版商接受他的稿子。⑧ 欧内斯特·雷诺（Ernest

---

① 马克思：《路易·波拿巴的雾月十八日》，维也纳/柏林 1927 年版，第 122—123 页，
　　第 122 页。——原注
② 安德烈·舍尼尔（André Chénier, 1762—1794），法国抒情诗人。最初赞美革命，后
　　来写了不少反对雅各宾党人（Jakobiner）的文字，结果被处死。诗作模仿严格的古
　　希腊诗体。——译注
③ 《Josef Delorme 的生活，诗歌与思想》，增订版，《圣·波甫诗集》第 2 部）巴黎
　　1863 年版，第 159—160 页。——原注
④ 当时俄国驻巴黎大使吉瑟尔约夫（Kisseljow）在他的报告中写道，坡克罗夫斯基
　　（Michail N. Pokrowski）已证实，事情就是像马克思在《法兰西阶级斗争》中业已描
　　述的那样发生的。1849 年 4 月 6 日拉马提尼向这位大使保证，将首都里的军队调
　　集在一起——这便是资产阶级日后企图用来对付 4 月 16 日工人示威的办法。拉
　　马提尼曾表示，做这样的军队调集约需要十天的时间，这个表示其实让人对 4 月
　　16 日的工人示威有了疑点。（参阅坡克罗夫斯基：《历史论文集》，维也纳/柏林
　　1928 年版，第 108—109 页）——原注
⑤ 俄尔普斯（Orpheus）系古希腊传说中的歌手，他的歌声能使野兽，植物和岩石动
　　容。——译注
⑥ 圣·波甫：《慰藉：八月的沉思，最后的梦幻——笔记与诗篇》《圣·波甫诗集》第
　　二部），巴黎 1863 年版，第 118 页。——原注
⑦ 转引自坡希（François Porché）：《波德莱尔艰难生活》，巴黎 1926 年版，第 248、
　　156 页。——原注
⑧ 转引自坡希（François Porché）：《波德莱尔艰难生活》，巴黎 1926 年版，第 248、
　　156 页。——原注

Raynaud)写道:"波德莱尔必须对……不道德的行为做好准备;他所面对的出版商是顾及世界上所有人之虚荣心的,包括外行和新手的虚荣心。只有当一笔订金进账时,他们才会接受稿子。"①波德莱尔自己的全部活动是与这种状况协调一致的。他把一篇稿子同时投给好几家出版商,不做任何这样的说明便允许一家重印。从一开始,他就对文学市场不抱任何幻想。他在1848年写道:"一幢房子也许会很漂亮,但在人们欣赏它的美之前,它必须先有多少米高和多少米长。文学同样如此,尽管它可能会由最高深莫测的东西构成,但它首先是填格子,而一个名声不足以保证其收益的文学建筑师,必须不论人家出什么价都卖。"②波德莱尔在文学市场上最终也只占了一个很糟的位置。有人算过,他的全部作品为他所挣的钱不高于一万五千法郎。

圣·波甫的私人秘书儒尔·特鲁巴(Jules Troubat)这样写道:"巴尔扎克毁于咖啡,缪塞③由于陶醉于苦艾酒而变得阴郁消沉……默尔格尔④……同波德莱尔一样死在疗养院。这些作家没有一个成为社会主义者。"⑤对于最后一句向他致意的话,波德莱尔当之无愧。但这并不意味着他对

文人的真实处境缺乏洞见。他经常将他们,首先是他自己,比作娼妓,那首致"为钱而干的缪斯"(La muse venale)的十四行诗就说明了这一点。那首伟大的导言诗"致读者"则表明了诗人用表白换取大量现金的让人难以苟同的做法。他的那些未收入《恶之花》的早期诗作中有一首是写给街头卖身女的,这首诗的第二段是这样的:

---

① 欧内斯特·雷诺:《波德莱尔——试论他的生活及其特征》,巴黎1922年版,第319页。——原注
② 波德莱尔:《作品集》,第2卷,第385页。——原注
③ 缪塞(Alfred de Musset, 1810—1857),法国作家。——译注
④ 默尔格尔(Henri Murger, 1822—1861),法国作家。——译注
⑤ 转引自欧仁·科雷佩(Eugène Crépet):《波德莱尔——据Jacque Crépet有关材料的一个传记研究》,巴黎1906年,第196—197页。——原注

为了一双鞋她卖掉了她的灵魂，

　　老天爷耻笑了这个羞辱。

我进行乔装打扮，效仿着贵人的高傲，

　　为当作家我出卖我的思想。①

　　这首诗的最后一段以这样的诗句"尽情地浪荡游闲，这便是我的一切"漠然地将这类人归到了浪荡游民行列中。波德莱尔明白文人的真实处境：他们像游手好闲之徒一样逛进市场，似乎只是随意瞧瞧，实际上却是想找一个买主。

　　写于 1938 年，王涌译自 Walter Benjamin, *Medienästhetische Schriften*, Suhrkamp Verlag Frankfurt am Main 2002, SS.260 - 267。

---

① 波德莱尔：《作品集》，第 1 卷，第 209 页。——原注

五、绘画、雕刻与摄影

谈绘画或曰关于标记和绘画

1. 标　记

"标记"的范围涵盖了不同的领域,不同领域的特征通过其线条的意义体现出来,这些线条的意义包括:几何线条、标点符号线条、图形线条以及纯粹标记线条(即那些"魔力线条"①,它们无须有内容上的表达即可存在)。

(1)(2)几何线条和标点符号线条在此主题下暂且不予考虑。

(3)图形线条。图形线条是通过与平面的比对来确定的;这种比对不仅在视觉上有意义,而且在形而上学方面也具有价值。图形线条的背景被纳入图形线条之中。图形线条勾勒出平面,并将其自身作为背景,以此来确定平面。反过来,图形线条也因背景而存在。因此,如果一幅素描完全覆盖了它的背景,那么它将不再是一幅所谓的素描画。所以背景对于素描来说非常重要,以至于在图形内部,两条线只有在背景之上,它们之间的关系才能被确定下来。此外还有一个现象,图形线条与几何线条之间的差异特别明显。——素描背景所带有的特性不同于其所在的白纸平面背景,甚至也可能不需要白纸背景,这种特性可以被视作白色色波的

---

① 德文:Magische Linie。——译注

滚动(这两者可能无法用肉眼区分)。纯粹的素描虽然会将背景"留白"，但其背景所带有的图形意义的功能不会被改变；由此便可理解，在一些素描中，对云和天空的勾勒在有些情况下可能会是非常不恰当的，并且素描是否"留白"，可能会成为检验绘画风格纯净性的试金石。

(4) 纯粹标记。要理解纯粹标记，也就是理解标记的神话本质，首先必须对前面提到的标记领域有一些了解。无论如何，这个领域可能不是一种媒介，而更可能代表着一种我们当前可能完全不了解的秩序。不过，值得注意的是纯粹标记的本质与纯粹描画的本质之间的对比。这个对比具有极其重要的形而上的意义，需要进一步研究。标记似乎更强调空间关系，并更与个体有关，而描画(如后文所述)则更强调时间性，甚至有一种排斥个体的意味。纯粹标记包括：例如该隐之记、埃及十灾中以色列人家屋顶上的记号，以及《阿里巴巴与四十大盗》中类似的记号；通过这些案例，可以谨慎地推测出，纯粹标记主要具有空间和个体的意义。

2. 描　　画

(1) 纯粹描画。了解纯粹描画的本质——即描画的神话本质，有利于我们对比整个描画领域与标记领域。目前，首要的基本差异在于，标记是被印在上面，而相反，描画则是一种凸显和呈现。这表明描画是一种媒介。虽然纯粹标记不仅主要出现在有生命的事物上，而且还被印在无生命的建筑物和树木上，但描画主要出现在有生命的事物上(耶稣的伤痕和脸红，可能还有麻风印记、胎记等)。描画和纯粹描画之间不存在对立，因为描画始终是纯粹的，并且也不会和其他东西相似。但值得注意的是，描画出现在有生命的事物上时经常与罪恶(脸红)或清白(耶稣的伤痕)紧密相连；甚至在描画出现于无生命的事物上时(斯特林堡的《降临》中的太阳环)，它也经常作为罪恶的警示标志。在这个意义上，同样具有警示作用的描画还有伯沙撒标志（Belsazar），这种引人注目的现象，即描画和标志形象的统一，很大程度上只有上帝才能实现。罪与赎在时间上有神奇的联系，这种时间上的魔力在描画中尤为显著，因为它消除了现在与过去，以及未来之间的分隔与抗衡，使之以神奇的方式统一起来，降临在罪人身上。但是，描画作为媒介不仅仅具有这种时间性的意义，它还在特定的原始元素中解构了个性，比如对耶稣"脸红"的描画。这又将我们带到描画与罪恶之间的关系。然而，标志用以彰显个人特质的例子也不少，并且标志与描画之间的这种对立似乎属于形而上学的秩序。关于描画领域整体（即整个描画媒介）的内容将在考察绘画后涉及。但正如前面提到的，所有关于纯粹描画的内容对于整个描画媒介都具有重要意义。

（2）绘画。图画是没有底层背景的。绘画中颜色层次通常不是简单地一个叠在另一个上面，颜色的效果是通过描画媒介呈现的，并且经常难以辨别。因此原则上来说，有些绘画作品在某些情况下可能无法确定哪种颜色是底层的，哪种颜色是处于表层的。而且，这个问题是没有意义的。在绘画中没有底层，也没有图形线条。在拉斐尔的绘画中，颜色区块的相互限制（即构图）并不基于图形线条。有人却认为其构图是基于图形线条，为什么会有这种误解呢？画家在开始作画之前，通常会勾勒出画的基本结构，这本是绘图的技术性要素，但他们却在这些技术性要素中带入了审美视角。这种构图的本质与图形线条无关。线条和颜色结合在一起的唯一情况就是使用墨水的绘画，在这种情况下，笔画轮廓是可见的，颜色透明地叠加在一起。在这种画中，尽管上面有一层层颜色，但其底层仍然清晰可辨。

绘画的媒介就是严格意义上的描画，因为绘画是一种媒介，是一种既不需要背景也不需要图形线条的描画。只有明确了什么是严格意义上的描画，才能厘清绘画领域的问题。人们会惊讶地发现：图画中有些构图并不是基于图形线条。然而，又存在一些构图，它们确实又基于图形线条，比如，拉斐尔的画作中也的确发现了人物、树木和动物的轮廓线条，但这些都基于以下前提：如果图画只是在严格意义上被描画出来，那么它就无法被命名。然而，绘画的真正问题在于，图画虽然是一种描画，反过来，严格意义上的描画只存在于图画中。继而，只要是一幅描画的图画，它只有在图画本身中才是一种描画，但是另一方面：图画又指向它自身所不具备的东西，也就是说，它指向一些不是描画的东西，而这是通过命名来实现的。这种与图画命名对象之间的关系，与图画超越性的联系，都由构图来实现。构图是描画媒介中一股更强的力量，它不偏不倚，也就是说，构图绝不会通过图形线条来破坏描画，而是会将图形线条纳入其中，这是因为构图虽然高于描画，但构图与描画并非敌对关系，而是有亲缘关系。这种力量就是言说的话语，在绘画语言的媒介中，它作为一种无形的存在，只在构图中才显现出来。图画是按照构图来命名的。从之前内容中自然可以理解，严格意义上的描画和构图是每幅图画的要素，且这些图画需具备可命名性。然而，如果一幅图画不具备这种性质，那么它将不在我们所讨论的图画范畴，当然它也会进入整个描画媒介中，而我们根本无法想象这样的画是什么样子。

绘画中的重要历史时期是根据构图和媒介来划分的，即根据绘画中所包含的词语，以及该词语是如何被描画的。当然这里不讨论描画和词语任意组合的可能性。例如，在拉斐尔的绘画作品中，可能主要是名字，而在现代画家的绘画作品中，其描画可能是结合一些引导性词语。构图，即命名，用以我们理解图画与词语之间的关系；然而整体来看，根据描画和词语的性质来确定画派和画作的形而上学的位置，至少需要对描画和词语的种类进行深入的区分，而这种区分还处于起步阶段。

（3）空间作品中的描画。在空间作品中也存在描画，正如通过线条的某些功能，标记也可具有建筑艺术上的意义（因此也有空间意义）。显然，空间作品中的这些描画通过其表达的意义与描画领域相关联，但是它们的确切关系需要进一步研究来确定。特别是这些描画通常以纪念碑或墓碑的形式出现，不过从严格意义上讲，只有那些在建筑艺术和雕塑上尚未成型的形象，才能被称为描画。

原文未发表，写于 1917 年，骆佩译自 Walter Benjamin，*Medienästhetische Schriften*，Suhrkamp Verlag Frankfurt am Main 2002，SS.271 - 275。

被遗忘的儿童旧书

"您为什么收集书籍?"——有人曾经用这样的问题来唤起藏书家们对自我的思考吗? 回答会是多么有意思啊,至少坦率的回答会是有意思的。因为只有外行人才会相信,无须做些隐瞒和美化处理就能对此作答。傲慢、孤独、厌世——这是许多受过高等教育的成功藏家人性中的阴暗面。但凡热情有时都会露出其恶魔的一面;藏书的过程便能够别无二样地如实讲述其中的一切。然而,卡尔·霍布雷克的收藏准则中没有这些东西,他通过自己的著作①让大量收藏的儿童书籍现在为公众所知。对于友善、细致入微的人来说,无须通过书本就能知道:只有那些对儿童乐趣抱有热忱之人,才能够发现这个收藏领域——儿童书籍。这种热忱便是他藏书的起源,而任何类似的收藏领域要想枝繁叶茂,也都需要同样的源泉。一本书、一页,甚至仅仅是一个来自老式的、也许是从母亲和祖母那里传承下来的书本里的图画,都可以成为这种热情萌芽最初所依附的支点。封面是否松动,是否缺页,以及是否偶尔有笨拙的手笔留下痕迹,这都没有关系。追求漂亮的书籍样本是有其合理性的,但在这里,恰恰这样的追求将会毁了书籍收藏家。并且那些书的锈斑就如孩童没洗的手在书页上涂抹的痕迹,将那些对书籍外观过于挑剔的人拒之千里。

在 25 年前,当霍布雷克创建他的藏书时,儿童旧书已经被认为是废纸。他首次为它们提供了一个庇护所,在可预见的未来让它们免受造纸厂的侵害。在填满他书柜的几千册书中,可能数百册书都只有唯一一个样本,并留存在他这里。我们首位儿童书籍藏家并没有以威严和官气十足的姿态带着自己的著作出现在公众

---

① 卡尔·霍布雷克,《被遗忘的儿童旧书》。柏林:毛里求斯出版社,1924 年,第 160 页。

面前。他不是为了寻求对他工作的认可,而是为了分享他所发掘的美。分享的所有内容,尤其是约两百个最重要书目的附录都是收藏家们所青睐的,才不会"打扰"到那些不懂书籍收藏的人呢。德国的儿童书籍——作者在其历史中介绍道——诞生于启蒙时代。博爱主义者们通过他们的教育来测试这一大规模的人道主义教育计划。如果人类天生虔诚、善良和乐于社交,那么就能够从儿童的天性中培养出最虔诚、最善良和最乐于社交的品质。由于在很多理论化的教育中,能够实际影响学生的方法直到较晚的时候才被发掘,并且还是从一些尚存在问题的劝诫开始,所以在最初几十年里,儿童书籍都具有教益性、道德性,并根据自然神论对宗教问答书的释义做了一些变化。霍布雷克对这些文本进行了严格的批判,认为它们对于儿童来说很枯燥且缺乏意义。但这些已经被克服的缺陷与现今对儿童本性的错误理解相比简直微不足道:押着韵的叙述里有着极其扭曲的趣味,以及被上帝抛弃的、自以为很懂孩子的画手绘制的傻笑着的婴儿面孔。孩子期望成年人提供明确和易懂的、但不是过于儿童化的表达,最不希望的就是成年人通常认为的那种表达方式。因为即使对于那些遥远而严肃的事情,只要它们是真诚而毫不矫揉造作地发自内心,孩子也都能够理解其中的精髓,或许在那些古法兰克语文本中也能找到一些价值和意义。除了启蒙读本和宗教问答书之外,最初的儿童书籍还有图解词典、插图词汇书,或者是人们所说的阿莫斯·孔美乌斯的《图示世界》。启蒙运动也以其自己的方式采纳了这种图解形式,并诞生出了巴泽多①的巨著《基础教材》。这本书在文本内容方面也非常令人愉悦。当时的通识教育强调各种事物的"用途"——包括数学的用途和走钢丝的用途——和这些冗长啰唆的通识教育相比,

① 约翰·伯恩哈德·巴泽多(Johann Bernhard Basedow)是 18 世纪德国教育家、改革家和作家,提倡现实主义的教学方法,德国启蒙运动时期的重要人物之一。——译注

这本书里的道德故事充满了直白的叙事，并且有意制造了一些幽默和滑稽。除了这两本作品外，后来的《儿童图画书》也值得一提。它共有十二卷，每卷有一百张彩色铜版画，由 F. J. 贝图赫主编，于1792 年至 1847 年在魏玛出版。这本图画百科全书在其精心制作中证明了那个时代为儿童付出了多么大的热情。如今，大多数家长却不愿意将这样的珍宝交到孩子手中。贝图赫在前言中毫无顾虑地呼吁读者剪下书中的图片。最后，童话、歌谣、民间故事和寓言，某种程度上都成为儿童书籍内容的丰富源泉。这些不言而喻也都是最纯粹的。孩子们被认为是如此不同寻常、无法比拟的存在，以至于人们必须极具创造力地为他们创造娱乐，这是现代彻彻底底的一种偏见，由此产生了新型的类似小说的青少年书刊，其中的图画毫无根基，充满了暗淡的元素。挖空心思去制造适合儿童的东西——教具、玩具或书籍——实际上是没有意义的。但自启蒙时代以来，教育家们一直费心于此事。在这种执念中他们忽视了一个事实：地球上充满了纯粹和未被玷污的、吸引儿童注意力的事物，而且是最明确的那些事物。事实上，孩子们有一种特殊的倾向，那就是寻找一切活动场所，在那里，对物体的操作呈现在他们面前。他们无法抗拒地被各种废弃的材料所吸引，无论是在建筑、园艺、木工活动中，还是在裁缝或其他任何地方。在这些废弃材料中，孩子们能够看到物体世界专门只为自己展示的那一面。他们通过这些废弃材料将成人的作品重新塑造，不仅仅是模仿，而是将剩余的边角料重新联结在一起。通过这种方式，孩子们构建了属于自己的物的世界，一个在大世界中的小世界。而这样的废弃材料中就包括童话，它也许是在人类精神生活中最为显著的部分：即在传说的产生和衰落过程中的废弃材料。孩子能够像摆弄材料碎片和积木一样独立地、不受束缚地摆弄童话材料。在童话中孩子们建构着自己的世界，将童话的主题元素联系起来。对于歌谣也是类似的。还有寓言——"寓言在良好的形式下可呈现出深刻的智慧,但孩子们可能很少能够完全领会。儿童教育的外行往往猜测并期望着,青少年读者对寓言爱不释手是因为其所附带的道德寓意,或者他们读寓言以培养智力。可事实并非如此,孩子们无疑更喜欢那些像人一样说话和有理性行为的动物,而不是思想深刻的文本。"书中在另一个地方提道:"那些特定的青少年文学——非常确定的是,其一开始就是巨大的失败。"另外补充一下,其实这种失败还可以举出很多案例。

即使是这个时代中最过时、最古板的作品,也有一样东西能够挽救对它们的兴趣:作品中的插图。插图逃避了博爱教育理论的控制,艺术家和儿童很快就绕过教育家达成了共识。艺术家创作插图时好像并不完全是为了迎合教育家的意愿。从寓言故事书里可以看出,类似的图画在不同的故事书里以或多或少的变体形式出现。甚至可能追溯到更早时期的图解书籍同样如此,比如铜版画上 17 世纪的世界七大奇迹也是反复出现。据推测,这些作品的插图与巴洛克艺术中的象征主义有历史联系。这些领域并不像人们所认为的那样互不相干。在 18 世纪末,出现了绘有各种物品的儿童画册,这些物品在一页纸上彼此组合,没有任何人物形象。这些物品都以相同的字母开头:苹果、锚、农田、地图等。这些词语可能还附带有一种或多种外语的翻译。这个艺术任务在某种程度上与巴洛克时期的画家们所面临的任务相似,即把有寓意的事物以图画形式组合起来。在这两个时期都产生了富有创造性且具有重要意义的解决方案。还有一个最引人注目的现象:在为了积累广泛通识而不得不牺牲大量前人的文化遗产的 19 世纪,儿童书籍却没有在文字和插图方面遭受任何损害。比如像维也纳的《伊索寓言》(第二版,由海因里希·弗里德里希·穆勒于维也纳出版,无年份)这样精细创作的作品(令我很高兴的是它出现在霍布雷克收藏的目录中),在 1810 年后就再也找不到了。19 世纪的儿童书籍在雕刻和色彩方面根本无法与之前的作品相媲美。它的魅力在很大程度上源于其原始性，它是一个时代的见证，因为这个时代正是旧的手工制造业与新技术的初期发展相互交织的时期。自从1840年以来，石版印刷占据主导地位，而在此之前，铜版印刷仍然涉及18世纪的主题。比德迈耶时期以及20和30年代的绘画仅在色彩方面具有特色和新意。"我认为，在比德迈耶时期，人们似乎对玫红、橙色和蓝青色特别偏爱，还经常使用明亮的绿色。相较于闪亮的衣物、蔚蓝的天空、火山狂舞的烈焰，那些简单的黑白铜版和石版印刷作品显得平平无奇，而它们一般在无聊的大人眼中似乎已经足够好。在哪里还会再次绽放这样的玫瑰，在哪里还会出现这样红扑扑的苹果和脸庞，在哪里还会有穿着绿色短上衣、系着黄色丝带、一身紫红色武装的轻骑兵？甚至贵族父亲那顶朴素的灰色礼帽、漂亮母亲的金黄色头饰都引起了我们的赞叹。"这种自足的、绚丽夺目的色彩世界完全是儿童书籍所独有的。由于色彩、透明度或明亮的色调多少会损害图画与纸平面的关系，不免让图画显得空洞。然而，儿童书籍中的图画通常受制于所画对象和图形结构的独立性，从而无法考虑颜色和纸平面的综合效果。在这些色彩游戏中，纯粹的幻想可以自由地表达，不再受到任何责任的束缚。儿童书籍并不旨在将孩子们直接带入物体、动物和人类所构成的所谓的现实世界。孩子们会逐渐在外部世界中找到这些概念的意义，前提是这些概念必须与他们的内心世界相符。儿童的内心世界与色彩有关，色彩是儿童梦幻生活的媒介，它引导着孩子们的思维和感知。他们从色彩中学习，那里是令人忘我和引发感性凝视的家园。

然而，最引人注目的现象出现在比德迈耶末期，即19世纪40年代，与技术文明的兴起和文化的平衡化同时发生，并与它们存在一定的联系。当时，中世纪时期的层级化社会结构已经彻底解体。在解体的过程中，最精美、最高贵的文化材料都被置于最底层，因此，有洞察力的人在书写和绘画等不被重视的领域，如儿童书籍中，找到了那些在被广泛认可的文化文献中都没有的元素。不同思维层面以及行动方式的相互融合清晰地呈现在那个时代的波希米亚生存方式中，但这种生存方式未能在霍布雷克的收藏中占有一席之地，尽管有一些最完美、最珍贵的儿童书籍是要归功于这种追求自由、创意的生活方式的。例如，约翰·彼得·勒瑟，一名记者、诗人、画家和音乐家，他曾为 A. L. 格林的《寓言故事书》绘制插图（格里马，1827），《给知识分子阶层子女的童话书》（莱比锡，1834）的文本和插图都是勒瑟创作的，以及《莱恩娜的童话书》由勒瑟绘图，由 A. L. 格林撰文（格里马，无年份）——这是勒瑟的儿童作品中最美的三本。它们的石板印刷色彩与比德迈耶时期的火热色彩形成鲜明对比，更适合于表达那些具有疲惫、消瘦表情的人物、幽暗的风景以及童话的氛围，夹杂着一丝讽刺和恶魔式的情绪。这种独特艺术水平在多卷本的、带有作者自创石版画的《一千零一夜》中得到了最充分的展现。《一千零一夜》是一个毫无原则的、内容杂乱的故事集，包含了童话、传说、地方传奇和恐怖故事，于 19 世纪 30 年代由梅森的 F. W. 格德舍出版社出版。德国最普通的城市——梅森、朗根萨尔察、波兹夏佩尔、格里马、新哈尔登斯莱本——在收藏家眼中形成了一个神奇的地理联系。在那里，可能有教师同时兼任了作家和插画家。有那么一本小书，共有 32 页和 8 张石版画，向朗根萨尔察的青年们介绍了埃达众神，人们可以想象一下这本小书会是什么样子。

　　然而对于霍布雷克而言，他的兴趣焦点更多集中在 19 世纪 40 年代到 60 年代。尤其是在柏林，画家西奥多·霍斯曼将他出众的才华主要用于青少年读物的插图。即使是不太精心制作的图画，其色彩中那冷色调的优美以及图中人物所表现出的令人舒适的冷静赋予了图画一种独特的印记，是每一个柏林人都喜爱的。那么，早期一些不那么程式化和烦琐的大师作品无疑当属霍布雷克收藏中的精品，比如漂亮的插图《洋娃娃温德霍尔德》，对于鉴赏家来说，相比那些在所有古董店都能找到的、统一尺寸和标有"柏林温克尔曼 & 儿子们(Berlin Winckelmann & Söhne)"出版社字样的作品，这些作品反而更有价值。除了霍斯曼之外，还有拉姆贝格、里克特、斯佩克特、波奇等画家，这里不再赘述。对于儿童的观感而言，黑白木刻图为他们打开了一个属于自己的独特世界。它们的原初价值与彩色图画是对等的：黑白是对彩色的补充。彩色图画让儿童的想象力沉浸在图画本身中，充满梦幻色彩。而黑白木刻图画，作为朴实的实际描绘，则将想象力从图画中解放出来。这些图画中蕴含着一种无法抗拒的、让人想要去描述它的冲动，从而唤醒了儿童的语言。然而，孩子以文字的形式描述这些图画时，与其在实际生活中描述图画是一致的。孩子是将自己置于图画之中的。黑白画——无论是对于图画本身还是对于孩子们来说，都不像彩色画那样总是提醒人"请勿触摸"(Noli me tangere)。黑白画的表面是以一种隐晦的方式构建起来的，而且能够浓缩地展现一些东西。儿童就在其中创作。因此，儿童在其他方面，尤其是感官意义上，也在"描述"这些图画。他们在图画上涂写。他们通过对图画的语言描述学习书写象形文字。这些朴素的儿童图画书籍的真正意义不在于直白的表达，出于这个原因它们也备受理性主义教育学的推崇。但在这里也得到了证实："对于很多事情，庸人经常可以做出正确的结论，但理由却从来不正确。"因为没有其他图画如这些黑白图画一样，能够将儿童领入语言和书写——这是真实存在的情况，那么感受到这一点，人们就用文字描绘出了以前儿童课本图画的含义。如今出现的彩色课本插图是一种误导。在黑白图画的王国里儿童肆意发挥着想象，而在彩色的王国里他们只是沉浸于梦幻之中。

在历史学编纂中，对最近发生事件的讨论都属于有争议的部分。这在人畜无害的儿童书籍历史中也别无二样。对于 19 世纪最后二三十年的青少年书评可能最容易引起争议。也许霍布雷克在批判令人反感的学校教师的训斥口吻时,没有太多注意到新一代青少年文学中更隐蔽的问题。这也不是他的任务。人们骄傲于懂得有关儿童内心世界的心理学知识,但这些知识无论是在深度还是在生命价值方面都无法与像让·保罗的《勒瓦娜》这样的古典教育学相提并论,这种骄傲孕育出一种文学,这种文学在追求读者注意力时变得自满,从而导致失去了它们应有的道德内涵,而正是这种内涵赋予了那些最枯燥乏味的古典教育尝试以尊严和价值。如今不再有以理解儿童心理为傲的心态,取而代之的是对新闻媒体的关键词的依赖。匿名工匠与儿童观察者之间的共鸣逐渐消失;作家和插画家越来越多地通过不正当的手段,如对时事和潮流的捕捉,来吸引儿童的注意。那些矫揉造作的姿态并不符合儿童本性,是人们对儿童的错误理解,却在图画中变得很普遍。这种创作格式失去了优雅的朴素,令人厌烦。在所有这些庸俗作品中,毫无疑问蕴藏着最有价值的文化历史文件,但它们还太时新,以至于人们还无法完全纯粹地欣然接受。

不管怎样,在霍布雷克的作品中,无论从内在还是外在的形式来看,都流露出最可爱、最浪漫的儿童书籍的魅力。版画、彩色整图、剪影和正文中的精美彩色插图使它成为一本非常令人愉快的家庭读物,不仅成年人会乐在其中,孩子们也可以尝试在古老的拼音文本中拼读,或在图画下寻找填色模板。然而,对于作为收藏家的霍布雷克而言,唯一可能让这份愉悦蒙上阴影的是,他可能会看到这些书价格的上涨。不过他仍希望,那些由于疏忽而遭受破坏的书籍能够得益于他的这部作品而得以保存下来。

原载:"Illustrierte Zeitung" 1924 年,骆佩译自 Walter Benjamin, *Medienästhetische Schriften*, Suhrkamp Verlag Frankfurt am Main 2002, SS.276 - 283。

儿童书籍一瞥

日薄西山中的希望

C. F. 海因勒

在安徒生的一则故事中，出现过一本以"半个王国"的价格买来的图画书。书中一切都是活的。"鸟儿在歌唱，人们从书中走出来并相互交谈。"但是，当公主翻动书页时，"他们立刻又跳了回去，以防止场面混乱"。安徒生写的许多东西都像这个虚构的小故事一样可爱、模糊，但恰恰忽略了重要的一点。不是事物从书页中走出来，而是孩子们在观看中把自己变成了一团云彩，吸取了图画世界的色彩，融入其中。他们在图画书中体验到了道家至高的艺术境界：孩子掌握了平面的幻觉，置身于彩色的布景与帷幕之间，进入了一个童话故事的舞台。在中文中，"画"就很像"挂"：人们将五种颜色挂在事物上。德语称之为"anlegen"，即"安置"。在这种充满颜色的、开放的世界中，一切都在一步步移动，孩子们被纳入游戏的一部分。在阅读和观察图画时，孩子们被所感知到的色彩包裹着，他们置身于一个化装舞会，并参与其中。孩子们读书时，文字也加入了化装舞会，像叮咛作响的雪花一样飞舞。"Prinz（德语中的王子）这个单词，带有一颗系着领带的星星"，一个七岁的男孩这样说道。孩子们在编故事时是不受"意义"审查的导演。对此，可以很容易地检验。如果给他们四五个具体的词，让他们快速组成一个简短的句子，就会诞生出最令人惊讶的散文：这不是儿童书籍的全貌，而是通向儿童书籍的指向标。这些词汇突然穿上戏服，转眼间就卷入了战斗、爱情场景或争吵之中。孩子们就是这样写作的，也是这样阅读文本的。还有一些稀有而令人热衷的儿童书籍，它们在图画中设置了类似的游戏。例如，在字母"A"的画板上，堆积了一个令人困惑的静物画，直到你发现这里有：Aal（鳗鱼），ABC-Buch（儿童书籍），Adler（鹰），Apfel（苹果），Affe（猿猴），Amboß（铁砧），Ampel（红绿灯），Anker（锚），Armbrust（弓弩），Arznei（药品），Ast（树枝），Aster（紫菀），Axt（斧子）。孩子们对这些图画就像对自己的口袋一样那般熟悉，他们里里外外、仔细研究了每一部分，没有遗漏任何小碎片或线索。彩色图画让儿童的想象力沉浸在图画本身中，充满梦幻色彩。而黑白木刻图画，作为朴实的实际描绘，则将想象力从图画中解放出来。这些黑白图画中蕴含着一种无法抗拒的、让人想要去描述它的冲动，从而唤醒了孩子们的语言。不过，孩子们以文字的形式描述这些图画时，与其在实际生活中描述图画是一致的。他们在黑白画上涂写。与彩色图画不同，黑白画的表面是以一种隐晦的方式构建起来的，而且能够浓缩地展现一些东西。因此，孩子们在其中创作。它们不仅教会孩子们语言，还教会孩子文字：即象形文字。如今，人们仍然在这些符号中赋予初级拼读单词以物体的线条图像，比如"Ei"（"鸡蛋"）、"Hut"（"帽子"）。这种朴实的儿童图画书籍的真正价值远远超越了那些理性主义教育学派所推崇的生硬与直接。——正如一个古老的图画书中的这句经典儿歌说道，"像孩子一样记住一个地方"，用眼睛和手指穿越他的图像世界：

小城前坐着一个小矮人，

小矮人后有一座小山，

小山里流出一条小溪，

小溪上漂着一只小船，

小船下有一个小屋，

小屋里坐着一个小男孩，

小男孩后有一个小板凳，

小板凳上有一个小柜子，

> 小柜子里有一块小奶酪，
> 小奶酪里有一个小鸟巢，
> 小鸟巢前坐着一只小猫，
> 我要记住这个地方。

J. P. 魏西：木马与玩偶，内尔特林根，1843 年

在画谜中，孩子以不那么系统化但更任性和更狂野的方式找寻"小偷""淘气的学生"或"隐藏的老师"。这些图画充满了矛盾性和不可能性（这些特性如今被视为图画艺术价值的标尺），实际上只是一场假面舞会，一出傲慢的即兴戏剧，画谜中的人物在其中倒立、将腿和手臂伸进树枝之间，并将屋顶当作披风穿戴。这场图画狂欢节还席卷到拼读和文字读本等更为严肃的领域。19 世纪上半叶，纽伦堡的雷纳（Renner）出版了 24 幅系列图画，将字母乔装打扮——如果可以这样说的话。F 以方济各会修士的装束出现，K 以文书的形象出现，T 以搬运工的形象出现。这种游戏受到了如此热烈的欢迎，以至于直到今天，人们仍然可以在各种各样的版本中看到这些主题。最终的谜题宣告了词汇和字母狂欢的开始。最终目的是解谜：在华丽的谜题外表之下，蕴含着箴言和些许理性，等着孩子们去发现。这个画谜（值得注意的是以前曾被解释为"rêver"而不是"res"）有着极高贵的历史渊源，直接源自文艺复兴时期一份最宝贵的印刷品《寻爱绮梦》①中的象形文字，可以说这是此画谜贵族血统的证明。在德国，它可能从未像在法国那样广泛流传，法国在大约 1840 年流行着引人入胜的画谜系列，它们用图像承载了文字。然而，德国的儿童也拥有非常有趣的"教育"画谜书。最晚在 18 世纪末出现了一本书，名为《〈便西拉智训〉中的道德箴言，适用于各种社会阶层的儿童和年轻人，附有能够表达最

---

① 《寻爱绮梦》（意大利语：*Hypnerotomachia Poliphili*）是本印刷于文艺复兴时期，被认为是历史上一本不寻常的书。——译注

重要词汇的图像》①。文本以铜版画的方式被装饰起来,其中任何可能的名词都通过精美的着色实物或寓言图像来表示。甚至在1842年,伊布纳出版社出版了一本《儿童小圣经》的书,其中包含了460幅类似的插图。过去的儿童书籍不仅旨在提升儿童的思想和创造力,还为儿童的动手能力创造了广阔的空间。众所周知的有拉绳书②(似乎是最容易腐化的一种,无论是作为一种文学体裁还是作为书籍副本,其寿命都是最短的)。一个有趣的作品是《玩具书》③,可能于19世纪40年代——在巴黎由珍妮特出版。它是一本有关波斯王子的小说,他的一生经历了各种各样的故事,这些故事都以图画的形式记录下来,每个图画的边缘都有一个带有魔力的滚动条,当你移动滚动条时,图片会发生变化,出现不同的场景。还有些书籍有这种类似的装置,书中的图片上有门、帷幕等可以展开,它们后面还藏有小图片。最后,正如变装娃娃进入自己的故事一样(《伊莎贝尔的变身或六种形象的女孩。一本给女孩子的娱乐书,带有七张彩色的、可移动的图画》,维也纳),这些精美的游戏拱门也随之进入了书籍中,其中附带的纸片人物可以通过秘密的缝隙卡槽等多种方式固定在书上。因此,根据故事的不同情节,可以装饰出不同景色或屋子。有少数人在童年或者作为收藏家曾经幸运地碰到过一本魔法书或画谜书,那么对他们来说,所有这一切就不足为奇了。这些巧妙设计的书籍根据读者翻阅的位置,展现出不断变化的页面。对于熟悉这些书的小女孩来说,相同的图画会在一连串新的页面上出现十遍,直到移动她的手,此时就好像书籍在她的掌握下发生了变化,呈现出完全不同的画面。这样的一本书(正如18世纪的一本四开书所示)似乎根据翻页的方式,有

---

① 原书名为 *Sittensprüche des Buchs Jesus Sirach für Kinder und junge Leute aus allen Ständen mit Bildern welche die vornehmsten Wörter ausdrucken*。——译注
② 这种类型的儿童书籍可以拉动或弹出的图像和元素,以增加互动性和视觉吸引力,通常具有各种机关和装置,可以改变图像或场景,使之更生动和有趣。——译注
③ 原书名为 *Livre jou-jou*,是本雅明收藏的一本儿童拉绳书。——译注

时只是一个花瓶，然后不断地变成一个魔鬼的脸，然后是鹦鹉，再后来是纯白或纯黑的纸张、风车、宫廷小丑和皮埃罗等。还有另一本书，根据翻阅的方式，展示了一系列玩具和零食，供乖巧的孩子享用，然后，如果你以另一种方式查看，会呈现一系列惩罚工具和可怕的面孔，供不听话的孩子看。

19 世纪上半叶，儿童图书黄金时期的出现不仅仅是因为具体的教育观念（如今的教育观念在某些方面甚至还更胜一筹），更是因为在那个时代，市民每日生活的瞬间被捕捉到了。简而言之，它源自比德迈耶，源自那最小城市里的出版商，他们的出版物就像当时简朴的实用家具一样可爱，那些书就在这些家具的抽屉里沉睡了一百年。因此，当时不仅有来自柏林、莱比锡、纽伦堡和维也纳的儿童书籍；实际上，像迈森、格里马、戈塔、皮尔纳、普劳恩、马格德堡、诺伊哈尔登斯勒本等地名在收藏家的心目中有着更具前景的声誉。几乎所有这些地方都有插图画家在工作，但他们大多数情况下都没有留名。不过，不时会有一个画家被发现并被写入传记。约翰·彼得·莱瑟（Johann Peter Lyser）就是这样一个画家，他还是一个音乐家和记者。A. L. 格林（格里马，1827 年）的寓言书以莱瑟的画作为插图，还有《教育有素的阶级子女童话书》（莱比锡，1834 年），其中的文本和图像都是莱瑟的作品，以及《莱恩娜的童话书》（格里马，年代不详），其中的文本由 A. L. 格林编写，图画由莱瑟创作，这些都是他为儿童创作的最精美的作品。和比德迈耶时期的明亮色彩相比，这些石版画的色彩显得黯淡，更适合于表达那些具有疲惫、消瘦表情的人物、幽暗的风景以及童话的氛围，夹杂着一丝讽刺和恶魔式的情绪。这些书中的手工艺术与小资产阶级日常生活紧密相连，这些书籍不是用来欣赏的，而是像使用烹饪食谱或谚语一样使用它们。它们从浪漫主义最狂热的梦想中，呈现出了一些通俗和儿童化的变体。因此，让·保尔（Jean Paul）成为它们的庇护神。他的中部德国童话故事里的仙境世界在这些图画中得以展现。他的诗歌里的自足丰富的色彩世界，没有其他任何诗歌可以与之媲美。因为他的天赋，就像颜色的天赋一样，都是建构在想象力而不是创造性能力之上的。与创造性的幻想不同，想象力的视觉观察在本质上是一种原始现象。人类能够创造或表现出与他们所感知到的事物相符的形式和轮廓。舞蹈中的身体和绘画中的手其实都在模仿这些轮廓，并逐渐掌握它们。但是，这种能力在色彩的世界中有着自己的限制；人类的身体无法创造颜色。他们不以创造性的方式与颜色相符，而是以接受性的方式：即通过映射着多种颜色的眼睛。〔此外，从人类学的角度来看，视觉是感知的分水岭，因为它同时涵盖了形状和颜色。它一方面具有主动将对象对应起来的能力：形状感知和运动、听觉和声音，但在另一方面具有被动的感知：颜色感知属于嗅觉和味觉的感知领域。"看/看起来"（sehen/aussehen），"闻"，"尝"等范畴在客观对象和人类主体之间既以不及物动词的形式使用，也以及物动词的形式使用，言语将它们统一了起来。〕简而言之，纯色是想象力的媒介，是嬉戏孩童的云彩乐园，而不是建筑艺术家的严格规范。颜色影响着人们的感官和道德，这也正是歌德所理解的浪漫主义的题中之义。"透明的颜色在明亮和黑暗中是没有边界的，就像火和水都可以分别被看作是自己的高度和深度……光与透明颜色的关系是，在你深入其中时，是无限迷人的，颜色的点燃、融合、再现和消失，就像从一个永恒到另一个永恒的长时间的呼吸，从最高的光直到最深的声音之中的寂静与永恒。与之相反，不透明的颜色就像花朵，它们虽然不敢与天空比肩①，但它们有两面，一面像白色，是薄弱的一面，一面如黑色，是邪恶的一面。然而，正是这些颜色能够……产生如此优美的变化和自然的效果，以至于……最后，透明颜色只是像鬼魂一样在其上进行游戏，只是为了凸显这些颜色。"歌

---

① 天空在这里喻指透明色。——译注

图 1：《伊索寓言》（第二版）维也纳，位于科尔市场 1218 号，由艺术商海因里希·弗里德里希·穆勒出版（本雅明收藏）

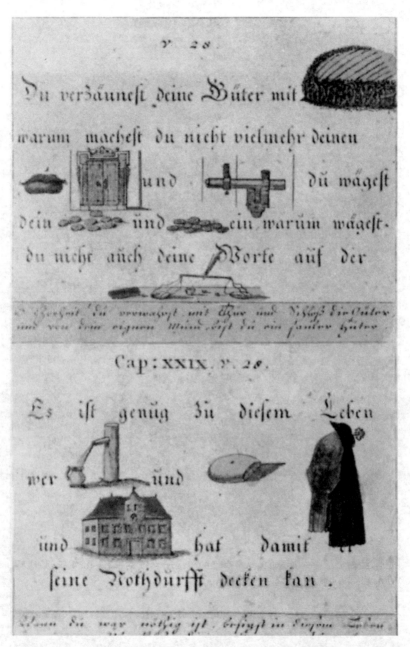

图 2：《便西拉智训》中的道德箴言，纽伦堡（本雅明收藏）。

图 3：约翰·彼得·莱瑟的《教育有素的阶级子女童话书》。1834 年，莱比锡，Wigand'sche 出版社。（本杰明收藏）

图 4：《红色奇幻伞》。一本新的儿童故事。诺伊鲁平，由古斯塔夫·库恩印刷和出版。（本杰明收藏）

德在《色彩论》的附录中的这些话恰如其分地表达出了那些勇敢的调色师的感觉，也表达了儿童游戏的精神。想想那些都基于想象中的纯粹视觉的事物：肥皂泡、茶艺、幻灯片上湿润的色彩、水墨画以及彩印画。在所有这些事物中，颜色在物体之上漂浮着。因为它们的魔力不是源自有色的物体或平淡无奇的色彩，而是源自有色的光辉、有色的光泽以及有色的光线。在全景的尽头，视野将会转向一个典型的比德迈耶风格的开满鲜花的岩石。一位有着旋律之手的诗人依偎在一位天蓝色的女神身边。旁边一个长着翅膀的小孩绘制着诗人的灵感。散落在周围的是竖琴和琉特。小矮人在山的怀抱中有吹拉弹奏。天空中正夕阳西下。莱瑟曾经画出了此番景象，在色彩斑斓的风景中，孩子们看书的目光和脸颊闪烁着火焰般的光芒。

原载："Die literarische Welt"1926 年，骆佩译自 Walter Benjamin, *Medienästhetische Schriften*，Suhrkamp Verlag Frankfurt am Main 2002，SS.284 - 289。

花朵以新的形式呈现

　　评论是一门社交艺术。对于评论家的判断，理智的读者可以不予理睬。但他会深深欣赏评论家那种不请自来的参与，就像在一张已经铺好的餐桌旁，评论家们招呼我们坐下，带着所有的想法、问题、信仰、怪癖、偏见和思考，让我们这几百名读者（有这么多吗？）忘掉了个体读者的身份和独特性，在讨论或交流中逐渐融入其中——这就是评论。至少它是唯一的方式，能激发读者对一本书的兴趣。

　　如果对此你也表示赞同，那么接下来这本书的一百二十幅插图将等待着无数的观察和无数的观众。是的，我们希望这个丰富而言辞吝啬的作品有更多的朋友。但要尊重这位作者的沉默，他在这里呈现了这些图像。也许他拥有的知识，会让他变得寡言。而这里更重要的是技能，而不是知识。能够完成这个植物照片集的人肯定拥有一定的能耐。在那场将会深刻改变我们世界观的大规模感知审查活动中，他贡献了自己的一分力量。他证明，新摄影先驱莫霍利-纳吉所言即："摄影的边界是无法预测的。这里一切都很新颖，甚至'寻找和尝试'都会带来创造性的结果。对此，技术不言而喻是开路者。未来的文盲不是'文字'盲，而是'摄影'盲。"无论是用时间加速轴对植物的生长进行摄影，还是放大四十倍来显示它们的形态——在这两种情况下，新的图像世界的喷泉会从我们未曾想过的存在之处喷涌而出。

　　这些照片在植物世界中展现了让人意想不到的类比和形式宝库。只有摄影能做到这一点。因为我们的惰性将这些形式掩盖，需要对它们极度放大，我们才能看到这些形式。备受喜爱却又常常被误解的格兰维尔在他的《有生命的花》里，从植物王国中创造了整个宇宙，这是多么"不客观"而又多么天才的方法，比任何方法都更体现出新客观主义。他从相反的角度着手——且绝不是以温和的方式。他将这些纯粹的自然生物打上了囚徒印记，那就是人类的面孔，并直接在花朵中央刻画了出来。这位新客观主义的伟大先驱掌握了宣传广告的一个基本原则，即图形的施虐（graphischer Sadismus）①，几乎无人能及。奇怪的是在这里，我们看到了宣传广告的另一个基本原则，即通过将植物界极致放大，轻轻抚平了一些漫画所带给它的伤害。②

"艺术的原始形式"——除了叫作自然的原始形式，还能叫作什么呢？形式从来不仅仅是艺术的专利，一切被创造的事物都有其原始形式。此外，这也让最冷静的观察者思考，这里的放大——例如，放大植物或放大它们的蓓蕾和叶子——是如何引导我们进入如此不同的形式领域，这种形式领域类似微小的形式领域，例如，在显微镜下的植物细胞。显微镜想要粗暴和强制地带我们进入微观世界。新兴画家克利（Klee）还有康定斯基（Kandinsky）长期以来一直致力于将这样的微观世界带给我们，其实在这些放大的植物中更容易发现一些植物的"风格形式"。在刻着鸟巢蕨的主教权杖上，在骑士刺草和虎耳草的花朵上，你可以感受到一种哥特式的错觉。它们也像教堂的窗花一样，穿越墙壁，彰显着自己的名字。此外，草本植物中还有最古老的柱状形式，在被放大十倍的栗子和枫树芽中出现了图腾柱，铁制马蹄藤的萌芽如一名天才舞者绽放的身体。每朵花萼和每片叶子都呈现出内在的图像必然性，这种必然性决定着事物各个阶段的变化。这触及了创造性最深不可测的形式之一，触及了那个变式，那个变式就是天才的、创造性的和自然的形式：即古人所说的"Natura non facit saltus"（自然界绝无"大跃进"）。也许我们可以大胆地说，这是女性和植物生命的

---

① 即通过表现残酷、暴力或虐待的图形方式来吸引注意。——译注
② 这种方式通过某种柔和的、治愈的方式来吸引观众，以抚平先前表现的残酷或伤害的效果。——译注

原则本身。这变式是顺从和协调的,是柔软和永无止境的,是聪明和无处不在的。

　　而我们作为观察者,就像小矮人在这些巨大的植物中漫步一样。只有拥有像歌德和赫德尔那般卓越的精神和明澈的眼睛,才有幸可以从这些花朵中吮吸所有的甘甜。

　　原载"Die literarische Welt"1928 年,骆佩译自 Walter Benjamin, *Medienästhetische Schriften*, Suhrkamp Verlag Frankfurt am Main 2002,SS.156 - 157。

邮票交易

对于浏览一堆旧信件的人来说，破旧信封上早已不流通的邮票会述说出很多东西，通常比读几十页信所得到的还要多。有时人们会在明信片上看到这样的邮票，以至不敢确定：是应该将这些邮票揭下来还是保持明信片的原貌，那明信片就像过去大师画在纸上的艺术创造，即在正面和背面画有两幅不同但同样珍贵的画作。有时在咖啡馆的玻璃柜里也能看到盖着邮资不足邮戳的信件，这是放在那里示众的，或许人们将它们放在这个玻璃柜里，为的是使它们在这个宛如萨拉斯·依·戈麦斯①式的玻璃岛内经受多年等待的折磨？长期没有被开启的信件变得有点冷漠，收信人被剥夺了收信权，它们耿耿于怀，默默策划着为长期蒙受的痛苦作出报复。后来，它们当中有许多出现在邮票商的橱窗里时，已被盖满了的火漆邮戳搞得面目全非了。

有些收藏家只关注盖了邮戳的邮票，而且，这样的人还不少。因此，人们会相信，只有他们才洞察个中奥秘。他们专注于邮票的神秘部分：邮戳，因为邮戳是邮票的暗黑面。有将光环置于维多利亚女王头部四周的纪念性邮票，也有给亨伯特②戴上一个荣誉殉难桂冠的预言性邮票。但是，没有一种施虐奇想比得上将票面拉上满是条状印痕并像一场地震那样劈开整块地面的邪恶做法。③ 如此被施以暴行的票体与其呈网眼纱衣状的白花边饰形成了鲜明的对比，由此对比得到的变态快感是：对锯齿状的偏爱。

---

① 萨拉斯·依·戈麦斯(Salas y Gomez)系太平洋上一个无人居住的小岛。由于西班牙探险家萨拉斯·依·戈麦斯最初发现了该岛，故得此名。——译注
② 亨伯特一世(Umberto，1844—1900)，亲德国的意大利国王(1878—1900)。在米兰附近的蒙萨被暗杀。——译注
③ 德国邮政局的邮戳是用滚筒印章在邮票的整个票面上拉上波浪形的均匀条纹。——译注

谁想去深入钻研这些邮戳，就必须像一名侦探那样去掌握有关最臭名昭著邮局的信息，就必须像一名考古学家那样掌握面对最陌生地名去重新建构其轮廓的艺术，就必须像犹太神秘教徒那样掌握整个世纪的数据清单。

邮票上面充满了细小的数字、极小的字母、小树叶和小眼睛，它们是画出的网状组织。所有这一切都密密麻麻地挤在一起，像低等动物那样即使被肢解也能活下去。因此，人们将破碎的邮票粘贴在一起就能够拼成美妙的图画。但是在这些图画上，生命总是带有一丝腐败印迹，因为它们是由坏死的东西粘贴成的。它们的脸颊和肮脏的群体里到处是遗骨和蛆虫。

一套长长邮票中的颜色序列兴许不就折射出了陌生的太阳之光吗？梵蒂冈或厄瓜多尔邮政部捕捉到的光线不为我们所知吗？为什么不向我们展示更好一些星球上的邮票呢？为什么不向我们展示金星上通行的上千种火红颜色的层次呢？为什么不向我们展示火星的四个大灰色阴影以及没有数字标记的土星邮票呢？

邮票上面标出的国家和海洋不过是一些小小的省份而已，上面画出的国王们只不过是数字雇佣和支使的人，数字随心所欲地将颜色泼到他们身上。集邮册是具有魔力的参考书，里面记录了有关王室和宫廷，以及有关动物、寓言和国家的一些数据。邮政往来正是建立在这些数据的吻合对应之上，正如天体星球的运行建立在天体数据的吻合对应上一样。

小于一马克的老式邮票上仅仅在椭圆形环中标明一个或两个大大的数字，看起来，就像是那些最早出现的照片，照片上我们根本不认识的亲戚们镶在黑漆框里从上朝我们看：变成了符号的姑奶奶或祖先。甚至图恩与泰克西斯①也有大面值的邮票，上面的大数字就像出租车上着了魔的计程器数字一样。假如某日晚上烛

①　图恩与泰克西斯(Thurn und Taxis)13世纪时系德国的王侯府第，15世纪被授予经营邮政业务的特许权，系德国"邮政服务"的创始者。——译注

光从它后面穿透过来，是不会令人感到吃惊的。但是也有不带齿孔、不注明货币种类和国家的小邮票。上面紧紧连在一起的网状图案里只有一个数字可见。或许这样的东西是真正不由主宰的。

土耳其皮阿斯特尔（Piaster）邮票上的字体，就像是斜插在精明的，只是半欧化的君士坦丁堡商人领带上的时髦别针，它们奢华而刺眼。那是邮政暴发户的标记，是尼加拉瓜或哥伦比亚邮票齿孔没有打好而歪七扭八地呈现出的样子。它们把自己打扮得像钞票一样。

补付邮资邮票是邮票中的鬼怪。它们从没有变过，王室和政府的递变从它们身上就像从幽灵身上经过一样，未留下一丝痕迹。

有个孩子手拿倒置的观剧镜向远方的利比里亚望去：一条细长的海洋后面长着棕榈树的正是利比里亚，完全像邮票上面所显示的那样。他和瓦斯科・达・伽马①一起驾船围着一个三角形区域航行，那是一个等腰三角形。那里，希望以及希望的色彩随着气候的变化而变化。那是好望角的旅游广告。当他在澳大利亚邮票上看到天鹅时，不管邮票颜色是蓝、绿还是棕色，他看到的总是澳大利亚才有的黑天鹅，这些黑天鹅在邮票上轻轻游过池塘水面，就像游过平静的太平洋一样。

邮票是伟大国家在孩子房间里分发的名片。

同格列佛②一样，孩子在邮票上所标出的国家和民族中旅行。他在睡梦中还记得小人国的地理和历史，记得有关这个国家全部科学的相应数字和名字。他参与他们的事务，出席他们紫红色的国民大会，观看他们建造的小轮船首次下水，与他们的君主们一起坐在矮树后面庆祝加冕。

---

① 瓦斯科・达・伽马（Vasco da Gama，1469—1524）葡萄牙航海家，1497—1498 年间绕过好望角到达印度。——译注

② 格列佛（Gulliver）系英国作家斯韦福特（J. Swift，1726—1788）讽刺文学作品《格列佛漂流记》（Gulliver's Travels）中的主人公。该书最前面的二章成了此后在世界范围内广泛流传的青年读物。——译注

存在着一种专门的邮票语言,它与花朵语言之间的关系就像是莫尔斯电码①与书面语言之间的关系。但是,花朵在电报机金属杆之间会盛开多长时间呢?战后发行的色彩斑斓的伟大艺术邮票不已经成为这片花圃中秋天的女菀花和大丽菊了吗?德国人斯蒂芬②,他是让·保罗③的同时代人并非偶然,他在19世纪中叶的一个夏季种下了这株秧苗,它不会活过20世纪。

原载:"Frankfurter Zeitung",1927年,收入"Einbahnstrasse" 1928年,王涌译自 Walter Benjamin, *Medienästhetische Schriften*, Suhrkamp Verlag Frankfurt am Main 2002,SS.134 - 137。

---

① 莫尔斯电码(Morsealphabet)系莫尔斯(S. Morse)于1838—1844年间发明的电传密码。——译注
② 斯蒂芬(Heinrich Stephan,1831—1897)普鲁士邮政总监。19世纪中叶他在全德意志帝国推出了统一的邮政法。——译注
③ 让·保罗(Jean Paul,1763—1825),德国作家。——译注

摄影小史

有关摄影缘起问题虽有未说清之处，其实并不完全像印刷术起源问题那样迷乱不清。我们或许可以较明确断言的是：当时有好几个人分别在为同一个目标努力，试图将最迟自达·芬奇时代以来的画作在暗箱里复制出来。这样，他们便不约而同地都预感到了发明摄影这一时刻的到来。尼埃普斯①和达盖尔②在经过了约5年的努力后同时成功做到了这一点。由于发明者当时碰到了申请专利的麻烦，法国政府趁势攫取了他们的发明，在给予一定补偿之后，便将摄影发明公之于世。于是，摄影技术便获得了持续不断的飞速发展，而且很长一段时间里，人们都不曾回望一下。所以，那些与摄影之兴衰相关的历史性或如人们所说的哲学性问题，几十年来都未受到过任何关注。要是说如今人们开始关注这些问题了，那也是有具体原因的。最近的出版物纷纷点出了一个惊人的现象：摄影的兴盛期出现在摄影发明后的最初十年里，那正是希尔③、卡梅伦④、雨果⑤、纳达尔⑥活跃的时代，然而，那是摄影迈向工业化之前的十年。这并不意味着摄影早期的传播者和叫嚣者没有借这项新技术来营利，事实上当时这样做的已大有人在。但那还不是工业化传播，而是更像集市上的工艺品制作。至今，摄影在这样的集市上还如鱼得水般自如。摄影走向工业化是随着名片印制才开始的，而将摄影用于名片制作的最初一批人也个个都成了百万富翁。如果说今日开始有摄影工作者将视线投向了前工业

---

① 尼埃普斯(Joseph Niépce, 1765—1833)，法国军官，摄影发明者之一。——译注
② 达盖尔(Louis Daguerre, 1787—1851)，法国画家，摄影发明者之一。——译注
③ 希尔(David Octavius Hill, 1802—1870)，苏格兰画家，摄影家。——译注
④ 卡梅伦(Julia Margaret Cameron, 1815—1879)，英国摄影家。——译注
⑤ 雨果(Victor Hugo, 1802—1885)，法国诗人。——译注
⑥ 纳达尔(Gaspard-Félix Tournachon Nadar, 1820—1910)，法国漫画家，摄影家。——译注

时代的摄影兴盛期,那么,这表明的只是他们正感受到了资本主义工业的隐秘冲击。这不足为奇,但丝毫无助于从根本上去看清那些早期摄影的魅力所在。新近出版的一些精美图集①中就能看到那些老照片。目前,意欲从理论上去把握早期摄影的尝试都还没有完全展开。虽然 19 世纪围绕该话题出现了许多争论,但其实都还没有从无稽讨论中挣脱出来,比如一份具有沙文主义倾向的小报《莱比锡讯息报》就是个例子,这份报纸认为应当及时抵制这项来自法国的恶魔技艺。该报载:"要将虚幻未定的镜像固定住是不可能的,德国人推出的深入研究已经证明了这一点。不仅如此,单是这意图本身,就是对上帝的一种亵渎。人是依据上帝形象被创造出来的,而上帝的形象是无法用任何人类发明的机器去固定住的。充其量只有虔诚的艺术家在神灵凭附下,才能去复现那圣人的特征,而且这样的复现是凭借神明的天启指点,只发生在至圣的瞬间,不能有任何器械相助。"这种愚蠢呆板的言辞表露了对"艺术"的平庸理解。照此看来,艺术就无须顾及任何技术发展了,并且一旦面对新技术的挑衅,便会感到末日来临。此外,这还是一种拜物的,根本上反技术的艺术观。对此,摄影理论家们已抗争了近百年,当然未取得任何成果,因为他们的努力只是在本来就拒斥摄影的法庭面前为摄影者进行辩护。然而,物理学家阿拉果②1839 年 7 月 3 日在国民议会上为达盖尔的发明所作的辩护却散发着一股完全不同的气息。这篇演讲之美妙在于指出了摄影可以如何运用到人类生活的各个方面。他勾勒出的宏伟蓝图美妙无比,使得他自己曾提及的摄影较之绘画何以获得生存的问题,都变得无关紧要了,重要的是,看到了摄影实际运用范围。阿拉果说

---

① Helmut Theodor Bossert 和 Heinrich Guttmann:《早期摄影时代:1840—1870——200 幅原始照片》,美因兹法兰克福 1930 年版;Heinrich Schwarz:《摄影大师:D. O. 希尔——附 80 幅照片》,莱比锡 1931 年版。——原注
② 阿拉果(Dominique François Arago, 1786—1853),法国物理学家,天文学家。——译注

道："当发明这新器械的人将之用于观察自然时，最为重要的绝不会是人们对此怎么看，而是由此导致的一系列新发现本身。"阿拉果的演讲以较大跨度涉及了这项新技术的广泛运用领地：从天体物理学到文献学，不仅有对天体摄影的展望，也有用摄影来记录埃及象形碑文的设想。

达盖尔的相片是将上过碘的银版放置于暗箱内经曝光后形成，银版必须来回摆动，直到合适的光线下上面出现一幅纤弱的灰色影像为止。这样的银版相片都是孤本，1839 年时，每张售价平均达 25 法郎金币，人们一般会像珠宝一样将其珍藏在小盒子里，有些画家则将它们用作辅助作画的工具。比如，七十年后郁特里罗①为巴黎市郊街景绘成的迷人画像，就不是依实景，而是依拍摄的明信片画成的；1843 年，备受推崇的英国肖像画家希尔就依据一系列肖像摄影为苏格兰教会教务大会画成了那幅团体肖像油画。那些照片是希尔本人亲自拍摄的，它们原本只是画家为个人作画所用，没想到竟在摄影史上留下了名声，而他的画家身份却被人遗忘。他还有一些摄影习作，比这些肖像照片更深入摄影这门新技术中。那是对匿名者的人像摄影，而不是肖像摄影，肖像在绘画中早已存在。在家庭范围内，面对这样的肖像画，人们会不断去提及画里面画的是谁。但过了二三代之后，就没有人会再有兴致去关注这样的问题了。假如画像还流传下来，那只是用于见证画家的技艺。而相片隔了数代以后再观看，却让我们遭遇了完全不同的奇特情形。比如希尔《来自纽黑文的渔妇》这张相片，照片上的渔妇，垂眼望着地面，带着懒散的放松和迷人的矜持，其中不仅拥有着可以见证摄影师技艺的东西，而且还拥有着另一种东西，那种让人无以平静而抑制不住要去知道那名渔妇姓名的东西，那种

---

① 郁特里罗（Maurice Utrillo, 1883—1955），法国画家。画作用色浓重，线条分明。——译注

让人觉得她就生活在某地并且眼下也能感受到她存在的东西。正是这种东西使人面对相片根本不愿完全进入摄影师的"技艺"中。"我问道：那纤纤发丝，那眼神，是如何将那时人俘获！眼下，她的嘴是如何被亲成了不带反应的涌动，宛如无火的烟雾在翻腾！"或者可以看下摄影师道滕代（Karl Dauthendey）与妻子摄于婚礼前后的相片。他的儿子是诗人。妻子在生下第六个孩子后不久的某一天，在他们莫斯科寓所卧室里，割断动脉自杀。照片里的她，倚在他身旁。他好像用手扶着她，而她的眼神却扔下他紧盯着引起不祥之兆的远方。久久凝视这张照片可以看见，对立的东西在此何等强烈地关联了起来：摄影这门最精准的技术竟能赋予其再现的东西一种神奇的价值，一种在我们看来手绘的画像永远不会具有的神奇价值。不管摄影师在这张照片中运用了多少精湛技艺，设计好了多少完美姿势，观者还是会感觉到有股不可抗拒的念想，要在影像中寻找那些闪动着的细小意外，那只是属于此时此地[①]的东西。借此，面对照片的感受就越过了其影像特质；观者还会不可抗拒地要在这张照片中去寻觅那看不见的地方，那是早已成为过去的时光隐匿的地方，那里栖居着未来，以至我们即便今天也能由回眸过去来发现未来。显然，照相机捕捉到的对象与人眼捕捉到的是不同的，这个不同首先在于：人眼捕捉到的空间对象是人有意识地布局而成，而照片里的则是没有人意识的渗入。通常，人们只能大致描述人类如何行走，但对于人迈开步伐的瞬间姿态肯定是一无所知的，而摄影却可以通过放慢速度与放大细部来捕捉人类行走瞬间的姿势。通过摄影人们才了解了这种视觉无意识（Optisch-Unbewusstsein），就像通过心理分析了解了无意识本能一样。摄影原本更适用的领域并不是那些发人幽思的风景或灵气盎然的肖像，而是医学与技术所关注的物质结构和细胞组织之类。

---

① 此时此地（Hier und Jetzt）是本雅明描述艺术经验时使用的一个重要概念，意指当下的感受或经验。这样的当下是独一无二的。——译注

在此领域，摄影又同时拓开了那些面貌层，那些隐秘而又清晰地栖居于最微小处以至于只能在梦幻中去相见的图像世界。摄影使之变大，将之展现于世。这样，技术与魔幻效力的差距就一步一步历史性地走向消失。依此方式，布洛斯菲尔德①②拍摄了一系列令人大开眼界的植物照片。他将马尾草中类似古代柱状物，蕨类植物中类似主教权杖物，放大十倍的栗树和槭树芽里的枯枝以及起绒草中类似哥特风格纹饰的东西，拍摄了出来。因此，当希尔的模特们觉得"拍摄"对他们来说是"一个充满神秘感的巨大体验"时，那他们的感受就与实际情况相差无几了。这样说或许仅仅是因为意识到了，"他们面前摆着的摄影器材，能在最短时间内创制出一幅周边可见世界的图像，而且如此的活灵活现和逼真，就像亲临实景一般"。人们常说，希尔在使用相机时有着隐秘的矜持，他的模特儿们也与他不相上下，表现出了同样的拘谨，他们在相机前还有着某种程度的胆怯。后来摄影盛期流行的名言"绝不正对着照相机看"，或许就是源自希尔模特们当时表现出的拘谨。但这并不是指就动物，人像或小孩相片所说的"他们在看着你"，这样说是在以不道德的方式招徕买主。晚年道滕代对达盖尔人像摄影的描述最能说明这一点。他写道："最初，人们不敢长时间观看他起初拍的一些相片，对照片中如此清晰的影像感到害怕，以为照片上那些小小的人脸能看到自己。就这样，达盖尔起初拍摄的那些人像，以前所未有的清晰度和逼真性，达到了令人震惊的效果。"

这些最初拍摄的照片闯入人们视野时是未做任何铺垫的，或者更确切地说，没有附解说标题。那时，报纸还属于奢侈品，很少有人买，人们大多是到咖啡店里去看。摄影还没有为报纸

---

① 布洛斯菲尔德（Karl Blossfeldt, 1865—1932），德国雕塑家，摄影家和艺术教育家。——译注
② 布洛斯菲尔德：《艺术的原始形式：植物摄影图片》，Karl Nierrendorf 编并作序，附120 图片，柏林，无出版年代（应该是 1928 年）。——原注

所用,也极少有人见到自己姓名被印了出来。当时肖像照上人的面容散发着宁静祥和,眼神也驻留在这安详的氛围中。简言之,当时的人像摄影之所以具有如此这般艺术表达,是因为摄影还没有与现实世界建立关联。希尔的许多相片是在爱丁堡的方济各会教士(Greyfriars)墓地拍摄的,他早期摄影最具特色的莫过于这一点了,尤其是,墓地上的模特就像在家里一样自如。就希尔拍摄的一张照片来看,这墓地本身真是如同装修过的室内空间,里面隔出了一个个小间,墓碑靠着界墙,耸立在长满草的地上,而墓室形同壁炉,里面能看见的不是火焰,而是文字。希尔对这块场地的选择应该有技术方面的考虑,否则,这样的位置就不会取得如此好的效果。由于早期感光版的感光度较低,这就要求在户外长时间曝光,因此也就要尽可能选择一个僻静的地方,以便能不受任何干扰。欧立克①就早期摄影曾说道:"这些相片除了朴实单纯外,还像优秀的素描或绘画佳作一样,具有比现代摄影更深远和持久的效力。原因主要是,当时模特儿由于长时间的静止动作不可避免地出现了表情组合。"这样的曝光过程使得模特们不是游离出拍摄的瞬间,而是活"人"其中。在持续时间较长的拍摄过程中,他们仿佛进到摄影里定居了,这便表明了其与快照的最大不同。快照对应的是瞬间环境。正如克拉考尔②准确指出的那样,"一名运动员是否足以有名使得摄影记者为他拍照,在画报上刊登",这取决于曝光过程中每秒的情况变化。早期摄影的一切努力都是为了流传久远,不仅那些无与伦比的集体合照——他们的消失某种程度上成了对 19 世纪后半期社会变化的最准确昭示之一——甚至照片中出现的衣服褶皱也都长时间持续了下去。对此,只要看看谢林的外衣

① 欧立克(Emil Orlik, 1870—1932),德国版画家,作品深受日本着色版画的影响。——译注
② 克拉考尔(Siegfried Kracauer, 1889—1966),德国社会学家,文化批评家和文学家。——译注

就能明白，这件外衣肯定能走向永恒，那是外衣穿者在上面弄出的形状，如此形状的外衣与他脸上的皱纹形成了对应。简言之，这一切都表明了布伦塔诺（Bernard von Brentano）的猜想是正确。他指出："1850 年的摄影家达到了当时摄影器械所允许的最高境界。"这是有史以来第一次，而且在较长一段时间内将是最后一次。

此外，要让现在人完全理喻摄影发明初期达盖尔作品的巨大效力，还必须看到，当时绘画中的外光画派①已开始向最前卫的画家展示了全新的发展前景。阿拉果明白，正是在这个问题上，摄影必须向绘画接过传承的火炬。因此他在对波尔塔（Giovanni Battista Porta）早期尝试的历史回顾中清晰地表达了这一点。他写道："由于空气的不完全透明性会引发一些特殊效果，被不恰当地说成是'空气透视法'（Luftperspektive），即便训练有素的画家也不会期待暗箱（指的是对暗箱内所呈现之图像的复制）将有助于他们准确复制出逼真的图像。"从达盖尔成功固定住暗箱内影像那一刻起，画家们便在这个问题上被技术家们抛在了后面。但是，摄影的真正牺牲品并非风景画，而是小肖像画。事情本身发展得非常快，1840 年前后，当时无数小肖像画家中的绝大多数人已成了职业摄影师，起初是副业，不久便很快成了正业。他们原本只是为了赚钱的这份工作积累起了丰富经验，这些经验使他们受益匪浅。因此，他们在摄影上所达到的高水准不是来自艺术训练，而是来自拍摄经验。转承期的这一代摄影师以相当慢的速度渐渐退出历史舞台，他们似乎受到了《圣经》中的上帝祝福，像纳达尔、施泰尔茨纳（Stelzner）、皮尔逊（Pierson）、巴雅尔（Bayard）这些人都活到了九十甚至近百岁。可是，商人最终还是从四面八方介入职业摄影师的生涯中。后来，当底片修饰渐渐流行起来时——这是低等画家

①　绘画中的外光画派（Pleinairmalerei）系 19 世纪中叶法国的一种印象主义画派。——译注

在向摄影报复——摄影的品位迅速下降。这时,家庭影集开始登场的时刻到来了。那时,人们最爱将其放在家里最不显眼的一角,比如客厅墙边的小圆桌上或三角桌上。它们多半有着皮封面,外加令人厌恶的金属扣环和指头宽的切口镀金书页,里面排列着一张张人像,诸如"阿雷克斯叔叔""黎克馨婶婶""小时候的特茹德""刚上学时的爸爸"。他们的穿着实在可笑。里面还会有我们自己的照片,真是丑死人了。比如装扮成阿尔卑斯山民提洛尔人(Tiroler)的模样,吆喝着山歌,对着画出的雪峰抖动呢帽;或者装扮成潇洒的水兵,从容地一腿直立,一腿弯曲,对了,还要靠在一根擦得铮亮的柱子上。这类肖像照所配有的点缀如柱子,小栏杆和椭圆小桌,令人想起了由于拍摄过程较长而必须给模特设置支撑点的时代,为了他们能一段时间保持不动。起初,只需要"头撑"和"护膝",后来马上就出现了"新的辅助工具。人们从名画中获得灵感,开始'艺术性'地去设置这些东西。比如首先添加的是柱子和窗帘"。早在19世纪60年代,明智之士便开始对这些多余做法表示异议。当时一份英国专业期刊写道:"绘画中出现的柱子看起来是真实的。但是,摄影中出现的柱子却很荒唐,因为它常常直接立在地毯上。谁都知道,大理石或普通石柱是不可能建在地毯上的。"当时,那些照相馆都备有布帘和棕榈树,壁毯和画架。他们看上去真是怪里怪气,既像间刑讯室又像座宝殿,像在行刑又像在展示。有张幼年卡夫卡的肖像照可作为有力的证明。照片中的小男孩大约六岁,身着一件窄小,甚至有些不太体面的童装,上面挂着过多的饰物。照片以冬天花园景象为前景,棕榈树叶为背景。为了使这人造的热带景观看上去显得更闷热,男孩左手还拿着一顶巨大的宽边帽子,如西班牙人戴的那种。无疑,要不是那男孩无限忧伤的眼神主宰了预先为他设计好的风景,他势必会被布景吞没。

这张带有无限哀愁的照片与早期摄影的状况相对应。早期摄影中的人物看向世界时还不会弃世，他们依然信奉神灵，就像照片中的那个男孩一样。早期摄影中笼罩着一种灵韵（Aura），一种给沁入其中的目光以满足和踏实感的介质。这里，导致这种效果的技术安排是显而易见的。照片上从最亮光到最暗阴影是绝对地层层递进的。此外，这也体现了旧技术中蕴含着新生机的法则，比如当年肖像画在衰亡之前就引发了金属版印刷的兴盛。当然，金属版印刷是一种复制技术，后来便与新兴的照相复制技术结合在了一起。希尔的摄影作品与金属版印刷的情形一样，光线是慢慢从暗黑处挣扎而出的。欧立克称之为，由长时间曝光所导致的"光线叠加"。在他看来，正是基于这一点，"早期摄影才显得伟大"。早在摄影发明的时代，德拉罗什①就已经提及了早期摄影普遍具有的那种"从宁静材质中诞生的从未体验过的绝妙"效果。有关灵韵现象的技术条件就谈到此。尤其是某些集体照还会拥有一丝贯通彼此的气息，这种气息在"原始对象"上消失之前，会在感光板上呈现片刻。这是气韵之环（Hauchkreis），美妙而意味无穷，有时会出现在如今已过时的椭圆相框周边。因此，在摄影发明初期的相片中去突出"完美艺术性"或"高尚品位"，是对这些相片的误读。那时在拍摄这些照片的场所，对每一个被拍者而言，摄影师就是代表着最新潮流的技术师。对摄影师而言，每一个被拍者都是新兴上升阶层的一员，他们身上散发出"灵韵"，甚至外衣褶皱或拉瓦利埃②领结都有着这种光耀。所以，早期摄影的"灵韵"并不单纯是当时简陋相机的产物。对此更应关注的是，当时被拍对象与新技术彼此非常精准吻合默契，而日后到了摄影没落时期，两者又同样精准地背道而驰。不久，光学仪器的发展提供了能完全征服黑暗并能像镜子一样忠实反映对象的摄影工具。更强的曝光剔除了照

---

① 德拉罗什（Paul Delaroche，1797—1856），法国画家。——译注
② 拉瓦利埃（Lavallière）系一种 19 世纪下半叶流行于欧洲的领带，因法国女公爵拉瓦利埃（Louise de La Vallière，1644—1710）而得名。——译注

片上的暗黑,"灵韵"也随之从照片中消失,就像帝国主义社会日益明显的反人性(Entartung)将"灵韵"从现实中驱逐一样。可是从1880年起,摄影家更看重的还是"灵韵"。他们用一切修版技术,尤其是一种名为上胶压制(Gummidrucke)的方法,努力将已消失的灵韵修复出来。由此,一种朦胧基调就冲破人为的强曝光影像而流行起来,至少"青春派风格"(Jugendstil)就是如此。然而,虽然采用幽暗光线,但姿态却愈来愈明显刻意,这种僵硬刻板暴露了那一代摄影家面对技术进步时的软弱无能。

可是,决定摄影品质的却始终是摄影家与其器械的关系。雷希特(Camille Recht)曾用一个美妙的比喻形象地说明了这一点。他写道:"小提琴家必须自己去定音,自己去寻找音调并迅速完成这一步。而钢琴家只要敲击键盘,音就响了。画家和摄影师都使用特定的器械,画家的描画和调色如同小提琴家的塑音,而摄影师则像钢琴家,都采用一种受制于特定法则的器械,小提琴则没有这种受制因素。没有一人如帕岱莱夫斯基①的钢琴家能获得小提琴家帕格尼尼②那般传奇和魔幻的名声。"就我们关注的图片领域来看,摄影上也出现了一个布索尼③,那就是阿杰④。两人都技艺高超,并且都是先驱人物。他们的共同点是,各在其领域凭借精致无比的技法成为佼佼者。甚至在人生道路上,两人也有类似。阿杰曾是一名演员,后对演艺职业感到厌倦,掀掉面具,离开舞台,走向了无面具的现实生活。他住在巴黎,穷困潦倒,默默无闻。他将自己的摄影作品廉价卖给那些似乎比他还要怪癖的爱好者。不久前他刚去世,身后留下四千多幅摄影作品。来自纽约的阿波特

---

① 帕岱莱夫斯基(Ignacy Paderewski, 1860—1941),波兰钢琴家,作曲家和政治家。——译注
② 帕格尼尼(Niccolo Paganini, 1782—1840),意大利钢琴演奏家,作曲家。——译注
③ 布索尼(Ferruccio Busoni, 1866—1924),意大利作曲家,钢琴家。——译注
④ 阿杰(Jean Eugène Auguste Atget, 1857—1927),法国摄影家,纪实摄影先驱之一。——译注

(Berenice Abbott)收藏了这些照片，经整理后选取了部分，出了一本十分精美的摄影专集，集子的编辑是雷希特。① 与阿杰同时代的新闻出版界"对这个人一无所知。这个人大部分时间在工作室里制作他的图片，又到画室用几分钱将之廉价出售，他索要的价钱往往只是一张明信片的价格。他照片表现的是美丽的城市景观，那是浸染在湛蓝夜色中的城市，还有一轮修饰过的明月。阿杰的技艺已登峰造极，可是这位巨匠却拥有着无比谦逊的伟大风范。他始终生活在后台，并没有在技艺的巅峰上如何标榜自己。因此，有些后人往往会认为是自己达到了这门技艺的巅峰。殊不知，阿杰早已做到了这一点"。事实上，阿杰的巴黎景观照片预示了超现实主义摄影的来临，为超现实主义真正有效的广泛兴起开辟了道路。当时，摄影正处于没落期，墨守成规的肖像摄影中弥漫着一股死气沉沉的氛围，他第一个站出来将如此氛围洗刷一新，驱除了照片上的死气，开始将对象从灵韵中解放出来，而这种解放恰是新近摄影流派最毋庸置疑的功绩所在。当时的先锋杂志如《分叉》或《万象》刊登了一些标题为"西敏斯特""里热""安特卫普"及"布雷斯劳"的照片，这些照片展示了一些纯粹的细节，比如一节栏杆，一根光秃秃的树干，树上的枝杈散落在一盏煤气灯前；再如一堵石墙或一盏枝形路灯，一只标有城市名的救生圈，所有这些无非是将原本阿杰发掘的题材再原原本本地展示一遍而已。阿杰追寻的是那些被遗忘和被忽略的东西，因此他如此这般的相片与该城市神秘而又耀眼夺目的浪漫光彩形成了对比。那些照片将灵韵从现实中吸出，就像从一艘下沉的船上抽出淡水一样。那么，究竟什么是灵韵呢？那是时间和空间的一种奇异交织，是遥远的东西绝无仅有地做出的无法再近的显现。某个夏日正午，站在远处一座山峦或一片树枝折射成的阴影里，休憩着端详那山或那树，直到与之融为

---

① 阿杰：《摄影图片集》，附雷希特所撰"导言"，巴黎/莱比锡 1930 年版。——原注

一体的片刻或时辰降临，那便是在呼吸着这座山或这片树的灵韵。如今，将事物"拉得更近"，也就是与大众拉近，成了现代人非常热衷的事，正如他们同等程度热衷于用复制去征服独一无二之物一样。最贴近地去领略图片中，也就是复制出的影像中的对象，日复一日地成了毋庸置疑的需求。而如画报或新闻周报上出现的复制影像是显然有别于图像本身的。图像是独一无二并持久的，而复制出的影像则是重复和短暂的。将对象从其外壳撬出，对灵韵进行肢解，表明了一种感知方式的出现，这种感知拥有着获取世界上一切相同性的能力，以至它凭借复制在独一无二之物中也能截取与他物的相同。阿杰几乎总是忽略了"伟大的看点和所谓的标志性事物"，但他没有忽略排成长列的短靴，没有忽略里面彻夜横竖停放手推车的巴黎庭院，没有忽略饭后餐桌以及那成千上万堆在一起待收拾的餐具，没有忽略某街 5 号那家妓院，门牌号码"5"大大地出现在妓院正面墙上四个不同的地方。然而，更引人注目的是，这些照片几乎都空无人影。旧城墙遗址上的阿拉克依（Arcueil）门前是空荡荡的，豪华楼梯上也空无一人；庭院里空空如也，咖啡屋露台也是空空然。好似本该如此，泰特广场也是空的。所有这些不是孤寂，而是没有了生气。这些照片展示的城市犹如一间搬空的屋子，尚未找到新屋主。其结果便是超现实主义摄影所渲染的人与环境之间的治愈性异化（eine heilsame Entfremdung），这种异化使政治敏感的眼神有了捕捉一切隐秘之物的用武之地，这是为了彰显细微之处。

显然，在为报酬而做并最为人接受的纯再现性肖像摄影里，这种新的注视最难以施展发挥。从另一个角度看，抛开人像对摄影来说又是最难做到的。谁不明白这一点，最好的俄罗斯电影就会教导他：一名摄影师只有在懂得依据脸部的无名表露去摄取社会环境和景观时，才真正捕捉到它们。可是，要做到这一点又很大程度取决于被拍者，而那一代人并不希望以相片的方式流传后世，因此面对拍照这样的事，样子反而有些矜持，不愿进入照片中，宁愿退缩到自己的生活空间内。比如叔本华1850年前后在法兰克福拍的一张照片就是如此，照片上整个身体深陷在扶手椅内。正是由于这样的原因，那一代人将自己的生活空间摄入相片，但并未将他们的优异品性遗留下来。数十年来，俄罗斯电影中首次出现了完全不同于摄影的情形：人的面容瞬间被摄取到了影片中。这一点具有全新，无以估量的意义。但那已不再是肖像了，那是什么呢？一位德国摄影家对此做出了回答，因此，功勋卓越。那是奥古斯特·桑德，①②他编集了一部人物肖像系列，与爱森斯坦③或普多夫金（Pudowkin）对人体面貌的宏伟展示相比，该系列丝毫不逊色。桑德是从学术角度进行切入的。"他按照当时社会阶层，将人像分成七组，打算分成约四十五集出版，每集收有十二张相片。"如今，已经出版的是一个收录了六十张相片的选本，这些照片向我们提供了意味隽永的视觉材料。"桑德从农民，即那些对大地具有亲近感的人出发，引导观察者穿越所有阶层和职业群体，上自最高文明的代表，下至智障者。"桑德并不是以学者身份来从事这项艰巨工作的，也并未受到过人种学或社会理论的指导，而是如他的出版人所言，"出自亲身观察"。这样的观察自然不受先入之见影响，果敢而不失亲和。正如歌德所说，"有一种亲和的经验认识，它与对象达到了内里的同一，并因此成了真正的理论"。难怪有个叫德布林（Doeblin）的读者看出了这部选本的科学性并评论道："有一种比较解剖学，可帮助我们认识自然，了解器官组织的历史。这名摄影家所从事的是比较摄影，并由此拥有了一个高于细节摄影的科学基点。"这部珍贵资料集如果因经济原因而无法出版下去，那将

---

① 奥古斯特·桑德（August Sander, 1876—1964），德国摄影家。——译注
② 奥古斯特·桑德：《时代的面相——60幅20世纪德国人像摄影》，附 Alfred Doeblin 所撰"引言"，慕尼黑，无出版年代（应该是1929年）。——原注
③ 爱森斯坦（Sergj Eisenstein, 1898—1948），苏联导演。——译注

是一件令人实在痛楚的事。可是,对出版商们除了展示这个根本的触动外,还可以给予更为具体的鼓动:像桑德这样的集子可以在一夜之间出乎意料地受人追捧。如今已变得红红火火的权力更替正不断重视对人面貌的把握,正愈加明显地将此把握能力视为体现自身活力不可或缺的地方所在。一个人不管具有右倾或左倾思想,都必须习惯,别人是根据他的出身来看他的。而他自己,也必定是如此去看他人的。因此,桑德的作品就不仅是一本图像集,也是一部可供练习用的图片集。

早在 1907 年李希特瓦特(Lichtwart)就写道:"在如今这个时代,我们会聚精会神地观看自己的相片,或者亲朋好友或心爱的人的相片,反之却没有任何艺术作品能获得同等的青睐。"由此,李希特瓦特将视线从审美领域转向了社会功能领域。只有这样,才能将问题引向深入。值得注意的是,一般讨论只要涉及"摄影作为艺术"之美学时,便无法再前行了,而对于"艺术作为摄影"这个如此确凿无疑的社会现实却极少关注。殊不知,就艺术功能来说更为重要的并不是摄影那或多或少呈现出艺术性的构造,而是对艺术品进行照相复制的功用。成为"照相机猎物"的并非摄影的艺术构造,而是人的故事。事实上,满载众多原创艺术摄影回家的一名业余摄影师,并没有一名体面带着大量猎物回家的猎人那样令人欢欣,那猎物真是多得只能去出售。而摄影图片画报比野味和家禽贸易更甚的时代似乎即将来临,那将会有无数的"拍摄"出现。如果将视角从作为艺术的摄影转向作为摄影的艺术,那么,这样说的意味却完全在另一端。每个人都能看到,一幅图景,尤其是一座雕像或一幢建筑,在照片上远比在实际中看得清楚。一般多会简单将此归咎于艺术感受力的失落,归咎于时代同人的沉沦。但是,就这样的失落和沉沦人们也看到,大约在复制技术出现的时代,人们有关伟大作品的观念也开始发生了变化。人们不再将其作为单个人的造物来看待,而是视其为集体性的造物。它们是如此强大,以致只能经由质量上的缩小才能接受它们。最终，机械复制方法就成为一种缩小对象威力的技术，它帮助人们去把握作品，否则，没有人会对机械复制方法感兴趣。

如果说有什么可以表明艺术与摄影当今处于何种关系的话，那就是二者之间公然的紧张关系，这是由翻拍艺术作品导致的。奠定当今摄影总体特征的许多摄影家都是以绘画为出发点的，他们曾尝试将绘画表达手段鲜活地用于拍摄当今生活，之后便又抛开了绘画。他们越是清醒地意识到要记录时代的脉搏，就越发感到原来以绘画为基点是成问题的，因为又和八十年前一样，摄影从绘画手中接过了接力棒。莫霍利-纳吉①指出："新的创造潜能往往是由旧形式，旧工具和旧造型领域开启的。其实，随着新事物的出现旧有的东西实际已被取代，但它在萌生中的新事物的挤压下被推向回光返照式的成长。比如，未来主义（静态的）绘画就展现了以后否定其自身的运动公时性（Bewegungssimultaneitaet）问题，即赋予时间瞬间以可视形态，他们将此重重画出，而且那是在一个电影已经出现但还远没有被深刻理会的时代这样做的……同样，人们也可以——谨慎地——将如今用具象手段创作的画家（新古典主义和真实主义者）中的一些人视为新视觉表达方式的开发者，而这样的新视觉不久就只是来自机械的技术手段了。"1922 年查拉②曾说："正当一切自称为艺术的东西无法站住脚的时候，有个摄影家燃起了一盏由成百上千支蜡烛组成的烛灯，感光纸则将几件日常事物勾勒出的黑色轮廓缓缓吸收。他发现了一道温和闪光的威力，它比任何赏心悦目的情景都要来得重要。"如今，摄影家们从造型艺术走向摄影，不是出于投机考虑，也并非偶然或贪图方

---

① 莫霍利-纳吉（Laszlo Moholy-Nagy，1895—1946），匈牙利雕塑家，版画家，摄影家和电影制作者。——译注

② 查拉（Tristan Tzara，1896—1963），罗马尼亚裔法国作家，原名 Samuel Rosenstock，达达主义文学苏黎世派创始人之一。——译注

便,他们成为同僚中的先锋者是因为他们抵制了当今摄影的最大危机:转向工艺美术。这样的经历从某种程度上确保了他们的存在。斯通(Sasha Stone)指出:"摄影作为艺术是一个非常危险的领地。"

如果摄影像桑德,克鲁尔[①]和布洛斯菲尔德所做的那样从面相趣味、政治和科学利益中解放出来,那就成了"创造性的"。这样,镜头的使命就在"并置"(Zusammenschau),摄影记者也因此登上了舞台。"精神战胜了机械,它将器械的精密结果转化成了生命的等值物。"当今社会秩序的危机愈是扩大,其组成要素间越是僵硬地走向势不两立的对峙,那么,创造物——其深层本质是多变,以对峙为父,模仿为母——就成了崇拜的对象,其面貌只是靠因时尚而变化的灯照才看得清。摄影上的创造物由时尚而来,它的座右铭是,"世界是美丽的"。这句话披露了摄影世界的秘密:它可以随意将食品罐头组接到某个世界空间中,可是对于自己置身其中的人间关系却未必能把握。因此,即便就其最不梦幻的题材来看,那也与其说是为了认知,不如说是将摄影推向销售的一种先导。然而,由于这种摄影创造的真实面貌是广告宣传或拼接,因此,它的真正对手就是对秘密的披露和对实情的建构。正如布莱希特所言,这里的情况"由此变得相当复杂,以致一个简单的'现实反映'能就现实提供的信息从未有那样少过。一张克虏伯工厂或A.E.G.公司的照片对所拍对象几乎提供不了任何讯息。真正的现实转换成了功能性存在,比如,工厂使人际关系物化就没有在照片上体现出来"。因此,确实需要"建构一些东西",建构一些"人为的,创制性的东西"。超现实主义的功绩就在于,为这样的摄影建构开辟了道路。创造性摄影和建构性摄影的进一步对峙体现在俄罗斯电影中。俄罗斯导演的伟大成就只有在一个摄影不是基于感

---

① 克鲁尔(Germaine Krull,1897—1985),德裔法国摄影家。——译注

官刺激和感应联想，而是基于创新试验和教诲的国度才有可能，这样说并没有言过其实。在这一点上，而且也仅仅是在这一层意义上，执着的理想主义画家韦尔茨①在 1855 年为迎接摄影到来所写的一段宏伟文辞，即便在今天也不失其意义："数年前，出现了一部机器，为我们这个时代赢得了荣耀。它日复一日使我们的思想震惊不定，使我们的双眼讶异不已。用不着一个世纪的光景，这个器械将成为画笔和调色板，将生产色彩，生产经验和耐心，生产灵巧，习惯和准确性，生产色调和光泽，进而成为典范和完美的化身，成为绘画的精华所在。不要以为达盖尔的照相术毁掉了艺术。在他的照相术这个巨人儿童长大时，其所有技艺和长处都会展现出来。这时，艺术之神便会突然用手抓住他的脖子并高喊：过来！你现在归我所有！我们要一块工作了！"与此相反，波德莱尔②四年后在《1859 年沙龙展》一文中向读者谈到这门新技术时，显得多么的冷淡，甚至悲观！如今我们再读波德莱尔的文字，如果不对重点稍作调整的话，就不会像面对上文那样能理会了。不过，由于波氏的文字与韦尔茨的恰成对比，还是不失其积极意义，那就是坚决抵制对艺术摄影的任何篡位。波德莱尔说的话是："在那令人懊丧的岁月里，出现了一门新工业，它功绩不小地助长了这一愚蠢不堪的信念：艺术无非是而且只能是对自然的忠实反映。复仇心很重的上帝听取了民众的这个声音。达盖尔成了上帝的弥赛亚。""如果容许摄影去弥补艺术的几样功能，那么摄影很快就会取代艺术并将其毁坏，因为摄影具有数量上胜过艺术的天然群体。所以，摄影必须回归到它原来的角色中，那就是为科学和艺术服务。"

然而，有一点那时韦尔茨和波德莱尔两人都没有看到，即摄影的真实性中含有的导向特质（Weisungen）。靠新闻报道维度来绕

---

① 韦尔茨（Antoine Wiertz, 1806—1865），比利时画家。——译注
② 波德莱尔（Charles Baudelaire, 1821—1867），法国诗人，象征主义诗派创始人。——译注

开这样的导向内涵，并不是都能奏效的，因为报道中的照片也是靠语言使观者有所认知的。如今，照相机变得越来越小，越来越能捕捉漂浮不定的隐秘影像，所引起的惊颤使观者的联想机制处于停顿状态。这时就需要有图说文字介入，它将生命情境文字化，与摄影建立起了关系。少了这一过程，任何摄影建构必定会不够明确而让人无从入手。有人将阿杰的摄影与犯罪现场照片相提并论，当然有其道理。我们城市里的每个角落不都可能是作案现场吗？每个路人不都可能是作案者吗？但是，摄影师——作为占卜者和肠卜僧①的后代——是否应在他的照片中指出案情，标出案犯呢？"有人说过，未来的文盲不是不识字的人，而是不识相片的人。"可是，一名摄影师如果无法解读他自己的相片是否更应被视为文盲呢？图说文字是否将成为摄影中最本质的东西呢？正是这样的问题将达盖尔摄影法在历史上承载的误解和压力卸下。自那时至今，这段历史已有九十年之久。这些问题的光焰点亮了早期摄影，使其从我们祖父时代的黑暗中浮现出来，显得如此之美，又遥不可及。

原载："Die literarische Welt"，1931 年，王涌译自 Walter Benjamin, *Medienästhetische Schriften*，Suhrkamp Verlag Frankfurt am Main 2002. SS.300 - 324。

---

① 占卜者（Auguren）和肠卜僧（Haruspex）系古罗马预言家。前者通过观察鸟飞和鸟叫，后者通过观察祭祀动物的内脏进行预言。——译注

西洋景

看西洋景中的画面时尤其吸引人的是，不管你在哪个位子坐下开始观看都是一样的，因为银幕和座位都是按照圆形展开的，所以每幅画面都会走过每个座位。人们坐在这样的位子上通过两个洞口观望里面映现在远处黯淡背景上的画面。不管怎样，人们总会找到空座，尤其在我童年将要过去时，西洋景已渐渐不太时兴了。那时，人们习惯在半满的棚子里周游世界各地。后来，音乐使人在看电影做周游时显得慵慵欲睡，因为它破坏了畅想正在接近的画面——这样的音乐在西洋景里没有。我倒觉得西洋景里的那种本来有点儿吵人的微弱声响比所有那些造作而故弄玄虚——用丧礼进行曲为绿洲田园或残墙废墟配乐——的音乐要好，那是一种铃声。每当一幅画面颤颤跳离时，会先出现一个空格，为了给下一幅留出位置，这时就会出现几秒钟的铃响。每当这样的铃声响起时，巍巍山峦从上到下，都市里那明净的窗棂，远方那如画般的土著人，火车站泛黄的浓烟，葡萄园里的每一片藤叶，都深深浸透了充满感伤的离别情调。我再一次——因为前面每看那第一幅画时几乎都出现了这样的——确信，就凭这一轮观看无法将那些美景佳处一览无余。于是我决定第二天再来——可是从没有付诸实施——就在我还犹犹豫豫时，只是用木柜与我隔开的整个后面的布景晃动了起来，画片在各自的小框框里摇晃，准备在我面前从左侧消失。这些较长时间盛行的西洋景艺术诞生于 19 世纪。不会再早，但正是比德迈尔风格①流行的时期。1822 年，达盖尔②在巴黎推出了他的全景画观赏棚。自那以来，这种发出清晰亮光的棚

①　比德迈尔风格（Biedermeier）系 1815—1848 年间盛行于德国的一种艺术潮流。——译注
②　达盖尔（Louis Daguerre，1787—1851），法国画家，摄影发明者之一。——译注

子,这种将未来与过去集于一身的透明观赏物就出现在繁华街市和林荫道上。乐于在书报亭逗留的故作风雅者和艺术家同样乐于待在这样的地方。后来,这些地方就成了小孩在里面迷上地球仪的厢馆。在地球仪的圆形线中最令人愉悦的线形——那最美妙,画面最多姿的子午线——整个地见之于西洋景。在我头一次踏进那观景棚时,欣赏优美城市景象的时代早已过去,但观赏全景画的迷人之处丝毫未减。小孩是这种观赏的最后观众。因此,当我有天下午面对那座透明清晰的叫作埃克斯①的小城时小孩们会对我说,我不是曾有一次在那透过梧桐树叶照在米拉波广场上的棕绿色光线里游戏过吗? 当然,那是我生命中绝无仅有的一段时光。因为旅行让人觉得非同寻常的地方在于,旅行时邂逅的遥远世界并不一定是陌生的,并且它在我身上引发的渴望并不一定是诱人的要进入陌生之地的欲望,有时更是那种默默地要回家的愿望。这也许是煤气灯光线引发的效果,那光线是多么柔和地洒向四处。要是下雨,我便没必要在那块告示牌前停留,牌上有二排字,它以五十为一轮,及时标出了正在放映的五十幅图片。——我走到放映棚里面,于是发现,那里挪威海岸边狭湾里椰树下的那种光亮和晚上我做家庭作业时照亮斜面书桌的灯光是一模一样的。有时灯源系统会突然出故障,于是便会出现那种罕见的微光,微光中那美妙景观里的色彩完全消失。这时它默默静卧于灰色天空之下。即便此时,我只要稍加留意,似乎还可以听到其中的风声和钟鸣。

原载:"Frankfurter Zeitung", 1933 年,收入 "Berliner Kindheit" 1928 年,王涌译自 Walter Benjamin, *Medienästhetische Schriften*, Suhrkamp Verlag Frankfurt am Main 2002, SS.325 - 326。

---

① 埃克斯(Aix)系位于法国南部的一座小城。——译注

达盖尔或西洋景

> 太阳，照顾好你自己！
>
> ——维尔茨（A. J. Wiertz）：《文学作品》（巴黎 1870 年）

　　就像建筑学用钢铁构造开始将艺术抛在了后面一样，绘画在西洋景中同样开始抛开了艺术。为西洋景出现做准备的关键时刻恰好也是步行过街出现的时刻。为了使西洋景成为完美模仿自然的阵地，人们通过技术手段进行了不懈的努力。人们寻求去再现乡村里随时间而变化的景致，去再现月亮的升起和瀑布倾泻时发出的声响。大卫（David）建议他的学生们根据自然景象去绘制他们的西洋景。当西洋景徒劳地力争在所展现的自然景象中再现逼真的客观变化时，它们则通过摄影预示了无声和有声电影的到来。

　　与西洋景绘画同时出现的还有西洋景文学。《一百零一人》《法国人自画像》《巴黎的魔王》《大城市》均属于这类文学。这些作品为纯文学系列作品的出现做了准备，吉拉尔丹（Girardin）在 30 年代用报刊专栏的形式为之开辟了阵地。这些作品由一系列独立成篇的小品文组成。这些小品文的趣闻杂谈形式与用塑料制成的西洋景的外貌相吻合，而它们所包含的信息又与西洋景中画出的内景相对应。这种文学还具有西洋景的社会效用。劳动者于其中的最后一次出现与他所属的阶级无关，而是作为一种田园诗的陪衬出现的。

　　西洋景绘画昭示了艺术与技术关系中的一次革命，同时也展示了一种新的生活感（Lebensgefuehl）。在这个世纪中，城市人面对乡村具有明显的政治优势，他们试图把农村变为城市。在西洋景绘画中，城市被拓展成了一幅乡村风光，犹如后来对休闲逛街者来说以更巧妙的方式成了一幅同样的景致。达盖尔是西洋景绘画师普莱沃（Prevost）的学生，普莱沃的营业场所就设在西洋景步行街里，普莱沃和达盖尔的西洋景画就在那里展出。1839 年，达盖尔的西洋景画被焚烧。同年，他宣布发明了达盖尔相机。

阿拉果（Arago）在一次议院讲演中介绍了摄影，他指出了摄影在技术史上的地位，并预言了他在科学上的应用。与此对应，艺术家们则开始了对其艺术价值的争论。摄影导致了微型肖像画家这一伟大职业的消亡，这除了经济方面的因素之外还有其他方面的原因。在艺术性方面，早期摄影就优越于微型肖像画，导致这一点的技术原因是曝光时间长，这就要求被拍对象具有高度的集中；使早期摄影在艺术性上优于微型肖像画的社会原因是，早期摄影师都出自先锋派艺术家行列，并且他们的主顾也大都来自这一派。纳达尔（Nadar）之所以比他的同行高出一筹就是由于他在巴黎下水道中进行拍摄，由此，镜头就首次获得了发现新景观的功能。而且，绘画和素描成形中的主体性印迹在新的技术和社会现实条件下越是被认为是成问题的，摄影的意义就更显重大。

1855 年的世界博览会举办了首次摄影展。同年，维尔茨发表了他关于摄影的著名文章，他将摄影视为对绘画的哲学性解析。正像他本人的绘画所表明的那样：他是从政治角度来理解这一解析的。尽管维尔茨本人没有刻意这样，但他还是可以被视为第一个将蒙太奇作为对摄影的创造性应用去要求的人。随着交通技术的发展，绘画的信息功能日渐失去了意义。作为对摄影的反应，绘画首先开始注意强调色彩的造像功能。随着印象派的衰落，立体主义的兴起，绘画为自身开拓了摄影一时还无法到达的更为广阔的领域。就摄影方面来看，从 19 世纪中叶开始，它极大地拓展了自己的社会市场范围，因为它以不受限制的批量方式将以前根本没有或只对单个顾客具有意义的人物，风景，事件图像投放到市场。为了提高销售量，它还利用各种摄像技术的时髦变化使被拍摄物体的外形不断花样翻新，这种摄像技术的变化决定了此后的摄影史。

原载：《巴黎，19 世纪的都城》，1935 年，王涌译自 Walter Benjamin,
Medienästhetische Schriften，Suhrkamp Verlag Frankfurt am Main
2002，SS.327 - 328。

巴黎书信(2)：绘画与摄影

如果在巴黎的蒙帕纳斯或蒙马特区散步,适逢晴朗的周末或节假日,有时会在宽敞的街道上遇到临时搭建摊位的寄售者,他们可能排成一排,也可能是组成小型迷宫,展示着他们待售的画作。在那里,你会看到那些搭配客厅的好品味装饰画:静物画、海景研究、裸体画、风俗画和室内场景。画家通常打扮得颇具浪漫风情,戴着软呢帽,穿着天鹅绒无尾礼服,他会在自己的作品旁摆上一张折叠椅,安顿下来。他的艺术面向那些闲来漫步的市民家庭。但他们可能更容易被他本人的存在或他令人印象深刻的外表所吸引,而不是展出的画作。然而,如果说我们认为这些画家将自己的形象服务于招揽顾客,那可能就高估了他们的投机精神。

当然,这些画家并不是最近关于绘画状况的大讨论中的焦点①。因为这场讨论中所谓的绘画只与作为艺术的绘画有关,而街头画家的绘画创作越来越多地面向最一般意义上的市场。但是高端画家没有必要亲自把自己推向市场。他们有自己的艺术商和沙龙。毕竟,流动画家们展示的并非处于最卑微状态的绘画,而是别的东西;他们展示了,绘画这种使用调色板和画笔的平庸技巧是多么普遍。因此,他们虽不是中心,却在上述辩论中占有一席之地。这一席之地是由安德烈·洛特(André Lhote)赋予他们的,他说:"谁要是如今对绘画感兴趣,谁迟早会开始自己作画……但自业余爱好者开始绘画的那一天起,绘画对他这样的门外汉所具有

---

① 《谈话录,艺术与现实。艺术与国家》。[马里奥·奥尔夫拉(Mario Alverà)、丹尼尔·鲍德-波伏(Daniel Baud-Bovy)、埃米利奥·博德罗(Emilio Bodrero)等供稿]巴黎:国际智力合作研究所(1935 年)。《现实主义之争。文化之家雕塑协会举办的两场辩论会》[卢飒(Lurçat),格兰奈儿(Granaire)供稿]巴黎:国际社会出版社,1936 年。——原注

的宗教般的魅力便消失了。"（《谈话录》，第 39 页）如果人们研究一个时代的想法，一个人尚可以对绘画感兴趣，而根本不会想到自己去绘画的时代，那么我们会想到的是行会制度的时代。正如自由主义者——洛特是一个真正的自由主义思想家——常常落入法西斯分子的结局一样，我们从亚历山大·辛格（Alexandre Cingria）那里听说，不幸始于行会制度的废除，也就是说，始于法国大革命。取消这一禁令后，艺术家们也许就会"像野兽一样"，无视一切纪律（《谈话录》，第 96 页）。而至于他们的受众——资产阶级，"1789 年的革命将他们从一种从政治角度建立在等级制度、从精神角度建立在价值秩序基础上的秩序中解放出来之后"，他们"越来越失去了那种不关切的、虚伪的、无道德的和无用的生产形式，而恰恰是这种生产形式就决定了艺术规律"。（《谈话录》，第 97 页）

法西斯主义者在威尼斯会议上公开发言。然而，单单会议的地点——意大利，就使得这次大会足够显眼了，就像巴黎大会是由"青年文化之家"召开那样引人注目。这两个活动的官方性质就到此为止了。然而，如果仔细研究大会演讲的话，威尼斯大会的参与者对艺术的现状进行了深思熟虑的思考，而另一方面，并非所有巴黎会议的参与者都无一例外地让辩论完全摆脱老套的模板。然而，重要的是，两位最重要的威尼斯演讲者参加了巴黎大会，并在大会的氛围中感到了宾至如归。他们就是洛特和勒·柯布西耶。前者借此机会回顾了威尼斯会议。他说："当时我们六十个人聚在一起……为了对这些问题看得更清楚一些。我不敢说我们当中有任何一个人真正成功了。"（《争论》，第 93 页）

令人遗憾的是，苏联在威尼斯没有任何代表，德国也只有托马斯·曼一人。但是，如果人们因此就认为较先进的立场完全被抛弃了，那就大错特错了。斯堪的纳维亚人［如约翰尼·罗斯瓦尔

(Johnny Roosval)]、奥地利人[如汉斯·蒂茨(Hans Tietze)],更不用说前面提到的法国人了,他们至少部分地占据了这些较先进立场①。无论如何,先锋派在巴黎占据了主导地位。先锋派由人数相当的画家和作家组成。通过这种方式,人们强调,绘画有多么必要与口头文字和书面文字重新进行理智的交流。

绘画的理论已经从绘画本身中分离出来,成为艺术批评的专门领域。这种分工的根源在于,绘画与公共事务之间的紧密关联已经消失。库尔贝(Courbet)可能是最后一位体现这种紧密关联的画家。他的绘画理论并不仅回答了绘画问题。在印象派那里,工作室的黑话已经排挤掉了真正的理论,此后便形成了一种持续的发展,直到一个新的阶段出现,它导致一名聪明且见多识广的观察家得出这样的结论:绘画"已经完全变成了一种深奥的、博物馆化的事情,对绘画及其问题的兴趣……已经不存在了"。它几乎成了"过去时代的残余",并且"迷恋它……是个人的不幸"②。这样的看法与其说是绘画的错,不如说是艺术批评的错。艺术批评名义上是为公众服务,实则为艺术市场服务,它没有术语,只有随着时令变换的行话。这绝非偶然,多年来在巴黎最具影响力的艺术评论家瓦尔德马尔·乔治(Waldemar George),在威尼斯以法西斯分子的身份出现。他的势利行话只有在今日的艺术市场形式中才有效。人们可以理解,他之所以会期望一个"领袖"来解救法国绘画(《谈话录》,第71页),就是因为这个原因。

---

① 另一方面,在威尼斯,人们遭遇了来自失落时代的具有博物馆性质的思想残渣。例如,萨尔瓦多·德·马达里亚加(Salvador de Madariaga)定义道:"真正的艺术是思想与空间以不同比例可能的结合的产物;而虚假的艺术则是这种结合的结果,在这种结合中,思想会损害艺术作品。"(《谈话录》,第160页)——原注

② 赫尔曼·布洛赫:《詹姆斯·乔伊斯和当代。乔伊斯50周岁诞辰演讲》,维也纳-莱比锡-苏黎世:1936年,第24页。——原注

那些力求全面展现绘画危机的人延续了威尼斯大会上的讨论兴趣。尤其对洛特而言正是如此。他断言："我们面临的问题是寻找有用的图像。"（《谈话录》，第 47 页），他这一论断指明了我们应在何处找到这项辩论的阿基米德点。洛特既是画家又是理论家。作为画家，他继承塞尚一派；作为理论家，他受《新法兰西评论》的约束。他绝不是最左的左翼。并非最左翼才会感到有必要思考图像的"效用"。忠实地说，图像这个概念不能着眼于它对绘画或艺术欣赏的效用。（绘画的效用本应借由艺术欣赏来决定。）当然，效用的概念不能被过于狭隘地理解。如果我们仅仅着眼于作品通过其主题产生的直接效用，那么我们将会把道路都堵死。历史表明，绘画常常通过中等程度的效果来解决普遍的社会任务。维也纳艺术史学家蒂策（Tietze）在定义图像的效用时就曾指出："艺术有助于理解现实……最早向人类灌输视觉感知惯例的艺术家们，其作用有如史前的天才们创造第一批词语时那样。"（《谈话录》，第 34 页）勒热追溯了历史发展中技术的发展脉络。他注意到，每一项新技术背后，都有一种新的光学原理在支撑。透视法的发现，即文艺复兴的决定性发现，曾伴随着何种疯狂，大家是知道的。保罗·乌切洛（Paolo Uccello）是第一个发现这些规则的人，他激动得无法自持，甚至在半夜把妻子叫醒，告诉她这个惊人的消息。"我可以，"洛特继续说道，"用盘子这个简单的例子来解释视觉感知发展从原始人到现代所经历的各个阶段。原始人会像孩子一样把盘子画成一个圆形，文艺复兴时期的那代人会把它画成一个椭圆形，而塞尚所代表的现代人则会把它画成一个极其复杂的图形……我们可以把椭圆形的下半部分想象成压扁的，而把它的一个侧面想象成膨胀的。"（《谈话录》，第 38 页）如果这种绘画成就的效用——或许有人会这样说——不是为了便于感知，而只是为了或多或少有影响力的再生产，那么它的效用甚至会超过艺术层面。因为这种再生产通过多种渠道——商业绘画，如广告图像；或通俗插图,如科学插图——对社会的生产和教育水平产生影响。

摄影大大扩展了人们能想象的图像效用的基本概念。其扩展形式就是当前的形式。当前的辩论的高潮处——这场辩论将摄影纳入了分析——就在它澄清摄影与绘画的关系时。如果说威尼斯大会没有做到这一点,那么阿拉贡(Aragon)在巴黎则弥补了这一缺失。据他后来回忆,这样做需要一定的勇气。在场的一些画家认为,以摄影史为基础来思考绘画史是一种侮辱。"想象一下,"阿拉贡总结道,"一个物理学家因为有人跟他谈论化学而感到受到了侮辱。"①

对摄影史的研究始于八到十年前。关于摄影的起源及其早期大师,我们已经有了许多图文并茂的著作②。然而,只有最近的一本出版物将摄影史与绘画史联系起来进行了探讨。这是一种以辩证唯物主义精神进行的尝试,这点得到了作者本人视角的再次确认,她独具慧眼的视角开创了这一全新的方法。吉赛尔·弗罗因德(Gisèle Freund)的研究《十九世纪法国摄影》③将摄影的兴起与

---

① 路易·阿拉贡:《现实主义当务之急》。见:《公社》,1936 年 9 月(4),第 37 辑,第 23 页。——原注
② 参见赫尔穆特·特奥多·波色特,海因里希·古特曼等:《早期摄影 1840—1870》,美因河畔法兰克福,1930 年;卡米勒·莱希特:《古老的摄影》,巴黎,1931 年;海因里希·施怀慈,戴维·奥克塔维斯·希尔:《摄影大师》,莱比锡,1931 年;还有两部重要的资料性著作:迪斯德里:《摄影手册》,巴黎,1853 年;纳达尔:《当我还是一名摄影师时》,巴黎,1900 年。——原注
③ 吉赛尔·弗罗因德:《19 世纪法国摄影》,巴黎,1936 年。作者是德国移民,她以这篇论文完成了索邦大学的博士学位。所有参加考试结束时举行的公开辩论会的人,不得不对考官们的远见卓识和宽宏大量留下深刻印象。这是一本值得称赞的书,但是稍微提一下这本书在方法论上的一个异议。作者写道:"艺术家越天才,他的作品,而且是通过其形式的原创性,就越能反映出与之同时代的社会趋势。"(弗罗因德,第 4 页)这句话令人担忧的地方并不在于,它试图根据创作时的社会结构来解释作品的艺术分量;唯一值得商榷的是,它假定这种社会结构永远会被同一个视角审视,而不发生改变。事实上,对社会结构的视角可能会随着不同时代而改变,而不同时代人们的视野总是会落到当时的社会结构。因此,要确定一件艺术作品对其创作时期社会结构的意义,更多的是要致力于,从该艺术作品的影(转下页)

资产阶级的崛起联系起来，并以肖像画史为例来说明这种联系。作者从旧制度下最普遍的肖像技术——昂贵的象牙微缩画开始，展示了 1780 年左右（即摄影术发明前 60 年）旨在加快肖像制作速度和降低肖像制作成本、从而使肖像制作更加普遍的各种工艺。她将肖像描摹描述为肖像微型画和摄影之间的中间环节，这是一个新的发现。这个作者接着说明了，技术的发展是如何实现适应社会发展的、摄影方面的标准，从而，广泛的中产阶级也能买得起肖像画。她描述了微型画家是如何成为画家行列中第一批摄影受害者的。在最后，她报告了 19 世纪中叶绘画与摄影之间的理论争论。

在理论领域，摄影与绘画之间的争论集中在摄影是否属于艺术的问题上。这位作者提醒人们注意在回答这个问题时出现的特殊局面。她指出，许多早期的摄影师虽然没有艺术野心，只是在一小群朋友中展示他们的作品，但他们的作品却具有很高的艺术水平。"摄影自命为艺术的主张，恰恰是那些把摄影当作生意人提出来的。"（《十九世纪法国摄影》，第 49 页）换言之，摄影作为艺术的诉求，与它作为商品的出现是同时的。

事实情况具有辩证的讽刺意味：摄影，这门今后注定要对艺术品概念本身质疑的工艺，因为它的再生产特性被迫拥有商品属性，并把自己称为一种艺术工艺①。这一后来的发展始于迪斯德

（接上页）响史出发来决定艺术作品的能力，即，让遥远和陌生的时代进入其创作的时代。例如，但丁的诗歌为 12 世纪、莎士比亚的作品为伊丽莎白时代展示了这种能力。澄清这个方法论问题就显得尤为重要，因为弗洛因德的话直接回溯到了普列汉诺夫所表达的最激烈、同时也是最值得怀疑的立场，后者宣称："一个作家越伟大，他的作品就越强烈、越敏锐地依赖于他所处时代的特性，或者换句话说（阻止参照物）：在他的作品中，我们越找不到可以称为'个人'的元素。"（乔治·普列汉诺夫：《兰桑对巴尔扎克和高乃依的评价》，载于《公社》，1934 年 12 月，第 2 期，第 16 辑，第 306 页）——原注

① 在同一领域中，有着同样讽刺意味的情况是：照相机作为一种高度标准化的工具，其产品形式在表达国家特质时，并不比轧钢厂的产品更有利。它极大地 （转下页）

里(Disderi)。迪斯德里知道摄影是一种商品。但这种商品特性是它与我们社会的所有其他产品所共有的。(油画也是一种商品。)迪斯德里还认识到,摄影能够为商品经济提供哪些服务。他是第一个利用摄影工艺将已或多或少退出流通过程的商品重新纳入流通的人。这些商品首先是艺术品。迪斯德里想出了一个巧妙的主意,他从国家那里获得了再现卢浮宫艺术品的垄断权。从那时起,摄影技术让越来越多的光学感知领域的作品得以出售。摄影征服了以前几乎不存在的商品流通领域。

这一发展已经超出了吉赛尔·弗罗因德为自己设定的框架。最重要的是,她所面对的是摄影开始凯旋的时代。这是一个中庸之道的时代。她刻画了它的美学立场,她写道,对当时的一位著名大师来说,准确描绘鱼鳞是绘画的崇高目标,这种叙述并不只是为了轶事一则。这个画派的理想在一夜之间就被摄影实现了。当代画家加里马尔(Galimard)天真地揭示了这一点,他在一篇关于梅松尼埃(Meissonier)画作的报告中写道:"如果我们对一位精妙的艺术家表达我们的敬佩之情……公众是不会反驳我们的。今年,如果这位精妙的艺术家为我们带来了一幅在精确度方面可与达盖尔胶片相媲美的作品。"[①]因此,中庸之道的绘画只等着让摄影技术牵引自己。所以,绘画对摄影工艺的发展一点都不重要,一点也没有好处,这就不奇怪了。在摄影技术的影响下,无论在哪里,我们都能看到摄影师们试图借助他们在工作室里组装的道具和临时

(接上页)使摄影生产不再依赖于国家惯例和风格,从而扰乱了那些固执于这些惯例和风格的理论家。他们的反应非常迅疾。早在 1859 年,一份关于摄影展览的评论中就写道:"各国的特殊民族特性……明显地体现在不同国家的作品中……一个法国摄影师的作品永远不会被误认为是一个英国同行的。"(路易·菲吉埃尔:《1859 年沙龙的摄影》,巴黎,1860 年,第 5 页)七十年后,玛格丽塔·萨拉菲蒂在威尼斯会议上这样说:"一张好的肖像摄影,会立刻让我们辨别出摄影师的国籍——而不是被拍摄者的国籍。"(《谈话录》,87 页)——原注

① 奥古斯特·加里马尔(Auguste Galimard):《1849 年沙龙评论》,巴黎,未注明出处,第 95 页。——原注

演员，达到了那些曾应凡尔赛路易-飞利浦的命令前来完成湿壁画的历史画家们的水平。他们毫不避讳地拍摄雕塑家卡利马科斯（Kallimachus）在看到刺桐时发明科林斯式柱的场景；他们复刻了"莱昂纳多"绘制"蒙娜丽莎"的场景，并把这一场景给拍下来——库尔贝是中庸之道的绘画的敌对者；在库尔贝那里，画家和摄影师之间的关系一度发生了逆转。他的名画《海浪》就等同于通过绘画发现了摄影主题。库尔贝的时代既不懂特写，也不懂快照。他的画为这个时代指明了方向。他的画是一次对形式和结构世界的探索之旅，而这些形式和结构只有在几辈子后才能呈现在画板上。

库尔贝的特殊地位在于，他是最后一个试图超越摄影的人。后来者都试图避开摄影。首先是印象派画家。绘画摆脱了素描的框架，从而在一定程度上避开了照相机的竞争。但是这种示例受到了考验，因为摄影技术尝试在世纪之交模仿印象派风格。它诉诸胶印；摄影在这一过程中堕落到了何等地步。阿拉贡敏锐地捕捉到了这一背景："画家们……在摄影设备中看到了竞争对手……画家们试图用不同于摄影设备的方式来做事。这是他们的伟大构想。以这种方式误判人类的一项重要成就……不得不……最终造成画家们反动的行为方式。随着时间的推移，画家们——尤其是最有才华的画家们——变成了真正的无知者。"①

阿拉贡在 1930 年的《绘画的挑战》一文中探讨了最近的绘画历史提出的问题。② 挑战来自摄影。文章讨论了绘画从原先回避与摄影的碰撞，到对抗摄影的转变。阿拉贡通过回顾他当时超现实主义朋友们的作品，描述了绘画是如何做到这一点的。人们尝

① 《争论》，第 64 页。参见德兰（Dérain）的恶毒论调："艺术的最大危险是过度的文化。真正的艺术家是没有文化的人。"（《争论》，第 163 页）。——原注
② 路易·阿拉贡：《绘画与犯罪》，巴黎，1930 年。——原注

试过不同的手法："一张照片被贴在一幅画或素描中；或者在照片上绘画或着色。"（《绘画与犯罪》，第 22 页）阿拉贡还提到了其他一些手法，比如：通过剪裁赋予图像以不同于所表现对象的形状。（你可以从印有玫瑰的纸上剪出一列火车。）在这一与达达主义有着千丝万缕联系的手法中，阿拉贡认为自己保准获得了能量，来进行新艺术革命。他将新艺术与传统艺术相对立起来："绘画早已变得安逸自得，它讨好那些付钱购买的高雅鉴赏家，成了一种奢侈品……从这些新的尝试中，人们可以看出，画家们有可能挣脱金钱对他们的驯化。因为这种黏合技术缺乏资金。而且它的价值还将长期未被正视。"（《绘画与犯罪》，第 19 页）

那是在 1930 年。阿拉贡今天不会再写出这样的话。超现实主义家试图"艺术"地克服摄影的尝试已经失败了。那些有着市侩信条——这信条正是伦格-帕茨施（Renger-Patzsch）著名摄影集《世界是美丽的》的标题——的工艺美术摄影师们的错误，同样也是他们的错误。他们忽视了摄影的社会冲击力，以及文字说明的重要性，文字说明就像一根火柴，将批判的火花引向图像混合体［我们在海特菲尔德（Heartfield）的作品中看得最清楚］。阿拉贡最近一直在和海特菲尔德讨论这个问题[①]；此外，他也抓住机会指出摄影中批判性的元素。今天，他甚至在像曼·雷（Man Ray）这样的摄影大师看似形式主义的作品中也发现了这一元素。在巴黎的讨论中，他指出，曼·雷的摄影能够复制出现代画家的绘画风格。"如果不了解曼·雷所参照的画家，根本无法完全领会他的成就。"（《争论》，第 60 页）

我们是否可以借洛特早已备好的亲切套话来结束这段绘画与摄影相遇的紧张历史？在他看来，"人们津津乐道于摄影取代了绘

---

① 路易·阿拉贡：《约翰·海特菲尔德与革命之美》。见：《公社》，1935 年 5 月，第 2 期，第 21 页。——原注

画，这种取代实践上可以占据姑且被称为'当前生意'的位置。然而，绘画仍然保留着一片永恒不可侵犯的纯粹人类的神秘领域"。（《争论》，第 102 页）不幸的是，这种构思只不过是一扇在这位自由主义思想家的背后关上的门，将他毫无防备地推向法西斯主义。相反，粗笨的思想画家安托万·维埃茨的视野远得多，在将近 100 年前，值第一幅世界摄影作品问世之际，他写道："几年前，一台机器诞生了，它是我们这个时代的荣耀，每天让我们的思想惊奇，让我们的眼睛恐惧。在这个世纪翻篇之前，这台机器将成为绘画的画笔、调色板、色彩、技巧、经验、耐心、敏捷、准确、着色、釉彩、蓝本、圆美、精华……当达盖尔胶片这个巨大的孩子长大成人后，不要觉得它扼杀了艺术……当它所有的艺术和力量都展现出来的时候，天才就会突然抓住它的脖子，大声喊道：过来！你现在属于我了！我们要在一起共事！"①只要看过维特兹伟大画作的人都知道，他所说的天才就是政治天才。他认为，在伟大的社会灵感闪现时，绘画和摄影总有一天会合二为一。这一预言蕴含着真理，只不过这种融合并不是发生在作品上，而是大师身上。他们属于海特菲尔德那一代人，因政治而从画家转变为摄影师。

这一代人也造就了乔治·格罗兹和奥托·迪克斯这样的画家，他们追求相同的目标。绘画并未丧失其功能。只是我们不应像克利斯蒂安·嘉里亚德（Christian Gaillard）那样阻挡看向绘画的视野："如果社会冲突"，他说："是我全部作品的主题，那么体现在绘画上的冲突必须在视觉上使我足够震撼。"（《论争》，第 190 页）对于拥有"井然秩序"的城市和乡村的法西斯国家的同代人而言，这种表述方式存在很大问题。难道他经历的过程不应该是倒过来的吗？难道不是受社会事件的震撼，从而转化为视觉上的灵

---

① A. I. 维埃茨：《文学全集》，巴黎，1870 年，第 309 页。——原注

感吗？伟大的漫画家就是这样，他们的政治意识对外形感知所施加的影响，并不比空间感知的触觉体验少。博世、霍加斯、戈雅、杜米埃这样的大师已经指明了道路。最近去世的雷内·克列维埃尔写道："在绘画最重要的作品中，历来都包括那些通过揭示解体而控诉那些造成解体的人的作品。从格吕内瓦尔德到达利，从腐朽的基督到腐朽的驴①……绘画总能……发现那些并非仅属于绘画本身的新的真理。"（《论争》，第 154 页）

西欧的形势决定了：绘画恰恰在其能完全自主处理题材的地方，具有破坏性、净化性的影响。也许，在一个尚还②拥有民主自由的国家里，这一点不如在法西斯掌权的国家里那样明显。那里有被禁止绘画的画家。（而通常是绘画方式，而不是主题，让艺术家们受到禁止。法西斯主义的毒害程度可见一斑。）警察会来找这些画家，检查他们自上次搜捕以来是否又创作了作品。他们在拉下窗帘的夜晚里作画。对他们来说，模仿"自然"几乎没有诱惑力。而且，他们画作中苍白的地带，被鬼怪或怪物占据，这些并非源自自然，而是源自阶级国家。这些画家在威尼斯没有被提及；同样，在巴黎也没有。他们知道如今的图像中有效用的是什么：任何一种公开的或秘密的记号，来表明，法西斯主义在人身上遭到了它能在这地球上找到的不可逾越的阻拦。

写于 1936 年，赵健品译自 Walter Benjamin, *Medienästhetische Schriften*, Suhrkamp Verlag Frankfurt am Main 2002, SS. 329 – 340。

---

① 达利的一幅画。——译注
② 补充一点：在塞尚大展之际，巴黎报纸《冲击》(*Choc*) 将自己的任务定为与塞尚的"虚张声势"做了个了结。展览是由法国左翼政府组织的，"目的是玷污本国人民乃至所有其他国家人民的艺术精神"，当时就是这么批评的。顺便提一句，有些画家已经为所有可能发生的情况做好了准备。他们同意拉乌尔·杜菲的观点。杜菲写道，如果他是德国人，那么他就不得不庆祝希特勒的胜利，他会像某些中世纪画家一样，即便没有信仰也会画宗教画。（见《争论》，第 187 页）——原注

六、电　影

苏联电影艺术的状况

在柏林，人们更容易看到苏联电影产业的顶尖作品，而不是在莫斯科。已经有一批苏联电影的精选之作进入了柏林，但在莫斯科却还没有对电影进行一些筛选。苏联人不怎么以批判性的眼光来看待自己的电影，这也确实让人束手无策。（例如，最先是德国肯定了苏联电影《战舰波将金号》的成功。）他们对电影的判断充满不确定性的原因是：缺乏与欧洲电影进行比较的标准。在苏联很少看到来自国外的好电影。在购买国外电影时，苏联政府认为，对于那些与苏联电影竞争的国际电影公司来说，苏联市场非常重要，所以这些公司几乎必须以较低的价格提供广告宣传样本。这样一来，优质的、高价的电影自然被排除在外。对于苏联艺术家来说，由此在观众中产生的信息闭塞也带来了一些好处。伊林斯基使用了一个非常不准确的卓别林副本，并因此被视为喜剧演员，只是因为在那里大家都不知道卓别林是谁。

苏联的国情很大程度上影响了普通电影的创作。获取合适的剧本不容易，因为题材选择受到严格的控制。在苏联，对文学的审查较为宽松。对剧院的监管要严格一些，而电影则受到最严格的监管。这种审查程度与观众群体的规模成正比。在这种制度下，目前表现最出色的是有关苏联革命的片段，涉及久远历史的电影则成了无足轻重的普通作品，而欧洲标准下的喜剧根本不在考虑范围内。目前苏联电影制片人面临种种困难,其核心问题在于,观众对他们真正的领域——关于内战的政治题材——越来越少地关注。大约一年半前,以政治现实主义为特征的苏联电影达到了高峰期,充斥着死亡和恐怖的戏剧性题材。但这些题材现在已经失去了吸引力。在各个地方都强调内部安定的口号。电影、广播、剧院都在摆脱各种政治宣传。

苏联人试图获取一些安宁、和平的素材,这就导致了一种不同寻常的技术手法。由于政治和艺术原因,大多数伟大的苏联小说都被禁止拍成电影,因此人们从中选取了一些家喻户晓的角色,并将它们"拼凑"到一个现实的、自由杜撰的情节中。他们从普希金、果戈尔、贡察洛夫、托尔斯泰笔下借来一些角色,保留了角色的名字。这种新型苏联电影倾向于探寻遥远的苏联东部地区。他们会说,"对我们来讲,不存在'异国情调'"。这个术语实际上是一个殖民民族的反革命意识形态的一部分。苏联不会使用关于"遥远东方"的浪漫概念,因为他们认为自己和所谓的"东方"之间距离相近并且有经济上的联系。同时,他们借此也表明:我们不依赖外国的国土和自然,因为苏联是地球的六分之一!我们在自己的国土上拥有一切尘世之物。

因此,现在人们推出了《地球的第六部分》这部新的苏联电影史诗。导演韦尔托夫的主要任务是:以特征鲜明的画面展示出在新的社会秩序的影响下,整个广袤的苏联的变化,然而他并没有完全实现这一目标。虽然这部电影未能成功地"殖民"其他国家,但成功地让苏联与欧洲划清了界限。在几分之一秒的时间内,劳动场所的画面(旋转的活塞、收割时的工人、运输工作)与资本的休闲场所(酒吧、迪厅、俱乐部)交替出现。从过去几年的社会主题的电影中,人们选取了一些微小的片段(仅限于一个亲吻的手或跳舞的脚,一部分发型或项链),并将它们拼接在一起,在无产者的画面之间连续切换。然而,遗憾的是,电影很快就脱离了这种模式,转而描述苏联各民族和各地区的情况，它们与经济生产基础的联系只是非常含糊地提及了一下。电影中唯一不稳定的地方是，在起重机、杠杆和传动装置的画面中奏响了"塔恩豪塞"和"洛恩格林"的乐章。尽管如此，这些镜头还是很有特色，它们直接从生活本身中提取元素构成电影，摆脱了演员和装饰性的配置。人们利用掩盖机制进行拍摄。在一个虚拟场景面前，人们摆出各种姿势，然后在短时间内，当他们认为一切都结束时，他们才真的被拍摄下来。优秀的新型口号"摆脱面具！"在苏联电影中得到最好的体现。因此，电影明星的意义在这里变得更微不足道。人们不是寻找一个一劳永逸的演员，而是根据需要选择不同的类型。甚至更进一步，导演艾森斯坦正在筹备一部关于农民生活的电影，其中将没有任何演员出现。

农民不仅是苏联文化电影中最有趣，也是最重要的对象。人们试图通过电影向他们传授历史、政治、技术和卫生知识。但是，目前还面临着一些困难。农民与城市群众的理解方式完全不同。例如，研究表明，农村观众无法理解电影中同时存在的两条情节线，而电影中往往有许多这样的情节线。他们只能跟随一个单一的图像序列，这个序列必须按照时间顺序，完全像摩里塔坦（Moritaten）的图像一样展开在他们面前。另外，严肃的场面在他们的眼里变得滑稽可笑，而滑稽的场面又能让他们严肃起来甚至感动他们。这种情况出现很多次后，对于那些偶尔抵达苏联最边远地区的流动电影院，人们开始专门为其制作电影，那些地区的居民从未见过城市，也从未见过现代交通工具。让这些群体受到电影和广播的影响，是苏联大型实验室中目前正在进行的最伟大的民族心理实验之一。当然，在乡村电影院里，各式各样的宣传教育电影是最重要的。例如，实操如何防治蝗虫灾害、如何操作拖拉机、如何治疗酗酒等都是关注的焦点。尽管流动电影院的节目中有很多内容对大多数人来说难以理解，但它们仍然作为学习材料，供一些先进分子使用,比如乡村苏维埃的成员、农民记者等。目前,人们正在考虑成立一个"观众研究学院",在这个学院里,人们将通过实验和理论来研究观众的反应。

因此,最近的一个重要口号"面向乡村!"在电影中产生了影响。就像在文学中一样,政治在这里也提供了最强劲的推动力,这些推动力通过中央委员会的指示传递给党的报纸、报纸传递给俱乐部,俱乐部再传递给剧院和电影,就像接力一样每个月继续下去。然而,这些口号也可能会产生严重的障碍。一个悖论的例子是"工业化"这个口号。既然人们对一切技术事物都有浓厚的兴趣,怪诞电影应该很受欢迎才是。但事实上,这种浓厚的兴趣反而把一切技术和喜剧对立了起来,美国的怪诞喜剧显然在此也遭遇失败。苏联人不能理解技术事物中那种讽刺和怀疑态度。此外,苏联电影还失去了来自资产阶级生活的所有素材和问题,尤其是:电影中不容许爱情戏。在整个苏联社会中,扣人心弦的或者甚至悲剧的爱情事件都是不被允许的。如今现实中还时有发生自杀事件,出于不幸的爱情或者被爱人欺骗,但在共产主义的公众舆论中,这种自杀被看作是最严重的过激行为。

所有当前讨论的问题,在电影方面,就如在文学方面一样,都是内容素材的问题。在新的和平时代,它们已经进入了一个复杂的阶段。苏联电影只有在苏维埃社会局面(不仅仅是国家生活)稳定,并足以支持新的"社会喜剧"、新的角色和典型情境时,才能够站在坚实的基础上。

原载:"Die literarische Welt"1927 年,骆佩译自 Walter Benjamin, *Medienästhetische Schriften*, Suhrkamp Verlag Frankfurt am Main 2002, SS.343 - 346。

对奥斯卡 A. H. 史密茨的回应

有些回应几乎是对公众的一种无礼。有的观点是支离破碎的，并且包含不完美的概念，不如干脆把这些观点交给读者，让他们自行判断。毕竟，在这种情况下，他们甚至不需要亲自观看《战舰波将金号》①。正如史密茨自己不需要亲自观看这部影片一样。因为他今天所知道的，第一篇新闻稿早已告诉他了。但这正是典型的知识庸人：别人阅读了报道并保持警惕，而他必须形成所谓的"自己的观点"，然后去看了电影，以此认为他能够将尴尬转化为客观认识。错了！其实，无论从政治还是电影的立场来看，都可以就《战舰波将金号》进行客观的讨论。但史密茨两者都没有做。他谈论的是他最新的阅读。果然不出所料，他并没有产出什么有价值的东西。他试图用资产阶级社会小说来评判严密而基本的阶级运动。这种无知着实令人招架不住。他在批判倾向艺术②时又是另外一种情形。他在某种程度上是在用资产阶级审美的重型武器对倾向艺术进行一番轰炸，但其实更值得做的是：用德语清晰、准确地表达。那么问题来了：我们为什么要苦恼于艺术在政治方面的"纯洁性"，而同时却在两千年来的艺术创作中不断探索着各种隐晦的主题升华、力比多的残余和各种情结呢？艺术还要做多久的高贵千金？她在所有臭名昭著的小巷中都能找到方向和路径，就不能有一点点政治幻想吗？阻止是没有用的，她总是会有这种幻想。因为每个艺术品，每个艺术时代都有政治倾向，这是因为它们是意识的历史构建物，这是众所周知的。然而，正如岩脉的更深

---

① 《战舰波将金号》是由谢尔盖·爱森斯坦执导的一部剧情片，是向俄国 1905 年革命 20 周年的献礼影片。——译注

② "倾向艺术"是指传达特定政治、社会或意识形态信息或倾向的艺术作品。这些艺术作品通常旨在推广或支持特定的政治或社会议程。倾向艺术可以以各种形式呈现，包括绘画、文学、电影、戏剧和其他艺术表现形式。——译注

层只会在断层处显露一样,更深的"倾向"层只会在艺术史(和作品)的断层处出现在人们眼前。技术革命——这是艺术发展的断层,在这些断层中,倾向一次又一次地暴露出来。在每一次新的技术革命中,倾向从艺术非常隐蔽的要素中自然而然地显现出来。而且,这最终把我们带到了电影这个话题。

在艺术构造的众多断层中,电影是其中最巨大的一个断层。它确实创造了意识的一个新领域。电影——可以用一个词来说——那就是独一无二的棱镜,透过它,现代人可以直接地理解自己周围的环境以及他生活、工作和娱乐的场所,并对这些场所进行有意义地、有感情地探索和分析。这些办公室、家具装潢的房间、酒吧、城市街道、火车站和工厂本身都是丑陋的、难以理解的和极度悲伤的。更确切地说:直至电影出现,它们一直都是如此。然后,电影以迅雷不及掩耳之势炸毁了这整个监狱世界,在四散的碎片之间我们可以来一场富有冒险的长途旅行。一座房子、一个房间的周围可以容纳数十个令人惊讶的站点,以及陌生的站点名称。电影不仅仅是图像的持续变化,更重要的是位置的跳跃性变化。电影通过在不同地点之间迅速切换,营造出其他方式无法实现的环境,并且能够从普通的小资产阶级住宅中创造出阿尔法·罗密欧①般的美丽。到这里为止,一切都很好。然而,当"情节"开始出现时,问题就出现了。有关电影情节意义的问题,就如新技术所带来的抽象形式问题一样难以解决。这主要证明了一点:重要的、强有力的艺术进步既不是新内容,也不是新形式——而是技术的革命。然而,在电影中,技术革命既没有找到与之相符的形式,也没有找到与之相符的内容,这绝非偶然。这也说明了,通过无倾向性的形式游戏和无倾向性的寓言游戏,问题始终只能根据具体情况来解决。

---

① Alfa Romeo(阿尔法·罗密欧)是意大利豪车品牌。——译注

苏俄革命电影的成功，就像美国怪诞电影的成功一样，都是基于它们各自的方式，以一种特定的倾向作为基础，它们始终不断地回到这个倾向。怪诞电影也是有倾向性的，尽管方式没有那么明显。它的主要目标是反对技术。虽然这种电影很滑稽，但其引发的笑声往往悬浮在灰暗的深渊之上。过度强调技术所带来的负面影响在《战舰波将金号》这部电影中得到了生动的展现，特别是极其精确地控制机动舰队。目前国际上的资产阶级电影并没有找到一个统一的意识形态框架。这是其危机的原因之一。因为电影技术与环境所呈现的并不是对资产阶级的歌颂。无产阶级是一些情境的主要角色，资产阶级则在电影院中将自己投射到这些情境中。虽然，他们可能会意识到资产阶级将会面临毁灭，但他们仍然会从这些情境中感受到美感和享受。然而，无产阶级不是单独的个体，而是一个整体，就像这些情境也是集体性质的。而正是在人类集体之中，电影才能完成它在环境中所承担的类似于棱镜的工作。《战舰波将金号》之所以具有划时代的影响，也正是因为在此之前，这一点从未被如此清晰地呈现过。大规模运动在电影中首次展现出一种既具有建筑风格、又不是传统意义上威严壮观（读作 Ufa-）①的特点，这种特点在电影中的呈现是合理的。没有其他手段能够再现这个充满活力的集体，更确切地说，没有其他手段能够将这样的美丽与其中的惊恐、恐慌之情传达出来。自从《战舰波将金号》以来，这样的场景已经成为苏俄电影艺术不可割舍的财富。正如在《战舰波将金号》中的奥德萨炮击场面一样，最近的电影《母亲》通过工厂工人被迫害的事件，描绘了城市群众的苦难，犹如用字迹在街道的柏油上刻下了痕迹。

因此，《战舰波将金号》是在集体主义的意义上创作的。这次

---

① 这里的"Ufa"实际上是作者自创的一个词，用来形容大规模的运动所展现的特征。这个词可能没有具体的字面含义，而是用来强调大规模运动的独特和突出之处，以及它在电影中的表现所具有的特质。——译注

起义的领袖——上尉施密特，是苏俄革命时期的传奇人物之一，但在电影中并没有出现。可以说，这是一种"历史篡改"，但这并不影响对这一作品的评价。再者，为什么集体行动被视为不自由，而个体行动却被视为自由呢？这种荒谬的决定论观点本身就难以令人信服，并且对其的争论也是没有必要的。

叛乱的群众呈现出的集体性格，自然也需要对应地塑造出相匹配的反面角色。将不同的个体与其对立的角色进行对比是毫无意义的。船医和船长必须是典型的一类。典型的资产阶级人物——这一点可能是史密茨不愿听到的。那么就称他们为典型的虐待狂吧，他们通过邪恶而危险的手段被提拔到权力的巅峰。这当然又引发了一个政治问题。这是不可避免的，因为它是真实的。最无奈的辩解方式莫过于把问题归咎于"个例"。虽然每个个体可能是个例——但他们的恶行所带来的巨大影响并不是个例，这是帝国主义国家——在一定程度上——也是任何国家的本质。众所周知，一系列事实只有在摆脱孤立的观察时才会显得有意义、有立体感。这就是统计数据所涉及的事实。例如，某先生在三月份刚刚自杀，从他个人命运的角度来看可能并不重要，但当你发现这个月的自杀率曲线达到最高时，情况会变得非常有趣。同样，船医的虐待行为在他的生活中可能只是特殊情况，也许他睡得不太好，或者他在早餐桌上发现了一个坏鸡蛋。只有在考虑到医生阶层与国家权力的关系时，这件事情才会变得有趣。在大战的最后几年里，许多人对此进行了非常详尽的研究，而《战舰波将金号》中可怜的虐待狂（船医）与那些数以千计的同行相比非常不幸，他的同行们在几年前对残疾人和病人执行了数不胜数的绞刑，但没有受到任何惩罚。

《战舰波将金号》是一部鲜有的却取得巨大成功的伟大电影。对此提出异议需要极大的勇气。糟糕的倾向艺术已经足够多了，其中包括糟糕的社会主义倾向艺术。这些作品从效果上来说，使用模板式的方法，观众反应变得迟钝并失去新鲜感。但《战舰波将金号》这部电影在意识形态上被加固，像一座拱桥一样在每一个细节上都经过深思熟虑和精心策划。你越是有力地击打，它就越是美妙地回响。你若是用戴着手套的手指轻轻摇晃它，反而听不到什么，也感受不到什么。

原载："Die literarische Welt"1927 年，骆佩译自 Walter Benjamin, *Medienästhetische Schriften*，Suhrkamp Verlag Frankfurt am Main 2002，SS.347 - 350。

机械复制时代的艺术作品

在一个与现在非常不同的时代里,那些对物和环境施加的影响比我们现在小得多的人创立了美的艺术,建起了美的艺术的不同类型。如今,我们拥有的手段在适应性和准确度方面有了惊人提升。这使我们看到,出自古代的审美工艺即将发生最为深刻的变化。一切艺术都会有的那些物理部分我们已不再能像以前那样去看待和对待,来自现代科学和知识实践的影响已经离它们很近。近 20 年来,无论是物质还是时间和空间,都不再是自古以来那个样子了。我们必须看到,如此伟大的革新将改变艺术的全部技巧,从而影响艺术创新本身,最终或许还会导致我们的艺术概念发生令人无比瞠目的变化。

——保罗·瓦莱里[①]:《艺术片论集》,巴黎版,第 103—104 页(《无处不在的征服》)

前　　言

当马克思着手分析资本主义生产方式时,这种生产方式尚处于萌芽阶段。马克思努力使他的研究具有预言价值。他回溯了当初资本主义生产的基本状况,并通过对此状况的描述使人们看到了资本主义未来发展的轨迹。结论是,资本主义不仅越来越增强了对无产者的剥削,而且最终还会创造出消灭资本主义本身的条件。

上层建筑的变化远远慢于物质基础的变化,它用了半个多世纪才使生产条件方面的变化在所有文化领域中得到体现。直到今

[①]　保罗·瓦莱里(Paul Valéry, 1871—1945),法国象征主义诗人和理论家。——译注

天，我们才得以阐明这一变化以怎样的形态出现，对于这样的阐明我们应赋予其一些预测性特质，较为贴切的论题便是当前生产条件下艺术发展趋势的问题，而无产阶级夺取政权之后艺术发展的问题便不那么贴切了，至于无阶级社会中艺术发展的问题则更不贴切了。当前艺术发展趋势问题内蕴的辩证法，在上层建筑领域与在经济领域同样显著。低估这一问题所具有的斗争价值，将是一种错误。围绕这一问题的有关论述漠视了诸如创造性和天才、永恒价值和神秘性等一些传统概念，而对这些概念不加控制的运用（眼下也几乎难以控制），就会导致用法西斯主义方式去处理事实材料。下文引入艺术理论中的诸概念与那些较常见概念的不同在于：它们就法西斯主义题旨而言毫无用处，相反，对于表述艺术政治中的革命性要求却是有用的。

1

一件艺术作品原则上总是可复制的，人所制作的东西总是可被仿造的。学生进行仿制以练习手艺，大师以此传播他们的作品，最终还有第三种人以此谋求赢利。然而与此相比，对艺术品的技术复制则是新事物。过去，这种复制是时断时续出现的，而且其间相隔时间很长，但却一次比一次强烈。希腊人只掌握复制艺术品的两种工艺：熔铸和冲压。他们能够大量复制的艺术品只有青铜器、陶器和硬币，其余的艺术品则是独一无二、不可进行技术复制的。

早在文字能由印刷进行复制之前的很长一段时间里，木刻就已经使对版画作品的复制具有了可能，这是开天辟地的事。众所周知，印刷术这种对文字的复制在文献领域造成了一系列巨大变化。但是，从世界史角度来看，这些变化只不过是一个个别现象，当然是特别重要的个别现象。属于木刻之列的在中世纪有铜版刻和蚀刻，在 19 世纪初有石印术。石印术的出现标志着复制技术进入了一个全新阶段。这一工艺简便得多,做法是在石板上描摹图样,有别于在木板上雕刻或在铜版上蚀刻。这种方法不仅使版画产品一如往昔能大批量投入市场,而且以日新月异的形式构造进入市场,这是史无前例的。石印术使得版画艺术能紧贴现实地去描画日常生活,并开始与印刷术并驾齐驱。可是,在石印术发明后不到几十年的光景中,照相摄影便超过了它。在形象复制过程中,摄影首次将手从其所担当的最重要的艺术职能中解放出来,将之移交给了透过镜头观察对象的眼睛。由于眼观比手绘快得多,因而,形象复制过程就大大加快,以致能跟得上讲话的速度。电影摄影棚中,摄影师就以跟演员讲话同样快的速度摄下了一系列影像。如果说石印术孕育了画报的出现,那么,照相摄影就预兆了有声电影的诞生。19 世纪末对声音的技术复制问题已经解决。这些努力汇聚在一起可以使人预见保罗·瓦莱里在下面这段话中描述的情形:"就像我们几乎毫不费力地手一按就能把水、煤气和电从遥远的地方引进我们的住宅而为我们所用那样,图像和音响也会为我们而备在那里,我们只需轻轻按一下,它们几乎旋即出现和消失。"①1900 年前后,技术复制又达到了一个新水准,它不仅能复制一切传世的艺术品,使其在效果上开始经受最为深刻的变化,而且还在艺术处理方式的殿堂中为自己赢得了一席之地。要研究这一状况,最富有启发意义的莫非是,它的两种不同表现形式——对艺术品的复制和电影艺术——反过来对沿袭至今的艺术行为产生了怎样的影响。

2

即使在最完美的艺术复制品中也会缺少一种成分:艺术品的此时此地性(das Hier und Jetzt),即它在所处之地独一无二的此

---

① 保罗·瓦莱里:《艺术片论集》,巴黎,第 105 页(《无处不在的征服》)。——原注

在(Dasein)。但唯有凭借这独一无二的此在而不是其他什么，作品在其存在过程中所隶属的历史才得以出现。这里面不仅包含了艺术品由于时间演替而在物理构造方面发生的变化，而且也包含了其可能所处的不同占有关系的变化。① 前一种变化的痕迹只能由化学或物理方式的分析去发掘，而这种分析无法用于复制品；至于所属权变化的轨迹则构成了作品的隶属史，追踪这样的轨迹又必须从原作状况出发。

原作的即时即地性构成了它的原真性(Echtheit)。对青铜器上铜绿进行化学分析，或许有助于确定这种原真性。因此，证明了中世纪某手抄本源出于 15 世纪的档案馆，同样会有助于确定其原真性。原真性的整个领域与技术复制——当然不仅仅是技术复制——无关。② 原作在碰到通常被视为赝品的手工复制品时，就整个拥有了权威性，而碰到技术复制品时就不是这样了。原因有二，其一，技术复制比手工复制更独立于原作。比如，照相摄影中，技术复制可以突出那些由肉眼不能看见但镜头可以捕捉的原作部分，而且镜头可以挑选其拍摄角度；此外，照相摄影还可以通过放大或慢摄等方法摄下那些肉眼未能看见的形象。其二，技术复制能把摹本带到原作本身无法达到的境地。不管是以照片，还是以唱片的形式出现，它都能使人随心所欲地欣赏原作。大教堂搬离了原位，是为了能在艺术爱好者的工作间里被人观赏；原本在音乐厅或露天听见的合唱作品，也能回响在客厅里。

---

① 当然，一件艺术品的历史还包括更多的东西，例如《蒙娜·丽莎》的历史，就还包括它在 17、18、19 世纪各种摹本的种类和数量。——原注

② 正是由于原真性不可复制——技术上——复制方法的强行渗入才有助于将原真性加以区分和归类，艺术品买卖行业的一项重要职责就是建立这种区分。该行业明显关注的是，将文字发明前和发明后的各种木刻样版与铜版以及类似于铜版的东西区分开来。可以说，木刻术早在其兴盛之前，也就是发明之初，就已根本摧毁了原真性。当然，一幅中世纪圣母像在诞生之际还不能算作是"真品"，只是在以后几个世纪里，才成为"真品"，这在上一世纪或许最为明显。——原注

　　此外，对艺术品进行机械复制虽然不会危及艺术品的存在，但这样做无论如何都会使艺术品的即时即地性变得不重要。这一点不仅对艺术品来说是这样，对例如观众眼前闪过的电影复制出的一处风景来说也是这样。如此就触及了艺术对象上的一个最敏感的核心问题，即艺术品的原真性问题。在这个核心问题上，没有什么自然物会如此易受损害。事物的原真性包括自它问世起一切可绵延流传的东西，从物质上的持续到融入其中的历史性见证。由于后者建立在前者的基础上，而且复制活动使得物品物质上的持续与人没有了关系，那么后者，也就是融入某物的历史性见证就难以确凿了。当然，受到影响的也只是这历史性见证，但那是物的威严所在。① 人们可以用灵韵这个概念来指称这流失的东西，并进而说，在对艺术作品的机械复制时代凋谢的东西就是艺术品的灵韵。这是一个具有征候意义的进程，影响所及超出了艺术领域。总而言之，复制技术使所复制的东西从其传承关联中脱离了出来。由于它制作了许许多多的复制品，因而就用众多的复制品取代了物可以给人的独一无二的感受。由于它使复制品能为接受者在各自的环境中去加以欣赏，因而就使复制品具有了现实感。这两方面进程导致的结果是，对传承物的颠覆。这是对传统的颠覆，那种与人性现代危机和变异相对立的传统受到了冲击。与此紧密相连的首推当今时代的大众化潮流，其最强有力的代理便是电影。电影的社会意义不管如何积极，都有其破坏性和宣泄性的一面，即铲除文化遗产的传统价值，而且恰是在其产生积极社会效果时才呈现出这一面。这一点在宏伟的历史电影中表现得最为明显，并不断向新的领域拓展。阿倍尔·冈斯曾在 1927 年满怀热情地宣称：

---

① 《浮士德》在乡下最蹩脚的演出，无论如何都要比一场《浮士德》电影强，因为它更适合与魏玛的那场首演相比。在银幕前，人们是不会想起那在舞台前通常会涌现的传统内涵，比如不会想起靡菲斯特身上有着歌德青年时期朋友约翰·海因利希·梅克的影子。类似的例子还有很多。——原注

"莎士比亚，伦勃朗，贝多芬将拍成电影……所有的传说，所有的神话和志怪故事，所有的宗教创始者和各种宗教本身……都期待着在银幕上复活，英雄们已争先恐后地站在门口。"①也许说话者无意，但其实发出了进行全面铲除的呼唤。

3

在漫长历史长河中，人类感性认知方式是随着人类群体整个生活方式的改变而变化的。人类感性认知的组织方式，即它赖以发生的媒介，不仅受制于自然条件，而且也受制于历史条件。在欧洲民族大迁徙时代，晚期罗马的美术工业和《维也纳创世记》就随之出现了，该时代不仅拥有了一种不同于古希腊罗马文化的新艺术，而且也拥有了一种不同的感知方式。维也纳美术史学派学者里格尔和维克霍夫首次由这种新艺术出发探讨了当时起作用的感知方式，他们蔑视埋没这种新艺术的古典传统。虽然他们达到了深刻的认知，但他们仅满足于去揭示晚期罗马时期固有感知方式的形式特点。这是他们的一个局限。他们没有努力——也许无法指望他们——去揭示由这些感知方式变化所体现出来的社会变迁。而现在，获得这种认识的条件就有利得多。如果能将我们现代感知媒介的变化理解为灵韵的衰竭，那么，就能揭示出这种衰竭的社会原因了。

上面就历史性事物提议的灵韵概念，也可以用自然事物的灵韵去加以形象性说明。我们把自然事物的灵韵定义为远方某物使你觉得如此贴近的那种独有显现。夏日正午，置身某座远处山峦或某片远处树枝折射成的阴影里，休憩着端详那山或那树，这就在吮吸着那山或那树的灵韵了。借此就能容易看到，导致当今灵韵

---

① 阿贝尔·冈斯：《走向形象时代》，见《电影艺术》，第Ⅱ卷，巴黎。——原注

衰竭的社会条件。灵韵的衰竭来自两种情形,它们都与当代生活
中大众意义的增大有关,也就是说,当代大众强烈渴望,使物在空
间上和人性上更为"贴近,"①同时他们又同等强烈地倾向,通过接
受该物的复制品去克服其独一无二性。这种通过占有一个对象的
酷似物,摹本或占有它的复制品来占有这个对象的愿望与日俱
增。显然,画报和周报展现的复制品就与亲眼看见的形象不同。
在亲眼看见的形象中,独一无二与恒久紧密交织,而在复制出的
图像中,暂时性和重复性形影相随。将事物从外壳剥离,摧毁它
的灵韵,是这种感知的标志所在。它那"视万物皆同的意识"增
强到了这般地步,以致面对独一无二的物体也用复制方法从中
提取出了相同物。因而,统计学在理论领域日渐突出的情形,在
视看领域也明显出现。这种视大众为现实,将现实等同于大众
的情形,不仅对思维,而且也对视看来说,将会产生无限深远的
影响。

4

　　一件艺术作品的唯一性完全植根于其所嵌入的传统关联。当
然,这些传统本身须是绝对富有生气的,并具有极大的变动性。比
如,一尊古代维纳斯雕像,在古希腊和中世纪就处于完全不同的传
统关联中。希腊人将其视为崇拜的对象,而中世纪牧师则将其视
作一尊淫乱的邪神像;但这两种人都以同样方式触及了这尊雕像
的唯一性,换句话说,触及了它的灵韵。艺术作品嵌入传统关联的
最初方式是膜拜。最早的艺术品源于某种礼仪,起初是巫术礼仪,
后来是宗教礼仪。这里问题的关键是,艺术作品那灵韵般的存在

---

① 使物在人性上更为贴近,会意味着将其社会功能逐出视野。假如当今某肖像画家
　在画一名外科医生时选取他吃早餐而且是与家人一起进早餐的场景去画,那么,就
　展现医生的社会功能而言,他就比不上任何一名 17 世纪画家所画的同类作品,比
　如伦勃朗的《解剖课》。——原注

方式从未完全与它的礼仪功能分开过，①换言之，"原真"艺术作品所具有的唯一性价值植根于礼仪，艺术作品在礼仪中获得了其原始的，最初的使用价值。艺术作品的这种礼仪根基不管如何辗转隐蔽，在对美的崇拜的最普通形式中，它作为世俗化了的礼仪依然清晰可辨。② 对美的世俗崇拜随文艺复兴而发展起来，并且兴盛达三个世纪之久，之后便经历了史上第一次巨大的颠覆。在这颠覆中，人们也能清楚地看到艺术品的那种礼仪基础。随着第一次真正革命性的复制方法的出现，即照相摄影的出现（同时也随着社会主义的兴起），艺术感觉到了有股危机正在逼近，于是就用"为艺术而艺术"的论说作出了反应，这其实是一种艺术神学。至于降临艺术的危机则是在百年之后才变得确凿无疑。恰是随着"为艺术而艺术"的论说，出现了一种否定的神学，其表现形态就是出现了"纯"艺术的观念，它不仅否定艺术的所有社会功能，而且也否定一切根据题材上的对象性去界定艺术（在诗歌中，马拉美是始作俑者）。

考察机械复制时代艺术作品必须到位，必须看到这些关联，因为这些关联给我们提供了一些至关重要的认知：艺术作品的可机械复制性有史以来首次将艺术品从其对礼仪的依赖中解脱了出来。复制出的艺术品越来越成了对某件只为复制而创制出的作品

---

① 将灵韵界定为"远处某物使你觉得如此贴近的那种独有显现"无非是用时空感知范畴去表述艺术品的膜拜价值。远与近是一组对立范畴。本质上远的东西就是不可接近的，不可接近性实际上就成了膜拜形象的一个主要特质。膜拜形象的实质就是"远处某物使你觉得如此贴近"。一个人可以从物质层面达到这种贴近，但由此无法消除其是远方的显现。——原注

② 绘画的膜拜价值世俗化到如此地步，以致其具有独一无二性基质这一点也随之被淡忘。在观赏者脑海中，膜拜形象里居主导地位的独一无二显现，越来越被切实可感的创作者或其创作成就的独一无二性所取代。当然，并非完全取代。原真性（Echtheit）概念总是要去抑制真实性（Authentizitaet）概念的。（这在收藏家身上表现得尤为明显，他们总是留有着某些拜物教教徒的痕迹，通过占有艺术品来分享其膜拜力量。）尽管如此，真实性概念在考察艺术中仍具有不容置疑的作用。随着艺术的世俗化，真实性便取代了膜拜价值。——原注

的复制。① 比如,用一张照相底片就可复制出大量相片,而要鉴别其中哪张是"真品"则是毫无意义的。然而,当艺术创作的原真性标准失效之时,艺术的整个社会功能也就发生了变化。它不再建立在礼仪根基上,而是建立在另一种实践上,即建立在政治的根基上。

5

对艺术作品的接受有着不同方面的侧重,在这些不同侧重中有两种尤为明显:一种侧重于艺术品的膜拜价值(Kultwert),另一种侧重于艺术品的展示价值(Ausstellungswert)。②③ 艺术创造

---

① 在文学或绘画作品中,产品的可机械复制性从外部来看就是对其作大量发行的前提条件,而电影则不同,产品的可机械复制性直接源于其制作技术。电影制作技术不仅以最直接的方式使电影作品能大量发行,而且,它简直是迫使对电影作品进行大量发行。这是因为电影制作的花费太昂贵了,比如买得起一幅画的人就不再能买得起一部影片。1927 年曾有人作过计算,一部较大规模的影片需要拥有 900 万人次的观众才能赢利。而有声电影的观众人次则在往后退,它的观众受到了语言方面的限制。与此同时,法西斯主义开始强调民族利益。看到法西斯主义与有声电影遭受这个挫折的关联比看到这挫折本身更为重要。不久,同声传译就减轻了这一挫折。这两种现象的同时发生要归于经济危机。经济危机造成的不适一方面总体会导致用公开暴力来维护既存所有制关系,另一方面也会迫使受到危机威胁的电影资本加速有声电影的试行工作。这样,推行有声电影就带来了暂时的缓解,这不仅是因为有声电影重新把大众吸引进了电影院,也是因为有声电影使电力行业新兴资本与电影资本有了协作。因此,这从外部来看促进了民族利益,而从内部来看则使电影制作比以前更国际化了。——原注

② 这种两极性不会被观念论美学所接受,其关于美的概念将此作为根本上可以变通的两极来看待(因此否定了这两极的存在)。不管怎样,黑格尔还是明确提到了这两极,可以想见,整个观念论美学都是这样。黑格尔在《历史哲学讲演录》中指出:"画像人们早就拥有了:早期虔诚的人需要对它顶礼膜拜,但并非一定要美的画像,那反而是一种骚扰。美的画像中总有一些外在的东西,但只要称这外在部分是美的,吸引人的则是其精神。可是,在顶礼膜拜中起决定作用的不是对象本身,而是与对象的某种关系,因为这膜拜本身只不过是无精神心灵的迷离状态。美的艺术……虽然已抛开了教堂原则……但它还是产生于教堂中。"(《黑格尔全集》,黑格尔之友协会版,第 9 卷,《历史哲学讲演录》,Eduard Gans 编,柏林 1837 年,第 414 页)黑格尔在此觉察到了一个难题,这从《美学讲演录》中的一处表述可以看清。他写道:"我们已经越过了奉艺术作品为神圣而对之膜拜的阶段,艺术品给人的印象是一种偏于理智方面的东西,她在我们内心激发的情感需要一种更高的检测。"(《黑格尔全集》,第 10 卷,《美学讲演录》,第 1 卷,H. G. Hotho 编,柏林 1835 年,第 14 页)——原注

③ 艺术接受由第一种方式向第二种方式的过渡勾勒出了艺术接受的历史演(转下页)

发端于为膜拜服务的创造物。可以设想，在这种创造物中重要的并不是它被观照着，而是它存在着。石器时代洞穴人在洞内墙上描画的驼鹿就是一种巫术工具。虽然他们也向同伴展示这些画，但这些画首先是为神灵而作。如今，恰是这种膜拜价值驱使人们将艺术品藏匿起来。比如，有些神像只有庙宇中的神职人员才能接近，有些圣母像几乎全年被遮盖着，还有些中世纪大教堂中的雕像，站在土地上的人是看不见的。随着各艺术活动从礼仪这个母腹中获得解脱，其产品便增加了展示机会。可以运来运去的人物塑像就比固定在寺院深处的神像具有更大的可展示性。木版画的可展示性就要比之前的马赛克画或湿壁画来得大；也许，弥撒曲的可展示性原本并不亚于交响曲，可是，交响曲诞生的时代却使得其比弥撒曲拥有了更大的可展示性。

随着对艺术品进行复制方法的多样化，它的可展示性也有了巨大提升，以致艺术品两极之间的量变像在原始时代一样使其本性发生了质变。原始时代的艺术作品是由于对其膜拜价值的绝对推重而首先成了一种巫术工具，人们是后来才某种意义上将其视为艺术品的。与此相似，如今艺术品通过对其展示价值的绝对推

（接上页）变。尽管如此，在对具体单个艺术品的接受中，原则上还会出现这两种相反接受方式间的波动，比如，对西斯廷圣母像的观赏就是如此。从赫柏特·格林姆（Herbert Grimme）的研究中我们获知，西斯廷圣母像最初是为展示目的而作。下面的问题激发了格林姆的研究灵感：画作前景中两名小天使倚靠的木框应是什么？格林姆继续追问：拉斐尔为什么要在天空中安上一对门帷？他的研究是：西斯廷圣母像系为公开安放西斯廷罗马教皇的灵柩而作，罗马教皇的灵柩就安放在彼得大教堂一个专门侧厅里。在安放灵柩仪式中，拉斐尔这幅画以侧厅壁龛为背景就放在棺木上。拉斐尔在这幅画中表现的是，圣母从绿色门帷隔开壁龛背景处腾云驾雾，徐徐走向教皇的灵柩。西斯廷葬礼上，拉斐尔这幅画卓越的展示价值就得到了运用。不久后，拉斐尔这幅画就出现在 Piacenza 黑色僧侣修道院教堂的主祭坛上。这一流放的原因在于罗马礼仪，当时罗马礼仪禁止将葬礼上展示过的画像再放在主祭坛上供人膜拜。这一规定使拉斐尔的画在某种程度上贬了值。然而，罗马教廷为了给这幅画找到合适的价钱，决定默许买家将该画放在主祭坛上。为避人耳目，这幅画便被送往了偏远省份的教会团体。——原注

重而成了一种具有全新功能的造物,在此新功能中我们有意识推举的艺术性功能,或许以后也会被当作附带性的。① 现在的照相摄影还有电影最有利于人们走向这样的认知,这一点是绝对无疑的。

6

照相摄影中,展示价值开始全面抑制了膜拜价值。然而,膜拜价值并不是很乖顺地退去的,它拉出了最后一道防线,这道防线就是人像。早期摄影以人像为中心绝非偶然。回想远方或已逝去心上人时蕴含的膜拜,为图像膜拜价值提供了最后的庇护所。早期摄影中,灵韵通过人像面部的瞬间表情在做最后的道别,这就是早期摄影所呈现的那种无与伦比的忧郁之美。但当人像退出摄影时,展示价值便开始凌驾于膜拜价值之上。阿杰的独特意义就在于展现了这个过程。1900 年前后,他拍摄了无人的巴黎街区。有人说,他将巴黎街区当成一个作案现场去拍摄了。这样说完全站得住脚。那作案现场没有人在,拍摄它是为了寻找线索。自阿杰开始,照相摄影是为了在事件展开中寻找证据,这就使摄影有了潜在的政治意义。这样,如此这般的照片就要求有一种特定的接受方式。对此,漫无边际的玄想和冥思就不再合适。这样的照片使观者出现不安,他感觉到,必须用新的方式才能看懂它们。这时,画报开始为图片做提示,有对,有错。那时,画报开始有了要附文字说明的需要。显然,这些文字说明的性质完全不同于绘画标题。画报读者由文字说明对图片获得的那种提示,到了电影中很快就

---

① 布莱希特从另一层面作出了类似的思考:"一旦艺术品成了商品,而且艺术品概念不再适用这商品之物时,如果我们不想一同抹煞这个物本身的功能,那么,我们就必须小心翼翼,而且不慌不忙地告别那艺术品概念,因为,艺术观念必须毫无保留地经历这个阶段,这并非不忠诚,也不是离经叛道,而是出现了使艺术品概念发生根本变化的情形,它消除了旧有概念。即便旧观念卷土重来——这一定会发生,为何不呢?——也不再能唤起对曾经指涉之物的回忆了。"(布莱希特:《文集》8—10 合卷本,第 3 分册,柏林 1931 年,第 301—302 页《三分钱歌剧》)——原注

变得过细和更多带有强制,因为电影中对任何单个画面的理解似乎已由先前的一系列画面规定好了。

7

在 19 世纪的进程中,围绕绘画与摄影之艺术价值问题出现了一场争论。今天看来,这场争论有些不着边际和令人茫然。但是,这样说并不是要否定这场论战的意义,而是相反要突出它的意义。其实,这场争论体现了一场世界史层面的演变正在发生,这是争论双方都未意识到的。由于艺术在机械复制时代失去了它的膜拜基础,它的自主性表象也就一去不复返了。可是,由此出现的艺术功能的演化却是 19 世纪人们没有看到的。甚至连经历了电影发展的 20 世纪的人们,在很长一段时间内也没有觉察到这一点。

早先,人们对摄影是不是一门艺术作了许多无谓的探讨,而没有先考察一下,摄影的发明是否改变了艺术的整个特质。后来,电影理论家不久也对电影提出了同样欠考虑的问题。但是较之于电影,摄影给传统美学带来的困境简直是小菜一碟。因此,早期电影理论就带有盲目牵强的特点。比如,阿贝尔·冈斯(Abel Gance)就将电影与象形文字做比:"由于我们不可思议地回到了曾经的过去,因而,也就回到了埃及人的表达水平上……图像语言尚未成熟,这是由于我们还不具有与之对应的视看能力。对于图像语言中表达的东西,我们尚没有充分重视,也不具有充分的膜拜情感。"①或者正如 S. 玛赫(Severin Mars)所说:"哪一种艺术具有……更诗意和更现实的梦幻呢!如此看来,电影将体现一种绝对无与伦比的表现方式。只有思绪高尚,眼力敏锐完美的人才能

---

① 阿贝尔·冈斯:《走向形象的时代》,见《电影艺术》第 II 卷,第 100—101 页。——原注

置身其氛围,回味其影射的人生。"①而亚历山大·阿尔奴②毅然用如下提问结束了对无声电影的幻想:"我们对电影所做的大胆描述难道不都是对祷告的界定吗?"③这里应加以留意的是,把电影归结为"艺术"的努力迫使理论家们空前武断地硬把膜拜要素注解到电影中。不过,这个推测一旦公开时,已有了诸如《公众舆论》和《淘金记》这样的电影,而这并没有阻止阿贝尔·冈斯去与象形文字作比较,而 S. 玛赫则像人们论述 F. 安吉利科(Fra Angelico)的画像那样去论述电影。在此值得注意的是,今日还有特别反动的作者依然沿着相同的思路前行,他们不是在宗教方面就是在超自然方面去寻找电影的意义。在赖因哈特(Reinhardt)把《仲夏夜之梦》拍成电影之际,魏菲尔(Franz Werfel)就断言道:这无疑是对外部世界缺乏创造性的复制,街道、居室、火车站、饭馆、汽车和海滩都与现实无异。这应该是至今一直妨碍电影进入艺术王国的原因所在。"电影还没有认识到它的真正含义,还没有看清它真正的威力……这个威力在于其独有的能耐:用逼真的手段和无与伦比的可信性去表现神仙般美妙的东西,奇异的和超自然的事物。"④

8

舞台演员的艺术成就无疑是演员用其自身形象展现给观众的;而电影演员的艺术成就则不同,是由某器械展现给观众的,因此就带来了双重后果。把电影演员的成就展现在观众面前的摄影机无需将这成就作为一个连续的整体去对待,它在摄影师操纵下不断变换对电影演员成就的拍摄方式。然后就是剪辑师对提供给他的材料进行排序和组接,这样导致的结果便是由剪辑合成的电

---

① 转引自阿贝尔·冈斯:《走向形象的时代》,第 100 页。——原注
② 亚历山大·阿尔奴(Alexandre Arnoux, 1884—1973),法国诗人。——译注
③ 亚历山大·阿尔奴:《电影》,巴黎 1929 年,第 28 页。——原注
④ 魏菲尔:《仲夏夜之梦——莎士比亚与赖因哈特的电影》,见《新维也纳报》,1935 年 11 月 15 日。——原注

影。电影中含有一定数量的变动瞬间，那是摄影机在切换变动，我们无须指出比如特写镜头这种专门的镜头调度，也应该要看清这一点。因此，电影演员的成就受制于一系列视觉器械的检测。这是电影演员成就由器械来展现所导致的第一个结果。第二个结果是，电影演员由于不是本人亲自向观众展现他的表演，因此他就不能像舞台演员那样在表演中根据观众反应进行适时调整。电影观众与演员没有了直面交流，于是，面对电影就采取了一种不受如此接触影响的鉴赏者的态度。电影观众对演员的视觉感知只是通过置身于摄影机角度才发生。因此，他又采取了摄影机的态度：对演员进行着检测。① 这不是一种能产生膜拜价值的态度。

9

对电影来说，关键之处主要并不在于，演员向观众演示了某个他人，而在于，演员在摄影机前演示着自己（sich selbst）。视觉器械检测导致了演员的变化，皮兰德娄是觉察到这种变化的最初几个人之一，他在其小说《拍电影》中披露了这一点。他的洞察虽然仅仅局限在这一变化的消极方面，但这并无大碍。至于他指向的是无声电影，则更无大碍，因为就演员的变化来说，有声电影并未在根本上有何不同。关键依然是，演员在为一个器械进行表演，在有声电影那里是为两种器械进行表演。皮兰德娄指出："电影演员觉得自己仿佛是在流放一样。他不仅从舞台中放逐了出来，也从有个性的自己（die eigene Person）中放逐了出来。随着说不清的不适，他感觉到了一种难以名状的空无，这种空无在于：他的身体

---

① "电影……对（或能够对）详细了解人的行为提供有用启示……性格方面的触动不起作用，人物内心活动也从不会是推动情节的主因，也很少是情节发展的主要结果。"（布莱希特：《文集》8—10合卷本，第3分册，柏林1931年，第268页）器械拓宽了对电影演员的测试范围，这与经济条件极大拓展了个人可检测范围是相一致的。因此，职业能力检测的意义持续上升，职业能力检测的关键在于提取个人某些方面的成就。电影摄制和职业能力检测都是在专家小组面前进行。摄影棚中，摄制组长的位置与检测中检测组长的位置完全一致。——原注

似乎被分解了,他本人似乎被蒸发掉了。而且由于变成了一个无
声形象,他的存在,他的生活,他的声音和他的活动造成的音响都
被剥夺了。这个无声形象在银幕上闪动片刻,旋即又默默消
失……小小放映机向观众展示演员的表演,而演员本人则必须满
足于在摄影机前表演。"①我们可以对同样情形作如下描述:电影
导致的一个史无前例的现象是,人必须能放弃他的灵韵来展现他
活生生的全部形象,因为灵韵总是与当时(Hier und Jetzt)相连,对
其无法复制。舞台上麦克白一角所散发的灵韵,离不开麦克白扮
演者身上洋溢出的灵韵,这个灵韵向着生气盈盈的观众散发。摄
影棚拍摄的特点是,摄影机取代了观众的位置。这样一来,笼罩在
演员身上的灵韵必然消失,而他所塑造角色的灵韵也必然随之
丧失。

正是像皮兰德娄这样的剧作家在描绘电影特征时不经意触及
了我们所看到的戏剧遭受危机的根源,这不足为奇。事实上,就电
影这种完全受制于机械复制的艺术产品而言,与之最为对立的莫
过于舞台作品了,只要深入考察下就可以证实这一点。行家们早
就发现:"电影中只要尽可能少地去'表演',几乎总能获得绝佳效
果……"1932 年时阿恩海姆说道:"艺术的最新发展在于,人们像
道具一样去对待电影演员,按类型特点去挑选他们……然后再将
其放到一个合适的位置上。"②与此关联最为紧密的则是另一现

① 皮兰德娄:《隐形的人》,转引自 Léon Pierre Quint:《电影的含义》,见《电影艺术》
　第Ⅱ卷,1927 年巴黎,第 14—15 页。——原注
② 见 Rudolf Arnheim:《电影作为艺术》,柏林 1932 年,第 176—177 页。电影导演有
　悖舞台做法的某些看似无关紧要的细节,在此就格外值得留意,比如让演员不化妆
　去表演的尝试就是如此。德雷耶(Cari Theodor Dreyer, 1889—1968)在拍《圣女贞
　德》时便这样做了。他用数月时间找来了 40 多名演员组成了天主教审判异教徒法
　庭。寻找这些演员就像寻觅难得道具一样,来之不易。德雷耶为了避免年龄,体形
　和容貌的雷同,作了很大努力。(参见 Maurice Schultz:《假面具》,见《电影艺术》
　第Ⅵ卷,巴黎 1929 年,第 65—66 页)当演员成为一种道具时,那么从另一角度
　看,道具也就不时起到了演员的作用。无论如何,电影能赋予道具以某种(转下页)

象：登台表演的演员进入了角色中，而电影演员则往往做不到。他的成就绝不是浑然一体，而是由众多单个环节组成。除了偶尔要考虑到的东西，如摄影棚租金，合作伙伴的配合度以及美工等，拍摄电影所用器械的根本特点在于，不可避免地会把演员表演分割成一系列可剪辑的片段。首先是灯光照明。由于安装灯光设备的缘故，必然迫使对银幕上快速呈现的整体事件要在一系列分别摄制的镜头中去完成，这在摄影棚中可能要耗时数小时之久。至于更为明显的蒙太奇手法就不用说了。因此，跃出窗口可在摄影棚中用跳脚手架来拍，紧接着的逃跑也许是几星期之后在外景中拍摄了。此外，我们还可以轻而易举地举出一些更为荒唐的事。比如，导演要求演员表演被敲门声吓了一跳。如果表演出的惊慌并没有想象的那样突兀，于是，导演就会借机使用一些辅助手段。当演员再走进摄影棚时，让预先埋伏的人从他背后开一枪，演员在这一片刻的惊慌便被拍摄下来并剪接到电影中。没有比这一点更清楚地表明艺术已脱离了"显现美"这个境界，而这一境界一直被奉为艺术得以生长的唯一所在。

10

摄影机对演员的疏离（Befremden）照皮兰德娄看来，从根本上说与人照镜时看到自己影像而产生的疏离感是一致的。而现在，镜中的映像则可以与他分离，变成可以移动的了。移向何处呢？

（接上页）角色意义，这是司空见惯的。我们不想随意从大量事实中举出一些例子，而是选取特别有说服力的例子。一只正在行走的钟，放在舞台上总干扰演出，那里它发挥不了计时的作用，即使在一出自然主义戏剧中，场景时间也会与自然的天文时间发生冲突。因此，对电影来说最典型的东西就是，它在场景中能直接用表去度量时间。这一点使人最为清晰地看到，电影中的每个道具在一定情况下会起决定性作用。这离普多夫金的命题就只有一步之遥了。普多夫金认为："将演员的表演系之于某个物体对象并由此展开……往往是电影建构的最有效方法之一。"（W. Pudowkin：《电影导演与电影脚本》，实践丛书之 5，柏林 1928 年，第 126 页）因此，电影是展示物如何左右人的第一种艺术手段，所以能成为唯物主义表演最出色的工具。——原注

答曰：移到了观众面前。[①] 电影演员时时刻刻都意识到这一点。他们知道，自己面对摄影机表演时，最终指向的是电影观众，而观众是构成市场的买主。电影演员不单向这个市场投入他的劳动，而且还投入他的肌肤和毛发，心灵和肾脏。演员在为其作出成就时却很少能触摸到它，就像工厂里生产出产品时该产品同样触碰不到其市场一样。这种情形不就加剧着皮兰德娄所说的演员面对摄影机时产生的压抑和新焦虑吗？为了弥补灵韵的消失，电影便在影棚外人为创制出演员的"本人特色"（personality）。由电影资本支撑起的明星崇拜抓住了演员的个人魅力，而这魅力早就只不过是其商品特质拥有的虚假魅力罢了。只要电影资本在给电影定基调，那么一般来说，当代电影的革命功绩无非就在于，促进对传统艺术观念的革命性批判。我们并不否认，当代电影除此之外在特殊情况下也能促进对社会状况，甚至财产分配的革命性批判。然而，西欧电影生产的重点并不在此，因此，我们现时考察的重点也不在这里。

电影与体育一样，每个目睹其成就的人都可成为半个行家，那是由其技术特点使然。要理解这一点，只需倾听一下靠在自家车上的报童们讨论自行车比赛结果就可以了。报社组织他们的报童进行骑车赛是有其意图的，这样的车赛引发了极大的参与热情，因为胜者有机会由报童升为职业赛车手，这正如新闻短片能使每个

---

① 这里提到的复制技术导致展示方式的变化，在政治中也可以见到。当今资产阶级民主所陷入的危机，也意味着统治者向外进行展示的决定性条件进入危机。民主使得统治者要亲自向议员展示，议会是他的观众！随着拍摄和录制器械的革新，演讲者在其演讲过程中就能被无数人耳闻目睹，这就使政治人物将自己在拍摄和录制器械前的露面视为重要大事。于是，议院和剧院一样变得人丁稀少。广播和电影不仅改变了职业演员的功能，而且同样改变了那些在广播和电影机前进行自我展现的人的功能，比如统治者。无论职业演员和统治者的职责如何殊异，但这一功能变化的内涵对他们是一样的，即开始要去谋求特定社会条件下可检测到，也就是可掌控的成就，这导致了一种新的行为选择，即在器械前的选择，明星和独裁者在这样的选择中显然胜出。——原注

过路行人都有机会成为影片中的无台词角色一样。这样一来，每个人就都有可能看见自己进入某部艺术作品中，比如，维尔托夫①《关于列宁的三首歌》或伊文思②《布利纳奇矿区》中的情形就是如此。如今，谁都可以要求上电影。看一下当代文献出版的历史境况就可以最清晰地看到这种类似的情形。

几个世纪以来，文献中的情形都是很少的一部分作者面对成千上万倍的读者。19世纪末开始情况发生了变化。随着新闻出版业日益发展，该行业不断给读者提供了新的政治、宗教、科学、职业和地方话题的喉舌，越来越多的读者变成了作者，起先只是偶尔为之。这肇始于日报向读者开辟了"读者信箱"专栏。如今，每一个有工作的欧洲人原则上都会有机会找个地方去谈谈工作经验，烦恼，并发表报道或诸如此类的文章。由此，再去区分作者和读者就失去了赖以建基的根本点。这种区分只成了一种功能性的并且要视具体情况而定。读者随时都能成为作者。如今在一个非常专门化的职业世界里，一个读者不管他愿不愿意都会是某方面的行家，哪怕只是某个微不足道领域的行家，作为行家他就可能成为作者。在苏联，工作本身就要诉诸文字表达，而且对工作的文字表达已成了从事工作所必需的能耐之一。从事文学的资格不再来自专门的训练，而是来自综合技能的训练。因此，文学成了公共财富。③

---

① 维尔托夫(Д. Beprob, 1896—1954)，苏联纪录电影家，"电影眼睛派"的组织者与代表。——译注

② 伊文思(Joris Ivens, 1898—1989)，荷兰纪录电影家。——译注

③ 技术的特权性消失了。Aldous Huxley写道："技术进步导致了……低俗……机械复制和转轮印刷复制出数量无比的文字和图片。教育普及和相对富足的收入造就了一大批读者，他们能进行阅读而且买得起阅读材料和图片资料。为提供这些材料，出现了一个庞大的工业。可是，艺术天才如今却少之又少。结果是……不管什么时候，不管走到哪里，艺术生产的绝大部分产品都很糟糕。整个艺术创造物中所含渣滓的百分比如今比以往任何时期都要高……这里有一个简单的算术事实：上一世纪，西欧居民数量增长了约一倍多，而阅读材料和图片资料的增长，（转下页）

所有这一切都可直接用来说明电影中的情形。几个世纪以来文学所经历的演变,电影只花了十年就完成了,因为在电影实践尤其是俄国电影实践中,这种演变已经部分实现了。俄国电影中的有些演员并不是我们意义上的演员,而是在扮演自己,首先是扮演工作中的自己。在西欧,对电影的资本主义榨取不予理会当代人希望表现自己的正当要求。在这样的情况下,电影工业就竭尽全力用虚构的景象和扑朔迷离的猜想来激发大众的参与。

11

一部电影,尤其是有声电影,使我们看到了前所未有而根本不可想象的视像。其呈现的视点(Standpunkt)已不再是单一的,原本不属于表演过程的摄影机,灯光以及助理人员等都会让观者看见,除非观者的瞳孔机制与摄影机是一模一样的。没有任何一种状况会比这一点更能使摄影棚与舞台场景之间存在的类似成了表面而无关紧要的。戏剧从根本上知道要去营造一种场,目的是让观众将剧情作为真事而不是虚构的去体验。而电影中则缺乏这种场,其本性就在于虚构,那是一种二度创造,即剪辑。这就是说:在摄影棚中,摄影机如此深深地闯入了现实中,以致没有器械这异

(接上页)照我的估计,至少是 1 比 20,也许是 1 比 50,甚至是 1 比 100。假如 X 百万居民中右有 N 艺术天才,那么,2X 百万居民中可能就有 2N 艺术天才。如今,我们可以对这一情形作一下总结:如果 100 年前人们出版了 1 页阅读材料和图片资料,那么,现在就会出版 20 页,甚至 100 页;从另一角度看,假如 100 年前有 1 位艺术天才,那么,现在就会有 2 位。我承认,由于学校教育的普及,现在会出现一大批潜在的天才,要是过去他们可能就被埋没了,而如今可以有所发挥。因此可以设想……现在与过去的艺术天才之比是 3 比 1 甚至 4 比 1。尽管如此,对阅读材料和图片资料的消费仍然无疑远远超过天才作家和画家的诞生。对音响材料的消费也同样如此,留声机和收音机的繁荣导致了当今这样一批听众的出现,他们对听觉材料消费的增长远远超越了居民的增长比和天才音乐家的增长比。这表明,在所有艺术门类中,对垃圾的生产不管是绝对数还是相对数都要比以前来得多。只要人们继续像现在这样过渡大量消费阅读材料,形象资料和听觉材料,那么,这样的情形必定会延续下去。"(Aldous Huxley:《暮年的旅行——美洲游记》,1933 年,Jules Castier 译本,巴黎 1935 年,第 273—275 页)当然,这种考察方法是不够先进的。——原注

体影响痕迹的纯粹事实要经由特殊处理才能出现，比如用某种特殊摄影机进行拍摄，然后再与另一种特殊摄影机的拍摄进行组接。如此，没有器械影响痕迹的现实就是最人工的，而现实的直接视像就成了技术王国的一朵兰花。

　　将这与戏剧相比显出的特色再与绘画作比就更耐人寻味。如此出现的问题是，这个手术师般的摄影师何以来与画家相比呢？为了回答这个问题，我们需要一个以外科医生这个概念为依据的思路相助。外科医生这个概念是有其外科学方面规定的，他同巫医一起构成问题的两极。两者治病方法迥然有异，巫师治病时把手放在病人身上，而外科医生则深入病人体内动手术。巫医与病人保持着自然距离，确切地说，巫医将手放在病人身上确实缩小了与病人的距离，但由于拥有了权威性却更大程度扩大了这距离。而外科医生则相反，他深入病人体内大大缩小了与病人的距离，而由于他的手在病人体内谨慎操作又并没有怎样再扩大这距离。简言之，外科医生与巫医（他也开业行医）不同，关键时刻，他放弃了直接面对病人，而是深入病人体内进行手术。巫医和外科医生的行为好比画家和电影摄影师，画家在他的工作中与对象保持着自然距离，而电影摄影师则相反深深沉入对象的组织之中。① 两者所展现的形象是有很大差异的。画家提供的是一个完整的形象，而电影摄影师提供的则是一个分解成许多部分的形象，这些部分按照一个新的原则又重新组接在一起。因此对现代人而言，电影

① 电影摄影师的果敢确实可与外科手术医生的果敢相提并论。Luc Durtain 在一份特殊手艺技能目录中提到了"高难度外科手术必需的技巧。我选取了耳鼻喉科方面的一个例子……我指的是所谓鼻内镜窥测方法，或者我可以举喉部手术为例，那是在喉镜反射图象下进行的，如同杂技一般。我也可以提起令人想到钟表匠精密工艺的耳外科学。一个人想要去救治人的躯体，那他要练就多少穿越肌肉的高超本领。对此只需想想白内障摘除手术，那实际上是钢刀与几乎呈流质状态之纤维组织的格斗，或者想想重大的腹部手术（剖腹术）就行了。"（Luc Durtain：《技术与人》，见《星期五》第 13 期，1936 年 3 月，第 19 号）——原注

对现实的表现是无与伦比地富有意义的,因为电影恰是通过其最强烈的机械手段,即闯入现实,实现了现实中非机械的方面,而现代人无疑有权要求艺术品展现现实中的非机械方面。

12

艺术作品的可机械复制性改变了大众对艺术的关系,这种关系从最落伍的状态,例如面对毕加索的作品,一举变成了最进步的状态,例如面对卓别林的作品。这里,进步的标志在于,观照和体验的乐趣与行家般的鉴赏行为直接有了内在关联,这一结合具有重大社会意义。艺术的社会意义变得越弱,观众面对作品的批判态度和享受态度也就越显得分道扬镳,例如,绘画中的情形就鲜明地证实了这一点。对于习俗的东西,人们就是不带批判性地去欣赏的,而对于真正创新的东西,人们则往往带着反感去加以批判。在电影院里,观众的批判态度和享受态度融为一体了。这里的关键之处在于,没有何处比得上在电影院中那样,个人的反应从一开始就以他置身其中的集体化反应为前提。如此之个人反应的总和就组成了观众的反应。这些反应表现出来的过程又同时夹杂着彼此间的制衡。在此,继续与绘画做一下比较仍然是有意义的。绘画作品往往会有这么一个特定的要求:被某一个人或少数几个人去观赏。像 19 世纪出现的情形那样由一大群人对绘画作品进行共时观赏,就预示着绘画已陷入危机,这个危机绝不孤立地由照相摄影引起,而是艺术作品有了要被大众观赏的要求之后相对独立地出现的。

问题是,绘画无法成为一种群体性的共时接受对象,建筑艺术向来是如此,从前的叙事诗以及今天的电影都是如此。凭这一点原本难以推断出有关绘画社会作用的看法,但是,当绘画由于特殊情况而在某种程度上反自身本性地直接面向大众时,这一点就会成为对绘画的一种严重损害。固然，中世纪教堂和寺院里，还有约18世纪末以前的宫廷中曾出现对绘画的群体接受，但那不是共时的，而是按阶层和等级分别进行的。不然，绘画就会面临由图像机械复制而来的特有难题。即便在画廊和沙龙里将绘画展现给大众看，观众还是不会有途径去调节和掌控自己的接收。[①] 因此，面对荒诞电影作出进步反应的观众，面对超现实主义就必然会成为落伍的观众。

13

电影的特征不仅在于人如何面对摄影机展现自己，而且还在于人如何借助摄影机去表现客观世界。功效心理学（Leistungspsychologie）形象地说明了仪器的检测能力，而精神分析学则从另一角度说明了这一点。电影实际上用多种方法丰富了我们的感知世界，就像弗洛伊德理论也用同样多元的方法展示了这个感知世界一样。50 年前，对交谈中的口误多少还没有人去留意，即便口误突然揭开了以前看来是一般交谈中的某个深层方面，那也都被看成例外情形。自从《日常生活的心理分析》一书问世后，情况就发生了变化。它将以往感知外物过程中未察觉而潜伏着的东西剥离了出来并使其能加以分析。电影在视觉世界的整个领域中，现在也在听觉领域中，导致了对统觉的类似深化。与此对应的是，较之于绘画或戏剧现象，人们能更加精确并从多角度去分析电影展示的诸情形。较之于绘画，电影展示的诸情形具有更大的可分析性是因为它对情景的描述无比精确；而较之于戏剧，电影展示的诸情形具有

---

① 这种考察方式或许有点粗疏，但是，正如伟大理论家达·芬奇所表明的那样，粗疏的考察方式只要适合还是可以运用的。达·芬奇将音乐和绘画进行了如下比较，他说："绘画高于音乐，因为绘画不会像不幸的音乐那样方生即死……转瞬即逝的音乐在其诞生之时就是落后于绘画的，而绘画通过对漆彩的运用则却成了永恒的。"（莱奥纳多·达·芬奇：《文学与哲学片断集》，转引 Fernand Baldensperger：《西方文学中对技巧的推重》，1840 年版，见《比较文学》杂志，巴黎 1935 年，第 XV/I 期，第 79 页，附注 I）——原注

更大可分析性是因为它拥有着更高程度的可分离性。电影的这种状况会有利于促进艺术与科学的相互融合，电影的主要意义也在此。事实上，从一个特定情景完满剥离出来的场景，就像从身上剥下的一块肌肉那样，很难再说明其艺术价值和科学使用价值哪个更吸引人。电影的革命功能之一在于，将摄影的艺术价值和科学价值融为一体，而此前，两者一直是彼此分离的。[1]

电影可以用特写放大拍摄，可以突出我们熟悉对象里看不到的细部，可以用绝妙无比的镜头操作探索司空见惯的环境。这一方面拓展了对主宰我们日常生活事物的洞察，另一方面也使我们确信了一个无限广阔而意想不到的活动空间！我们的小酒馆和都市街道，我们的办公室和摆好家具的房间，我们的铁路车站和工厂企业，似乎将我们圈住。这时电影出现了，用 1/10 秒的甘油炸药摧毁了这个牢笼般的世界。因此，我们现在就可以深入其四处散落的废墟中进行探险之旅，悠然自得。电影特写镜头延伸了空间，而慢镜头动作则延伸了运动。放大与其说是单纯对我们"原本"看不清事物的说明，毋宁说是重新组建物的构造，使其超前显现（Vorschein）。慢镜头动作也不只是使熟悉的运动得到显现，而且还在这熟悉的运动中揭示了完全未知的运动，"这绝非什么放慢的快速运动，而是一种飘忽不定而奇特无比地变换的超凡运动"。[2]显然，这是一个异样的世界，不同于日常所见，它只向摄影机显现。

[1] 假如为此去寻找类似的情形，那么，文艺复兴时期的绘画就给我们提供了一个很有意义的启发。那里，我们发现了这样一种艺术，令其获得无与伦比发展态势和意味的根源大多在于，它融合了一批新科学或至少仰赖新的科学成果。这种艺术利用了解剖学和透视学，利用了数学、气象学和色彩学。瓦莱里指出："达·芬奇提出了一个在我们看来怪癖得令人诧异的要求。据此，绘画就是最高目的，而且是对知识的最高级展示，以致根据达·芬奇的这一信念，绘画应是一种全知。因此，达·芬奇本人并不畏惧理论分析，而我们现代人面对深奥精准的理论分析却会无所适从。"（保罗·瓦莱里：《艺术片论集》，第 191 页，《在花冠四周》）——原注
[2] 鲁道夫·阿恩海姆：《电影作为艺术》，柏林 1932 年，第 138 页。——原注

这个异首先在于：所见不再是人们有意识发掘的空间，而是无意识编织的空间。人们通常都可以就步态对某人做出一些推断，哪怕是粗略地。但是，由此去推断他迈步刹那的姿态是绝不可能的。同样，人们对手持打火机或小勺的感觉是大致谁都熟悉的，但是，我们并不知道手和金属接触时真正发生了什么，更不要说随着情绪的变化这一动作发生的波动了。在此，摄影机介入了进来，其手段有下降和提升，切分和孤立，延长和压缩，放大和缩小。我们只有通过摄影机才能了解到视觉无意识，就像通过精神分析了解到本能无意识一样。

14

自古以来，艺术的首要任务之一就是创造一时还未完全满足的需求。① 每一种艺术样式都曾经历过危机时期，这时它就会去追求那种无疑随着技术条件变化，即只有在某个新艺术形式中才会出现的效果。如此出现的，尤其在所谓衰落时期出现的夸张和粗野艺术，实际上来自其丰富无比的历史合力。最近的达达主义就充满着这种粗野风格。我们今天才看清它的追求：达达主义企

---

① 安德烈·布列东(André Breton)指出："艺术作品只有在受未来思维冲击之时才有价值。"其实，每一种发展完善的艺术形式都处于三条线索发展的交点上。第一，技术是催发特定艺术形式的先导。早在电影出现之前，就已有一种相片书存在，观者只需用大拇指一按，图片就快速翻过，展现一场拳击赛或网球赛。此外，集市上还有一种自动售货机，摇动一个手柄就会出现连续图片；第二，传统艺术形式在特定发展阶段努力谋求的效果，后来为新的艺术形式轻易就达到。在电影兴起之前，达达主义者就试图去营造观众的震撼，而到了卓别林那里，这种震撼就以更为自然的方式出现了；第三，往往不起眼的社会演变在引发着接受层面的变化，而惟有该层面的变化才导致新艺术形式的出现。电影开始赢得观众之前，全景幻灯(Kaiserpanorama)中开始会动的图片就吸引了一批又一批的观者。他们就立在一个屏风前，里面安装了立体镜，每人对应一个，立体镜会自动出现一系列单个图片，每幅稍停片刻就会随即让位给下一幅。在人们了解电影银幕并掌握放映方法前，爱迪生(Edison)曾用类似方法放映了第一卷电影胶卷。当时，有一小群观者紧盯着器械里面看，里面卷动出现着连续的图片。此外，全景幻灯装置还分外明显地蕴含着发展的辩证法。是电影使图像观照成为一种集体性观照，在这快要出现前，人们面对很快就要被淘汰的那些立体镜设施，再一次各自观赏图像，他们是如此专注，就像从前古代教士在教堂内殿中对神像凝神专注一样。——原注

图用绘画（或文学）手段去创造今天的观众在电影中期盼的效果。

　　任何一种对全新前卫需求的创造最终都会超过其目标，达达主义便是如此，因为它为了更高的目标牺牲了电影高度拥有的市场价值，而达达主义者自身显然没有意识到这一点。他们很少关注其作品的商业价值，而更多关注的是不让作品成为凝神沉思的对象。为了摧毁这个效果，他们大多对作品中使用的材料进行了彻底的贬抑。他们的诗是一盘"语词杂拌"，里面不乏污言秽语，只要你想得到的语言垃圾，里面都有。他们的画也是如此，他们在画中贴上了纽扣或汽车票。如此做的意图就是彻底阻止灵韵出现，他们还用生产手段将复制的印记烙在作品上。对于德兰（Derain）的画或里尔克的诗，人们可以花时间去专注，去形成自己的看法，而对于阿尔普（Arp）的画或斯特拉姆（August Stramm）的诗，这是不可能的。由于资产阶级发生了蜕变，专注行为成为一种与社会不合拍的行为，而随性消遣则相反成了社会行为的游戏方式。①实际上，达达主义者的宣言确保了一种更为强劲的随性消遣，因为他们使作品成了制造骇人听闻事件的中心。这样，艺术品首先要满足一个要求：引起公开的不满。

　　在达达主义那里，艺术品由一个迷人的观看对象或引人的悦耳之音变成了一枚射出的子弹，击中了观赏者。这样，作品获得了一种触觉特质，进而触发了对电影的需求。电影的随性消遣要素同样首先是一种触觉要素，它来自观照物与调节观照状态之间的交互作用，这种交互不断冲击着观者。这里可以将放映电影的幕布与展示画作的画布进行一下比较。画作使观赏者凝神观照，在

---

① 这种专注行为的神学原型是独自直面上帝的意识。这种意识在资产阶级兴盛时期强化了摆脱教会监护的自由追求。在资产阶级衰落时期，同样的意识必定引发了那种隐秘的倾向，将个人与上帝交往时投入的精力，与集体事务分离。——原注

画布前，观赏者可以任凭其思路飘游；而面对电影银幕，他就做不到了。观者无法盯着画面仔细看，一个画面还未看清，就已变掉了。杜亚美①就对电影持敌视态度，他虽然丝毫未理解电影的意义，但对电影的结构却有所揭示。他对电影的特点作了如下描述："我已无法去思考我想思考些什么，活动的画面充满了我全部思想。"②的确，当你观照这些画面要开启某种思绪时，立即会被画面的变化打断。由此就产生了电影的惊颤效果，如同所有的惊颤效果一样，精神格外专注才能感受到它。③ 达达主义曾将官能上的惊颤效果裹入道德上的惊颤，电影则凭借它的技术结构将官能上的惊颤效果从中解放了出来。④

15

大众是促使所有现今面对艺术作品的惯常态度获得新生的母体。量变到质变：极其广泛的大众参与就引起了对艺术参与方式的变化。起初，这种大众参与的名声并不怎么好，但这不该使关注这一现象的人迷惑。可是，确实有人在此抓住问题的表面不放，在这些人中，杜亚美要算是对电影攻击得最为激烈的。他首先指责的是电影在大众那里所引发的参与方式。他称电影是"受压迫者打发时间的一种活动，是目不识丁深受痛苦折磨的社会下层人士在疲惫不堪的劳作之后所进行的一种消遣活动……一种戏剧，丝

---

① 杜亚美(Georges Duhamel, 1884—1966)，法国作家。——译注
② 杜亚美：《未来生活蓝图》，巴黎 1930 年，第 2 版，第 52 页。——原注
③ 电影是与当代人目睹的日益增强之生活风险相对应的艺术形式。人需要感受惊颤效果，以适应面临的生命风险。电影与统觉机制的那些深刻变化相一致，这是那种到处都能体验到的变化，就个人生活而言，每位在都市人流中行走的人都有经历；就历史层面而言，每位当代公民都有体验。——原注
④ 我们已从电影对达达主义获得了一些重要认知，对立体派和未来派同样如此。这两个流派都被视为用器械去硬性深入现实中有问题的尝试。其实他们与电影不同，他们并不是将器械拓展成有利于对现实进行艺术表现的东西，而是将所表现的现实与深入其中的器械看成同一个东西了。于是，在立体派那里占主导地位的是对这种基于透镜构造器械的预展示，在未来派那里占主导地位的则是对这器械效果的预展示，这效果可以在电影胶片的飞速转动中感受到。——原注

毫不需要专心致志，也不以思维能力为前提条件……它没有点燃人心灵的火焰，而只是引起那些可笑而荒唐的希冀：某日在洛杉矶也成为一个'明星'"①。不难看出，这根本上属于古老的指责：大众寻求着消遣，而艺术却要求接受者专心致志。这纯属陈词滥调。接下来的问题是，这种指责是否给出了一种研究电影的角度——这需要做深入考察。消遣和凝神专注是两种对立的态度：面对艺术作品而凝神专注的人沉入了该作品中，就像传说中某位中国画家在凝视自己杰作时遁入其中一样；与此相反，进行消遣的大众则超然于艺术品而沉浸在自我中。这一点在建筑物中表现得最为明显。自古以来，建筑艺术就提供着一种艺术品范型：对它的接受就是以消遣方式进行并以集体方式完成的。其接受法则是极富有启发性的。

自有人类以来，建筑物就一直陪伴着人。而许多艺术形式在人类历史长河中却都是昙花一现，转瞬即逝的。悲剧艺术随希腊人产生，但同时又随希腊人消亡，几百年后，只是它的一些"准则"得以复兴。史诗诞生于各民族兴盛时期，在欧洲随着文艺复兴时期的终止而消亡。木版画是中世纪的产物，但也同样逃脱不了在历史中销声匿迹的命运。可是，人类对居室的需求却是永恒的。建筑艺术从没有被闲置过，它的历史比任何一种艺术的历史都要长久，而且对于披露大众与艺术品关系来说，洞见其产生作用的方式是从来不会失去意义的。建筑物以双重方式被接受：通过使用和对它的感知，或者更确切些说：通过触觉和视觉的方式被接受。如果依据旅游者面对著名建筑物常常所做的凝神专注去构想这种接受，那就不会有什么所得。视觉可以是凝神专注的，而触觉则绝不具有这种东西。触觉接受不是靠注意力，而是靠习惯来完成。

---

① 杜亚美：《未来生活蓝图》，巴黎 1930 年，第 2 版，第 58 页。——原注

面对建筑艺术，习惯甚至很大程度上决定了视觉方面的接受。这时的视觉接受很少以竭力专注的方式发生，而是以一种顺带观看的方式出现。这种由建筑艺术造就的接受，在一定情况下却具有典范意义，因为：在历史转折时期，单靠视觉方式，即沉思冥想根本无法完成人类感知机制所面临的任务，它只有在触觉接受的引领下通过适应去渐渐完成。

心不在焉者也是能由适应养成习惯的。更有甚者，某些任务如能在消遣中去完成，才表明完成该任务对某人来说已成了习惯。消遣可以向人表明，统觉面临的新任务在多大程度上能被完成，艺术就可以提供这样的消遣。此外，由于单个人有可能会去逃避统觉面临的新任务，艺术就在最能吸引大众的地方注入了那些最艰难和最重要的任务。当前，电影就是这样做的。消遣性接受随着日益在所有艺术领域中得到推重而备受关注，而且表明了知觉已发生深刻变化。这种消遣性接受在电影中得到了特有的激发。电影在它的惊颤效果中迎合了这种接受方式。电影抑制了膜拜价值，这不仅是由于它将观众放在了进行鉴定取舍的位置上，而且还由于这鉴定取舍不是以凝神专注方式发生。观众成了有定夺权的人，而且是在放松消遣中的定夺。

后　记

现代人日益增长着的无产阶级化和大众的形成是同一过程的两个方面。法西斯主义试图去掌控新兴的无产阶级大众，而并没有触及他们要求消灭的所有制关系。法西斯主义将大众获得表达（绝不是获得他们的权力）视为其福祉。① 大众有权要求改变所有

---

① 在此尤其要提及新闻短片，其宣传意义怎么评说都不会过分，而且还拥有着一个重要的技术条件。对大众的复制尤其有益于批量性复制。如今，盛大庆典游行，大型集会，体育赛事以及战争所有这一切都被摄录器械拍录下来，大众从中看（转下页）

制关系,而法西斯主义则在保持所有制关系不变这个条件下让大众有所表达。法西斯主义的逻辑是让政治生活审美化。他们用领袖崇拜迫使大众伏地叩拜,这是对大众的强制;对于机器,他们同样进行强制,因为他们将其用于生产膜拜价值。

在战争这一点上,为使政治审美化所做的一切努力达到了顶峰。战争,而且唯有战争,才可能在维持既存所有制关系的同时,给规模无比的大众运动确立一个目标。政治方面的情形就是如此,至于技术方面的情形则可作如下表述:只有战争才能在维持所有制关系情况下动员起现时的整个技术手段。显然,法西斯主义在神化战争时并没有推出这样的论断。尽管如此,了解下这样的论断还是有所启发的。马里内蒂(Marinett)在对埃塞俄比亚殖民战争宣言中写道:"27 年来,我们未来主义者一直反对视战争为反审美的东西……因此我们声明……战争是美的,因为它借助防毒面具,令人生畏的扩音器,喷火器和小小坦克,建起了人对所控制机器的统治;战争是美的,因为它实现了梦寐以求的人体金属化;战争是美的,因为它用机关枪扫射的火焰点缀了一片茂密的芳草地;战争是美的,因为它将步枪火焰,轰鸣的炮火,战火间歇,硝烟的香气以及尸体腐臭汇成了一部交响曲;战争是美的,因为它创造了建筑新风格,例如创造了大型坦克形建筑,飞行编队几何形以及焚烧村落盘旋升腾烟火形建筑和其他许许多多风格……未来主义诗人和艺术家们……记住战争美学的这些原则吧,当你们努力探寻新的文学和造型艺术时,它们会点亮你们的思绪。"①这个宣

(接上页)清了自己。这一过程的影响深远已经毋庸赘言。单单这一过程本身就与复制技术,确切些说,拍录技术的发展密切相关。一般来说,对于大众活动摄影机能比肉眼更清晰地加以捕捉,比如对于成千上万人场面,鸟瞰的方式一般能获得最佳把握。固然摄影机和人的肉眼都能做到这种鸟瞰,但是,摄影机能将画面放大,而眼观则做不到。这就是说,大众运动,还有战争,体现了一种尤其与机械相适应的人类行为方式。——原注
① 转引自《都灵围岩》(*La Stampa Torino*)。——原注

言的特点是观点明确，它的命题方式值得辩证主义者借鉴。对辩证主义者而言，现代战争美学的体现是：当所有制关系遏制了对生产力的自然利用时，技术手段，速度，能源增长就会朝向不自然的利用方向发展。这是我们在战争中遭际的情形。战争造成的毁灭表明，社会并没有充分成熟到将技术当成手段，而技术也未发展完善，还不能应对社会方面的原始冲动。帝国主义战争的特点是恐怖无比，这是由强大生产资料与其未充分运用于生产过程这个矛盾决定的（换言之，是由失业和销售市场短缺决定的）。帝国主义战争是技术发动的一次起义，技术在"人力资源"方面提出了诉求，而社会则夺走了它所要求的自然资源。技术没有去疏浚人流，而是将人流引向了战壕；技术并没有用飞机去播种，而是向城镇投下了炸弹，技术在毒气战中找到了摧毁灵韵的新手段。

"崇尚艺术——哪怕摧毁世界，"法西斯主义如是说，并且如马里内蒂所言，期待技术所改变的感知从战争中获得艺术满足。显然，这是"为艺术而艺术"到了极致。从前在荷马时代，人类曾是奥林匹斯诸神观照的对象，而今则成了观照自己的对象。人的自我异化走到如此之远，以致将人的自我残杀当作最高级的审美享受去体验。法西斯主义谋求的政治审美化就是如此，而到了共产主义那里出现的反应则是艺术政治化。

写于 1935—1936 年，1936 年译成法语发表于"Zeitschrift für Sozialforschung"，1939 年修订成第三稿。王涌译自 Walter Benjamin，*Medienästhetische Schriften*，Suhrkamp Verlag Frankfurt am Main 2002，SS.351-383。（系第三稿）

七、电话与广播台

与肖恩的对话

"拉福格的一首诗、普鲁斯特的一个场景和卢梭的一幅画中都会出现一架小钢琴，而在阿拉贡或科克托的诗歌、贝克曼的画作中，或者更明显的，在基里科的画作中，会出现扬声器蓬乱的形状，糜烂的耳机缠绕着耳朵，摆动着老化的耳机线，露出内里的铁芯。"很明显这些是极敏锐的观察。这段话来自《开端》中的一篇文章《通过广播电台实现音乐娱乐》。作者是肖恩。同时也非常令人惊讶的是：一名广播电台台长如此贴切、如此有教养而不失礼貌地谈论着乐器。听这样一个人谈论他的计划和目标，更让我更感兴趣，尤其这个节目是法兰克福电台的。在其上任节目总监弗莱施被任命到柏林之前，法兰克福广播电台就已在欧洲享有盛誉，弗莱施的调动引起了人们对法兰克福电台的关注，他的同事肖恩成为他的继任者。

肖恩开宗明义地说道："历史性地理解一件事情，就是把它理解成一种反应，一种交锋。所以，我们法兰克福的事业必须被理解为'对一些事情不满'的结果，更确切地说，原先决定着电台节目编排的东西，就是我们要反抗的。简而言之，那就是被过度强调的文化。在广播中，人们曾认为自己掌握了大众教育事业的工具。系列讲座、教学课程、各类规模庞大的教学活动都竞相举办，而又以失败告终。这说明什么呢？听众想要的是娱乐。而广播对此无能为力：与'五彩缤纷'内容的贫瘠和浅薄相对应的是教育的枯燥和专业局限性。在这方面，我们需要采取行动。有些节目之前被视为对严肃节目的调节和装饰，如《小憩片刻》或者《愉快周末》等，它们必须进入更高层次，不再陷入沉闷的娱乐氛围之中，而是去关照空气清新、轻松和幽默的现实，并且形成一个框架，使各种多样的元素能够以良好的方式相互融合。"肖勒姆发出呼吁："给每个听众他想要的，然后再多给他一点点（给他我们想要给他的）。"但是在法兰克福，人们立马明白：要实现这一点，如今只有通过一种政治化的方式才得以可能，这种方式不需要虚幻的公民教育雄心，而是像过去的《黑猫》和《十一刀客》所做的那样。

　　第一步已经规划好了。随后从大城市的剧场中按照一定的质量标准进行筛选，根据这些标准选择那些只有在广播中才能实现的节目，并同时利用广播相对于剧场所独有的优势：艺术家们往往不容易汇聚在同一剧场空间里，而在麦克风前可以将艺术家们结合在一起。接着，肖恩指出："相比于现在被迫追求一些音响效果不大对劲儿的文学广播剧，对我来说更重要的是寻找最佳方法，以便将每一部诉诸文字的作品，无论是抒情剧还是实验剧，都能够在不断变化的形式中得以呈现。当然，对于那些非文学性、基于现实材料和事实的广播剧，情况就完全不同了，这些广播剧正是法兰克福电台刚刚开始尝试的。在这些广播剧中，将从一些大获成功的刑事和离婚案例出发，首先给予听众一系列关于谈判技巧的套路与反套路——例如'如何和我的上司相处'等。"肖恩成功地吸引了贝尔特·布莱希特对他所做之事的兴趣，布莱希特将在相关方面支持他。

　　此外，对于每月在广播中实现的技术成就，肖恩并不打算以自负的态度将其视为"文化财富"。相反，他对此保持审慎的态度，比如说他很清楚，他对于扩大工作领域的设想正如电视所展示的那样，也会带来新的困难、问题和风险。目前，广播还没有完全涉足电视的广泛领域。但对于可能首先涉及的部分，即无线图像传输

（其设置受国家广播公司管控），如肖恩所言，可以看到它在艺术上的应用可能性将会更加多样化，只要我们能更多地将其从纯粹的报道中解放出来，并进行创意性的运用。

是由于我强烈的文学兴趣，还是由于肖恩持保留的态度，导致我们到现在都还没有讨论音乐方面的东西呢？——肖恩是音乐家出身，法国作曲家瓦雷兹的学生——他可能不会完全回避关于巴登-巴登音乐节的问题，这个音乐节专门为广播演出了两天。但是我无不惊讶地发现：他还是没有被引导至美学领域。他仍在谈论技术。他大致提到，技术人员的观点是：广播并不需要特别的音乐。广播技术已经足够发展，能够完美地传输任何音乐。然而，肖恩提出了不同的观点："在理论上是的。但这需要完美的发射机和完美的接收器，而在实际中这是不存在的。这就确定了广播音乐的任务：它必须考虑到特定的效果的减弱，这些效果在目前的每次传输中都不可或缺。此外——在这一点上，肖恩站在舍尔兴的一边——目前对于特定的、在美学上重新构想的广播音乐，还没有明确的方向。巴登-巴登的音乐节已经证实了这一点。在那里所呈现的内容在价值层面上与广播的适用性相吻合。在这两个方面，布莱希特-魏尔-欣德米特的《林德伯格飞行》和艾斯勒的康塔塔《时代的节奏》都处于领先地位。"

最后，肖恩评论道："广播在其发展的某个特定的、相对随意的阶段中，已经从实验室的寂静中抽离出来，成为一项公共事务。在过去，它的发展进程缓慢，现在也不会更快。如果有一部分精力不再用于紧锣密鼓的广播站运营，而是不断地进行新的尝试，广播将会得到发展。"

原载："Die literarische Welt"1929 年，骆佩译自 Walter Benjamin, *Medienästhetische Schriften*, Suhrkamp Verlag Frankfurt am Main 2002, SS.387－389。

冷酷的心，前戏

广播剧，据威廉·豪夫（Wilhelm Hauf）童话改编，改编者：本雅明，朔恩（Ernst Schoen）

人物：播音员，炭人蒙克-彼得，荷兰人米歇尔，以西结，施勒克，舞池之王，利斯贝特，乞丐，男默勒，女默勒，小默勒，一个声音，邮车夫。

前戏

播音员：亲爱的听众，青年节目又开播了，今天还是想读一个童话故事给你们听。应该读什么呢？让我们还是先翻一下童话作家大典吧，那里可以找到所有童话作家的名字，就像电话簿可以找到每个人的名字一样。我们可以从中挑选一位。好，先翻到 A，出现的是阿布拉卡达布拉，这位不合适，继续翻到 B，看见的是贝希斯泰因，这位应该可以，但我们前几天刚读过。

（传来敲门声）

翻到 C 看见的是策尔苏斯，这不搭调。D、E、F、G，一页一页翻下去。

（敲门声变大）

翻到 H，读到的是豪夫，威廉·豪夫，是的，这应该是我们今天的合适人选。

（敲门声完全变大）

这是播音室，哪来的这个鬼声音，青年节目怎么播啊，真是见鬼了。这声音又来了。好，那就进来吧！（低声道）：你扰乱了我整个青

年节目——啊,这是什么? 你们这是什么怪胎? 你们在这里想做
什么?

炭人蒙克-彼得:我们是威廉·豪夫童话《冷酷的心》中的人物。

播音员:来自威廉·豪夫的《冷酷的心》? 好吧,来得正是时候!
但你们是怎么进来的? 你们不知道这是一个播音室吗?
未经允许是不可以直接闯入的。

炭人蒙克-彼得:你是播音员吗?

播音员:当然是。

炭人蒙克-彼得:那我们就来对地方了。大家进来吧,把门关上。
现在也许我们可以先介绍一下自己。

播音员:可以,但是……

(每人介绍都由音乐闹钟声引入)

炭人蒙克-彼得:我是彼得-蒙克,黑森林人,人们叫我炭人彼得,
因为我从父亲那里获得了煤炭人世家身份,从父亲那里
我也得到了带银扣的荣誉上衣和红色的节日煤气灯。

玻璃人:我是小玻璃人,只有三尺半高,但很厉害,可以掌控人的
命运。播音员先生,如果你是一个星期天出游的孩子,走
过黑森林,看到一个小人在你面前,戴着大帽檐尖帽,穿
着连衣裙、短裤和红袜子,就赶快许下你愿望吧,那时你
马上就看到我了。

荷兰人米歇尔:我是荷兰人米歇尔。我身着深色帆布上衣,穿着
系有宽大绿色背带的黑色皮裤,口袋里是一把黄铜折尺,
脚上穿着的是煤矿工人的靴子,但所有的东西都太大,光
是靴子就需要 12 只牛犊的牛皮才能制成。

以西结:我是胖胖以西结,之所以人们叫我胖子,是因为我腰围很

大，我拥有的也确实多。这群人中，我确实最富有。每年
我都会押运建筑木材去阿姆斯特丹两次，当其他人不得
不步行回家的时候，我则可以威风凛凛回到这里。

施勒克： 我是高个施勒克，是整个黑森林里个子最高、最瘦的人，
性情也最酷，不管酒馆里坐得有多挤，我还是需要比四个
胖子更多的位置。

舞池之王(扭扭捏捏地)： 播音员先生，请允许我自我介绍，我是舞
池之王。

荷兰人米歇尔(打断了他)： 够了，舞池之王，用不着说那么多套
话，我知道你的钱是从哪里来弄来的，也知道你曾是个可
怜的伐木工。

利斯贝特： 我是利斯贝特夫人，一个贫穷林农的女儿，是整个黑森
林最美丽、最贤惠的女人，嫁给了炭人蒙克-彼得。

乞丐： 最后出场介绍的是我，我只是一个可怜的乞丐，扮演的角色
虽然不可或缺，但是一个小角色。

播音员： 好，我已经听得够多了，你们都是谁，搞得我头晕目眩了。
但你们到广播台来做什么？ 为什么来骚扰我的工作？

炭人蒙克-彼得： 说实话，播音员先生，我们非常想到声音国度来。

播音员： 来到声音国度？ 炭人蒙克-彼得？ 此话怎讲？ 这你们得
给我说清楚！

炭人蒙克-彼得： 你看，播音员先生，我们已经在豪夫童话书里待
了有百年了。每次我们只能和一个孩子说话。现在的时
尚应该是，童话人物离开书本，来到可以让他们同时向成
千上万孩子介绍自己的声音国度。这就是我们想要做
的，而且有人告诉我们，播音员先生，您正是可以帮助我
们做到这一点的合适之人。

播音员(欣喜地)： 你们说的是广播声音国度吧，是这样的。

荷兰人米歇尔(粗声地)： 我们说的当然是广播声音国度！ 让我们

进去吧,播音员先生,不要说那么多了!

以西结(粗声地):别这么说,米歇尔,这里是声音国度,什么都看不到的!

炭人蒙克-彼得:声音国度里是能看到东西的,但是人们看不见你。我可以告诉你,这正是让你感到伤心的地方。你当然不高兴,声音国度里你的项链、项圈和你的手帕无法让人看见。但试想你为此得到了什么。所有人,从黑森林最高山峦甚至更远地方,都能听到你的声音,而且你根本用着提高哪怕一点点嗓门。

舞池之王:仔细想想,炭人蒙克-彼得,我还是不太同意你的观点。在黑森林里,我认识路,但在声音国度,我担心会找不到路和人行桥,随时会被树根绊倒。

以西结:树根! 这在声音国度根本就没有!

炭人蒙克-彼得:别听他胡说,舞池之王,树根在声音国度当然是有的。声音国度里还有黑森林和村庄、城镇、河流和云,与日常世界一样,只是人们看不到它们,只能听到它们。声音国度里出现的一切不是让你去看,而是去听。一旦你进入声音国度,就会在里面行走自如,如同这儿一样。

播音员:如果还有什么不适,可以找我,这里的播音员。我们做广播的人对声音国度了如指掌。

荷兰人米歇尔(粗声地):让我们进去吧,播音员先生

播音员:不要着急,你这个粗鲁的荷兰人米歇尔,那也不是这么容易的! 进来是可以的,也可以在声音国度里对成千上万的孩子说话。但我是这个国度的边防卫士,我必须告诉你们进来要先满足的条件。

利斯贝斯:一个条件?

播音员:是的,利斯贝斯夫人,而且对你们来说,这将是一个特别难以做到的条件。

玻璃人：好吧，说出你们的条件，对条件我已经习以为常了，我自
　　　　己经常提条件。

播音员：那好好听着，小玻璃人，还有你们其他人都好好听着：谁
　　　　想进入声音之国，都必须轻装入内，必须放下所有华丽服
　　　　饰和外在美物，剩下的仅仅只有你们的声音。随后发生
　　　　的事就像你们期待的那样，你们的声音将会成千上万的
　　　　孩子同时听到。

　　　　（停顿片刻）

　　　　这就是条件，对此条件我是不会让步的。你们可以再考
　　　　虑下。

炭人蒙克-彼得（轻声地）：你们觉得怎样？利斯贝斯，你愿意脱下
　　　　你全部漂亮的周日盛装吗？

利斯贝斯（轻声地）：当然，我还有什么其他理由呢。想想可以同
　　　　时向成千上万儿童说话吧！

以西结（轻声地）：哦哦，这可没有那么简单。（响起了钱币声）这
　　　　些金币咋办啊？

玻璃人（轻声地）：为以这么好的方式出手这些金币感到高兴吧，
　　　　你这个恶人！（大声地）播音员先生，我们接受你的条件。

播音员：好，该这样。玻璃人，开始吧。

炭人蒙克-彼得：我们还有一个请求。

播音员：是什么请求啊，炭人蒙克-彼得？

炭人蒙克-彼得：你知道，播音员先生，我们都还从未到过声音
　　　　之国。

播音员：是的，是的，还有呢？

炭人蒙克-彼得：那里我们怎么认识路呢？

播音员：那也是的，炭人蒙克-彼得。

炭人蒙克-彼得：我想，你既然是声音之国的边防卫士，是否可以
　　　　领我们进去？

舞池之王：我想说你也要卷入其中，跟我们绑在一起。

利斯贝斯：这哪是绑啊，你这个笨嘴利斯贝斯！或许播音员先生
如此友善乐于助人呢！

播音员（欣喜地）：好，可以的。我带你们进去，只是我手上的纸有
时会发出一些窸窣声，但愿不会妨碍你们。（出现纸张窸
窣声）没有这播音稿我在声音国度也无法认路。

（停顿片刻）

好，大家没有不同意见的话，就请你们到衣帽间这里来。
利斯贝斯太太，那礼帽不能带进去，还有金紧身衣和搭扣
鞋也不能穿进去，请脱下并换上声音国度的长袍。蒙克-
彼得先生，带银扣的荣誉上衣和红色煤气灯必须放在
这里。

炭人蒙克-彼得：好，给您。

播音员：你也是，玻璃人，必须脱掉你的帽子，短上衣和灯笼裤。

玻璃人：都已经脱了。

播音员：你呢，荷兰人米歇尔？

不，不，折尺和密封靴子也必须留在这里。

荷兰人米歇尔：非要这样，真是见鬼了！

播音员：很好，舞池之王先生也将不能带进去的东西都放下了。
你呢，可怜的乞丐，你本来就没有什么东西吧。可是，我
发现，胖胖以西结的脖子上还挂着他那金币袋。不，好朋
友，这样不行。我们马上要进去的地方你的金币是派不
上用处的。你的声音可以由铜钱熏染，那里需要的是美
丽清晰的声音，不能有铜钱熏染。

以西结（高声叫喊）：不，不，那我不干！金钱是我的宝贝，比你整
个声音国度都有价值得多！

荷兰人米歇尔：多纳和多利亚，那我有话要说了。拿来，把钱给
我，你这个穷鬼，不然我就打死你！

播音员：不要吵，亲爱的朋友们！荷兰人米歇尔先生，收收你的怒
　　　　气吧！至于你，以西结先生，我可以向你保证，在你离开
　　　　声音国度时，那些钱会一分不少地回到你手中。

以西结：那好，播音员先生，你们要给我一份书面保证！

播音员：好，让我们漫步进入声音国度吧！

　　广播剧 1932 年在德国播出，王涌译自 Walter Benjamin,
Medienästhetische Schriften，Suhrkamp Verlag Frankfurt am Main
2002，SS. 390 – 395。

戏剧与广播——教育任务中的相互作用

"戏剧与广播"——人们在未经深思熟虑的情况下不会认为这两者有和谐之感。虽然这两者之间的竞争关系并不像广播与音乐厅之间那么激烈,但一方面由于广播活动的日益扩展,另一方面剧院困境的不断加剧,人们很难一开始就设想它们之间会有合作。然而,这样的合作确实存在,而且已经持续了相当长的时间。这种合作——在此预先说明——只能是一种教育性的合作。值得注意的是此合作由德国西南广播公司发起并付诸实践。其艺术总监恩斯特·肖勒姆对布莱希特及其文学和音乐合作者的作品表现出了特别的兴趣,并且是最早关注和重视这些作品的人之一。这些作品,如《林德伯格飞行》《巴登教育剧》《说是的人》和《说不的人》等,毫无疑问一方面具有明确的教育意义,另一方面则以完全独特的方式充当了戏剧与广播之间的桥梁。这种合作的基础很快便证明了其稳固性。类似结构的广播剧可以在学校广播中传播——如伊丽莎白·豪普特曼的《福特》——也可以就日常生活中的问题,如学校教育问题、成功的技巧、婚姻困难等,通过正反对比的方式进行探讨。这类"听觉模式"——由瓦尔特·本雅明和沃尔夫·祖克尔创作——也启发了法兰克福广播电台(与柏林电台合作)。如此广泛的活动或许有理由使人们更详细地阐明这项持续工作的基础,并防止对其的误解。

如果有人对这些事物进行更深入的探讨,就不可能忽视最为显而易见的东西,也就是技术。此时,建议抛开所有的敏感性,进而直接断定:广播相对于戏剧而言,不仅代表着更新的技术,同时也是更突出的技术。广播还没有像戏剧那样经历过一个经典时代;它所吸引的群众要多得多;最后,最重要的是,广播的物质元素(即其设备的基础)与精神元素(即其节目内容的基础)为了听众的利益而紧密相连。对此,戏剧又能拿出什么与之抗衡呢? 只有对活生生的表现手段的运用——除此之外别无他物。也许，戏剧的危机将从一个问题中最为明确地凸显出来：在戏剧中，活生生的人的参与到底意味着什么？在这里，两种可能的观点——保守的观点和进步的观点——彼此鲜明地对立起来。

持第一种观点的人不会承认和关注危机。他们认为整体的和谐依然保持不变，而人类是整体和谐的代表。人类被视为权力的巅峰、创造的主宰和独特的个体（即便他是最后一个打工人）。人所处的框架是当今的文化圈，人以"人性"的名义统治这个圈子。无论这个骄傲、自信、对自身危机和世界危机毫不在意的中产阶级戏剧（尽管最受欢迎的巨头最近确实辞职了）是以新型的穷人戏剧还是以奥芬巴赫的歌词为基础——它总是以"象征""整体"和"综合艺术作品"的形式呈现。

我们所描述的是教育与娱乐的戏剧。尽管这两者看似截然相反，但对那些在消费、文化体验或社会地位上已达到满足的阶层群体来说，两者是互补的，任何所接触的事物都会对这一阶层产生刺激。然而，这种戏剧试图通过复杂的机械装置和众多的临时演员来与数百万观众的电影竞争，这一切都是徒劳的；尽管它的剧目跨越了所有时代和国家，而广播和电影则以更小的设备，为古老的中国戏剧和新的超现实主义尝试提供了空间：在技术上与广播和电影竞争是绝无希望的。

那么争论并非在于技术，而是戏剧期待着舞台的进步。布莱希特是首位发展这种叙事理论的人，他称之为史诗剧。这种"史诗剧"非常冷静，尤其对技术持有理性态度。在这里并不对述史诗剧理论加以阐释，更谈不上详细说明它是如何将广播和电影中最具决定性的剪辑方法从技术行为转变为人性的。重要的是，史诗剧的原则与剪辑一样，都基于"中断"的概念。不同的是，这里的中断不是为了制造刺激，而是具有教育功能。它在叙事过程中暂停行动，从而迫使听众对正在发生的事情作出反应，也迫使演员对自己的角色进行反思。

史诗剧将戏剧综合艺术作品与戏剧实验室相对立。它以一种新的方式重新利用了戏剧的独特优势——即对在场者的展示。其实验的中心是处于危机中的人，是在广播和电影的媒介中不再被重视或呈现的人。极端一点来说，是在技术社会终被边缘化的人。这个被简化、被忽视的人将接受某种考验和评估。结果表明：事件变化或转折并不集中在情感强烈的高潮时刻，也并不是得通过美德和决心来展现，而是在日常生活的常规过程中，通过理性思考和反复训练。以最小的行为模式来构建在亚里士多德戏剧理论中被称为"行动"的内容，这就是史诗剧的意义。

因此，史诗剧反对传统戏剧：它用"训练"取代"教育"，用"团体"取代"娱乐"。至于后者，任何关注广播的人都知道，最近人们正非常努力地根据社会分层、兴趣领域和环境将听众群体整合成更紧密的组织。同样，史诗剧也试图吸引一批利益相关者，他们不受评论和宣传制约，愿意在一个志同道合的集体中看到他们自己的利益，包括政治利益，通过一系列的行动（如前所述）得到体现。值得注意的是，这一发展导致较旧的戏剧被进行深刻的改编（如《爱德华二世》和《三分钱歌剧》），而对较新的戏剧则进行了一种争议性的处理（说是的人—说不的人）。这也有助于阐明，当"教育（知识）"被"训练（判断）"取代时，这意味着什么。广播尤其承担着重拾旧教育成果的责任，它将通过改编来做到这一点，这些改编不仅符合技术要求，还满足技术时代的观众的需求。只有这样，广播和戏剧等媒介才能从"庞大的公共教育事业"的光环（如肖恩所说）中解放出来，实现一种更加人性化的表达方式。

原载："Literaturblatt der Frankfurter Zeitung" 1931 年，骆佩译自 Walter Benjamin, *Medienästhetische Schriften*, Suhrkamp Verlag Frankfurt am Main 2002, SS. 396 - 399。

两种大众性：对一部广播剧的探讨

广播剧《当德国的经典作家创作时，德国人在阅读什么》（该剧的部分内容可见于《呼唤者与听众》，第 2 卷，1932 年，第 6 期，第 274 页）试图进行一些基本的思考，即广播在其播放的文学作品中应追求的大众性。广播在许多方面都产生了深远的影响，因此在理解"大众性"时，广播的作用不应被低估。根据较早的观点，尽管流行表现形式的价值不可忽视，但它仍被视为一种衍生的形式、缺乏独立的原创性。这一点很容易理解，在广播出现之前，几乎没有真正适合于大众性或民众教育的出版形式。人们只有书籍、演讲和期刊等，这些交流形式并没有与学术研究中传播专业领域进展的形式有什么区别。因此，大众性的展现实际上是在科学和学术形式中进行的，缺乏方法论的独创性。它只能将特定知识领域的内容用引人入胜的形式包装起来，或许还试图寻找其与经验和常识的联系：然而，无论如何，所提供的内容总是二手的。大众化是一种次要的技术，其公共评价也印证了这一点。

广播彻底改变了这一状况——这也是广播最显著的后果之一。凭借其技术可能性，广播能够同时面向无限的大众，使得大众化已经超越了博爱的人道主义意图，演变成了一项具有自身形式和艺术法则的任务。这些新的法则与早期的实践显著不同，正如现代广告技术与 19 世纪的推广方式之间的差异一样。按照经验这意味着：旧式的大众化是以一个可靠而稳固的科学知识基础为出发点，像科学自身发展一样进行传播，但省略了更复杂的思维过程。这种大众化的本质在于省略和简化；它的基本框架在某种程度上始终类似于教科书，其中主要内容以大字体印刷，而补充部分则以小字体标注。然而，广播所追求的大众性要更广泛也更深入，不能仅仅停留在这种做法上。它要求对材料进行彻底的重组和重新安排，从流行性的角度出发。这不仅仅是通过某个时髦的主题吸引听众兴趣，然后给期待着的听众提供一些在基础教育中已经学到的内容。相反，关键在于让听众感受到，他们的兴趣本身对这些内容具有实际的价值，即使他们的提问没有通过麦克风明确表达出来，也能促进新的科学发现。因此，早期科学与大众性之间的表面关系被一种新的方式所取代，这种方式是科学无法忽视的。这里涉及的大众性不仅推动知识向大众传播，同时也推动大众走向知识。换句话说，真正的大众兴趣始终是主动的，它会转化知识内容，并对科学本身产生影响。

由于这种教育工作所采用的形式需要越来越生动，它必然要求呈现出真正活生生的知识，而不仅仅是一种抽象、不可验证的笼统的知识。因此，这一点对于具有教育性质的广播剧尤其适用。至于文学内容，单纯地用商业化的方式向读者介绍作品或引用作品段落，并不能有效地服务于这个目的；同样，把歌德或克莱斯特的作品直接放在麦克风前，让其"代言"，也是不可取的。既然这两种方法都存在问题，唯一的出路就是直接与科学问题对接。这正是我试图做到的。这里指的并不是让德国思想界的泰斗直接出场，也不是去播放尽可能多的作品片段。为了能够深入探讨，故意选择从表面入手，试图向听众呈现当时丰富多彩和千变万化的内容，以便能够将其进行分类：不是关于文学本身，而是关于那个时代文学讨论的对话。这样的对话在咖啡馆里、博览会和拍卖会上以及散步途中，以无数变化的方式展现了学派、报纸、审查制度、书籍交易、青少年教育、图书馆、启蒙与神秘主义之间的关系，同时也与文学创作的时代条件等相关文学研究问题密切相关。关于书籍价格、报纸文章、诽谤性文字和新书发布的讨论——我们能想到的最表面的东西——反而是研究界最深层的关注之一，因为这也涉及对事实的重新研究，对这些事实的来源进行深入考察。总之，充满争议的广播剧努力与近年来所谓的大众社会学研究保持紧密联系。如果它既能吸引专业人士又能吸引普通大众，尽管他们的兴趣点不同，那就最能证明广播剧的价值。一个新的大众性的概念也由此得到了最简单的定义。

原载："Rufer und Hörer"1932 年，骆佩译自 Walter Benjamin，*Medienästhetische Schriften*，Suhrkamp Verlag Frankfurt am Main 2002，SS.400 - 402。

电话机

不知是由于电话机构造本身还是由于记忆的缘故——可以肯定的是,小时候最初通电话时,话机里的回音听起来和今天的就很不一样。那是一种夜晚的声音,没有缪斯为它报信。那声音所来自的夜完全就是万物诞生之前的那个夜,潜藏在电话机里的声音就像是新生儿一般。电话机是与我同日同时生的孪生兄弟,因此我亲身经历了它在其辉煌发展的最初几年是如何挺过怠慢的。后来,当枝状吊灯、壁炉屏风、盆栽棕榈、着墙托架、雕花灯台和飘窗护栏这类曾在客厅里称雄的东西早已退出和销声匿迹时,电话机便告别了阴暗的过道,耀武扬威地迁入了年轻人居住的光线充足明亮的房间,就像传说中被放逐山谷又凯旋的英雄一样。对年轻人来说,电话机成了他们寂寞中的安慰,它给失望地要告别这个肮脏世界的厌世者带来了最后一线希望,与被离弃的人分享床褥。它也正想将当初放逐时被视为刺耳的声音变成温馨的声音,这之所以可能是因为大家在眷恋着这样的声音或像有罪之人那样战战栗栗地期待着它的铃声响起。许多如今使用电话机的人并不知道它刚出现时曾在家庭内部造成了多大的麻烦。每当有同学中午两点至四点打电话给我时,那电话铃的响声听起来就像是警报声,不单单骚扰了我父母的午休,而且还使他们感到可以心安理得午休的那个历史时代受到了侵袭。对此,父亲与相应管理机构看法相左的情况时常发生,他甚至在投诉机构威胁对方并怒气冲冲地大发脾气。而父亲真正的发泄对象则是那个电话机手柄。他摇那手柄可达几分钟之久,简直到了忘乎所以的地步,这时候他的手就像一个沉浸于迷狂状态的穆斯林僧侣那样无法控制。而我却心惊肉跳,我肯定,此时电话机那头的女话务员由于没有接上线会受到被手柄摇出电流击倒的惩罚。那个时候,电话机受到了压抑和排斥,它被挂在过道深处不起眼的角落里，一边是摆放脏衣服的箱子，一边是煤气表。从那里响起的电话铃声将柏林公寓本来具有的恐怖放大了好几倍。为结束那急促难忍的铃声，跑去时要经过许久摸索穿过暗黑的过道，每当我好不容易说服自己跑到那里拿下两个像哑铃那么重的听筒将头嵌入其间时，我便毫无选择地只有听任话筒里那个声音摆布了。没有任何东西可以削减话筒里这个声音对我的暴力侵犯，我无以抵抗地承受着，任它摧毁我知觉到的时间，计划以及义务。就像对彼岸传来的被附体的声音俯首听命一样，我也完全听从了电话机那头向我发出的第一个最佳建议。

原载："Frankfurter Zeitung"，1933 年，收入"Berliner Kindheit um Neunzehnhundert"，王涌译自 Walter Benjamin, *Medienästhetische Schriften*, Suhrkamp Verlag Frankfurt am Main 2002，SS.403 - 404。

用分来计时

申请提交数月之后，我收到了 D 广播台节目总编给我的委托：以轻松方式，就我擅长的图书领域，向听众做些节目播报，时长 20 分钟。假如我做的节目受听众喜爱，广播台会考虑有间隔地进行重播。部门主管亲切提醒我：至关重要的是，除了切入视角选取外，还有播报的风格和方式。他说："新手如果认为，播报面向的是一个或大或小的广大听众群，里面的人只是非立体、偶然在一起听而且看不见而已。这无疑是一个错误。收听广播的人几乎总是一个人，即使有数千人在收听你的播报，你实际触达的也只是数千个独立个体。因此，你必须像与某个人单独交谈一样行事——或者也可以像与许多个独立个体交谈一样；但绝对不能像对付一群聚在一起的人，此其一；其二，严格守住时间。如果你不这样做，那我们将不得不自己来做，也就是说，毫不留情地切断广播。经验告诉我们，每一个拖沓，不管有多小，都会在节目播报中成倍地放大。出现这种情况如果我们不迅速处置，整个节目衔接将出现问题。好，请记住：播报要自然！严格守住时间结束播报。"

我认真记住了这些提示。这是我初次做广播播报，我也很重视这项工作。准备拿去播音室读的稿子，我在家里大声进行了预演并严格进行了时间掌控。提示员周到地接待了我，在我首播时并没有从一个毗邻的小隔间监视我，这应该是对我信任的特别表示。我可以自如地掌控节奏。我第一次站在一间如此现代的播音室里，里面的一切都让播音者感到无比舒适，都在为他能力不受拘束的发挥服务。播音者可以站在一张工作台前，也可以坐在一张宽敞的椅子上。他可以在众多各不相同的光源中挑选，甚至还可以拿着话筒走来走去。终于，那只落地大钟停住不动了，表盘上显示的不是小时，而是分钟。它记录的只是这间封闭小屋里眼下瞬间的进程。指针指向 40 时我必须结束。

那只落地大钟上秒针位于分针上面，与之同处一个轨道，但运行速度要快 60 倍。当我再次看向大钟时，已经将播音稿足足读完了一半。家里预演时安排上出错了吗？我现在是否没有控制好速度？明摆着的是，播音时间已过去了三分之二。我用控制住的音调一字一句继续播讲，同时，不露声色地疯狂寻思解决办法。眼下必须大段大段省去，最后的结语只能即兴发挥了。完全脱稿并非毫无风险，但我别无选择。我停顿片刻，全力以赴，快速翻过几页手稿，最后像飞行器一般快乐地落在了结尾的思绪中。然后，我长长吐了一口气，收起文稿，满怀取得重大战果的感受离开了工作台，轻松穿上外套。

本来，这时应该出现提示员声音的。但是，什么也没听到。我转过身来朝向门那里，又抬眼看到了那时钟，分针恰好指着三十六分钟！到四十分还差了整整四分钟！按照我以前飞行时的情形，这应该是秒针的位置。那我明白了，为什么提示员的声音没有出现。而就在这片刻，那令人惬意的宁静像一张网环绕我周身。这宁静，这技术世界以及由技术统治的人所设计的这房间，令我眼前顿生一幕场景，与我们所知道的最古老的那一幕类似。我将我的耳朵出借给了我自己，这耳朵对我自己的沉默就丝毫不知了。我意识到这就是死神之耳。与此同时，这死神在数千只耳朵和数千个房间里将我带走。

突然，我滋生出一种难以形容的恐惧，立即做出了一个勇敢的决定。赶快救急，我对自己说，必须竭尽所能去补救。我飞速从外衣口袋拿出文稿，从翻过去的篇章中取出最好的前面那几页，开始用盖住我心跳声的嗓音继续播音，不敢有任何走神。由于我选的文本很短，所以我拉长音节，放大元音，将 r 发出了卷舌音，并置入了令人沉思的间隙。这样又到了结束停止之时——这次没弄错。提示员走了出来，示意我结束了，像先前接待我那样友好周到。但我内心的不安并没有消去。因此,第二天我遇见一个昨天听了我节目的朋友时便顺带问他印象如何。"很有意思,"他说,"只是我的收音机老是出问题,有一分钟什么也听不到。"

原载:"Frankfurter Zeitung",1934 年,王涌译自 Walter Benjamin,*Medienästhetische Schriften*, Suhrkamp Verlag Frankfurt am Main 2002,SS.405 - 407。